동성애에 대한 기독교적 답변

동성애자들을 따뜻하게 맞이하는 교회

기윤실 부설 기독교윤리연구소 엮음

동성애에 대한 기독교적 답변

엮은이 | 기윤실 부설 기독교윤리연구소
펴낸이 | 원성삼
펴낸곳 | 예영커뮤니케이션
초판 1쇄 발행 | 2011년 6월 25일
초판 4쇄 발행 | 2020년 1월 20일
등록일 | 1992년 3월 1일 제2-1349호
주소 | 04018 서울시 마포구 동교로 55 2층(망원동, 남양빌딩)
전화 | (02) 766-8931
팩스 | (02) 766-8934
홈페이지 | www.jeyoung.com
ISBN 978-89-8350-751-8(93230)

값 13,000원

 모든 인간은 하나님의 형상을 닮은 존귀한 존재입니다. 사람은 인종, 민족, 피
부색, 문화, 언어에 관계없이 모두 다 존귀합니다. 예영커뮤니케이션은 이러한
정신에 근거해 모든 인간이 존귀한 삶을 사는 데 필요한 지식과 문화를 예수 그리스도의
사랑으로 보급함으로써 우리가 속한 사회에 기여하고자 합니다.

동성애에 대한 기독교적 답변

기윤실 부설 기독교윤리연구소 편

예영커뮤니케이션

목차 ✞✞✞✞✞✞✞✞✞✞✞✞✞✞✞✞✞✞✞✞✞✞✞

머리글

노영상 / 책임편집자
(기윤실 기독교윤리연구소장, 장로회신학대학교 기독교와 문화 교수)

　　본 책은 국가인권위원회가 2006년 권고한 동성애 차별금지법안에 대한 종교계의 반대 표명으로 야기된 격론에 대해, 차분히 반성해 보는 것을 목적으로 하였다. 차별금지법에 대한 논의는 지난 2003년으로 거슬러 올라간다. 국가인권위원회는 2003년 1월 인권단체 관계자 및 전문가 등 17인으로 구성된 차별금지법제정추진위원회를 구성하여 2004년 8월 추진위 안을 마련한 바 있었다. 인권위원회는 이 안을 보강하여 최종적으로 2006년 7월에 권고법안을 내놓았다. 그 후 2007년 7월에는 차별금지법 제정추진 업무가 법무부로 이관되었으며, 법무부는 이 법안에 대한 여론을 수렴한 후 각 관계부처 간의 협의를 통해 차별금지법안을 만들어 입법예고와 규제심사 등을 거쳐 2007년 12월 13일 정부법안을 국회에 제출하였다. 그러나 정부 법안의 실효성에 의문을 품은 인권단체들은 2007년 11월 28일 '올바른 차별금지법 제정을 위한 반차별 공동행동'을 결성하고 여러 차례의 토론회와 공청회를 진행한 끝에 자체로 새로운 차별금지법안을 마련하기도 하였다. 이상의 반차별 공동행동은 2008년 1월 28일 당시 민주노동당 노회찬 의원을 통해 별도로 마련한 차별금지법안을 국회에 발의한 바 있다. 이렇게 하여 차별금지법안은 세 개가 되게 되었다. 인권위가 2006년 7월에 만든 권고법안, 2007년 12월 13일 정부가 내놓은 정부법안, 그리고 진보신당 노회찬 대표를 중심으로 한 반차별 공동행동 측의 차별금지법안 등이다. 이 같은 찬성과 반대의 양자 의견 사이에는 여러 부분에서의 이견이 있지만, 그 중 논란의 핵심이 되었던 부분은 '성적 지향(sexual orientation)' 문제, 곧 동성애자에 대한 차별의 문제였던 것으로 본 책의 목적은 이 문제를 정돈하려는 데 있었다.

본 책은 이 같은 최근 우리 사회의 동성애 문제에 대한 논란에 대해 기독교계의 다양한 입장들을 정리하려는 취지에서 구상되었던 것이다. 이 같은 최근 우리 사회의 동성애에 대한 논란의 분위기는 송해룡 교수와 강진구 교수, 그리고 장헌일 사무총장의 글들에서 잘 드러나 있다. 이를 위해 먼저 제1부에서는 '오늘의 문화 속에 나타난 동성애 문제'를 언급하였다. 제2부는 '동성애에 대한 성경적이며 신학적인 반성'의 내용을 담았다. 마지막 제3부는 '동성애 문제와 교회의 법제적이며 목회적인 실천'이라는 제하로 동성애 문제에 대한 교회의 실천적 대응의 문제를 다루었다.

여러 원고들을 모아 책으로 묶으며, 우리는 기독교계의 대강의 입장을 정리할 수 있었다. 본 책의 부제에서와 같이, '동성애를 긍정하지 않지만, 동성애자들을 따뜻하게 맞이하는 교회'가 본 책의 전체적인 주제라 할 수 있다. 우리는 먼저 동성애에 대한 성경의 내용을 검토하였다. 배정훈, 소기천, 곽재욱, 정원범 교수 등이 이 일을 맡아 수행하였는 바. 그들이 주장하는 핵심적인 내용은 성경이 동성애를 긍정하지 않는다는 것이었다. 물론 동성애를 찬성하는 쪽의 학자들은 동성애 반대에 대한 성경구절들을 자신들의 견지에서 해석하지만, 여러 가지 성경의 맥락에서 볼 때 그러한 주장은 타당성이 없음을 필자들은 언급하고 있다.

한국교회는 동성애를 긍정하진 않지만, 동성애자들을 따뜻한 마음으로 감싸려 하고 있는 입장이 여러 교수들의 글에서 발견된다. 이상억 교수와 박성관 교수의 글들은 이같은 입장을 잘 반영하였다. 우리 교회는 동성애를 찬성하진 않지만, 동성애적 성향을 가지는 사람들에 대해서 목회적이고 치유적인 측면에서 접근하고 있음을 이 논문들은 잘 보여 주고 있다. 특히 우리가 동성애자들을 약자 및 소수자로 생각해, 왜 보호해야 하는지를 김호경, 김진 교수가 잘 설명하였다. 김호경 교수는 여성신학적 입장에서 동성애 속에 내재하여 있는 힘의 논리를 분석하며 동성애 논란의 본질을 파혜치려 하였으며, 윤리학자인 김진 교수는 도덕윤리학의 한 부류인 배려의 윤리학의 입장에서 동성애를 관찰하려 하였다. 동성애를 규범적인 차원에서 접근할 것이 아니라 배려의 차원에서 접근하는 것이 더 바람직하나, 그 배려의 범위를 정하는 문제에 대해서는 합의가 필요함을 김 교수는 말하고 있다.

이상과 같은 동성애 관련법의 논의를 위해 기반이 되는 문제들을 검토한 다음, 박종운 변호사와 노영상 교수는 작금의 동성애에 관한 법제화 논란의 문제를 추적하였다. 박종운 변호사는 성전환자 관련 법률 제정의 문제에 대해서 논구하였으며, 노영상 교수는 최근 논란이 되고 있는 차별금지법안상의 '성적 지향'이란 단어를 삽입하는 문제에 대한 교회의 입장을 정리하였다. 이 두 논문은 모두 동성애를 긍정하진 않지만, 동성애자들의 인권을 보호하는 법제적인 방안이 무엇인지를 모색하고 있다. 이 책의 마지막 부분은 다음과 같이 마무리되고 있다. 동성애자라고 하여 합리적인 이유 없이 괴롭힘을 당하거나 차별을 받아서는 안 된다는 입장에는 찬성하지만, 동성애가 올바르지 않다는 것을 교육하는 것을 원천적으로 봉쇄하는 법안을 만드는 것에 대해서는 반대의 의사를 분명히 한다는 입장이다. 문제는 성적 지향과 같은 논쟁적인 개념을 차별 금지 대상이 되는 다른 리스트들과 함께 별 검토 없이 넣었다는 것이 문제가 되는 것으로, 이에 대한 시정이 필요함을 기독교계는 주장하는 것이다. 우리 한국의 기독교인들은 성적 소수자로서의 동성애자들의 인권을 정해진 범위 내에서 보장하고 그들을 국민의 일원으로 보호하는 약자 차별 금지에 대한 글로벌 스탠다드를 세우는 것에 대해서는 긍정하는 바이나, 동성애를 바른 일로 옹호하며 그것이 올바르지 않다는 것을 교육하지 못하게 하는 일들에 대해서는 반대하는 것이다. 이에 필자는 종교계 및 경제계 등 사회의 여러 분야에서 반대하는 본 차별금지법을 무리하게 통과시킬 필요가 있는지를 다시 질문하고 싶은 바, 이에 대한 국회 차원의 신중한 검토를 요청하는 바이다.

금년 5월 본 책을 만드는 중 미국장로교회(PCUSA) 헌법의 '치리형식'(The Form of Government) G-6.0106-.0108의 b항에 대한 수정이 찬성 373표, 반대 323표, 기권 4표로 통과되었다는 보도가 있었다. 이 부분은 동성애자의 교회직분 임명에 대한 규정인데, 기존의 헌법 내용 중 남자와 여자 간의 결혼 언약 안에서 충실하게 사는 자에게만이 교회의 직분이 주어질 수 있다는 부분을 삭제함으로써 동성애자가 교회의 직분을 맡을 수 있는 가능성을 열어놓게 된 것이다. 향후 이러한 미국장로교회의 결정은 미국의 한인교회들에 적잖은 파장을 불러일으킬 것이 분명하거니와 이 부분에 대한 토론이 활발히 진행될 것이 예상되는 바, 이 책의 그러한 논의들에 큰 참고가 되길 기대한다.

추천의 글

강영안
(기윤실 공동대표, 서강대학교 철학과 교수)

네덜란드 철학자 반 퍼슨(C. A. van Peursen)은 우리가 문화의 변화를 물결의 흐름에 비유해서 보았다. 깊은 산 속 옹달샘에서 물이 나올 때는 소리 없이, 천천히 흘러나오다가 실개천을 이루고 이 골짝 저 골짝을 돌면서 점점 물결은 세어지고 흐름은 속도를 더하게 된다. 물결을 따라 뗏목이나 배를 타는 사람은 물결을 따르거나 거슬러 올라갈 때 방향을 잡지 못하면 낭패를 당하고 만다. 균형과 방향, 그리고 이를 위한 관찰과 숙고, 신중하고도 신속한 판단이 필요하다. 왜냐하면 물결의 흐름은 항상 책임 있는 행동을 요구하기 때문이다. 문화의 흐름도 마찬가지이다. 지금 우리가 경험하는 문화를 반 퍼슨은 '흐름이 가속화되는 문화(cultuur in stroomversnelling)'란 말로 표현하였다.

문화의 흐름이 가속화되는 가운데 우리에게 요구되는 것은 관찰과 숙고에 근거한 판단이다. 그렇지 않으면 방향을 잡지 못하고 균형을 유지할 수 없기 때문이다. 균형과 방향에는 윤리적 판단이 들어가지 않을 수 없다. 그리스도인들에게는 주어진 상황과 적절하게 상호 작용하면서 그 상황 속에서 책임 있게 판단하고 행동할 수 있는 지침을 성경과 교회 전통, 건강한 상식과 합리적 판단을 통해 찾는 윤리가 필요하다. 기독교윤리실천운동 부설 기독교윤리연구소는 이런 정신을 가지고 연구서를 간행하고 있다.

이번에 펴내는 책은 지난번 간행한 안락사 문제에 관한 책에 이어 우리 사회에서 이제 핫 이슈의 하나로 등장한 동성애 문제를 다루고 있다. '동성애가 죄다', '죄가 아니다', 이렇게 이분법적으로 단정적인 답을 쉽게 하자는 것이 이 책의 목적이 아니다. 신구약 성경을 통해서, 교회의 역사를 통해서 동성애가 어떻게 이해되었는지 왜 금지되었는지 그 배경을 소상하게 다룰 뿐 아니라 동성애가 안고 있는 심리적, 법적, 철학적, 윤리적 문제도 함께 다루었다. 필자들에 따라 생각의 차이나 판단의 차이가 존재한다. 모든 생각을 통일하려고 하지 않았다. 각자 자신의 학자적 판단과 양심을 바탕으로 여러 학자들이 집필에 참여하였다. 그러므로 하나의 결론이나 하나의 목소리를 찾으려고 하기 전에 문제를 깊이 숙고하고 건강한 판단을 내릴 수 있는 지침으로 이 책을 사용해 주시길 바란다. 편집 책임을 맡은 기독교윤리연구소 소장 노영상 교수님과 집필에 참여하신 분들, 기운실 간사들의 노고에 감사를 드린다.

제I부

오늘의
문화 속에 나타난
동성애 문제

제1장
매스미디어 속의 동성애

송해룡
성균관대학교 신문방송학과 교수

I. 도입: 논의에 들어가기에 앞서

　　한국사회는 포스트모더니즘과 맞닥뜨리면서 다양한 종류의 문화사조가 매스미디어를 통해 소비되고 있다. 많은 TV 쇼프로그램, 광고 등 미디어 콘텐츠에서는 인간의 성적 매력을 도구로 활용해 성적 표현, 성적 담론을 이끌어 내는 경우를 종종 볼 수 있다.

　　이러한 성적 표현과 성적 담론을 담고 있는 미디어 콘텐츠들은 다양한 미디어 채널을 통해 시청자에게 전달된다. 최근 DMB, 와이브로, IPTV, 디지털 TV, 모바일 등 새로운 형태의 미디어 플랫폼들이 등장하면서 미디어 채널들의 시장점유 경쟁이 과열되고 있다.[1] 특히 방송시장에서는 플랫폼 간 경쟁이 치열해지면서 시청자의 눈을 잡기 위한 콘텐츠 확보로 이어지고 있다. 이러한 가운데 지상파에 비해 영상물에 대한 규제가 완화된 케이블방송을 중심으로 시청률 확보를 위한 새로운 장르, 내용의 콘텐츠 제작을 위해서 다소 선정적이고

---

1) 송해룡, 『미디어 2.0과 콘텐츠 생태계 패러다임』(서울: 성균관대학교 출판부, 2009), 85.

노골적인 주제와 내용이 시도되기도 하였다.

　더욱이 오늘날 섹시하다는 것은 아름다움의 한 축으로 일컬어지고 있다. 즉, 성욕이 적극적인 가치로 등장하는 것이다.[2] 최근 매스미디어에서도 섹시함을 가장 보편적인 미(美)의 기준 가운데 하나로 제시하고 있다. 매스미디어에서 인간을 적극적인 주체로 내세우면서 인간의 욕망, 성관계 문제 역시 즐김의 문제로 해석하는 관점으로 바라보면서 동성애(Homosexuality) 역시 새로운 성적 취향으로 수용하려는 가치판단이 등장한 것이다. 매스미디어는 육체적 욕망에 대한 긍정적인 시각과 성에 대한 자세하고도 구체적인 정보를 제시하기도 하는데 성적 쾌락추구를 임신과 출산이라는 다소 심각하거나 진지한 문제와는 별개 문제로 다루기까지 했다.

　성적인 쾌락을 자유의지에 의한 것으로 판단하는 경향으로 인해 동성애 역시 하나의 성적인 취향으로 받아들이는 사회적 분위기가 형성되고 있다. 포스트모던시대에 다양한 문화사조의 등장과 문화·미디어 산업이 발전하면서 동성애 문화 역시 TV, 인터넷 등과 같은 매스미디어를 통해 우리 문화와 사회 가운데로 퍼지고 있다.

　대중문화는 매스미디어를 통해서 대중에게 유포되는 문화라고 볼 수 있다. 일반 시청자들이 처음 대중문화에 접했을 때 그 생각과 가치관이 매스미디어를 통해 흘러나오는 내용물에 일치하지 않을 수 있다. 하지만 시간이 흐르면서 시청자들의 사고는 매스미디어에서 전하는 내용에 젖어들게 된다. 점차 시대를 흐르고 있는 특정 사조나 시대정신에 물들게 되는 것이다.[3] 이와 같이 대중문화는 오늘날 일반 시청자들에게 가장 강력한 영향력을 미치고 있을 뿐만 아니라 심지어 크리스천들의 기독교적 세계관 형성에도 많은 영향을 미치게 된다.

---

2) 양명수, "동성애, 당신은 어떻게 생각하십니까?", 「기독교사상」, 제487호(1999. 7.), 126.
3) 장경철, 「대중문화읽기」(서울: 두란노, 2001), 29.

매스미디어의 위력이란, 이를 통해 퍼지는 가치관과 문화가 이를 받아들이는 사람들의 인생과 가치관에 영향을 미치고, 심지어 이를 바꿀 수 있다는 데 있다. 따라서 매스미디어를 통해 동성애 문화를 접하는 빈도가 높아질수록 처음에는 이를 낯설게 여기고 거부하던 사람들까지도 점차 이러한 문화에 익숙해져 무감각하게 만들 수 있다.

II. 매스미디어와 동성애 문화

1. TV 드라마의 흥행코드가 된 동성애

1990년대 후반부터 가장 대중적인 방송콘텐츠인 드라마 속에서 동성애의 모습을 재현하기 시작하였다. 처음에는 특집극 또는 단막극에서 동성애 관련 내용을 다루었지만, 이제는 정규 편성 드라마에서도 동성애자가 주인공의 주변인물로 등장하기 시작하였다. 주변인물로 등장한 동성애자는 일반적으로 극의 긴장감을 완화시키는 코믹한 캐릭터 또는 성적 호기심의 대상으로 등장하였다. 일례로 MBC 드라마 〈주몽〉에서는 주인공의 주변인물 가운데 동성애 커플이 등장하였다.[4]

최근 지상파 TV 인기 드라마 속 '동성애 코드'의 차용이 빈번해지면서 시청자에게 있어 더 이상 불편한 문화가 아닌 하나의 흥미로운 트렌드로도 등장하였다. 2007년 최고 흥행드라마 가운데 하나였던 MBC 〈커피프린스 1호점〉에서는 동성애 코드를 드라마에 대입하였다. 지상파방송에서 다루기 어려운 동성애에서 '남장 여자' 캐릭터를 등장시키는 것으로 수위를 조절하여 시청자들의

---

4) 2006년에서 2007년 초까지 방영됐던 〈주몽〉에서는 협보와 사용이라는 동성애 커플이 등장하면서 극 중 코믹요소를 집어 넣는 역할을 하였다. 특히 사용은 여성성을 부여한 남성으로서, 남성도 여성도 아닌 인물로 부각되면서 성적 호기심의 대상으로 등장하였다.

거부감을 없앴다. 즉 '남장 여자' 캐릭터를 이용한 '동성애 코드'의 대입은 이제 하나의 드라마 공식이 되었다. 이러한 소재는 극 중에서 색다른 '금지된 사랑'이라는 멜로적 갈등과 극적인 긴장감을 유발하기 때문에 그 활용 빈도가 잦아지고 있다. 〈커피프린스 1호점〉에서는 주인공 인물들의 동성애적 상황이 연출되거나 설정되었지만, 결국 남장 여자의 실체를 시청자들은 알고 있기 때문에 둘의 금지된 사랑을 용납하고, 결국에는 갈등 구조 역시 자연스럽게 해소되는 방향으로 진행한다.

이러한 소재는 '남장 여자' 캐릭터가 주인공으로 등장했던 SBS 〈바람의 화원〉에서도 주인공 인물들 간의 미묘한 감정 표현에 동성애 코드를 활용하면서 전반적으로 극의 긴장감을 형성하는 데 성공했으며, SBS 〈미남이시네요〉에서는 동성애 코드를 코믹요소로서 삽입하였다.[5] 특히 〈바람의 화원〉의 경우, '남장 여자' 캐릭터와 '진짜 여성' 캐릭터의 동성애적 상황이 연출되기도 하여 인물 관계와 극 내용을 전개하는데 시청자의 궁금증과 흥미를 유발시켰다. 〈바람의 화원〉 속 두 여성 커플은 실제 연말시상식에서 베스트 커플로 선정되는 결과까지 낳았다.[6] 이로 인해 동성애 코드가 TV드라마 속에서 흥미 또는 극중 긴장감을 유발하는 요소로 활용하면서 동성애 문제의 본질을 다루기보다는 동성애가 시청률을 높이는 요소로 상업적으로 활용되고 있음을 알 수 있다. 현재 대중문화에서 동성애 코드가 빈번히 활용되는 것은 여전히 동성애가 사회적인 금기이기 때문에 TV드라마 속에서 불가능한 사랑을 하는 유혹적인 소재로서 동성애를 활용하고 있다. 이는 드라마를 시청하는 사람들의 금기된 욕망을 자극하게 된다.

---

5) 남장 여자 주인공을 내세운 TV 드라마로 2008년 방영되었던 〈바람의 화원〉과 2009년 방영되었던 〈미남이시네요〉가 있다. 〈바람의 화원〉에서는 주인공 신윤복을 남장 여자 캐릭터로 설정하여 기생 정향, 김홍도와의 관계에서도 각각 동성애 코드가 형성되었다. 〈미남이시네요〉에서 역시 여자 주인공을 남장 여자 캐릭터로 설정하여 동성애 코드가 등장하였다.
6) 뉴스엔, "사상 첫 女-女커플탄생 문근영-문채원, 시대가 많이 변한 것 같다," (2009. 1. 1).

이미 미국에는 동성애 코드를 깔고 있는 드라마가 아닌 동성애자 및 양성애자들의 삶을 주제로 제작한 시즌 드라마인 〈엘 워드(the L word)〉가 있다. 이 프로그램 역시 시즌6까지 제작될 정도로 큰 인기를 얻었으며, 국내 케이블 TV방송에서 방영되고 있다.

동성애 코드를 차용하거나 동성애자를 주인공으로 세운 드라마

이러한 드라마에서는 그동안 다루어지지 않았던 동성애자들의 인간적인 삶을 보여 준다는 취지 아래 휴머니즘과 상업성이 결부돼 문화 콘텐츠로 상품화되면서 대중 속으로 깊이 파고들고 있다. 이처럼 미디어에서 동성애를 시청자들의 이목을 붙잡을 수 있는 흥미로운 소재로 활용되었다. 하지만, 이와 같은 미디어의 동성애에 대한 흥미 위주의 접근은 일반 시청자뿐만 아니라 기독교인들까지도 미디어가 동성애에 대한 미화, 아직 성정체성이 확립되지 못한 청소년에게 미치는 부정적인 영향, 동성애를 상업적으로 이용하는 부분에 대한 비판 의식을 점차 마비시키는 역할을 하고 있다.

2. 시사다큐 프로그램 속 동성애

지상파방송의 시사고발 프로그램에서는 동성애 또는 트랜스젠더 등에 관한 심층·탐사보도가 이루어졌다. 동성애자, 트랜스젠더들이 겪는 차별 대우와 고통 등 사회문제를 다룬다는 취지였지만, 영상에 있어서는 시청자들을 자극할 수 있는 선정적인 요소가 포함되었다. 특히 성전환 이후 트랜스젠더의 삶을 조명할 때, 그들의 모습에서 발견할 수 있는 여성성을 강조하는 화려한 옷차림 또는 여성스러운 외모와 몸매를 부각시키는 신변잡기식의 보도에 치중하였다는 문제점이 나타났다. 따라서 사회적으로 심각한 이슈 가운데 하나임에도 성적으로 민감한 주제이기 때문에 어떻게 카메라의 시선(앵글)을 어디에 두느냐에 따라 하나의 볼거리, 흥밋거리로 전락할 수 있는 커다란 위험이 있다.

그동안 MBC 〈PD수첩〉에서는 2001년 '트랜스젠더, 이 시대의 아웃사이더'를 방영했으며, SBS 〈그것이 알고 싶다〉에서는 2005년 '타고난 성을 거부한다 - 10대 트랜스젠더'와 2006년 '금지된 고민 10대 동성애-나는 동성애자인가요?' 각각 2편을 방영하였다. KBS 〈추적 60분〉에서는 2005년도에 '세상에 두 번 태어나는 사람 - 나는 트랜스젠더다'라는 타이틀로 방영되었다. 특히, SBS 〈그것이 알고 싶다〉는 아직 미성년자인 10대를 상대로 제작했기 때문에 더욱 커다란 위험부담이 있음에도 방영하였다. 아직 10대는 성적 정체성에 있어 혼란을 겪을 수 있는 대상이기 때문에 자칫하면 부정적인 파급효과를 미칠 수 있다는 점에서 지상파 방송은 좀 더 신중해야 할 필요가 있다.

동성애, 트랜스젠더라는 이 모든 요소는 기본적으로 일반인들이 범접하기 어렵기 때문에 호기심의 대상이 될 수 있으며, 일정 이상의 시청률을 확보할 수 있는 아이템이다. 따라서 선정적인 아이템으로도 전락할 가능성이 매우 크다. 제작진이 시청률에 목말라 사회고발을 가장하여 동성애와 같은 사회적으로 중요한 이슈를 상업적으로 이용하는 것을 자제해야 한다. 특히 10대 동성애를 취재 대상으로 하는 경우에는 이에 대해 자세하게 보도함으로써 오히려 문제를 키우거나 유사한 문제가 발생할 수 있음에 주의해야 한다.

동성애와 관련된 시사고발 프로그램들은 동성애에 관한 현상적인 모습만 보여 주면서 정보만 제공했을 뿐, 동성애 문제에 대한 전반적인 고찰 및 논의나 이에 대한 대안제시가 부족했다는 것이 가장 커다란 문제이다. 동성애에 대한 편향된 시각을 보여 주거나 성급한 결론을 맺는 우를 범할 수 있다.

한편, 일반 다큐프로그램에서도 '트랜스젠더'에 관한 내용을 다룬 바가 있다. 2001년 KBS 〈인간극장〉의 '그 여자, 하리수 편'에서 최초 트랜스젠더 연예인의 일상과 삶을 다루면서 개인화된 프레임으로 감성적인 접근을 시도하였다. 〈인간극장〉은 휴먼다큐라는 프로그램 포맷에 맞게 그동안 한 개인이 겪어 왔던 심리적 갈등과 고통을 보여 주면서 그가 왜 트랜스젠더로서 살아야만 하는지 현실에 대해 정당성을 부여하였다. 또한, 얼마나 그가 태생적으로 얼마나 여성스러운 외형과 성격을 가지고 있는지, 십자수와 같은 여성스러운 취미를 가지고 있는지, TV화면을 통해 그 장면을 보여 주며 그가 택한 선택이 피할 수 없는 현실로 시청자들을 설득하고 있다.

이는 트랜스젠더들이 정신적으로 강한 유혹을 극복하고 꾸준한 치료를 받는 것보다 자신이 타고난 성을 버리고 엄청난 육체적인 고통을 감당해야하는 성전환 수술을 감행하는 것에 당위성(當爲性)을 부여하는 것이다. 따라서 매스미디어에서 나오는 트랜스젠더의 선택과 이야기는 육체적인 성과 정신적인 성과의 괴리감으로 심각한 심리적 고통을 겪고 있는 트랜스 섹슈얼 성향의 사람들이 자신의 문제를 극복, 해결하는 방법을 선택하는데 영향을 미칠 수 있다.

3. 동성애를 바라보는 미디어의 관점

TV와 같은 영향력이 높은 매스미디어는 최근 동성애를 인간적인 관점에서 관용을 베풀고, 받아들여야 한다는 관점으로 접근하고 있다. 포스트모던 의식이 차이와 다름을 긍정하면서 동성애를 수용하기 쉽게 만드는 상황에서 매스미디어가 이러한 의식을 퍼뜨리고 있다. 한마디로 미디어에서 동성애를 절대 권력에 억압받고 있는 소수자로서 표현해 동정표를 얻게 만드는 방식이 매우 우려되는 상황이다.

포스트모던 사회의식은 지금까지 중심에 자리 잡고 있는 진리를 판정해 온 세력을 거부하는 경향을 가지고 있다. 지금까지 올바른 기준을 정해 왔던 전통, 권위, 표준, 중심을 모두 거부하며 주변에 소외되었던 소수자의 인권과 권리를 옹호한다. 포스트모던사회의 관점에서 보면 동성애가 나쁘다는 것은 우리 사회에서 성애의 표준인 이성애자들의 눈으로 바라보았기 때문이다. 이성애자의 눈에는 동성애자는 자신과 다른 존재로 보이는 것이며, 포스트모던 사회의식으로 바라보면 동성애를 다르다는 이유로 차별해서는 안 된다는 것이다. 또한, 이성애자가 우리사회의 다수이기 때문에 동성애를 부정적으로 규정했다고 주장한다.

특히 미디어는 동성애를 우려하고 반대하는 기독교적인 시각을 단순히 보수적인 성향으로 결정지으면서 진보를 앞세워 동성애를 사회에서 받아들여야 할 소수로 바라보고 있다. 따라서 이에 대한 긍정적이고 인간적인 조명이 필요하다는 입장에 더욱 관대해져 가고 있다.

예컨대 국내에서는 지상파방송보다는 규제에서 자유로운 케이블방송 채널 tvN은 보다 적극적인 방식으로 동성애에 관한 리얼리티 프로그램인 〈게이프로젝트 - 커밍아웃〉을 제작하여 2008년 방영하였다. 국내 최초로 동성애자들의 커밍아웃을 돕는다는 취지로 기획된 이 방송프로그램 제목에서부터 방송의 취지를 노골적으로 드러냈으며, 이미 동성애자로 커밍아웃을 한 배우가 진행자로 합류했다. 방송프로그램에서 커밍아웃하는 일반인 동성애자와 가족 간의 충돌을 화해로 이끌도록 도우며, 커밍아웃 이후 삶의 변화도 다각도로 접근하여 동성애자들의 삶과 현실을 재조명한다고 밝혔다. 또한 〈커밍아웃〉의 제작진들은 성적 소수자로서 동성애자들의 당면한 인권문제를 논할 것이라고 설명하였다.

이처럼 미디어에서는 동성애를 동성애자들의 인권문제 측면에서 많이 다루고 있다. 물론 동성애가 사회적으로 포용 받지 못하기 때문에 동성애자들은 사회적인 냉대와 차별을 받을 수 있기 때문이다. 하지만 한편, 미디어에서 동성애 문제에 관해 접근할 때 성적 소수자인 동성애자들을 부당한 대우를 받고 있는 사회적 약자로 바라보는 관점이 시청자들의 동성애에 대한 거부감을 최소화하며 동성애 문제에 접근하기 쉬운 미디어 프레임(frame)이기도 하다. 이로 인해 동성애자들의 인권이 존중되어야 한다는 것이 사회적인 분위기로 확산되고 있다. 미디어는 동성애를 인간으로서 마땅히 누리고 보장받아야 할 권리 차원에서만 접근하면서 휴머니즘과 인권에 호소함으로 시청자와의 공감대를 형성하고 시청자 설득을 시도하였다.

포스트모던 사회의식은 다름과 차이를 인정하고 함께 살아갈 것을 격려하고 있다. 또한 사회에서 소외당하고 억압받는 소수자들의 인권을 존중하고 주장을 수용한다. 그렇기 때문에 미디어가 동성애 문제 역시 권력과 억압받는 성적 소수자들의 관계 문제로 바라보고 있다.

그동안 한국교회에서는 지금까지 동성애를 극악한 죄인들이 저지르는 현실과 동떨어진 문제 차원에서 바라보았으나, 이미 동성애는 교회와 세상과의 충돌 한 가운데에 서 있게 된 것이다. 따라서 교회에서는 미디어를 통해 급속도로 전파되는 이와 같은 관점에 대한 진지한 고민과 대책이 필요하다. 교회 대신 미디어가 이야기 하고 있는 동성애자의 인권 문제를 고민하고, 분별력을 가지고 기독교에서 그들을 어떻게 품고 나가야 할지 제시해야 한다. 특히 교회는 동성애 기독교인들에 대한 관심이 필요하며, 그들이 하나님의 자녀로 살아갈 수 있도록 동성애자들의 인권과 권리 문제에 관심을 갖고 도와주어야 한다. 한편, 동성애자들의 아픔을 이해하고 품고 나아가야 하지만, 무분별한 동성애 행위에 대한 경각심을 잊지 말아야 한다. 미디어를 통해 퍼지는 동성애에 대한 정당화, 옹호론, 찬성론과 구별되어야 하며, 동성애를 인권문제로만 사회적 이슈화 시키는 작업을 중단하고, 동성애의 근본적인 문제와 실태를 전해야 한다.

4. 동성애에 대한 언론의 보도 태도

2000년 9월 언론에서 국내 한 유명인이 자신이 동성애자라고 밝힌 것이 대서특필되면서 최대의 화두가 되었다. 그뿐만 아니라 언론이 당사자의 동의를 받지 않고 인터뷰 기사를 내보낸 폭로기사(暴露記事, muckraking)인 것으로 밝혀졌다. 이는 본인이 동성애자임을 공개적으로 밝히는 커밍아웃이라기보다 본인의 의사와 관계없이 타인에 의해서 동성애자임이 밝혀진 아웃팅(outing)으로, 해당 사례의 경우에는 언론에게 아웃팅을 당하였다. 이는 취재 경쟁의 과열로 언론이 특종에 눈이 멀어 '오프더레코드(off-the-record)'의 보도 윤리를 위반한 것으로도 많은 비판을 받았다. 언론이 개인의 사생활을 짓밟고, 사회에 미칠 충격과 파장을 전혀 고려하지 않은 채 특종욕심으로 언론 윤리를 저버린 사례이다.[7]

그 후 이를 둘러싼 보도에는 사회적 파장에 대한 고려 또는 진지한 논의보다는 매우 자극적인 제목과 함께 성적인 내용 또는 흥미 위주의 내용을 담은 가십성 기사들이 즐비하였다. 동성애와 그와 관련된 문화가 매스미디어를 통해 공론화되면서 동성애 또는 트랜스젠더에 관한 매스미디어 메시지가 폭발적으로 증가하였다. 하지만, 특히 트랜스젠더와 관련된 기사에서는 동정론 또는 성적 호기심이 어린 인터뷰 기사와 외형을 중심으로 가십성 보도가 매우 많다는데 문제가 있다. 트랜스젠더의 연예계 진출과 함께 자극적인 보도가 이어지면서 언론보도의 윤리 문제를 양산하고 있다.

한편 2005년 MBC 〈뉴스투데이〉에서는 '이반문화 확산'이라는 타이틀로 10대 청소년의 동성애 문제를 제기했지만, 단순히 탈선과 비행 행위로 규정하면서 10대 범죄 조직과 같이 묘사하였다고 인권단체로부터 비판도 받았다.[8]

---

7) 〈한겨레21〉, "누가 그의 결단을 유린했는가," 327호(2000. 10. 5).
8) 〈오마이뉴스〉, "MBC '뉴스투데이' 10대 동성애 비하 파문," (2005. 7. 14).

또한, 10대 여학생들 사이의 친밀감 표시를 동성애로 규정하면서 이슈화시키는데 치중했다는 비판 역시 받았다. 예민한 10대 청소년들의 동성애 문제를 성인이 아니기 때문에 비행행위로만 접근하는 것은 문제의 본질을 해결할 수 없다. 이는 청소년의 동성애 문제를 단순히 '수박 겉핥기식'으로만 접근했다는데 문제가 있다. 이와 같은 언론의 보도행태는 일반인이 동성애자들에 대해 갖는 거부감 또는 혐오감만을 양산할 수 있으며, 성정체성에 혼란을 겪고 있는 청소년 동성애자들 역시 자신들의 문제를 해결하지 못하고 숨어서 자신에 대한 정죄감 또는 죄책감만을 키울 수 있기 때문이다.

또한, MBC 〈뉴스투데이〉의 '이반문화 확산'에는 언론의 취재태도에 많은 문제가 있는 것으로 드러났다. 몰래카메라와 사전 동의를 받지 않은 잠입취재, 관련 인터넷 사이트 게시물을 무단 도용했던 것으로 드러나 여론의 뭇매를 맞았다. 이와 같은 경우, 설령 언론의 취재의도와 보도내용이 아무리 건전하고 의롭다고 하더라도 강압적인 취재과정이 정당화되기는 어려울 것이다.

한편, 매스미디어에서 동성애에 대한 메시지 노출이 증가하면서 긍정적인 방향으로 의제 설정을 하는 경우를 볼 수 있다. 동성애적인 성향은 태어날 때부터 타고나는 것이며, 바꿀 수 없는 운명으로 묘사하는 경우, 이는 받아들이는 일반인의 인식에도 영향을 미칠 수 있기 때문에 문제가 될 수 있다.

III. 매스미디어 속 동성애와 사회적 파급 효과

현대인들은 모든 삶의 영역에서 매스미디어의 영향을 받고 있다. 일반인들이 동성애와 그 문화를 가장 접하기 쉬운 경로 역시 TV, 신문, 인터넷 등과 같은 매스미디어이기 때문에 동성애와 그 문화에 대한 지식과 정보가 전무한 일반인들, 특히 10대 청소년층에게 매스미디어를 통해 얻게 된 지식과 정보가 강력한 권위로 작용할 수 있다.

동성애가 대중문화의 하나의 문화코드로 형성된 것은 시청자들이 드라마, 뉴스 및 시사다큐, 뮤직비디오, 광고, 만화 및 애니메이션, 영화 등 다양한 형태로 대중매체를 통한 간접경험이 증가하면서 동성애에 대한 거부감이 줄어든 것을 하나의 요인으로 들 수 있다. 즉 동성애가 매스미디어를 통해 빈번히 노출되면서 대중의 동성애에 대한 인식이 긍정적으로 바뀌었기 때문으로 분석되고 있다.

1. 매스미디어가 청소년의 동성애에 대한 태도와 인식에 미치는 영향

거브너(G. Gerbner)의 문화계발 효과이론(Cultivation Theory)[9]을 바탕으로 매스미디어가 사회적으로 민감한 이슈에 대한 시청자들의 이해에 어떠한 영향을 미치는지를 측정, 분석할 수 있다. 거브너의 연구에서는 TV드라마는 그 자체로는 의미가 없을지라도 시청자들의 사회현상에 대한 이해, 태도, 판단, 신뢰에 중요한 영향을 미치고 있다고 주장했다. 또한 TV가 제공하는 자극적이고 폭력적인 장면들은 특히 청소년 시청자들에게 공격적 행동을 유발하거나 사회의 일반적인 법과 질서에 대한 청소년들의 생각에도 영향을 미친다고 주장하였다.

이러한 연구를 바탕으로 미국에 거주하는 100명의 대학생들을 대상으로 행해진 동성애에 관한 설문조사에 따르면, 동성애 프로그램을 하루에 2시

---

9) 조지 거브너(George Gerbner)의 문화계발효과이론은 사람들의 인식, 태도, 가치에 대해 텔레비전 시청이 미치는 영향을 설명한다. 애넌버그(Annenberg) 커뮤니케이션 스쿨의 조지 거브너와 그의 동료들에 의해 장기간에 걸쳐 광범위한 연구프로그램을 통해 발전된 문화계발 효과이론은 TV가 미국사회의 핵심 문화권력이 되었다는 주장에서 출발하였다. 거브너의 문화계발효과이론의 근거가 되는 연구에 따르면 매스미디어는 사실과 다른 이미지나 사실을 계발하고 그것들을 시청자에게 전달하며 이러한 이미지나 사실들은 사회적으로 형성된 가치관이나 문화적, 도덕적 기준을 벗어나지 않는 범위 내에서 언론에 의해 지속적으로 재생산되는 것이다. 특히 매스미디어가 생활의 일부가 된 현대인들은 미디어를 사회를 이해하고 적응하는데 꼭 필요한 해설자로 인식하고 있다. 또한, 미디어를 통해 재생산되고 전달되는 사실, 이미지를 실제보다 더욱 신뢰하는 경향을 보이고 있다고 주장하였다.

간 이상으로 다시간(多時間) 시청했던 대학생들은 적은 시간 시청했던 시청자들보다 동성애자들의 권익보호에 좀 더 적극적으로 지지하는 것으로 나타났다. 특히 여성의 경우 다(多)시간 시청자들 가운데 85% 정도가 적극적으로 동성애자들의 권리 보호를 지지하는 것으로 나타난 것에 반해 남성 다(多)시간 시청자들이 72%로 나타났다. 또한 여성들이 동성애자들의 권익을 보호, 향상하는데 더욱 적극적이고 호의적인 태도를 가지고 있으며, 동성애 자체에도 긍정적인 태도를 가지고 있는 것으로 나타났다.[10]

2003년 발표된 청소년의 동성애 현황분석[11]에서는 국내 중고교에 재학 중인 청소년들을 대상으로 이루어졌다. 이 당시 청소년들의 동성애 사이트 가입 경험은 전체 응답자의 6.5%를 차지하고 있으며, 여학생의 동성애 사이트 가입 경험은 10.4%로 남학생 3.5%보다 훨씬 높은 것으로 나타났다. 가입 이유로는 '단순한 호기심'이 가장 많았으며, 다음으로는 자신의 성정체성이 궁금하다는 것이었다. 나와 비슷한 사람을 만나기 위해서는 다른 이유에 비해 상대적으로 낮은 응답률을 보였다. 동성애에 대한 태도 조사에서도 남학생들은 징그럽다(15.7%), 변태다(14.3%), 죄악이다(4.9%), 정신병이다(15.5%) 등으로 동성애에 대한 부정적인 인식을 가졌으나 여학생들은 나와는 다르나 그럴 수 있다(12.1%), 충분히 이해할 수 있다(6.7%), 호기심이 간다(2.6%), 관심이 많다(1.1%)등의 보다 긍정적인 시각을 가지고 있었다.

이를 통해 남학생들보다는 여학생들이 동성애에 대하여 더욱 허용적이고 개방적인 태도를 가진다는 것을 알 수 있으며, 동성애에 관련한 남자 청소년과 여자 청소년의 시각 차이 역시 확인할 수 있었다. 특징적인 것은 동성애의 원인을 환경의 영향으로 응답한 것이 가장 높았으며, 동성애의 주된 정보접근

---

10) 최진봉, "텔레비전 프로그램이 사회적 이슈에 대한 시청자들의 인식에 미치는 영향", 「東西言論」, 제10집(2006. 12.), 291-309.
11) 장재홍 외, "청소년의 고민: 내가 동성애자인가요? – 청소년의 동성애에 대한 생각 및 현황 분석", 「청소년상담문제연구보고서」, 49호(2003. 10.), 25-45.

경로는 '대중매체'가 35.4%로 가장 높았으며, 남학생의 경우에는 40.1%로 대중매체, 여학생은 친구로부터 정보를 가장 많이 얻었다고 응답한 것이 37.4%였다. 조사결과에서 나타난 것과 같이 매스미디어는 청소년들에게 동성애에 관한 가장 많은 정보를 전달하는 통로 역할을 하고 있는 것으로 나타났다.

한편 방송, 신문과 인터넷 등의 언론매체에서는 청소년 동성애. 이처럼 대중 매체에서 청소년 동성애 문제 역시 주요 화제로 종종 다루고 있다. 2009년 교육과학기술부의 집계에 따르면 국내 청소년의 동성애 상담건수 역시 2006년에는 4건이었던 동성애 상담 건수가 2007년 15건, 2008년 21건으로 매년 증가한 것으로 나타났다.[12] 이를 볼 때 국내에서도 청소년 동성애가 사회적 이슈로 표면화되었음을 알 수 있다.

2. 동성애로부터 청소년 법적보호의 테두리 붕괴

최근 미디어에서는 '동성애자를 코믹하게 과장하거나 죄악시하는 것을 지양하고, 좀 더 따뜻한 시선으로 그려야 한다.'고 주장하거나, 포스트모더니즘에 근거해 동성애의 수용이 '다름과 차이를 인정하는 사회적 성숙을 반영하는 것'이라고 설명하고 있다. 특히 매스미디어가 동성애를 긍정적인 측면에서 해석하거나 유행, 트렌드와 같은 새로운 사회문화적 현상 및 코드로 해석하는 것은 잘못된 인식이 청소년층 가운데 들어가는 기회로 작용할 수 있다. 더욱이 국내 청소년 성교육이 제대로 이뤄지지 않고 청소년 성문제가 심각한 상황에서 미디어에서 나오는 동성애는 청소년들에게 지나친 성적 호기심이나 동성애에 대한 잘못된 환상을 만들 가능성이 높다.

2007년 청소년보호위원회가 인권위원회의 권고에 따라 '동성애' 항목을 '청소년 유해매체물 심의기준'에서 삭제할 것을 결정하였다. '혼음, 근친상

---

12) 〈매일경제〉, "청소년 동성애 상담 해마다 증가", (2009. 9. 29).

간, 동성애, 가학·피학성 음란증 등 변태성 행위, 매춘 행위, 기타 사회통념상 허용되지 않는 성관계를 조장하는 것'을 청소년 유해 매체물로 지정한 청소년 보호법시행령 제7조에서 '동성애'를 삭제하는 개정안을 마련하였다.[13] 이는 청소년들이 왜곡된 성문화에 접근하는 것을 실제로 용인하는 계기가 될 수 있다는 점에서 많은 논란을 일으켰다.

　　최근 10대 청소년들의 호기심을 자극할 수 있는 동성애 코드의 만화, 영화, 뮤직비디오, 인터넷 등에 범람하면서 상업적으로 더욱 자극적이 된 동성애 코드가 청소년들에게까지 무분별하게 노출되고 있는 상황에 이르렀다. 여기에는 청소년들의 성(性)정체성 확립에 있어 더욱 혼란을 일으킬 수 있다는 문제가 있는데, 청소년들이 스스로를 동성애자라 착각하는 문제가 발생할 수 있기 때문이다. 따라서 앞으로는 10대 청소년 미디어교육을 통해 듣고 얻게 되는 지식과 정보에 대한 분별력을 기르는 것에 대한 중요성을 강조해야 할 것이다.

---

13) 제7조(청소년 유해매체물의 심의기준) 법 제10조제3항의 규정에 의한 청소년 유해매체물의 심의기준은 별표 1과 같다.
　2. 개별 심의기준(제7조 관련)
　　가. 음란한 자태를 지나치게 묘사한 것
　　나. 성행위와 관련하여 그 방법·감정·음성 등을 지나치게 묘사한 것
　　다. 수간을 묘사하거나 혼음, 근친상간, 가학·피학성음란증 등 변태성 행위, 매춘 행위 기타 사회통념상 허용되지 아니한 성관계를 조장하는 것
　　라. 청소년을 대상으로 하는 성행위를 조장하거나 여성을 성적 대상으로만 기술하는 등 성윤리를 왜곡시키는 것
　　마. 존속에 대한 상해·폭행·살인 등 전통적인 가족윤리를 훼손할 우려가 있는 것
　　바. 잔인한 살인·폭행·고문 등의 장면을 자극적으로 묘사하거나 조장하는 것
　　사. 성폭력·자살·자학 행위 기타 육체적·정신적 학대를 미화하거나 조장하는 것
　　아. 범죄를 미화하거나 범죄 방법을 상세히 묘사하여 범죄를 조장하는 것
　　자. 역사적 사실을 왜곡하거나 국가와 사회존립의 기본체제를 훼손할 우려가 있는 것
　　차. 저속한 언어나 대사를 지나치게 남용하는 것
　　카. 도박과 사행심 조장 등 건전한 생활 태도를 저해할 현저한 우려가 있는 것
　　타. 청소년 유해약물 등의 효능 및 제조방법 등을 구체적으로 기술하여 그 복용제조 및 사용을 조장하거나 이를 매개하는 것
　　파. 청소년유해업소에의 청소년 고용과 청소년 출입을 조장하거나 이를 매개하는 것
　　하. 청소년에게 불건전한 교제를 조장할 우려가 있거나 이를 매개하는 것

IV. (동성애문화 파급에 대한) 매스미디어의 책임과 윤리적 반성

매스미디어는 오늘날 다양한 문화를 전파하는 수단이 되고 있다. 이는 동성애와 관련해서도 마찬가지 모습을 보이고 있다. 대중문화가 삶에서 차지하는 비중이 높은 만큼 윤리적 반성이 필요하지만, 우리 사회 전반에 건실한 비평이 취약하며, 대중문화에 대한 윤리적 반성이 결여되어 있다. 대중문화가 한국사회에서 영향력을 넓혀가는 오늘날의 현실 속에서 기독교계가 반(反) 대중문화 또는 대중문화 배격주의를 견지하는 것은 바람직하지 않다. 더욱이 공적 영역에서 고압적인 엘리트 중심적 시각이나 윤리적 기준을 억지로 강요하는 것도 바람직하지 못하다.[14]

매스미디어를 통해 흘러나오는 대중문화가 상업화되고, 즐기는 문화로 정착되면서 동성애에 대한 보도와 프로그램 역시 민감한 주제인 만큼 점검하고 평가하는 것이 필요하다. 특히 청소년에게 엄청난 영향을 줄 수 있는 아이돌 스타들을 중심으로 한 방송연예인들의 게이 루머와 커밍아웃, 트랜스젠더 슈퍼모델의 탄생 등 갖가지 핫이슈가 매스미디어를 통해 전해지며, 선정적인 뉴스 보도로 대중의 눈과 귀를 자극하고 있다. 이와 같은 문화적 오염, 인간의 욕망 가운데 한국교회와 크리스천들이 서 있으며, 특히 자기 정체성이 확립되지 않은 청소년들이 비판 없이 대중문화를 매스미디어를 통해 받아들이고 있다. 따라서 무방비 상태인 이들을 보호하기 위해 대중문화와 매스미디어를 재점검하고, 평가하는 것이 중요하다.

이에 앞서 우리는 매스미디어를 통해 동성애, 트랜스젠더가 공론화되는 이 시대의 사회문화적 배경에 대해 깊이 생각해 볼 필요가 있다. 오늘날 우리 사회의 밑바닥에 깔려 있는 인본주의(人本主義)는 인간이 하나님보다 더욱 큰 주체로 등장하면서 인간의 욕망인 동성애마저도 받아들이고 있다. 인본주의

14) 신국원, 『신국원의 문화이야기』(서울: 한국기독학생회출판부, 2002. 6.), 46-47.

사회와 문화에서는 인간의 모든 행위의 결정주체가 하나님이 아닌 인간으로 옮겨갔기에 매스미디어의 프로그램 역시 당연히 인간이 기획하고 제작한 것이다. 따라서 우리 안에 무의식적으로 품고 있는 인본주의 사상이 동성애 프로그램의 제작 과정에 담기기 때문에 이를 대체할 기독교적인 세계관과 이에 동참할 크리스천들이 필요하다.

나날이 증가하는 대중문화와 이를 전달하는 매스미디어에서는 크리스천들이 구별된 기독교 문화를 만들기 위해 많은 노력이 필요하다. 매스미디어에서 인간의 성(性)을 상품화, 우상화에 동조하는 것을 보았다. 언론은 선정적, 흥미 위주로 동성애에 접근하는 것, 동성애 코드문화를 시청률 올리기에 이용하는 것 등에 대한 자기반성이 있어야 하며, 스스로 정화 의식을 가져야 한다. 또한, 동성애와 관련해 신본주의(神本主義)를 배격하고 창조의 섭리를 거스르는 인본주의를 지향(志向)하는 보도 또는 방송을 제작하는 것을 지양(止揚)하는 노력이 필요하다.

제2장
동성애와 춤추는 영화

강진구
(고신대학교 컴퓨터영상선교학과 교수, 영화평론가)

I. 동성애, 영화를 발견하다

만일 이 세상에 영화가 없었더라면 동성애는 오늘날만큼 사회적 확산을 이루며 지지를 받기 어려웠을 것이다. 동성애는 영화를 통해 쉽고 자연스럽게 대중들과 만났고, 세상에 인식되었으며, 존재의 가치를 인정받았다. 이제 동성애 영화 제작은 예전만큼 큰 뉴스거리가 되지 않으며, 동성애자들의 모습을 한 번쯤 영화 속에 집어넣는 일은 음식의 소금만큼이나 꼭 필요하고 자주 애용되는 일은 아니더라도 후추 정도의 기호적 성격으로 매우 가깝게 활용되고 있다.

1990년대 이전까지만 하더라도 동성애를 주제로 삼거나 최소한 동성애에 대한 묘사를 영화 속에서 발견하는 일은 지금처럼 쉽지 않았다. 그것은 동성애자들이 사회에 존재하지 않았기 때문이 아니라 동성애에 대한 생각은 우리 삶으로부터 외계인보다 더 멀리 자리하고 있었던 까닭이다. 그러다 간혹 동성애를 유추할 만한 장면이라도 나오면 해외토픽을 대하듯 신기해하며 화제가 되기도 했다.

시드니 폴락 감독의 〈투씨(Tootsie)〉(1982)는 할리우드가 동성애 영화를 본격적으로 다루는데 다리 역할을 했던 작품이다. 이 영화에는 TV연속극에 출연하기 위해 여장 남자 역할을 하는 더스틴 호프만이 등장한다. 감쪽같이 여자 역할을 하는 덕분에 그는 남성으로부터 구애를 받는 한편, 자신이 좋아하는 여성인 제시카 랭(이 여성 역시 더스틴 호프만을 여성으로 여기고 있다)과는 동성애란 오해를 사는 바람에 갈등을 겪게 되는 이야기를 담고 있었다. 이 영화가 개봉되었을 때 비록 여장 남자의 역할이지만 동성 간의 잠자리를 묘사한 까닭에 미국의 언론들은 한바탕 법석을 떨었던 일이 있었다. 영화의 구조나 내용상으로는 코미디물에 적합한 웃음 유발 요소로서 동성애에 대해서 혐오하는 당시 사회의 의식을 반영하는 것 같았지만, 여 주인공 제시카 랭이 외형상 여성으로서의 더스틴 호프만의 사랑을 담은 키스를 수용함으로써 동성애는 숭고한 사랑의 영역으로 들어오는 데 성공했다. 이것은 관객들이 가질 수 있는 동성애에 대한 부정적 감정을 자신도 모르게 허무는 역할을 하게 만들었으며 일부의 관객들에게는 이것을 이성애로 봐야 할 지, 아니면 동성애로 봐야 할지에 대해 혼란을 주는 일이기도 했다. 스크린 밖의 사실은 이성애이기 때문에 별문제 없어 보이지만, 스크린 위의 캐릭터는 분명 동성애적 행위를 하고 있는 까닭이다.

그런데 21세기를 사는 우리는 더 이상 여장 남자의 캐릭터가 일으킬 수 있는 동성애적 상황 때문에 고민하지 않는다. 영화에서 동성애는 더 이상 청소년들에게 유해물도 아니며 일반적인 이성애와 마찬가지로 직접적인 노출의 수위를 기준으로 관람등급을 정하고 있는 실정이다.

김조광수 감독의 〈친구 사이?〉(2009)는 노골적인 게이영화를 표방하며, 내용 또한 연출자 자신이 동성애자가 아니라면 도저히 만들 수 없을 만큼 동성애에 대한 세밀하고 적극적인 묘사로 화제가 된 영화다. 2009년 이 영화는 영상물등급위원회로부터 청소년관람불가 등급을 받았지만, 15세 관람등급을 요구한 제작사는 성소수자인권단체와 함께 판정에 불복하여 2010년 2월에는 "동성애에 대한 차별"이라며 행정 처분 취소 청구 소송을 제기한바 있다. 흥미로운 점은 영상물등급위원회가 〈친구 사이?〉란 영화에 내린 청소년관람불가의 이유가 동성애가 아닌 선정성에 있었다는 사실이다. 영상물등급위원회는 "신체 노출과 성적 접촉 등의 묘사가 구체적이고 직접적인 표현이 있기에 청소년에게 유해한 내용을 포함하고 있는 영화"라고 판단했다. 영화에서 동성애는 이성애와 똑같은 대접을 받는다. 동성애의 노출 수위가 판단의 기준으로 작용할 뿐 동성애 그 자체는 우리 사회에 아무런 제재를 받지 않는다. 더 나아가서 동성애에 대한 차별적 판단은 오히려 법적 규제를 받는 현실이다.

〈친구 사이?〉의 청소년관람불가 판정에 따른 동성애 차별 논쟁은 끝내 법정으로 갔고, 2010년 9월에 서울행정법원은 〈친구 사이?〉의 손을 들어주었다. 제작사가 제기한대로 이 영화에 대한 청소년관람불가 등급 판정을 취소하라는 결정을 내린 것이었다.

이것은 바로 영화로 시작한 동성애 문화의 대중적 접근이 이제는 법적인 보호를 받으며 당당히 우리 사회의 문화로 자리 잡기 시작했음을 뜻하고 있는 것이다. 어떻게 이런 일이 벌어진 것일까?

II. 한국 사회의 동성애 영화 전개 상황

한국 사회에서 동성애가 영화에서 등장한 것은 김수용 감독의 문예영화 〈갯마을〉(1965)이 처음인 것으로 알려져 있다. 바다에 남편을 잃고 과부로 살아가는 여인들의 삶 가운데 동성애를 암시하는 대목이 나온 것이 전부였다. 때 묻지 않은 자연 속에서 살아가는 여인들의 모습이 서정적으로 그려졌고 문학작

품을 영화할 때 흥행에 성공할 수 있음을 보여 준 작품이기도 했다.[15] 신상옥 감독의 〈내시〉(1968)에서는 궁궐 안의 상궁들의 동성애가 은연중에 묘사되기도 했다. 그러나 이 영화들 속의 동성애는 바다와 같은 자연이나 궁궐 같은 폐쇄된 공간이라는 환경과 연결되어 있어서 주인공을 둘러싸고 있는 상황을 설명하는 데 필요한 지극히 작은 소품의 역할밖에 하지 못했다. 즉 지금의 동성애 영화와는 매우 다를 수밖에 없다.

최근 한국에서 개봉된 국내 혹은 국외의 동성애 영화들은 표현방식과 주제에 따라서 세 가지로 분류할 수 있다.

첫째는 동성애 코드를 가진 영화이다.

하길종 감독의 〈화분〉(1972)은 1970년대 정치적 암흑기에 기존의 가치체계에 대한 전복적인 묘사가 두드러진 작품으로 평가받고 있다. 푸른 집의 주인인 현마의 새 비서로 들어온 단주란 남성이 현마를 포함한 주변의 여성들과 모두 성관계를 맺으며 그 집을 파멸시키고 떠나는 과정을 보여 주었다. 묘하게도 영화 속 배경이 된 집의 이름이 '푸른 집'인 까닭에 청와대를 연상케 한다는 점에서 정치사회풍자극으로도 읽혔던 작품이다. 이 속에서 동성애는 명확히 드러나지만 그렇다고 동성애의 주장을 나타내고 있는 것은 아니다.

영화 〈주홍글씨〉(2004)는 강력계 형사 기훈(한석규)를 중심으로 살인사건의 용의자 선상에 오른 매혹적인 미망인 경희(성현아)가 얽힌 사연이 한 가닥을 형성하고, 순종적인 아내 수현(엄지원)과 그녀의 친구이자 기훈의 애인 역할을 하는 가희(이은주)가 또 다른 가닥을 형성하여 줄거리를 끌고 가는 스릴러와 통속 멜로물이 결합된 이중나선형구조로 이루어진 영화다. 한 남자와 두

---

15) 〈갯마을〉은 오영수의 동명의 단편소설을 영화화한 작품이다. 남자들이 바다에서 사라진 후 성의 욕망을 해소하는 바다에서의 물질, 남녀가 유별한 시대에 함께 밧줄 당기기 등에 임하는 모습들에서 해학적인 면모를 엿볼 수도 있다. 특히, 인상적인 것은 과부들 간의 동성애를 암시하는 장면들도 있다는 점이다. 그러나 욕망에 찌들지도 또한 그러한 것을 숨기지도 않고 자연스럽게 비밀을 공유하고 살아가는 모습들에서 건강함도 느낄 수 있다. http://landi.co.kr/165

여자의 삼각관계로 겹겹이 꼬여 있는 영화 속 현실은 새로울 것이 없지만, 감독은 결론 부분에서 수현과 가희 사이에 동성애적 코드를 집어넣음으로써 이전의 삼각관계 드라마에서는 볼 수 없었던 또 다른 치정의 현실을 드러내고 있다. 이는 획일화된 통속 멜로에 불과하다는 비판을 벗어나서 관객들이 익숙한 장르영화에 동성애 코드를 삽입하여 나름대로의 독창성을 발휘하고 있다는 평가를 받을 수 있게 만든다. 감독은 이 부분에서 관객이 전혀 예상하지 못했던 일종의 반전충격효과를 받을 것이라고 기대했던 것으로 보인다. 부인의 친구와 바람이 난 남자 주인공에 대해 심리적 비난이 쏟아질 무렵, 사실은 두 여자가 동성애적 관계가 있었고 이를 유지시키기 위한 갈등이 숨어 있었다는 사실은 한국 영화에서는 처음 나타난 새로운 장면임에는 틀림없다

　　동성애 코드를 지닌 영화를 대표하는 것은 역시 이준익 감독의 〈왕의 남자〉(2005)가 대표격이다. 이준익 감독은 외줄을 타는 천한 신분이지만 왕과 겨룰 만큼 담대하고 또한 자유로운 광대들의 모습을 표현함으로 관객들은 한껏 긴장과 이완, 웃음과 슬픔의 감정을 쏟아낼 수 있었다.

　　특히 이준기라는 신인 배우가 열연한 여장 남자의 공길 역은 매우 큰 볼거리임에 틀림없다. 내용상으로 공길은 같은 광대인 장생과 자신에게 신분 상승의 기회를 제공한 연산군 사이에서 일어나는 삼각관계의 중심축 역할을 한다. 이 영화가 동성애적 코드를 가지고 있다고 지적받는 것은 이러한 설정 때문이다. 여느 여자보다도 더 여성적이고 아름답지만 남자 광대라는 설정은 이미 〈패왕별희(覇王別姬)〉(1993)에서 써먹은 것이지만 왕의 남색의 대상이 된다는 점에서 관객의 흥미를 끌기에 충분했다고 볼 수 있다. 그러나 보수적인 한국 사회에서 동성애 코드를 가진 영화가 비난이 아닌 한국영화의 힘으로 인정받고 있는 것은 역시 감독의 뛰어난 포장능력에 기인한 것이다. 공길은 극중 왕에게는 색정의 대상이었을지라도 관객에게는 처량하고 슬픈 인생으로 다가왔다. 자신을 좋아하는 장생이 두 눈을 뽑힌 채 외줄을 타고, 또한 자신을 좋아한 왕이

장생을 향해 활을 쏘는 것을 보는 한 인간의 회한이 관객들에게는 깊은 연민을 동반한 유희로 받아들여졌던 것이다.

주인공 공길에 대한 관객의 관심은 곧 이어 '예쁜 남자 신드롬' 혹은 '이준기 신드롬'을 일으킬 만큼 한국 사회의 꽃미남 열풍의 근원지 역할을 톡톡히 했다는 평가를 받았다.

둘째, 동성애에 대한 사회적 의미를 주제 의식으로 드러낸 영화다.

박재호 감독의 〈내일로 흐르는 강〉(1995)은 동성애를 받아들이지 않는 사회 속에서 자신의 성 정체성을 숨기고 살아가는 남성이 중년의 가장을 사랑하는 이야기를 보여 줌으로써 한국 사회에서 본격적인 동성애에 대한 불편한 이해를 사회적 논의로 제기시키는데 성공했다.

그러나 전 세계적으로 인권 차원에서 동성애 문제를 부각시킨 것은 조나단 드 미 감독의 〈필라델피아〉(1993)였다. 미국 국민배우라고 말할 수 있는 톰 행크스가 에이즈에 걸린 동성애 변호사로 나와 열연했다. 영화는 동성애자란 이유로 대형 로펌에서 해고된 배킷(톰 행크스)이 동성애에 대해서 부정적인 생각을 가지고 있었던 흑인 변호사 밀러(덴젤 워싱턴)와 함께 자신의 부당 해고에 대한 변론에 나서는 이야기를 담고 있다. 이야기는 두 가지의 중요한 흐름을 보여 준다.

하나는 동성애에 대한 혐오감이 있던 밀러의 변화되는 모습이다. 배킷이 처음 밀러 변호사를 찾아가 자신이 에이즈 환자라고 말하자 황급히 손을 뺀다. 밀러는 단호히 거절함은 물론 주치의로부터 에이즈의 감염경로에 대한 조언을 들을 만큼 예민하게 반응하고, 아내에게는 동성애자에 대한 부정적 감정을 서슴없이 드러낸다. 그러나 에이즈 환자라는 이유로 도서관 사서에게 냉대를 당하는 배킷을 본 밀러는 마음을 바꿔 배킷이 받는 사회적 부당함과 맞서 싸우기 시작한다. 이것은 관객으로 하여금 이중의 동일시를 가져오게 만든다. 배킷과의 감정적 교감을 통해 사회로부터 당하는 억울함에 대한 안타까움과 분노를 갖게 만들고, 밀러와의 동일시를 통해 에이즈 환자는 물론 동성애자들에게 우호적이고 동정적인 마음을 품게 하는 것이다.

또 하나는 법정에서 배킷이 승리함으로써 동성애자들을 인간적으로 수용하는 일이 가치 있는 일이란 확신을 갖게 만드는 흐름이다. 한 기자가 동성애의 권리를 주장하는 것이냐고 질문하자 밀러는 이렇게 답한다.

"여기는 필라델피아입니다. 형제애의 도시죠. 자유가 탄생하고 독립선언이 이루어진 곳입니다. 독립선언문에는 '이성애자들'이 아닌 '모든 인간은 평등하다'고 쓰여 있죠."[16)

동성애에 사회적 정당성에 대한 교육과 믿음은 〈필라델피아〉에서 이미 끝나버렸다고 할 수 있다. 배킷을 내쫓은 로펌은 이성애자들의 집단이지만 그들은 이기적이며 편견으로 가득 찬 비이성적인 사람들이다. 법정 앞에서 동성애를 반대하는 시위자들은 광신도 집단으로 비춰질 뿐이다. 이것은 영화가 대립구조를 설정하여 특별한 감정을 끌어내는 데 성공한 결과로 볼 수 있다. 선과 악의 대립구조를 형성하고 관객들을 승리한 편에 세우게 하면 영화를 통한 메시지 전달은 성공을 거두게 된다. 물론 반대편에 서 있는 인물들은 쉽게 매도되는 경향이 있다.

셋째, 동성애 그 자체의 미학을 추구하는 영화다.

영화가 추구해 온 동성애의 미학은 동성애 주인공의 애정을 이성애자들의 사랑의 틀에 맞추면서 아울러 사회적 갈등을 통한 깊은 내면의 상처를 조명하는 방식으로 진행되고 있음을 보게 된다. 이안(李安) 감독의 〈결혼 피로연〉(1993)이나 왕가위(王家衛) 감독의 〈해피 투게더〉(1997)는 사랑의 순수성이나 애정생활에 있을 수 있는 질투와 갈등 등이 이성애자들의 그것과 하등 다르지 않다

16) 연동원 저, 『영화 대 역사—영화로 본 미국의 역사』(서울: 학문사, 2001), 344.

는 것을 보여 주었다. 특히 진개가(陳凱歌) 감독의 〈패왕별희〉(1993)는 어린 시절부터 경극학교에서 같이 자라면서 주인공 남녀 역할을 해 왔던 두 남자의 우정이 아닌 사랑이 얼마나 절절할 수 있는지를 보여 줌으로써 동성애의 깊이에 대해서 관객들이 눈을 뜨게 만들었다는 평가를 받기도 했다.

그러나 지금까지 동성애 영화 가운데서 미학의 최고봉은 역시 이안 감독의 〈브로크백 마운틴(Brokeback Mountain)〉(2005)에서 우뚝 솟았다고 볼수 있다. 로키 산맥의 브로크백 마운틴에서 양떼를 치는 두 청년의 동성애가 거대한 자연을 배경으로 섬세하면서도 심도 있게 묘사되고 있다. 남자 주인공은 결혼 후 두 아이와 아내가 있는 가장이 되었지만 목동 시절에 경험한 동성연인에 대한 그리움을 잊지 못해 20년 동안 연인과의 여름철 짧은 사랑을 나누는 행보를 계속한다. 그리고 연인의 죽음 뒤에 알게 된 사랑의 진실은 불륜관계에 있던 이성애자의 가슴 절절한 사랑이야기처럼 관객들의 마음에 슬픔의 심미적인 궤적을 남겨 놓는다. 결국 이 영화 속 동성애란 그것이 얼마나 아름다운 사랑이야기이며, 이성애 중심 사회에서 겪어야 하는 슬픔과 갈등의 인생임을 말해 주고 있는 것이다.

영화평론가 안시환은 『씨네21』 541호(2006년 2월 28일)에서 이렇게 언급한 바 있다.

"〈브로크백 마운틴〉은 낭만적 사랑에 대한 영화이자 동성애 영화이기도 하지만, 그보다는 열정은 있으나 그에 풍덩 빠져 들지 못하는 보편적인 인간들의 좌절에 대한 영화에 더 가깝다."

그는 이 동성애 영화의 사랑을 보편적인 인간 삶의 이야기로 해석하고 있다. 그런데 이 점이야말로 동성애 영화의 미학을 드러내는 일이라 할 수 있다. 동성애자들이 항상 주장하는 것은 자신들의 사랑과 행위가 이성애자들과 조금도 다를 바 없다는 것 아닌가!

III. 영화 속 동성애 묘사와 사회인식

서구 학계에서는 영화 속에서 동성애와 동성애자들을 묘사하는 방법이 관객의 의식에 미치는 영향에 대해서 일찌감치 조사한 바 있다. 이러한 조사는 특정 소수집단에 대한 조사와 더불어 함께 이루어져 왔다. 이러한 연구는 미국과 같은 백인 중심의 사회에서 흑인이나 아랍인 혹은 동성애자 등 특정 소수집단에 대한 왜곡된 이미지가 반복됨으로써 집단정형화 효과를 가져올 수 있다는 가설에 근거한 것이다. 비록 대부분의 연구가 TV를 대상으로 분석한 것이지만 '원 소스 멀티 유즈(One Source Multi Use)' 방식으로 유통되는 영화의 특성을 고려할 때 유사한 결과를 기대할 수 있을 것이다.

예를 들어 TV나 영화 속에 등장하는 흑인들의 이미지란 강도나 절도범, 알코올이나 마약중독에 제대로 교육받지 못한 하층민으로 등장하는 경우가 많다 보니 흑인에 대한 부정적 고정관념이 형성되는 것과 같은 결과를 가져오는 것이 집단정형화효과의 예라 할 수 있다. 영화 〈다이하드3〉에서 테러리스트들의 수수께끼 놀음에 맥클레인(브루스 윌리스)과 동병상련의 처지가 된 흑인 해수스(사무엘 잭슨)는 '흑인이라면 다 핀 하나로 자물쇠를 딸 수 있으리라 생각하는 것은 백인들이 가진 편견'이라고 소리 높여 말하는 것 역시 집단정형화효과를 영화 스스로 말하는 아이러니가 아닐 수 없다.

그렇다면 영화 속 동성애에 대한 이미지는 어떤 집단정형화효과를 가져올 것인가? 세드릭 클라크(Cedric Clark)는 소수집단을 묘사하는 미디어의 방식에 대한 변화과정 이론은 한국 영화에 나타난 동성애자들의 묘사가 어느 단계에 와 있는지를 가늠하게 한다.[17]

세드릭 클라크는 1969년 텔레비전이 소수 집단을 묘사하는 방식이 4가

---

17) Richard J. Harris, *A Cognitive Psychology of Mass Communication*, 이창근, 김광수 역, 『매스미디어 심리학』, 나남신서 199 (서울: 도서출판 나남, 1991), pp 68-69.

지 단계로 변화한다는 사실을 발표했다.

처음은 '부인(否認, nonrecognition)'의 단계다. 소수집단이 미디어로부터 아예 배제되는 단계를 말한다. 긍정적이든 부정적이든 묘사 자체가 없기 때문에 현실 세계에서 이 소수집단을 경험하지 않은 사람이라면 이런 사람들이 세상에 존재하는지를 알지 못한다.

두 번째 단계는 '조소(嘲笑, ridicule)'의 단계가 있다. 한 사회의 지배 집단이 특정 소수집단은 무능하고 비지성적인 광대의 위치로 묘사함으로써 그들을 조롱하는 한편으로 자신의 우월적 위치를 마음껏 과시하게 된다는 것이다.

세 번째 단계는 '조정(調整, regulation)'의 단계이다. 이 단계에서 소수집단은 현존하는 질서의 옹호자로 나타난다. 정부 관료나 형사를 맡기도 하며, 주인공 주변에 머무르며 주인공의 성공적 결말을 돕는 역할로 나서기도 한다. 즉 긍정적 이미지가 발산되기 시작하는 단계다.

마지막 네 번째는 '존중(尊重, respect)'의 단계다. 좋은 역이건 나쁜 역이건 가릴 것 없이 지배 집단이 해 왔던 역할을 똑같이 맡게 된다. 흑인들은 더 이상 악당으로만 등장하지 않고 교사나 형사, 심지어 대통령 역할을 맡게 된다. 덴젤 워싱턴이나 모건 프리먼과 같은 배우들이 흑인으로서 긍정적 이미지를 보여 주는 한편으로, 여전히 무명의 흑인 배우들은 나쁜 역할을 충실히 수행하고 있다.

중요한 것은 네 번째 단계에 이르렀다고 해서 정형화된 이미지가 사라졌다는 의미는 아니란 것이다. 등장인물의 유형이 다양해졌을 뿐이지 정형화된 이미지가 사라지거나 소수집단이 모두 호의적으로 그려지고 있다는 뜻은 아니라는 것이다.

그렇다면 지금 영화 속 동성애자들에 대한 묘사는 어느 단계에 와 있는 것일까? 앞에서 살펴본 영화를 적용하자면 세 번째 단계를 지나 네 번째 가까이에 와 있지 않을까 싶다. 영화 속에서 동성애가 조롱과 수치의 대상으로 부정적인 이미지를 보이는 경우는 갈수록 줄어들고 현존하는 사회질서에 편승하고 있는 모습을 보여 줄 뿐만 아니라, 일반 영화에서조차 주인공으로 등장하는 날도 멀지 않은 듯하다. 현대인의 성의식을 낱낱이 보여 준 마이클 패트릭 감독의 〈섹스 앤 더 시티〉는 적어도 할리우드에서 동성애에 대한 의식의 단계가 결코 낮지 않음을 말해 주고 있다.

네 명의 뉴욕 여성의 개성 있고 적극적인 성과 사랑을 보여 주어 화제가 된 이 영화 속 동성애는 자연스럽고 일상적인 삶 한가운데 자리하고 있다. 2008년도에 개봉된 1편에서 영화는 시작하자마자 거리를 활보하는 네 여성 뒤로 잘생긴 남성 두 사람이 연인처럼 키스하는 장면이 나온다. 이를 지켜보며 아쉬워하는 여주인공의 모습은 적어도 이성애 중심의 주인공들의 시선을 통해 영화가 말하고자 하는 동성애 인식을 드러낸다. 그것은 이성애적인 자신의 성향에는 맞지 않는 다른 사람의 취향일 뿐이라는 메시지다. 동성애에 대한 어떤 혐오나 비웃음, 혹은 신기함이란 없으며 단지 뉴욕이란 도시의 다양성을 반영하는 성문화의 하나란 사실을 드러낸다. 〈섹스 앤 더 시티 2〉에서 동성애는 훨씬 더 문화적으로 일반화시키는 것을 알 수 있다. 주인공 캐리는 동성애자 친구의 결혼식에서 들러리로 나선다. 이 동성애 커플의 화려한 결혼식과 이성애자들인 네 주인공의 참여는 이 영화가 동성애자들에 대해서 어떠한 편견도 가지고 있지 않을 뿐더러 전혀 이상하지 않은 자연스러운 우리 삶의 한 면임을 드러낸다.

IV. 동성애 영화의 설득 구조

이누도 잇신 감독의 일본 영화 〈메종 드 히미코〉(2005)는 동성애에 대한 부정적 생각으로 가득 차 있는 지성적인 관객마저도 마음을 흔들리게 만들 만큼 연출력이 탁월한 영화다. 이미 〈조제, 호랑이, 그리고 물고기들〉이라는 영화를 통해서 일상적인 삶의 공간 속에서 아름다움을 찾아내는 데 뛰어난 재주를 인정받은 감독이 만들었다는 사실을 다시 한 번 이 영화를 통해서 확인할 수 있다. 지중해 풍의 빨간 기와를 얹은 요양원과 그 앞에 전개되는 바닷가 풍경, 그리고 아기자기한 소품들은 지저분할 것만 같은 동성애에 대한 편견을 말끔하게 씻어 내는 정화 및 청량작용을 위해 만들어진 미장센이다. 오히려 요양원 밖의 이성애자들의 공간, 예를 들어 사오리가 일하는 사무실 풍경은 딱딱하고 가라앉아 있으며 직장상사와 여직원 간의 성행위 장면을 통해 이성애자들의 사회가 오히려 더 성적으로 방종한 모습을 보이고 있다.

영화는 사오리라는 이름을 가진 20대의 일반 이성애자 여성의 시각으로 바라본 동성애자들의 세계를 담고 있다. 사오리는 오래 전 어머니와 자신을 버리고 집을 나간 게이 아버지 히미코에 대한 원망으로 가득 찬 삶을 살고 있다. 항상 돈에 쪼들리는 삶과 보잘것없는 직장은 그녀의 답답한 인생의 전부인 양 다가온다. 그러던 어느 날 아버지의 젊은 애인인(그 역시 게이다) 하루히코가 나타나 그녀의 아버지가 운영하는 게이요양원에서의 아르바이트를 제안한다. 젊고 잘생긴 게이 남자에게 마음이 끌리는 한편으로 원망스런 아버지를 만나야 하지만 돈이 워낙 궁했던 사오리는 이를 수락하고 '메종 드 히미코(히미코의 집)'라고 불리는 게이요양원에서의 새로운 세계를 경험하게 되는 것이다.

〈메종 드 히미코〉가 보여 주는 관객을 향한 설득의 구조는 크게 세 가지로 나누어 볼 수 있다.

첫째는 동성애에 대한 오해와 편견의 상황을 부각시킨다. 주인공 사오리는 아버지가 어머니를 배신했다고 믿고 있다. 즉 이성애자인 자신과 어머니를 버린 동성애자 아버지가 미운 것이다. 이것은 가정을 버리고 떠난 아버지들에 대해서 자녀들이 갖는 일반적인 원망의 감정일 수 있지만, 아버지가 게이라는 상황 속에서 빚어진 운명적 삶을 이해하지 못하는 가운데서 나타난 현상으로 영화는 몰고 간다는 점에 유의해야 한다. 동성애에 대한 편견의 극치는 요양원 동네에 사는 꼬마들의 행태에서 드러난다. 꼬마들은 게이 노인들을 향해 "게이는 물러가라"고 놀리고 담벼락에다 큰 글씨로 낙서까지 해댄다. 동성애 코드를 다룬 영화에서 동성애자는 항상 약자로 등장한다는 사실을 알아야 한다. 비록 장난꾸러기 어린 아이들이지만 그들은 동성애자들을 놀리는 강자의 역할을 하고 있는 것이다. 어린 아이들의 장난이지만 동성애자에 대한 이해가 전혀 없는 것은 아이들이나 일반 세상이나 다르지 않음을 영화는 말하고 있다.

둘째는 동성애자들의 삶에서 진한 휴머니즘을 풍긴다. 일단 동성애자들 역시 일반 사람과 다르지 않음을 보여 준다. 〈메종 드 히미코〉의 게이 노인들은 장기를 두고 음식을 나누며, 일본의 절기를 지키고 사랑하는 가족을 그리워하는 사람들이다. 손녀가 보내 온 엽서에 감동하지만 혹시라도 병에 걸린 자신이 가족에게 누가 될까 전전긍긍하는 모습은 죽음을 앞둔 노인들에게서 풍겨 나오는 진한 가족애가 아닐 수 없다.

동성애 영화를 보러 오는 관객들 가운데는 노골적인 동성애 베드신 장면을 기대하고 오는 사람들도 없지 않아 있다. 그러나 지금까지 동성애 코드를 지닌 영화 가운데서 노출이 심한 동성끼리의 베드신을 보여 줘서 흥행에 성공한 영화는 단 한 편도 없다. 〈왕의 남자〉가 분명 동성애 코드를 지니고 있음에도 불구하고 보수적인 한국의 중년층이 즐겨 볼 수 있었던 이유는 노출이 심한 동성애 장면을 빼는 대신에 인간애와 연민의 정을 느끼게 만드는 광대의 삶을 보여 주었기 때문이었다.

셋째는 동성애에 대한 왜곡된 시각의 변화와 교정이 이루어진다. 사오리는 자신의 아버지가 어머니와 화해했다는 사실을 알게 되고 죽음을 앞둔 아버지에 대한 배신의 감정을 거둔다. 젊은 게이 하루히코와의 사랑에 실패하고 바람둥이 직장 상사와 사랑을 나눠 보지만 그녀의 마음은 '메종 드 히미코'에 있음을 알고 다시 돌아온다. 동성애자나 이성애자 모두에게 성은 중요하지만 삶의 전부는 아니며, 성적인 이해 관계와 관계 없이 이성애자가 동성애자들 무리 속에서 인간으로의 행복감을 느낄 수 있다는 사오리의 변화된 시각을 보여 주는 대목이다. 아울러 '게이는 물러가라'고 외치며 적대적인 모습을 보이던 소년이 '메종 드 히미코'를 방문하고 함께 식사를 나누는 등의 시작과는 정반대되는 행동의 변화를 가져오는 장면도 볼 수 있다.

이 영화를 보는 관객들은 여주인공 사오리의 눈을 통해 동성애자들 모습을 바라보고 있다는 사실을 기억해야만 한다. 그것은 동성애자를 향한 주인공의 변화된 시각을 마음에 담아 두고 극장문을 나설 수 있다는 뜻도 되는 것이다. 레닌이 말하지 않았던가! '영화는 가장 힘 있는 예술'이라고. 동성애 영화는 사오리처럼 얼마나 많은 관객의 마음을 바꾸어 놓았을까.

V. 동성애 영화와 청소년

민규동 감독의 영화 〈서양골동양과자점 앤티크〉(2008)(이하 앤티크)는 청소년들과 여성들이 좋아할 만한 감수성을 지닌 동성애 영화다. 15세 이상 관람가를 받은 만큼 고등학생은 자유롭게 이 영화를 볼 수 있고, 중학생들은 보호자를 동반하면 입장이 가능하다. 동성애를 그린 영화를 어떻게 어린 청소년이 볼 수 있는가라고 묻는다면, 지금 세상 문화가 교회의 생각대로 움직이고 있지 않다는 사실을 말하지 않을 수 없다.[18]

미소년들의 노골적인 동성애를 다루는 일본 '야오이(やおい)'만화는 지난 몇 년 동안 중고등학교 여학생들에서 20대 젊은 여성들에 이르기까지 폭넓은 인기를 얻고 있는 중이다. 꽃미남들이 나와서 서로 키스하고 엉덩이를 만지며

---

18) 강진구, "동성애 영화와 바탕효과," 「월간 성광」, 2009년 1월호. 신앙잡지인 「월간 성광」에 실린 글을 재구성 한 것임.

사랑을 하는 영화 〈앤티크〉는 바로 '야오이 만화'를 스크린에 옮긴 것이다. 또한 2003년 4월 3일 청소년보호위원회는 인터넷상의 동성애 사이트를 청소년유해매체에서 제외하기로 공표한 바 있다. 동성애자인 홍콩의 영화배우 장국영이 자살한 지 이틀이 지난 후였다. 동성애 문화가 청소년들의 성에 대한 정체성에 혼란을 줄 수 있다는 염려는 기독교가 아니더라도 늘 제기되었던 문제다.

한국간행물윤리위원회에서 발행한 '2007 심의연감'에 따르면 청소년유해만화로 판정받은 358권의 외국만화(주로 일본만화) 가운데 64%인 231권이 노골적인 동성애를 다룬 만화였다. 이 위원회의 김정숙 제2심의위원장은 이를 이렇게 분석하고 있다.

국가인권위원회의 동성애에 대해 청소년 유해매체 기준 삭제 권고 이후 동성애 소재 만화가 양적으로 증가하고 질적으로 단순 동성애가 가학적인 변태 성행위 등으로 갈수록 노골화하며 음란해지고 있다. 특히 2007년에도 지속적으로 발간된 일본 동성애 만화의 번역물은 이 같은 양상을 심화시켜 청소년들에게 지나친 성적 호기심과 동성애에 대한 잘못된 가치관을 갖게 할 우려를 낳고 있다.

그렇다면 이성애자가 압도적으로 많은 우리 사회에서 〈앤티크〉와 같은 동성애 영화가 먹히는 이유는 무엇일까? 동성애에 대한 호기심과 막연한 로맨스(romance)를 꿈꾸는 탓도 있지만 우리는 남성상에 대한 변화와 아울러 메시지보다 배경의 아름다움으로 승부하는 영화의 전략을 읽어낼 수 있다.

포스트모던 사회에서 남과 여를 완벽히 구별하는 성문화 의식은 사라지고, 남녀를 구분 짓지 않는 유니섹스 시대를 지나 이제는 여자보다도 더 외모에 신경 쓰고 자신을 가꾸는 남성들이 각광받는 메트로섹슈얼(Metrosexual) 시대가 도래했다. 예전 같으면 남자답지 못하다고 손가락질을 받을 법한 여자 같은 남자들이 젊은 여성들에게 사랑을 받는 시대로 변했다고 할 수 있다. 이는 남성중심의 가부장적인 사회의 몰락에 기인한 일이기도 하다. 그런데 남성 쪽으로 너무 기울었던 사회문화의 방향을 바로잡는 것은 좋은데 뜻밖에도 동성애 쪽으로 힘의 방향을 옮기는 것은 염려스럽기 그지없다.

그런데 대중문화 속에 등장하는 동성애에 대해서 이질성 내지는 거부감을 잘 느끼지 못하는 것은 동성애 메시지를 둘러싼 주변의 환경들, 즉 미술이나 배경, 음악, 멋진 배우와 같은 요소들이 우리의 시선을 사로잡는 까닭이란 점에 주목할 필요가 있다. 이것을 우리는 바탕효과(ground effect)라고 부른다.[19] 세련되고 아름다운 감각적 배경이 그 위에 놓여 있는 사실이나 메시지에 대해서 이성적 판단을 압도하는 것이다.

이성보다 감성이 발달한 신세대들이 예쁜 동성애 영화에 열광하는 것은 모두 동성애 영화들이 바탕효과를 적절히 이용하고 있는 까닭이라 할 수 있다.

VI. 결론

1. 동성애 영화, 록 허드슨을 복권시키다

1985년 10월 2일, 할리우드 스타인 록 허드슨(Rock Hudson)이 AIDS에 걸려 사망한 사건은 오늘날 동성애 문화를 이해하는 데 매우 중요한 일로 여겨지고 있다. 의학적으로는 일반 사람들에게 전혀 낯설기만 한 용어인

---

19) Pierre Babin, www.internet. GOD, 이영숙 편역, 『디지털 시대의 종교』(서울: 한경PC 라인, 2000), 92-97. 프랑스에서 청소년 사역자로도 활동한 바 있는 피에르 바뱅 신부는 '그라운드(ground)'를 디지털 시대에 현대인들의 의식에 영향을 주는 요소로 간파하고 있다. 그라운드는 사진으로 치자면 윤곽의 구성으로서 메시지의 가치를 결정하는 요소로 말할 수 있다. 즉 영상에서 그라운드는 초점이나 메시지보다 먼저 시선이 가게 되며, 심리학적 용어를 빌리자면 의식의 배후에서 진행되고 있는 것이 의식의 전면에 떠오르는 것보다 훨씬 더 결정적일 수 있음을 말하는 것이다.

AIDS를 대중들에게 알림으로써 암과 더불어 인류가 시급히 해결해야 할 중요한 질병이라는 인식을 주었지만, 보다 중요한 파장은 사회문화 분야에서 일어났다. 록 허드슨이 동성애자란 사실이 밝혀지고, 동성애에 따른 결과로 그가 AIDS에 걸렸을 거라는 인식의 확산은 그의 명성만큼이나 확고하고 빠르게 전 세계로 전파되었기 때문이다. 그 결과 동성애에 대한 극단적 거부감이 확산되는가 하면 오히려 동성애자들과 동성애에 대한 우호적 감정을 지닌 집단의 결속이라는 상반된 인식의 차이가 분명해지게 되었다.

공세를 시작한 쪽은 전통적인 성 관념을 가진 보수진영이었다. 영화 〈자이언트〉(1956)의 주인공으로 영화 제목만큼이나 큰 몸집을 자랑하며 미국 대중의 우상이었던 이 영화배우의 사망원인이 당시 천형(天刑)처럼 여겨졌던 AIDS란 것과 아울러 그가 동성애자란 사실은 곧 동성애자들이 AIDS를 퍼뜨리는 주범이라는 생각으로 바뀌어 급속도로 퍼져 나가기 시작했었다. 동성애자들을 생각하면 AIDS를 떠올리던 시절이었던 만큼 동성애에 대한 부정적 인식의 골은 매우 깊었다고 할 수 있다.

한편 동성애자들의 위기의식은 고조될 수밖에 없었고 록 허드슨의 명예를 회복하기 위한 다양한 노력들이 경주되기 시작했다. 무엇보다도 자신이 동성애자임을 숨기고 살 수밖에 없었던 당시 사회의 폐쇄성과 배타성에 대한 비판으로부터 인류문화 발전에 기여한 역사적 인물들 가운데 적지 않은 수가 동성애자였다는 사실을 밝힘으로써 동성애에 대한 부정적 인식을 씻기 위한 노력이 병행되었다. 소크라테스를 비롯하여 알렉산더 대왕 같은 고대의 인물들 속에서 동성애적 기질을 뽑아냈는가 하면, 레오나르도 다 빈치와 미켈란젤로 같은 교회예술에 있어서 신성한 작품들을 만든 르네상스 시대의 천재들과 앙드레 지드와 오스카 와일드 등 근세 문학가들이 본의 아니게 현대 동성애 옹호론자들에 의해 커밍아웃이 되었다.

그러나 동성애자들이 우리 사회에 자신들의 존재를 인식시킨 데에는 인권운동과 연예오락산업의 영향이 컸다고 할 수 있다. 동성애자들에 대한 인권운동 차원의 접근은 이들이 사회로부터 편견과 냉대 속에서 희생당하고 있으며, 이성애자들과 똑같은 법적인 그리고 사회적인 평등을 누릴 권리가 있다고 주장하는데서 출발했다. 직장에서 소외받지 않음은 물론 동성애자들끼리의 결혼과 입양 문제, 심지어 목사 안수 문제에 이르기까지 법적인 투쟁과 사회를 향한 운동이 지속되었다. 미국과 유럽의 경우 각종 선거에서 동성애자들은 그들의 인권문제를 주요 쟁점으로 부각시킴으로써 오늘날 동성애는 정치적이며 권력과 연관된 문제로 확대되어 있는 상황이다.

가장 흥미로운 점은 연예오락산업이 이들의 든든한 후원자 역할을 해주었다는 사실이다. 동성애에 대한 부정적 인식이 뿌리 깊은 보수층은 여전히 주류문화를 형성하고 있으며 최소한 세계관의 영역에서 만큼은 이성애가 인간의 본래적인 행위라는 신념을 바꾸기가 쉽지 않았다. 그러나 영화와 같은 연예오락산업은 본래부터 감성에 충실한 영역이었을 뿐만 아니라 금기에 대한 도전을 상업화하는데 남다른 재주가 있었다. 즉 동성애와 같이 주류문화 속에서 금기시되는 사항을 오락의 대상으로 만들어 그것을 자연스럽게 보고 즐기도록 만들기 시작했다는 사실이다. 특히 영화라는 매체의 독특한 '엿보기 기능'은 수많은 이성애자 관객들로 하여금 동성애자들의 삶과 성에 대한 호기심을 충족시켜주는데 더할 나위 없이 좋은 역할을 했다고 볼 수 있다.

2. 동성애 문화 속의 그리스도인은 어떻게 살 것인가?

2005년 화제작인 민규동 감독의 〈내 생애 가장 아름다운 일주일〉은 가슴 아프지만 그래도 현대 사회에서 보기 드문 절절한 일곱 커플의 사랑 이야기들을 다채롭게 엮은 멜로드라마다. 그런데 이 영화에도 동성애 코드가 등장한다는 사실을 아는 관객은 그리 많지 않다. 오직 출세만을 바라보며 달려온 중년의 조 사장(천호진)과 조 사장의 집에 가정부로 취직한 젊은 남자 태현(김태현)과의 관계에서 수상한(?)점을 눈여겨 볼 필요가 있는 것이다. 우리가 이 영화뿐만 아니라 〈왕의 남자〉에서 조차도 동성애 코드를 읽을 줄 모른다면 두 가지 중 하나다. 동성애 문화가 너무 일상생활까지 깊이 파고드는 바람에 자연스럽게 지나친 것이거나, 아니면 동성애에 대한 문제의식이 아예 없었거나.

　　동성애를 자연스러운 이성애와 동일시하고 동성애를 지지하는 것이 마치 진보적이며 엘리트가 되는 양 착각하는 세대를 향해 그리스도인은 분명한 문제의식을 드러낼 수 있어야 한다. 동성애자들의 가슴 저리는 멜로드라마로 알려진 〈브로크백 마운틴〉에 대한 찬사가 쏟아질지라도 현실 속에서 우정을 애정인 양 바라보게 만드는 동성애 문화의 왜곡된 성에 대한 가치를 비판할 수 있어야 한다. 미국에서 조차 R등급(만 17세 이하는 보호자 동반)을 받은 영화를 노골적인 성애장면이 없다는 이유만으로 15세 이상 관람가 등급을 허용하는 우리 사회의 청소년에 대한 무관심을 지적해야 하는 것이다.

　　동성애 영화에 대한 그리스도인의 대안은 그것을 반대하는 성명서를 내는 것에 머물러서는 안 된다. 문화적 공세를 사회적 방패로 막기보다는 오히려 문화적인 접근을 통하는 일이 보다 현명할지 모른다. 즉 그것은 불륜이나 삼각관계와 같은 정형화된 수준을 넘어서서 대중들의 호응을 일으킬 만한 아름다운 이성애 영화를 만드는 일이며, 또한 그러한 영화를 적극적으로 소비하는 자세가 필요하다. 이는 수적인 우세를 이용하여 동성애 영화를 눌러야 한다는 뜻에서가 아니라 동성애자들을 이성애 현장으로 끌어들일 수 있는 기회를 제공하기 때문이다. 즉 동성애자들은 그들의 생각과 행동이 이성애자와 다르지 않다고 주장한다. 그것은 바로 사랑에 대한 본질적 그리움을 내포하고 있다는 뜻이 된다. 그들은 진정한 사랑과 관심을 필요로 하는 존재란 사실을 말하고 있는 것이다.

　　존 스토트(John Stott)는 이 점을 분명히 하며 교회가 어떻게 동성애자들을 이해하고 그들에게 접근할 것인지에 대한 지혜를 제공한다.

동성애 성향의 핵심에는 깊은 외로움, 상호적 사랑에 대한 인간의 본능적 갈증, 정체성의 추구 그리고 완전함에 대한 갈망이 있다. 동성애자들이 이를 지역의 '교회 가족'내에서 찾을 수 없다면 우리는 그러한 표현을 쓸 자격이 없다. 동성애 성관계의 따뜻한 육체적 관계냐 아니면 홀로 외롭게 격리되는 고통이냐 하는 양자의 선택만이 있는 것이 아니다. 제3의 길이 있다. 즉 사랑, 이해, 용납, 그리고 지지라고 하는 기독교적 배경이 있는 것이다.[20]

그리스도인의 대안은 영화에서뿐만 아니라 현실 세계에서도 행복한 이성애자로서의 삶을 사는데 있다. 인간을 남자와 여자로 구별되게 창조하신 동시에 한 몸 된 가정을 허락하신 하나님의 뜻을 우리의 사랑과 결혼을 통해 드러내는 일이다. 성에 대한 개념 속에도 그리스도인의 정체성은 분명히 드러나 있다(벧전 2:9).

---

20) John Stott, *Same-Sex Partnerships?*, 양혜원 역, 『존 스토트의 동성애 논쟁』(서울: 홍성사, 2006), 84 .

제3장
동성애, 그들의 고원(高原)

김호경
(서울장신대 신학과 교수)

Ⅰ. 정치적 배열로서의 동성애

사람들은 성 담론의 확산과 노골화가 세상의 변화를 드러내는 징조라고 생각한다.[21] 이러한 이해는, 서구의 이론적 사고 속에서 영과 육이 분리되고 육(肉)/성(性)이 저속하고 부끄러운 것으로 치부되어 왔던 반면, 근래에 들어서 성에 대한 이야기들이 확산되었다고 생각하기 때문이다. 그러나 푸코에 의하면 중세 이후 성은 억압을 받았다기보다는 담론화의 과정을 걸었다고 할 수 있다.[22] 성은 점차로 인간을 이해하는 데 배제할 수 없는 요소가 되었을 뿐 아니라, 사회의 기초단위라 할 수 있는 가족을 이해하는 요소가 되었기 때문이다. 이에 따라 모든 사회는 성에 관한 법률과 규범을 규정하고, 정치당국이 그것을

---

21) 양명수, "동성애는 죄인가?", 『기독교사상』, 487(2009.7), 123-7. 정숙자, "동성애자들이 더 인간답다", 『기독교사상』, 487(2009.7), 1138-142.
22) 푸코는 중세 이후 고해성사라는 형태를 통해서 성이 노골적으로 담론화되었다고 주장한다. 특히 그는 근대에 들어와서 이러한 섹슈얼리티가 정부의 통치 아래에 들어가게 되었고, 다양한 성 장치들이 성에 대한 억압이 아니라 성의 담론화로 이어졌다는 것을 강조한다. 푸코, 『성의 역사』1(경기도: 나남, 2004), 34-40.

통제하며, 세계의 모든 종교가 성적 행위에 대한 일정한 입장을 가짐으로써, 성적 질서를 확보하고 사회의 질서를 조절하게 되었다. 성에 대한 다양한 태도들이 가정이나 사회, 국가, 종교를 이해하고 유지하는 잣대가 된 것이다.

그렇다면, 어떤 성은 질서를 유지하는 긍정적인 성이 되고 어떤 성은 질서를 혼란하게 하는 부정적인 성이 되는가? 좋은 성과 나쁜 성을 나눌 수 있는 객관적인 기준이 가능한가? 푸코는, 이미 담론화되고 노골화된 성에 대한 이해가 특정한 부류의 사람들의 권력과 야합하여 성에 대한 정치적인 배합들이 일어났다고 주장한다. '정치적인 배합'이라는 표현은 성에 대한 이해가 누군가에게는 권력과 주도권을, 또 다른 누군가에게는 소외와 배제를 경험하게 한다는 것을 의미한다. 그러므로 성에 대한 이해는 인간이 특정한 사회 속에서 어떻게 힘을 얻거나 혹은 힘을 잃는 지를 알려 주는 준거 틀이라 할 수 있다. 성에 대한 이해가 이렇듯 정치적 배열을 전제로 한다면, 특정한 사회에서 금기시되었던 성에 대한 태도, 성적인 관계, 성적 정체성 등 역시 정치적 맥락에서 파악해야 할 필요가 있다.

오늘날 문제시되고 있는 동성애의 경우도 마찬가지이다. 동성애에 대한 사회적, 종교적 평가가 어떠한 정치적 함의를 내포할 수 있는가를 배제한 채, 동성애에 대한 호(好), 불호(不好)만을 드러내는 것은 동성애에 대한 적절한 접근이라 할 수 없을 것이다. 동성애에 대한 사회적 담론이 확산되고 있는 상황 속에서, 그것이 사회 속에서 작용하고 있는 배경에 대한 이해를 출발점으로 할 때, 문제의 해결방법을 찾을 수 있다고 생각하기 때문이다. 동성애에 대한 이러한 접근은, 본 논문의 목적이 동성애의 진리성의 여부를 논하려는 것이 아니라, 이성애를 진리로 받아들이고 동성애를 비진리로 받아들인다는 것이 무엇을 함의하는지를 다루는 것이기 때문이다. 더불어 예수가 처했던 상황 속에서 예수의 소수자들에 대한 태도를 살펴봄으로써, 동성애에 대한 오늘날의 문제를 푸는 열쇠를 생각해 볼까 한다.

II. 배제의 정치학

동성애에 대한 문제를 다루기 위해서는, 이와 연관된 용어상의 혼동을 정리해야 한다. 우선 선행되어야 할 것은, 성(sex), 젠더(gender), 성적 정체성(sexuality)이라고 하는 다양한 언어들에 대한 개념적 이해이다. '성'이라고 할 때, 그것은 타고난 생물학적인 구분, 즉 남자(male)와 여자(female)를 의미한다. 이에 비해서 '젠더'라고 하는 것은 소위 사회학적인 성개념(man/woman)을 의미한다. 인간은 남자나 혹은 여자라는 '성'을 갖고 태어나지만, 우리가 남성다움 혹은 여성다움이라고 하는 것은 사회적으로 형성되는 것이지, 태생적으로 주어지는 것은 아니다. 이러한 맥락에서 남자의 '성'을 가진 사람이 남성이라는 '젠더'로 살아가는 것은 사회적인 것이지, 본능적인 것은 아니라 할 수 있으며, 이는 여자의 경우에도 마찬가지이다. 이에 반해서, 섹슈얼리티는 좀 더 다양한 형태로 이해된다. 섹슈얼리티는 일차적으로 젠더화 된 성향, 누군가와 성적 관계를 욕망하거나 성적 관계를 갖는 것을 의미한다. 즉 한 개인의 성과 관련된 본질이나 생활 또는 성적 기능, 성적 욕망 등의 소유와 발동이라고 일반적으로 정의할 수 있다.[23] 이러한 의미를 포괄적으로 나타내기 위해서 섹슈얼리티를 성적 정체성으로 번역한다.

그런데 문제는 용어의 개념들뿐 아니라, 이들의 상관관계를 이해하는 것이다. 우리가 정상이라고 부르는 사람은, 남자의 성을 갖고 남성이라는 젠더로 성장하여서 여자에 대한 성적인 욕망과 성적인 관계를 갖는, 즉 이성애적 성적 정체성을 갖고 있는 자이다(인간은 남자로 태어나서 남성적이 되며 이성애적 사

---

23) 성, 젠더, 섹슈얼리티의 관계를 이해하기 위해서, '나는 여자가 아니다. 나는 레즈비언이다.'는 모니크 위티그의 선언이 유용하다. 그녀의 생물학적인 성은 여자이지만, 여성이라는 사회적 개념을 자신에게 적용시키지 않으며, 자신의 성적 정체성의 대상이 이성인 남자가 아님을 강조한다. 김미영, "동성애 정치학", 임인숙 외,『현대사회와 섹슈얼리티』(서울: 고려대학교출판부, 2009), 221-223. 메리 위스너-행크,『젠더의 역사』, 노영순 역 (서울: 역사비평사, 2009), 275-6. 홍순원, "동성애에 대한 문화윤리적 연구,"『한국기독교신학논총』64(2009), 264.

랑을 한다). 여자의 경우도 마찬가지이다. 이 과정에서 남자나 여자라는 성을 갖고 있는 사람이 일반적으로 받아들여지는 것과 다른 젠더와 성적 정체성을 갖게 되는 상황이 발생하는데, 그것을 비정상이라고 하며 동성애는 이 그룹 속에 포함된다. 동성애는, 남자라는 성을 갖고 있지만 남성화된 젠더를 갖고 있지 못하거나, 이성이 아니라 동성에게 성적 정체성을 가지는 경우에 발생한다. 여자의 경우도 마찬가지이다. 젠더와 섹슈얼리티에 대한 이러한 혼란이 남자와 여자를 바꾸기도 하고 동성 간의 사랑을 형성하게도 한다.

　도대체 왜 이러한 일들이 생기는가? 동성애의 원인에 대해서는 다양한 의견들이 있다. 그것들을 세 가지 정도로 나누어 생각해 보면, 첫 번째는, 동성애가 생물학적이며 선천적이라는 것이다. 즉 젠더와 섹슈얼리티의 변화들이 이미 태생적으로 비정상적인 형태로 주어졌다는 것이다. 두 번째는, 동성애가 후천적으로 사회문화적으로 학습된 현상이라는 것이다. 세 번째는, 동성애가 앞에서 언급한 두 개의 원인의 복합적인 상호작용의 결과라는 것이다.[24] 다양한 의견들 속에서 동성애의 원인을 하나로 단정할 수 없지만, 그 원인에 따라 동성애를 보는 시각이 크게 달라지는 것은 아니다. 예를 들면, 수혈로 에이즈에 감염된 사람이나 개인적인 성적 접촉에 의해서 감염된 사람이나 혹은 불의의 사고를 통해서 장애자가 된 사람이나 애초부터 장애를 갖고 있는 사람이나, 그들에 대한 평가는 원인에 있지 않고 그들이 처한 현실적 결과에 있기 때문이다. 그들에게는 단지 에이즈 환자라는 범주, 장애자라는 범주만이 적용되며, 이로써 그들은 정상인들의 삶과 분리된다. 동성애의 경우도 그것이 태생적이든 학습에 의한 것이든 문화적인 요소에 따른 것이든 간에, 그들은 동성애의 범주 속에서 비정상적인 이탈자로 평가받는다.

---

24) 미국의 성문제 저널리스트 Molten Hunt는 영향설, 성적 격리설, 무매력설, 가정환경설, 심병설, 도피설, 자연충동설, 취향설, 유혹설, 선천적 결합설, 유전설, 호르몬 비조화설 등 12가지 정도로 분류하기도 한다. 김민영, "동성애와 입양문제", 「기독교윤리학회논총」 9(2007), 198. 홍순원, "동성애에 대한 문화윤리적 연구," 260-263.

그러므로 원인의 다양성에도 불구하고, 동성애를 이해하는데 중요한 열쇠는 젠더와 섹슈얼리티가 모두 변할 수 있다는 점이다.[25] 다시 말해서, "남자의 성을 가진 사람은 남성이라는 젠더로서 이성애적 성적 성체성을 가진다."는 것이 불변하는 진리는 아니라는 것이다. 다양한 요소들을 통해서, 성과 젠더, 젠더와 성적 정체성 간에 갈등과 변화가 생길 수 있으며, 이에 따라 동성애의 출현이 가능하다. 이러한 이해는 더 이상 동성애를 병리적인 것으로 이해하지 못하게 한다.[26] 성, 젠더, 성적 정체성 간의 변화가 가능한 것이라면, 그것을 단순하게 육체적인 병적 현상이나 사회적 이탈로 치부할 수 없기 때문이다. 동성애에 대한 이러한 새로운 이해는 지금까지의 우리의 가치에 커다란 도전이 된다. 우리가 옳다고 생각했던 것들에 의문을 제시하며 기존의 가치를 흔들어 버리기 때문이다. 그러므로 한편으로, 동성애 성향과 동성애 행위, 동성애 행위자라는 개념을 각각 구분하여 사용함으로써 혼란을 줄이려는 노력을 하기도 한다.[27] 이성애 성향과 동성애 성향은 인간의 본능이지만, 동성애 성향과 동성애 행위는 다르다는 것이다. 우리가 동성 친구 사이에서 우정으로 부를 수 있는 것은 일종의 동성애 성향을 드러내는 것이라 할 수 있다. 그러나 동성 친구 간의 우정을 모두 동성애로 이야기하지 않는 것은 동성애 성향과 동성애 행위가 동일시되지 않기 때문이다. 동성애 행위는 사랑의 넓은 범주에서 일반적으로 이해되는 행위라기보다 인간 내면의 동성애 성향이 육체적으로 분출된 것이며, 이러한 동성애 행위를 실행한 자를 동성행위자 혹은 동성애자라 부르기 때

---

25) 물론 성적 정체성의 본질적인 성격을 부정하는 것이 차별을 중지하고 평등한 대접을 요구하는 직접적인 이유가 될 수 없다는 주장이 있기도 하지만, 동성애의 본질이 역사적으로 구축된 것이라는 맥락에서 정체성에 대한 유동적 이해는 타당성을 얻을 수 있다. 위스너-행크는 성 정체성의 본질성을 강조하는 것은 플라톤의 '돌아다니는 자궁'만큼이나 시대착오적인 것이라 주장한다. 메리 위스너-행크, 『젠더의 역사』, 279, 310.
26) 조지 모스는 병리적으로 이해되었던 동성애에 대한 논의의 시각을 변화시킨 공을 블로흐, 엘리스, 히르쉬펠트, 프로이트 등에게서 찾는다. 이들은 동성애자들이 미쳤거나 퇴폐적이라는 고정관념에 도전하며 동성애 문제를 새로운 시각으로 바라볼 수 있는 전환점이 되었다. 조지 모스, 『내셔널리즘과 섹슈얼리티』, 서강여성문학회 역 (서울: 소명출판사, 2006), 50-69.
27) 정종훈, "동성애에 대한 기독교윤리적인 입장의 모색," 신학논단』 30(2002), 345. 김희수, "동성애에 대한 윤리적 고찰", 「기독교사회윤리」 13(2007), 124.

문이다.

　이러한 구분은, 동성행위자들의 동성애 행위라는 외형적 현상만 보고 다양한 목적을 가진 동성행위자들을 구분하지 않고 무분별하게 공격하는 것을 막기 위해서이다.[28] 이러한 지적은, 어쩔 수 없는 원인을 갖고 있는 동성애 행위자들을 보호할 뿐 아니라 동성애 행위와 동성애 행위자를 구별함으로써 죄와 죄인을 나누어 생각하려는 의도를 갖는다. 그러나 성, 젠더, 성적 정체성이 변할 수 있다는 것을 전제한다면, 어떤 동성애는 어쩔 수 없기 때문에 긍정적적이고, 어떤 동성애는 억제할 수 있는 것이기 때문에 부정적이라는 접근은 적절하지 않다. 위에 언급한 것처럼, 어떠한 이유에서라도 이들은 동성애라는 하나의 범주에 묶여 있을 뿐 아니라, 그들 중 일부를 보호하려고 그들을 나누고 계층화하는 것은 또 다른 불평등을 만드는 것 외에 다름이 아니기 때문이다.

　이것은 특히 동성애를 퀴어화하는 사람들에 의해서 지적되는 문제이다. 퀴어는 '비정형적이고, 알고 짚어내기 힘들고, 잠재적으로 변화 가능한 것'을 의미한다. 즉 정상적이지 않고 평범하지 않은 것이라는 의미가 퀴어라는 개념 속에 담겨져 있다. 그러므로 이성애적 사회 속에서 동성애는 '주류에서 벗어난', '다른'이란 의미에서 퀴어에 속하게 된다.[29] 퀴어로서의 동성애는, 동성애에 대한 관용이나 단순한 이익대표의 소수화 전략을 거부한다. 퀴어로서의 동성애는 정상성의 체제에 대한 보다 철저한 저항을 요구한다. 퀴어의 사회적 기능은 무시간성, 공정성을 주장하는 분류체계에 특정한 위협을 제기하는 것이기 때문이다. 즉 퀴어들은 자신들을 비정상적 범주 속에 집어넣은 정상의 정체성에 도전하며 오히려 그 정상성을 의문시하고, 급기야 자신들의 정체성을 '다른 그

---

28) 정종훈, "동성애에 대한 기독교윤리적인 입장의 모색," 348.
29) 그러나 이성애적 사회 속에서 엄밀한 의미에서 동성애만 퀴어에 속하는 것은 아니다. 퀴어는 평범성에 대조해서 나온 개념이기 때문에, 동성애만이 아니라 '정상적이지 않은', '평범하지 않은' 모든 성을 의미한다. '정상'인들도 퀴어하기를 통해서 정상적인 젠더와 섹슈얼리티에 대한 급진적인 재사고를 할 수 있다. 김미영, "동성애 정치학," 246. 김희수, "동성애에 대한 윤리적 고찰," 125.

러나 비정상적이지 않은' 정체성으로 드러낸다.

그러므로 퀴어들의 반란은 우리가 안정이나 질서라는 말로 치장했던 주류적인 정체성을 흔들며 정체성의 허상을 드러낸다. 우리는 일정한, 고정된 정체성을 상정하지만, 정체성은 언제나 하나의 '허구'일 수 있다는 것이다. 이러한 맥락에서 퀴어로서의 동성애는 우리가 일반적으로 진리로 받아들여 왔던 이성애적 정체성에 의문을 제시한다. 그것은 이성애적 정체성이 그르다는 것을 의미하는 것이 아니다. 그것은 이성애적 정체성으로 동성애를 배제해 온 정치적 배열에 의문을 가하는 것이다. 그것은 자기동일성을 주장하기 위해서 타자와의 차이를 강조하며 그 차이의 채연 방식과 내용을 둘러싼 투쟁을 고착화시키는 정체성 정치가 자신의 정체성을 타자에게 주입시킴으로써 자신의 힘을 확장시키고 타자를 배제시킨 현실을 폭로한다. 끊임없이 타자를 만들어내고 그 타자에게 비주류와 비정상이라는 이름을 붙이는 것이 무슨 의미인지를 다시금 생각해 보게 하는 것이다. 그러므로 정체성의 허구성에 의문을 품을 수 있다면, 동성애를 퀴어로 밀어 넣은 정치적 함의를 살펴볼 필요가 있다. 누가, 무엇 때문에 동성애를 비정상적인, 일탈적인 범주로 규정하였는가?

Ⅲ. 가부장적 이성애의 정치학

동성애에 대한 우리의 일차적인 반응은 '더럽다', '비정상적이다', '우리와 다른 사람들이다'와 같은 부정적인 것들이 대부분이다. 이러한 부정적인 태도는 기본적으로 동성애에 대한 '일정한 생각'을 바탕으로 하며, 우리에게 학습되거나 주입된 그 '일정한 생각'은 동성애에 대한 '편견'과 분리되지 않는다. 그렇다면, 우리가 동성애에 대한 부정적인 편견을 가지고 있다는 것은 무엇을 의미하는가? 그것은 동성애가 일정한 기준에 의해서 평가되고 있으며, 동성애는 그것을 판단하고 있는 기준에 들어맞지 않는 요건을 가지고 있다는 것이다. 동성애를 평가하는 기준은 이성애적 가부장제이다. 인간의 삶을 지탱해 온 여러 가지 요소 중에는 종족보존이라는 것이 있다. 종족보존을 통해서 각각의 종(種)들은 생명을 유지하고 확산시켜 왔으며 인간도 그 속에서 예외는 아니었다. 더욱이 '인구(人口)'가 경제적이며 정치적인 문제로 등장하는 근대에 이르러서 사람의 수를 증가시키는 것의 중요성을 정부(政府) 스스로도 알아차리게 되었다.[30] 인구의 수를 증가시키는 것은 단순히 자연적인 증가만을 의미하지 않지만, 그럼에도 불구하고 성은 자연스럽게 경제적이고 정치적인 문제의 핵심에 자리 잡았다. 한 사회의 운명이 시민의 수와 미덕, 결혼의 관습과 가족의 구성뿐 아니라 각자가 자신의 성을 이용하는 방식과 관련된 시대가 도래한 것이다.

　　이에 따라 근대사회는 성을 부부, 즉 가능한 한 합법적인 이성애 부부에 한정시키려고 시도했으며, 결혼과 가정이라는 제도는 부부 사이의 성적 관계의 배치를 통해서 가정의 질서와 사회의 질서를 유지하고자 하였다. 가정 내에 자리 잡은 성적인 권력구조는 이성애적인 가부장제를 합법적이며 정상적인 삶의 형태로 규격화하는 역할을 하였다. 이성애적 가부장제가 무엇보다도 자연스러운 제도로 받아들여진 것은, 이성애적인 남녀관계가 출산을 가능하게 하기 때문이다. 출산을 목적으로 하는 남녀의 성적인 관계는 신체기관(성기)의 본래적 목적을 유지하게 함으로써, 가장 자연스러운 것으로 이해되었다.[31] 이성애적인

---

30) 서양의 여러 국가에서는 근대에 이르러서 몸에 대한 새로운 개념, 결혼패턴의 변화, 젠더 차이에 대한 새로운 관념 등이 생기는데, 이것을 학자들이 통상적으로 '근대 섹슈얼리티'라고 부른다. 그러나 엄밀한 의미에서 섹슈얼리티라는 개념 자체가 근대에 와서 생겼다고 주장하는 학자들도 있다. 이러한 주장은 섹슈얼리티라는 개념이 인간을 지배한 것이 그렇게 오랜 세월이 아니라는 것을 우회적으로 드러내 준다. 메리 위스너-행크,『젠더의 역사』, 276. 미셸 푸코,『성의 역사』1, 34-46. 홍은영,『푸코와 몸에 대한 전략』(서울: 철학과현실사, 2004), 113-115.

31) 가부장주의와 이성애주의는 거의 동의어로 사용되었고 가부장적 이성애주의라는 개념도 빈번하게 사용된다. 이것이 일단 제도로 안착되면, 그것은 성적인 관계에서 뿐 아니라 일상의 모든 삶 속에서 규제와 억압의 잣대로 사용된다. 이 때문에 동성애가 가족해체의 원인인 것처럼 호도되고 있는 실정이다. 그러나 오늘날 가족해체의 원인 매우 다양하며 가장 근본적인 원인으로 자본주의적 발달이 지적된다. 김미영, "동성애 정치학", 230쪽. 김희수, "동성애에 대한 윤리적 고찰", 133-136. 조은 외,『성 해방과 성 정치』(서울: 서울대학교출판부, 1996), 240. 미셸 푸코,『성의 역사』1, 57. 홍순원, "동성애에 대한 문화윤리적 연구," 260.

성관계에 대한 이러한 사회적 승인은 이성애를 중심으로 한 성적인 체계를 합법화함으로써, 이에서 벗어난 성관계를 비정상적인 것, 부자연스러운 것, 반사회적인 것으로 만들었다. 이 때문에 동성애는 이성애적 가부장제라는 잣대에서 벗어난 이탈의 한 형태로 인식되었다.[32]

담론화되고 새롭게 이해되는 성에 대한 이러한 이해는 고대 그리스 사회에서 동성애가 오늘날보다는 덜 부정적으로 다루어졌다는 것과도 연관이 된다. 소크라테스가 동성애의 성적인 관계를 지지하지는 않았지만, 동성애적인 관계는 이성애적인 관계와 마찬가지로 자연스러운 현상으로 받아들여졌다.[33] 물론 그것이 높이 평가받은 것은, 동성 간의 에로스적인 사랑보다 플라토닉한 사랑 때문인 것은 확실하다. 동성 간의 플라토닉한 사랑이 서로를 고양시킬 수 있다고 생각했기 때문이다. 그러나 동성애적 사랑에 대한 이러한 평가는 로마 문화의 영향이 증대되면서 축소되고 망각되기 시작했으며, 중세 이후로 성이 점차로 구체화되면서, 이성애적인 가부장제도 내에서의 성만이 바람직한 성으로 남게 되었다.[34] 성에 대한 이해의 이러한 변화를 지적하면서 푸코는, 진리는 진리로서 존재한다기보다 진리로 생산된다는 것을 강조한다. 푸코에 의하면, 모든 사회는 정상화와 규제적 기능을 갖는 자체의 진리를 생산하기 때문이다.[35] 그러므로 푸코가 문제 삼는 것은, 어떤 담론이 과학적인가 혹은 진리인가

---

32) 김미영은 동성애적 입장에서 볼 때, 우리가 매우 자연스럽다고 생각하는 이성애가 얼마나 강제적인 특성을 갖고 있는지를 지적한다. 이성애의 강제성은 그것이 개인의 의지와 행동을 강하게 제한하는 제도로 정착되어 있다는 것이다. 그러므로 동성애자들은 사회로 진입할 수 없게 되었으며 그들의 정체성을 지킬 수도 없었고 성적 비정상성에 대한 모든 의혹을 피하려는 노력 외에는 아무것도 할 수 없게 되었다. 김미영, "동성애 정치학", 227. 홍순원, "동성애에 대한 문화윤리적 연구", 조지 모스, 『내셔널리즘과 섹슈얼리티』, 316.

33) 특히 남자 선생과 소년의 동성애적 관계는 가장 높은 단계의 사랑으로 이해되기도 했다. 이경직은 그의 논문에서 소크라테스가 청소년들과 남색을 즐긴 동성애자가 아니라 그들을 제대로 교육시키고자 한 교육자였다는 것을 강조한다. 그러나 당시의 상황에서 소크라테스가 훌륭한 교육자였다는 것과 플라토닉한 동성애 지지자였다는 것은 서로 상반되는 개념이 아니다. 그러나 로마로 가면서 성을 정부가 관리하는 것이 좋다는 경향으로 기울었으며, 여성들은 남성과의 성적인 관계에 따라 구분되었다. 섹슈얼리티가 근대적 개념인 만큼, 대부분의 학자들은 로마 시대에는 성 정체성이 존재하지 않았다는 결론을 내린다. 이경직, "플라톤의 〈향연〉편에 나타난 동성애," 『기독교사회윤리학회』3(2000), 221-248. 메리 위스너-행크스, 『젠더의 역사』, 285-6.

34) 김진, 『동성애의 배려윤리적 고찰』(울산: 울산대학교출판부, 2005), 29-30.

35) 푸코가 계보학이라는 자신의 방법론을 계발한 것은 이러한 이유 때문이다.

거짓인가가 아니라, 어떻게 일정한 담론 내에서 진리의 효과들이 만들어지는가 하는 것이다.

동성애의 경우도 마찬가지이지만, 그것은 더욱이 종교적인 이해와 평가를 내포하고 있기 때문에 다루기가 쉽지 않은 것이 사실이다. 세계의 모든 종교는 성적 행동을 도덕체계의 일환으로 간주하여 성행위를 규제했다. 다양한 형태의 성행위를 장려하거나 간과한 것은 그것이 제의적 의미를 가질 때 뿐이었으며, 그 외의 일상생활 속에서는 대개의 경우 엄격하게 제한되었다.[36] 기독교도 예외는 아니다. 구약성서와 신약성서의 몇 곳에는 동성애나 혹은 동성애를 암시하는 것에 대한 부정적인 의미들이 드러나 있으며, 그것은 오랜 기간을 거쳐 지속적으로 동성애를 죄악시하는 교리적 형태로 자리를 잡았다. 근래에 들어서 이러한 분문들이 무엇을 의미하는지, 그에 대한 해석의 정당성이 문제시되고 있지만,[37] 동성애에 대한 근본적으로 부정적인 시각을 바꾸는 것은 쉽지 않다. 성과 결혼에 대한 기독교적 이해란, "이성애 성별은 하나님의 창조물이다, 이성애 결혼은 하나님이 만드신 제도이다, 이성 간의 정절은 하나님의 의도이다."와 같은 형태를 바탕으로 하고 있기 때문이다.[38] 18세기에서 20세기를 전환점으로 하여 섹슈얼리티에 대한 이해가 변화할 때, 그것의 주축을 이루던 것은 종교적 패러다임에서 과학적 패러다임으로의 변이다.[39] 그러나 종교적 패러다임이 과학적 패러다임으로 바뀌었다고 하더라도, 그것이 기독교 내부의 변화를 의미하는 것은 아니다. 기독교에서 동성애는 단순히 퀴어가 아니라 죄의

---

36) 메리 위스너-행크스, 『젠더의 역사』, 302.

37) 안균환, "크리스천 동서애자들이 늘고 있다." 42-4. 김희수, "동성애에 대한 윤리적 고찰." 129-33. 정숙자, "동성애자들이 더 인간답다." 138-44. 정종훈, "동성애에 대한 기독교윤리적인 입장의 모색." 343-4.

38) 존 스토트, 『존 스토트의 동성애 논쟁』, 양혜원 옮김(서울: 홍성사, 2006), 36쪽. 안환균, "크리스천 동성애자들이 늘고 있다." 42. 맹용길, "동성애를 반대한다", 『기독교사상』 487(2009. 7), 135-41.

39) 이 과정에서 19세기 초 이후로 동성애에 대한 법적인 규제들이 완화되기 시작했다. 1974년 미국정신의학회는 동성애가 정신병이 아니라고 공식적으로 선언함으로써 동성애에 대한 부당한 이해의 사슬을 끊었다. 저지 모스, 『내셔널리즘과 섹슈얼리티』, 50-60. 김희수, "동성애에 대한 윤리적 고찰." 136-7.

범주에 속해 있기 때문이다. 그러므로 기독교적인 테두리 속에서 동성애의 문제를 다루기 위해서는 기독교에서 죄 혹은 죄인이라고 하는 것이 무슨 의미인지를 다시금 생각해 볼 필요가 있다.

성서에서 의인, 또는 죄인이라는 개념은 하나님과 인간의 관계에 대한 이스라엘의 세계관을 바탕으로 사회적 개념으로 발전된다. 정결한 자는 하나님과 이스라엘 앞에서 거룩한 자, 의인인 반면, 정결하지 못한 자는 하나님 앞에서 거룩하지 못한 자이며, 이스라엘로 존속할 수 없는 자이다. 죄인은 '성전에 들어갈 수 없는 상태에 있는 자', 즉 '제의에 참여할 수 없는 형편에 있는 자', 혹은 '회개가 필요한 자', '이스라엘에 들 수 없는 자'이다. 하나님 앞에서 거룩하지 못한 것, 불완전한 상태가 바로 이스라엘에 있어서의 '죄'이기 때문이다.[40] 그러나 무엇이 거룩하고 무엇이 불결한지를 규정하는 것은 사회적 이해로부터 나오는 것이다. '의' 속에 반영된 제의적인 개념인 거룩함이 이스라엘의 사회적인 환경을 통해서 규정된다는 의미에서, '죄'의 개념은 제의적일뿐 아니라 또한 사회적인 개념이다. 이스라엘에서 '죄'가 제의적, 사회적, 도덕적 의미를 가진 포괄적인 개념이라는 것은, 이스라엘에 있어서 죄인과 의인에 대한 근본적인 개념이 이데올로기적(ideological)이라는 것을 드러내 준다. 이스라엘에서 죄인이나 의인의 개념은 이스라엘의 거룩함(정결법)과 그것을 주도하는 자들의 세계관을 반영하는 것이기 때문이다. '하나님이 거룩하기 때문에 하나님의 백성이 거룩해야 한다.'는 근본에는 변함이 없었지만, '거룩이 무엇인지'는 주도권을 잡은 자들에 따라 변할 수 있다.

예수도 바리새인들이 주장하던 거룩을 비판하며 새로운 의, 새로운 거룩을 강조한다. 그러므로 예수와 바리새인들의 대립은, 거룩에 대한 세계관의 차이라고도 할 수 있다. 그 첨예한 대립의 지점에서, 예수는 바리새인들에 의해

---

40) 김호경, "하나님 나라의 공공성," 기독교윤리실천운동 편,『공공신학』(서울: 예영커뮤니케이션, 2009), 56-9.

서 '죄인'으로 규정되었던 자들을 '죄인'이 아닌 자들로 선포한다. 그리고 바리새 인들의 의를 '천국에 들어갈 최소한의 것'으로 비판한다. 이는 죄라는 것이 하나님 앞에서 근원적인 관계를 나타내며, 하나님과의 관계를 제외한 상태에서 '죄인'은 사회적이며 이데올로기적 개념이라는 것을 드러낸다.[41] 그러므로 예수가 새로운 의를 선포하며 거룩함을 새롭게 정의한 것은, 거룩함의 고정성과 안정성에 대한 비판이며 죄인이나 의인으로 고착될 수 없는 정체성에 대한 이해를 반영한 것이라 할 수 있다. 동성애에 대한 이해도 이와 분리될 수 없다. 즉 동성애에 대한 성서적 표현과 암시들은 당시의 사회구조 속에서, 즉 당시의 이데올로기적 범주 속에서 판단된 것이라는 사실이다. 이것은 다른 한편으로, 푸코가 지적했던 것처럼, 동성애가 진리인가 혹은 이성애가 진리인가 하는 것은 그 자체의 담론으로 확정될 수 없다는 것을 의미한다.

그럼에도 불구하고 성서와 성서에 대한 해석으로부터 시작해서 중세를 거쳐 근대에 이르기까지의 담론화 과정은 이성애를 진리로, 동성애를 이탈로 기정사실화시켰다. 이는 지식과 권력의 상호결정 관계 속에서 이성애가 진리성을 획득했다는 것을 의미한다. 이성애가 진리성을 획득했다고 하는 것은 이성애적인 진리가 이성애적 구조를 통해서 힘과 질서를 유지하게 되는 자들의 정치적 배열 속에 자리잡게 되었다는 것이다. 관점주의라고 일컬어지는 니체의 철학적 구조 속에서 진리란 진리로 간주되는 것이라 할 수 있다. 진리와 비진리는 서로 대립적인 관계에 있는 것이 아니라 어떤 조건에서 바라보느냐에 따라서 달라지는 것이기 때문이다. 진리의 가변성을 드러내는 이러한 주장은 우리의 지식이 실재에 얼마나 더 많이 근접해 있느냐 하는 것을 문제 삼지 않고, 우

---

41) 하나님과의 근원적인 관계에서 인간은 모두 죄인이다. 그러므로 김희수는 영적인 윤리적인 죄와 동성애라고 해서 무조건적으로 죄인으로 여기는 것을 구분한다. 즉 동성애 자체가 존재론적 의미에서 죄라기보다는 특정시기 특정집단에 의해서 죄로 규정된 것이라고 보아야 한다는 것이다. 이와 달리, 홍순원은 동성애를 현실적인 죄의 차원이 아니라 원죄의 차원에서 다루어야 한다고 주장한다. 그는 동성애가 창조질서에 반한다는 것은 인정하지만, 창조질서에 반하는 것은 동성애자뿐 아니라 이성애자도 마찬가지임을 지적한다. 김희수, "동성애에 대한 윤리적 고찰," 137-139쪽. 홍순원, "동성애에 대한 문화윤리적 연구," 268-9.

리가 생존의 조건으로서 그것을 얼마나 많이 '참'이라고 믿고 의존하느냐를 문제 삼는다.[42] 진리에 대한 이러한 이해는 우리가 자신과 타자, 진리와 비진리, 주류와 비주류를 구분하면서 우리의 삶 속에 드리우는 수많은 나눔의 체계와 그 속에 숨겨져 있는 배제의 메커니즘을 살펴보게 한다. 그리고 힘을 얻지 못한 자들에게 행했던 억압과 폭력의 정당성을 돌아보게 한다. 진리의 이러한 역학적 구조를 염두에 둔다면 이성애와 동성애의 갈등과 대립은 이성애적 진리체계가 숨겨 놓은 동성애에 대한 배제라는 구조적인 지형 속에서 파악될 수 있다.

IV. 소수자의 정치학

20세기가 동일성의 시대인 반면, 21세기는 차이의 시대라는 것은 이미 충분히 강조되어 왔다. 그러나 차이를 인정한다는 것은 무엇을 의미하는가? 차이를 인정한다는 것은, '다름'을 '틀림'으로 받아들이지 않는다는 것이다. 즉 차이로 인해서 차별을 만들어 내지 않는다는 것이다. 그러나 애초에 '차이'의 기능이 차별을 의도했던 만큼, 차이에 가치중립적인 태도를 부과하는 것은 그리 쉽지 않다. 그러므로 차이를 존중하는 시대라고 하지만, 지배적인 가치에서 벗어난 것들은 차별, 불평등, 억압 등을 경험하지 않을 수 없다. 우리는 먼저 '옳은 것'을 정해 놓고 그 틀 안에서 벗어난 것은 '그릇된 것'으로 낙인찍으며, 그것을 인정하지 않는 것은 부도덕하거나 비윤리적인 일이라 생각하기 때문이다.[43] 물론 차이를 받아들인다는 것이 잘못되고 거짓된 모든 것을 받아들이는

---

42) 진리와 권력에 대한 이러한 담론을 통해서 푸코는 진리체계가 근대의 인간을 해방시키기보다 규범화했다는 것을 보여 주고자 한다. 그는 권력에 대한 앎을 통해서 개인화의 통치에서 벗어날 수 있다고 강조한다. 홍은영, 『푸코와 몸에 대한 전략』, 63-65. 제이너 사위키, "푸코와 페미니즘", 351. 정숙자, "동성애자들이 더 인간답다." 140.
43) 차이는 '가능하면 무시하거나, 지배적이면 모방하거나, 예속적이면 파괴하거나' 셋 중의 하나로 다루어져 왔다. 차이를 인정하지 않거나 차이에 대해서 잘못 말하는 것은 현대사회의 가장 큰 문제 중 하나이다. 제이너 사위키는, 푸코의 공헌으로 그가 차이의 양면성을 강조했다는

것을 의미하지 않는다. 어디 사회에나 그 공동체 안에 통용되어야 하는 윤리적 체계와 기준은 필요하다. 그러나 질서를 유지하는 윤리적 잣대가 모든 이들에게 공정하게 적용되고 있는지를 점검하는 것도 또한 필요한 일이다. 질서와 안정, 윤리의 이름으로 부당하게 고통당하고 있는 자들이 있기 때문이다. 이로부터 소수자의 문제가 제기된다. 한 사회 속에서 소수자란 자신들이 특정한 이유 때문에 불이익을 당하고 있다고 느끼며 특정한 특징을 가진 집단에 자신들이 속해 있다는 것을 깨닫는 자들이다.[44] 소수자는 힘 혹은 권력에 있어서 사회적인 열세를 보이며 억압과 불평등을 경험한다. 이러한 측면에서 동성애는 소수자 문제에 속한다. 그러므로 소수자를 어떻게 대할 것인가 하는 보다 넓은 범주에서 동성애 문제를 다루는 것이 그들의 문제를 이해하는데 도움이 되리라 생각한다.

포퍼는 틀린 것을 받아들이지 않는 것이 당연하다고 여겨지는 사회를 닫힌 사회로 정의한다. 닫힌 사회의 구성원들은 반유기체적 단위로 존재하며 모든 것을 공유한다. 이러한 사회에서 '다름'은 질서에 반하는 것으로서 엄격하게 금지된다. 그러나 이와 달리 열린 사회는 구성원들에게 유기체적인 특성을 강요하지 않으며 인간은 독자적으로 선택할 수 있다. 이러한 사회에서 규범들은 고정 불변하는 것이 아니다. 그것들은 필요에 따라 변경될 수 있다.[45] 즉 닫힌 사회가 차이를 차별로 만들고 그것을 금기시한다면, 열린 사회는 차이를 다양성으로 인식하며 차이에 따른 서열화를 하지 않는다. 그렇다면 '다름'을 수용하는 열린 사회의 질서는 어떻게 유지될 수 있는가? 포퍼는 열린 사회를 유지할

것을 지적한다. 차이는 저항과 변화의 창조적 원인일 뿐 아니라, 분열과 부조화의 원천이 될 수 있다는 것이다. 제이너 사위키, 『푸코와 페미니즘』, 347.

44) 박경태, 『인권과 소수자 이야기』(서울: 책세상, 2007), 20.

45) 열린 사회의 특징은 "비록 소수의 사람만이 정책을 발의할 수 있다고 해도, 우리 모두는 그것을 비판할 수 있다."는 것이다. 닫힌 사회는 이성과 진리를 억압하는 반면, 열린 사회는 자신의 오류와 한계를 인정하는 이성적인 합리주의를 바탕으로 한다. 그러므로 열린 사회는 공평과 객관성에 입각하여, 자신의 이성만 아니라 다른 사람의 이성도 중요하고 자신의 권리뿐 아니라 다른 사람의 권리도 중요하다는 것을 강조한다. 칼 포퍼, 『열린 사회와 그의 적들』1, 이한구 역 (서울: 민음사, 2006), 138-42.

수 있는 중요한 기준으로 이성을 강조한다. 그는 '내가 틀리고 당신이 옳을지도 모르며 노력에 의해서 우리가 진리에로 보다 가까이 접근할 수 있다.'고 말하는 것이 이성에 호소하는 태도임을 강조한다.

이성에 대한 포퍼의 신뢰에도 불구하고, 지난 세기 동안의 경험은 이성이 언제나 진리를 추구하지도 않으며 이성이 공정함을 보증하지도 않는다는 것을 알려 준다. 이성은 옳고 그름의 기준을 끊임없이 생산하며, 그것을 통해서 자신의 힘을 증대시키는 것으로부터 초연하지 않기 때문이다. 즉 힘을 배치하고 그것으로부터 권력을 유지하며 자신의 힘과 다른 힘을 억압하는데 이성이 기여하는 바가 적지 않다는 것이다. 이러한 이성적인 잣대에 비해서, 오히려 예수의 예는 닫힌 사회에서 열린 사회로 이행하는데 기준이 되는 것이 무엇인지를 알려 준다. 예수의 행위 중 가장 두드러진 것은 죄인들과의 식탁교제이다. 예수는 세리와 죄인들과 여자들과 함께 밥을 먹기를 즐겼다. 그러나 그것은 늘 바리새인들의 시빗거리가 되었다. 바리새인들은 자신들이 죄인으로 규정한 자들과 아무런 조건 없이 먹고 마시는 예수의 불의를 참을 수 없었다. 바리새인들의 사회 속에서 밖으로 밀려난 자들을 예수는 공동체 안으로 끌어들였기 때문이다. 이것은 바리새인들이 쳐놓았던 금기의 벽을 허물며 새로운 형태의 공동체를 창조하는 행위였다. 포퍼에 따르면 전형적인 닫힌 사회에서 새로운 열린 사회로의 이행이 시작된 것이다. 예수의 행위가 열린 사회를 지향하고 있다는 것은, 그것이 구성원들의 차이를 차별로 이끌지 않는다는 것이다. 예수의 새로운 공동체 속에서 바리새인과 죄인, 남자와 여자, 유대인과 이방인, 어떠한 기준으로도 차별은 불가능하며, 이전에 사회를 지탱하던 금기는 무효화된다.

예수의 공동체의 출발점은 인간은 모두 하나님의 피조물이라는 것이다. 하나님의 피조물이라는 인간에 대한 이해는 인간의 동등성을 전제로 한다. 각각의 인간이 어떠한 처지에 있든지, 그의 조건이 어떠하든지 간에, 하나님의 피조물이라는 면에서 모든 인간은 동일하다. 그러므로 예수에게는 바리새인이나 사두개인, 그들이 죄인이라고 여기는 사람들 모두가 같다. 그들이 갖고 있는 차이가 예수의 차별을 불러 일으킬 수 있는 요인이 되지 못하기 때문이다. 오히려 예수는 그가 차별화시키지 않는 다양한 차이들을 근거로, 끊임없는 차별을 만들어내는 유대지도자들을 비판한다. 이는 지속적으로 죄인을 양산하는 그들의 세계, 혹은 그들의 세계관에 대한 도전 외에 다름이 아니다. 기존의 체계에 대한 예수의 도전과 새로운 가치의 제시는, 죄인이라는 개념이 얼마나 유동적인가를 보여 준다. 그러므로 유대종교지도자들의 진리체계 속에서 만들어진 죄인을 예수가 받아들여 새로운 존재로 전환시키는 것은 소위 힘의 재배치를 함의한다. 죄인을 받아들이는 예수의 행동이 유대종교지도자들의 비판과 불평을 받게 된 것은 바로 이 때문이다. 그들이 배제한 사람들을 예수가 받아들임으로써, 바리새인들은 기존의 체계 속에서 죄인들을 억압할 힘을 잃었으며, 예수체계 속에서는 죄인들과 다를 것이 없는 평범한 사람으로 전락하였기 때문이다. 하나님의 아들로서, 하나님과 동등한 자로서, 자신의 모든 것을 버리고 인간이 되신 예수, 죄인들과 식탁을 나누는 예수의 이러한 모습은 들뢰즈의 용어를 빌리자면 '되기'의 전형을 보여 준다. 들뢰즈는 사회를 몰(moll)로 비유하며 그 속에 있는 각각의 구성원들을 분자로 명명한다.[46] 몰은 끊임없이 자신의 덩어리를 유지하고 그것을 통해서 힘을 얻으려고 하는 반면, 분자는 종종 몰에서 이탈하여 몰 안에서 억제되었던 자신들의 욕망을 실현하고자 한다. 이러한 상황에서 몰에 의해서 배치된 힘을 재배치할 수 있는 수단이 바로 '분자-되기'이다. 분자-되기란 각각의 분자들이 갖고 있던 몰적 특성을 버리고 분자와 분자로의 새로운

---

46) 화학자들은 아보가드로의 법칙에 따라 22.4리터의 부피 안에 들어 있는 일정수의 기체들을 1몰로 규정하며, 이것은 하나의 단위/덩어리로 취급된다. 그리고 그 안에 있는 분자들은 평균화/균일화하는 방식으로 이해된다. 몰은 덩어리로서 평균화되고 균일화된 전체로서 존재한다. 그러나 폐쇄계의 테두리를 걷어냈을 때 분자들은 각각 따로 움직인다. 이는, 그 안의 분자들이 각각의 욕망을 가지고 따로 움직인다는 것을 보여 준다. 그러므로 각각의 몰들에 숨겨져 있는 권력에 대한 앎이 중요하다. 권력은 권력 자체의 중요한 부분을 감추는 조건 아래서 용인되는데, 이때 각각의 분자들은 그것들을 인식하지 못한 채 권력 구조 안에 들어가게 된다. 그러므로 권력-앎의 관계는 '변화의 모태'가 된다. 질 들뢰즈, 『천 개의 고원』, 김재인 역 (서울: 새물결, 2003), 59-82. 미셸 푸코, 『성의 역사』1, 107, 119.

연결을 시도하는 것이다. 몰에 의한 힘의 배치는 힘을 많이 갖고 있는 집단과 그렇지 못한 집단 사이에 끊임없는 서열을 만들고 힘의 위계를 체계화하지만, 분자-되기는 이러한 힘의 서열화를 파기하며, 다수에 의해서 억압받았던 소수자들에게 새로운 공동체를 형성하는 힘의 변화를 보여 준다.[47]

그러므로 분자-되기는 각각의 분자의 고원성을 확인하는 것이라 할 수 있다. 들뢰즈는 각각의 분자를 '고원'으로 이해하는데, '고원'은 중간에 있고 시작이나 끝에 있지 않는 것으로 서로 연결되어 하나의 덩어리를 확장해 가는 모든 다양체를 이룬다. '고원'은 자기 자신을 위해서 움직이며 정점이나 외부목적을 향하지 않으면서 자기 자신을 전개하는 강렬함이 연속되는 그것 자체로 충만한 것을 상징한다.[48] 그러므로 분자-되기란 각각이 갖고 있는 본연의 것을 드러내고 확인해 주는 일이다. 분자-되기 혹은 소수자-되기가 새로운 윤리의 형성을 가능하게 하는 것은 이 때문이다. 다수자의 힘에 밀려서 자신의 본질을 확인하고 드러낼 수 없었던 존재들에게 새로운 삶의 가능성을 보여 주는 것이기 때문이다. 각각의 분자들의 고원성의 회복은 새로운 힘의 배치를 통해서 서

---

47) 분자-되기는 다양체-되기이다. 자신을 구성하고 있는 온갖 몰들로부터 벗어나서 개인-되기를 하는 것은 사실상 불가능하며 아무런 윤리적 성과를 거둘 수 없기 때문이다. 사회적 맥락에서 분자는 개인이지만 분자로서의 개인은 다양체/무리를 구성하면서 존재한다. 그러므로 분자-되기는 분자들이 기존의 몰적 동일성을 해체해 나가면서 새로운 다양체를 구성해 나가는 것이며 기존의 몰적 동일성과 다른 것을 만들어 나가는 것이다. 이러한 분자-되기를 통해서 이웃관계의 지대 또는 공-현존의 지대가 형성된다. 그러므로 분자-되기는 다수자-되기가 아니라 소수자-되기이다. 분자-되기는 본질적으로 새로운 배치의 구성에 관련된 것이기 때문이다. 푸코의 차이의 정치학도 이와 유사한 것을 강조한다. 그러나 이러한 다양체는 힘이 있는 자가 힘이 없는 자를 수용하고 배려하는 힘의 이동과는 다르다. 다양체는 몰적 특성을 벗어난 분자들 상호간의 만남을 전제로 하기 때문이다. 그들이 모색하는 새로움이란 다수자들이 억압했던 자신들의 본래적인 주체성을 찾는 것이라 할 수 있다. 그러므로 소수자는 되기(becoming)를 통해서 싸우고, 뚫고 나아가며 새로운 길을 모색한다. 들뢰즈가 소수자-되기는 가능하지만, 다수자-되기는 불가능하다는 점을 지적하는 것은 이 때문이다. 다수자는 항상 자신들의 힘을 유지하기 위해서 이기(being)를 주장한다. 그러므로 다수자-이기에 대항하는 소수자-되기는 새로운 삶의 형태와 공동체의 다양성을 만들어내는 것이라 할 수 있다. 질 들뢰즈, 『천 개의 고원』, 550-65.

48) 다양체를 위해서 들뢰즈가 제안하는 것은 리좀이다. 리좀은 중앙집권화 되지도 않고 위계질서화되지도 않는다. 리좀은 상태들이 순환하고 있을 뿐인 하나의 체계이다. 그는 리좀이 고원들로 이루어져 있음을 강조한다. 고원은 시작하지도 않고 끝나지도 않는다. 언제나 중간에 있으며 사물들 사이에 있고 사이-존재이고 간주곡이다. 리좀은 "그리고…. 그리고…. 그리고…."라는 접속사를 조직으로 갖는다. 이것은 위계화되지 않은 다양체를 드러낸다. 질 들뢰즈, 『천 개의 고원』, 48-9.

열화 된 구조를 다양체의 모임으로 바꿀 수 있는 가능성을 제시한다. 소수자-
되기를 통한 새로운 윤리는 차이를 차별로 만들지 않으며, 진리의 고정성이 힘
을 가진 다수의 논리를 지탱하기 위한 것임을 폭로하기 때문이다. 힘을 가지지
못한 사람, 다르다는 이유로 억압과 차별, 불의와 불평등을 경험한 사람들이
자신의 몰적 특성을 벗어나서 새로운 인간으로서의 삶을 살 수 있도록 하는 것
은, 예수가 보여 준 힘의 재편과 다르지 않은 듯하다.

Ⅳ. 결론

　　동성애의 문제를 힘의 문제로 보는 것은, 이성애적 가부장적 질서 속에
서 동성애에 대해 가해진 불평등의 근원이 무엇인가를 살펴보기 위함이다. 동
성애는 우리 사회의 대표적인 소수자 그룹에 속한다. 그들은 종교적, 사회적,
윤리적 이유로 지금까지 사회의 그늘에 가리어져 있었다. 근자에 들어와서 동
성애에 대한 논의가 활발하다고 하여서 그것이 단기간 내에 긍정의 빛을 얻기
는 어려울 것이다. 그러나 그들이 부정적인 평가를 받든지 긍정적인 평가를 받
든지 그것과 무관하게, 그들이 사회적 소수자로 당하는 억압이 정당하지 않다
는 것을 드러내는 것이 일차적이라 할 수 있다. 소수자에게 새로운 기회를 주고
소수자와 새로운 관계를 맺는 것을 두려워하는 만큼, 그것은 우리 사회가 닫힌
사회라는 것을 드러내 준다. 닫힌 사회는 포퍼가 강조하는 합리적인 이성으로
작동하지도 않고 예수가 강조하는 하나님의 피조성을 드러내지도 않는다. 닫힌
사회는 힘의 논리에 따라 배치된 구조 속에서 억압과 불평등을 일상화하는 사
회이다.

　　우리가 지향해야 할 새로운 사회는 힘의 서열화와 획일화를 통해서 이루
어진 닫힌 사회가 아니라, 여러 모양을 가진 사람들이 함께 살아갈 수 있는 다

양체이다. 각자 속해 있는 몰(그룹의 특성)을 벗어나서 인간 본연의 주체성과 가치를 실현시킬 수 있는 사회이다. 이러한 열린 사회는 각각의 구성원들의 고원성 - 그들이 어떠한 성적 정체성을 가졌든지와 무관한 - 을 실현하는 것이다. 동성애에 대한 문제는 바로 이러한 열린 사회의 구조 속에서 그들의 본연의 인간됨을 인정하는 것으로부터 시작되어야 한다고 생각한다. 다른 그룹에 속한 사람이 되는 것, 즉 분자-되기 혹은 소수자-되기는 이성애자가 동성애자-되기를 요구하는 것이 아니다. 혹은 동성애를 무조건적으로 찬성하라는 것이 아니다. 그것은 그들을 '동성애'라는 렌즈에서 보는 것을 멈추고, 그들의 몰적 특성을 떠나 그들이 하나님의 피조물임을 자각하는 것이다. 그들이 더 죄인인 것이 아니라, 그들과 우리가 모두 함께 죄인이라는 것을 고백하는 것이다. 그리고 그들과의 새로운 관계를 통해서 억압자와 피억압자의 관계, 주류와 비주류의 관계, 정상과 비정상의 관계가 아니라, 같은 출발선상에 있는 인간관계로부터 시작하는 것이다.

기독교의 출발점은 하나님의 절대성과 창조성을 인정하며 인간의 피조성과 죄성을 고백하는 것이다. 인간은 본질적으로 하나님 앞에서 죄인이다. 어느 누구도 여기서 벗어날 수 없다. 어떤 특수한 성적인 정체성뿐 아니라, 각각의 인간을 하나님의 피조물로서 서지 못하게 하는 모든 것들이 죄라는 항목 속에 포함될 수 있다. 그러므로 더욱 문제가 되는 것은, 동성애에 작용한 힘의 배치가 만들어 놓은 폭력적인 현실을 외면한 채, 동성애 문제를 상업적으로, 혹은 물신주의적으로 이용하는 것이다. 혼란을 가중시키는 것은 동성애 자체가 아니라 동성애에 작용하는 사회적 정치적 힘의 구조일 수 있기 때문이다. 정체성의 확장이 힘의 논리와 연결되고, 그 힘이 작용하는 교묘함을 인식하지 못할 때 그것이 진리로 왜곡되고, 진리의 힘을 얻은 것은 타자에 대해서 폭력적인 힘을 행사할 수 있다. 유행사조를 쫓아가듯 동성애적 주제를 이슈화시키고 선정성에 집중할 때, 동성애의 본질적 문제를 해결하는 것은 요원해질 것이다.

제2부

동성애에 대한 성경적이며 신학적인 반성

제4장
구약성서에서 바라본 동성애

배정훈
장로회신학대학교 구약학 교수

Ⅰ. 서 론

동성애란 성애(性愛)의 대상으로 동성을 택하는 성대상 도착(性對象 倒錯) 또는 성대상 이상(性對象 異常: inversion)을 말한다. 이 글의 목적은 동성애 문제에 대한 구약성서적인 근거를 제시하는 것이다. 동성애에 대한 구약성서의 관점은 첫번째는 동성애가 하나님이 창조하신 창조 질서에 따른 인간의 본성에 어긋난다는 것이고, 두 번째는 동성애는 인간의 타락이 절정에 이를 때에 성폭력과 함께 나타난다는 것이다.

Ⅱ. 가증스런 금지된 성관계로서의 동성애

1. 창조의 원리[49]

---

49) 버드는 창조 이야기가 현대에서 대두되는 성 정체성에 대한 지침을 제공하지 않는다고 이

동성애는 창조질서에 반(反)하는가 아니면 동성애도 역시 창조질서를 반영하는 것으로 보아야 하는가? 이 질문에 대한 대답은 창세기의 창조 이야기(창세기 1-2장)에서 찾을 수 있다. 제사장 문서로 알려진 창세기 1장 1절 - 2장 4a절에서는 창조 이야기가 전개된다. 마지막 창조의 절정은 하나님의 안식이지만, 그 직전에 인간은 하나님이 만드신 세상을 다스리기 위하여 만들어진다. 제사장 문서에서 세상을 다스리는 사명을 맡은 인간이 남자와 여자로 창조된 이유는 세상에 차고 번성하는 사명을 이루기 위해서이다.[50] 야웨문서로 알려진 창세기 2장 4b-25절은 남자와 여자로 창조된 인간의 성적인 관계를 더 자세히 서술하고 있다.[51] 인간은 흙으로 만들어진 연약한 존재이지만, 동시에 하나님의 생기를 부여받은 존재이다(창 2:7). 인간은 하나님 앞에서 가능성을 가지고 있으면서 동시에 한계를 지닌 존재로 묘사된다(창 2:16-17). 2장의 마지막 부분인 창세기 2장 18-25절에서는 남자와 여자의 성(sexuality)에 대한 원리가 나타난다. 하나님이 인간을 보시고 독처하는 것이 좋지 않다고 판단하시고 남자를 위하여 여성을 준비하신다.[52]

해한다. 그에 따르면, 창세기는 인간의 번성을 위한 기초로서 남녀 간의 성적인 관계의 역할을 제시하고(창 1:22, 27, 28), 남자와 여자를 결합하는 성적인 욕구를 결혼의 기초로 이해할 뿐이다(창 2:24). Phyllis A. Bird, "The Bible in Christian Ethical Deliberation concerning Homosexuality: Old Testament Contributions," David L. Balch eds. *Homosexuality, Science, and the Plain Sense of Scripture* (Eerdmans: Grand Rapids, 2000), 166-168; idem, "Genesis 1-3 as a Source for a Theological Understanding of Sexuality," ExAud 3 (1987): 31-44; idem, "'Male and Female He Created Them": Gen 1:27b in the Context of the Priestly Creation Account," HTR 74 (1981): 123-54; idem, "Sexual Differentiation and Divine Image in the Genesis Creation Texts," in Image of God and Gender Models in Judaeo-Christian Tradition, ed. Kari E. Boerresen (Oslo: Solum, 1991), 11-34. 그러나 사실상 구약성서 본문이 역사적으로 발생한 모든 사건에 대한 직접적인 답을 주는 것은 어렵다. 구약성서에서 제시하는 원칙에 따라 현대에 발생하는 구체적인 사건들을 해석하는 시도를 독자들이 해야 하는 것이다. 창조 이야기는 동성애 자체를 언급하지는 않고 간접적으로 언급하면서 넓은 문맥을 제공하고 있다고 볼 수 있다. Robert A. J. Gagnon, *The Bible and Homosexual Practice: Texts and Hermeneutics* (Nashville: Abingdon Press, 2001), 56.

50) Gagnon, *The Bible and Homosexual Practice*, 58.

51) 야훼스트는 차고 번성하는 것보다 이성간의 결혼을 통하여 남녀가 관계적인 보완관계임을 강조한다. C. Westermann, *Geneses 1-11*, trans. by John J. Scullion (Minneapolis: Augsburg Publishing House, 1985), 234.

52) 여성의 창조는 독립적인 것이 아니라 남자로부터 나와서 남자와 보완되는 존재라는 것이다.

하나님은 일차적으로 동물들 가운데 아담을 위해 돕는 배필을(창 2:18) 찾으려고 하였지만, 동물들은 아담의 배필이 아니라 아담의 다스림을 받는 존재임이 판명되었다(창 2:19). 최종적으로 하나님이 만드신 남자와 여자는 부부로서 하나가 서로를 필요로 하는 둘이 되고 이 둘은 다시 하나를 지향하는 존재가 된다. 부부는 사랑의 고백 위에 서야 하며, 둘의 하나 됨은 부모로부터 떠나 연합할 때 이루어진다(2:24). 그리하여 부부의 하나 됨은 자신들을 낳아 준 부모보다 우선시된다. 부부간의 친밀함은 수치가 아니라 사랑의 근거가 된다(2:25). 이와 같이 성에 관한 창조 원리는 다음과 같다:

1) 하나님은 인간을 남자와 여자로 만드셨다. 2) 하나님은 남자로부터 여자를 만드셨고,[53] 남녀가 부부로서 서로 돕는 존재가 되기를 원하신다. 3) 사람은 부모를 떠나 부모보다 더 가까운 한 몸으로서 부부를 이룬다. 4) 남녀로서 부부의 친밀감은 수치가 아니라 본성적인 것이다.

그러므로 이성을 취하는 것이 인간의 본성을 따르는 것이며, 이성을 취하듯이 동성을 취하는 것은 인간의 본성에 반하는 것이다.

2. 동성애와 제사장 신학

동성애가 인간의 본성을 따르지 않는다면 구약성서는 동성애를 어떻게 평가하는가? 동성애는 살인을 행하는 것과 같이 가증한 것으로 땅을 더럽히며 생명을 대가로 바쳐야 하는 죄악이다. 제사장 문헌에서 거룩의 개념은 거룩, 오염, 정결, 그리고 부정 등의 용어로 이루어진다. 제사장의 임무는 거룩하고 속된 것을 구별하고, 부정하고 정한 것을 구별하는 것이다(레 10:10). 이중에서 특별히 두 쌍이 대립된다. 속된 것은 정하거나 부정할 수 있다. 정한 것은 거룩

Gagnon, *The Bible and Homosexual Practice*, 60.

53) 여성은 남성과 같은(like himself) 존재가 아니라 남성으로부터 온(from himself) 존재이다. Gagnon, *The Bible and Homosexual Practice*, 61.

하거나 속된 것일 수도 있다. 그러나 거룩과 부정은 절대로 공존할 수 없으며, 부정한 것은 결코 거룩한 것을 접촉할 수 없다.[54] 제사장 신학에서 거룩은 생명을 뜻하며 부정은 바로 죽음과 연결된다.[55] 성전은 거룩하며 항상 속화될 위험이 존재하고, 땅은 정결하며 부정하게 될 위험이 존재하는 것이다. 땅의 더럽힘은 곧 성전의 오염으로 이끌리며, 이로 인하여 거룩을 위협하는 인간이 죽음의 대가를 치루거나 하나님이 더 이상 땅과 성전에 존재하지 않게 된다. 이와 같이 이 땅이 정결함을 상실하고, 더럽힘을 받는 것을 제사장 문헌은 부정이라고 이해한다. 부정의 핵심에는 생명을 죽이는 것이 포함되어 있는데, 홍수의 원인이었던 강포는 바로 피를 흘리는 것이다(창 6:11).[56] 피를 흘리는 것은 곧 생명을 죽이는 것이기에 땅이 더럽혀지고 가증한 것이 된다. 나아가서 죽음으로 가는 문둥병과 시체를 만지는 것을 부정의 원인으로 보았으며(민 5:2), 정결을 필요로 하는 나실인에게는 발효되는 포도주가 금지되었다(민 6:2-3). 부정에 대한 개념의 확장은 곧 생명의 근원인 남성의 정자에 대한 규정에서 나타난다. 즉, 남성의 정자는 생명의 근원으로 하나님이 허락하시는 적절한 관계이외에 사용될 경우 가증한 것으로 이해된다.

제사장 법전에서 부정은 제의적인 부정을 언급하는데 반하여, 성결법전에서는 부정의 의미가 확장된다.[57] 성결법전에서는 부정의 원래 의미대로 피를

---

54) J. Joosten, *People and Land in the Holiness Code: An Exegetical Study of the Ideational Framework of the Law in Leviticus 17–26* (Leiden: E. J. Brill, 1996), 124; Israel Knohl, *The Sanctuary of Silence* (Winona Lake, Ind.: Eisenbrauns, 2007), 151.

55) J. Milgrom, "Priestly Source," in ABD 5: 455.

56) 특히 동성애를 논하면서 중요한 주제는 제사법전에서 부정은 단순히 제의적인 것으로만 이해하고 있지만, 성결법전에서 다루는 부정은 비윤리적이며 인간이 생명으로 대가를 치러야 하는 죄악의 범주에 포함된다는 것이다. 이런 의미에서 동성애를 윤리와 무관하며 단순히 제의적인 것으로 이해하려는 시도는 잘못된 것이다. "레위기에서 동성애의 정죄는 그것을 죄라기보다는 부정의 근원으로 여긴다." Dan O. Via, "The Bible, the Church, and Homosexuality," in Dan O. Via and Robert A. J. Gagnon, *Homosexuality and the Bible: Two Views* (Fortress: Minneapolis, 2003), 7. "그것은 윤리적인 용어가 아니라, 경계를 짓는 용어이다." Bird, 152.

57) 야웨 자료는 J, 엘로힘 자료는 E, 제사법전은 P, 성결법전은 H로 표기한다. 제사법전과 성결법전을 함께 표현할 때는 제사장 문헌이라는 말을 사용한다. 성결법전 이라는 용어는 제사자료와 짝을 이루는 법전을 발견한 클로스터만(A. Klostermann)에 의하여 만들어졌다. 벨하우

흘리는 행위를 가증하게 여길 뿐 아니라 이러한 부정의 의미를 확대하여 이 모든 행위는 땅을 더럽히는 가증한 행위로 이해된다(레위기 18장, 20장). 즉 성행위를 행할 수 있는 합법적인 부부의 범위를 넘어선 간음인 근친상간, 동성애, 그리고 수간, 간음에 준하는 다른 신을 섬기는 우상숭배, 나아가서 다른 사람의 피를 흘리는 불의 등을 모두 부정으로 이해하고 있다. 제사법전에서 부정은 윤리적인 죄가 아니라 단순히 회복이 필요한 제의적인 부정이다. 그러나 성결법전에서 부정은 정죄를 받아야할 가증한 죄이다. 동성애가 문제되는 이유는 동성애가 성행위를 할 수 있는 합법적인 관계를 벗어나고, 동성을 사랑하는 행위 자체가 인간의 본성에 어긋난 행위일 뿐 아니라, 생명을 죽임으로 땅을 더럽히는 행위이기 때문이다.[58]

3. 레위기 18장 22절과 20장 13절[59]

동성애를 금하는 위의 규정들은 모두 성결법전인 레위기 17-26장에 속한 구절들이다. 제사법전인 레위기 1-16장에서는 회복이 필요한 제의적인 부정만 나타나지만, 성결법전에서는 인간의 죄로 말미암은 제의적인 부정과 윤

젠은 성결 법전이 대중적인 제의 예배의 정신을 가지면서도, P가 만들어질 때 최고에 이른 제사장적인 영향을 받았다고 말한다. 바인펠트는 성결법전이 제사학파의 문헌 안에 포함된다고 보고 있다. Moshe Weinfeld, *Deuteronomy and the Deuteronomistic School* (Winona Lake, Ind. : Eisenbrauns, 1992), 179-243. 전통적으로 H가 D와 P 사이에 존재하는 것으로 여겨졌지만, 최근의 연구는 H가 P보다 후기에 나타나며 H는 P의 제의를 D의 정신에 따라 개혁한 것으로 이해한다. *The Sanctuary of Silence*, 13-14. 콜레빈스키는 나아가서 H가 P의 용어를 빌려서 P의 신학을 수정했다고 말한다. Alfred Cholewinski, *Heiligkeitgezetz und Deuteronomium: Eine vergleichende Studie*(Analecta Biblica 66; Rome: Biblical Institute Press, 1976), 334-338.

58) 동성애가 금지되는 이유에 대하여 세 가지 이유가 제시된다. 첫째, 동성애는 우상숭배와 관련된다. John Boswell, *Christianity, Social Tolerance, and Homosexuality* (Chicago: University of Chicago Press, 1980), 99-101. 둘째, 동성애는 생식력을 종식시키기 때문에 금지된다. Jacob Milgrom, "Does the Bible Prohibit Homosexuality?", Biblical Review 9(1993): 11. 셋째, 정액이 배출물과 결합한다. 넷째, 성에 관한 창조 질서에 어긋난다. Mary Douglas, *Purity and Danger* (London: Routledge & Kegan Paul, 1966), 53. Gagnon, *The Bible and Homosexual Practice*, 128-136.

59) 이은애, "레 18장의 성관계 금지조항," 「구약논단」 19집 (2005), 53-72.

리적인 죄인 불의도 언급된다. 18장과 20장에서 "가증하다고 평가하는"(레 18:22, 26, 27, 29, 30; 20:12, 13, 23) 죄의 목록이 나열된다. 18장에서는 특별히 근친상간의 죄(레 18:6-18)와 다른 음란한 성적인 죄(레 18:19-23)가 나타나는데 동성애는 두 번째 음란한 죄들에 속한다.[60] 20장은 18장과는 다른 순서이다. 몰렉을 섬기는 죄(레 20:1-5), 다른 우상숭배 죄(레 20:6-8)를 나열하고 나서 근친상간과 다른 음란한 죄를 나열한다(레 20:9-21). 동성애는 두 번째 죄에 포함된다. 18장과 20장 모두에서 가증한 죄의 대가는 생명을 바치는 사형으로서 "죽일지니라."라고 표현된다. 즉, 동성애는 백성들이 더럽혀지고, 그로 인하여 땅이 더러워지고, 나아가 땅이 거민을 토해 내는 형벌로 이어진다(레 18:24-30; 20:22-27). 이와 같이 동성애는 마땅한 대상인 이성을 사랑하지 않고 동성을 사랑하는 것으로 가증하다는 평가를 내리고, 죽음으로 대가를 치루는 죄악으로 땅이 행악자를 토해 내는 형벌을 치러야 하는 죄악이다.

레위기에서 동성애를 금지하는 구절은 다음과 같다: "너는 여자와 동침함 같이 남자와 동침하지 말라. 이는 가증한 일(토에바)이니라."(레 18:22), "누구든지 여인과 동침하듯 남자와 동침하면 둘 다 가증한 일(토에바)을 행함인즉 반드시 죽일지니 그 피가 자기에게로 돌아가리라."(레 20:13) 둘 다 동성애에 관한 규정이지만 약간 차이가 있다. 18장 22절에서 동성애를 금하는 규정은 남성에게 주어지는 2인칭 명령형이다. 여자와 동침하는 것처럼 남자와 동침해서는(Ⓛakab) 안 된다. 이 행위를 금하는 이유는 그것이 가증한 것(Tô'ēbâ)이기 때문이다. 특별히 가증하다는 단어가 종합적인 평가에서만 나타나고, 각 항목들에서는 동성애의 경우에 처음 나타나기에 동성애를 특별히 다루고 있음을 알 수 있다. 18장의 동성애에 관한 규정은 정언법인 반면에 20장 13절의 경

---

60) 18장의 금지문들은 대가족의 공동체적인 삶을 전제로 하는 오래된 금지문으로 여겨진다. 특히 4세대가 함께 사는 대가족을 성적인 혼란으로부터 보호하기 위한 것이다. 이은애, 54-58.

우 동성애에 관한 규정은 판례법으로서 "~ 하면 ~ 할지니"라는 형식을 취하고 있다. 그래서 20장의 동성애 법은 마치 18장의 규정을 적용하는 것처럼 보인다. 18장의 규정에 따라 20장에서 동성애를 금하는 규정을 어긴 사람을 처벌하는 형식을 취한다. 동성애를 행하면 가증한 것이기에 죽여야 한다는 것이다.[61] 그리고 이들을 죽이는 자는 이 죽음에 대한 책임이 없다. 동성애를 행하는 사람 자신이 자신의 피에 대하여 책임을 져야 한다.

제사법전과 성결법전에서 하나님은 자신을 보호하기 위하여 하나님의 성소에 가까이 오는 인간을 죽이고, 부정이 극대화되면 하나님 자신이 성소를 떠나신다. 공동체 안에서 하나님의 현존을 유지하기 위해서는 거룩과 정결함을 유지해야 하는 바 이 상태를 완전이라는 말로 표현한다. 이 거룩의 절정은 하나님과의 동행이다. 하나님이 에녹과 동행하신다(창 5:24)는 것은 그의 정결함이 하나님의 현존을 유지하기에 부족함이 없다는 것을 전제한다. 노아가 완전한 자라는 말(창 6:9)과 하나님과 동행하는 자라는 말이 함께 나옴으로 이것이 동의어로 사용될 수 있음을 보여 준다. 아브라함에게 요구했던 완전도(창 17:1) 이런 의미에서의 하나님의 현존을 위한 인간의 거룩함의 요구이며, 욥의 순전(완전)함도 이러한 현존의 조건임을 알 수 있다. 이와 같이 제사장 문헌은 인간의 완전을 요청하며, 이 조건이 이루어지면 비로소 하나님의 현존이 유지된다고 이해한다.

이에 비해 동성애는 성전과 땅에서의 하나님의 현존을 위협하는 금지된 성관계의 하나이다. 금지된 성관계는 가증스러운 행위로 정의되어 땅의 정결을 더럽힘을 통하여 사형으로 이어지는 것이다. 인간이 하나님과 동행함으로 거룩을 유지하기 위해서 동성애는 마땅히 금지되어야 할 죄악인 것이다. 동성애와 같은 행위의 결과는 인간이 서 있는 땅이 더럽힘을 당하여 피를 흘리든지,

---

61) 레 18장과 레 20장의 결정적인 차이는 레 20장의 법 조항들이 범죄에 대한 결과로서 사형 판결을 포함하고 있다는 것이다. 이은애, "레 18장의 성관계 금지조항," 63.

아니면 이스라엘 포로기에 에스겔이 이해한 것처럼 하나님 자신이 "더럽힌 그대로 사람을 죄악에 내어 버려두고, 이 성전과 땅을 떠나 버리시는"(겔 8-10장) 그러한 죄악인 것이다.

4. 금지된 성관계: 하나님의 아들들과 사람의 딸들(창 6:1-4)[62]

베스터만은 창세기 6장 1-3절에 대하여 다음과 같은 관찰을 보여 준다: 1) 창세기 6장 1-2절과 4b절은 원래 하나님의 아들들과 사람의 딸들의 결합을 통해 표현된 인간의 고양에 관한 신화이며, 용사들의 기원에 관한 설명은 단지 이차적인 것으로 보인다; 2) 6장 4a절은 후에 첨가되었으며, 본문의 문맥을 벗어난다; 3) 6장 3절은 원래 이야기와 전혀 관계가 없고, 단지 이차적이며 해석적이다.[63]

이 본문의 최종 본문을 염두에 둘 때 우리는 다음과 같은 특징을 발견할 수 있다. 첫째로, '당시에'와 '그 후에도'라는 표현에 유념해야 한다. '당시에'라는 말은 앞에 있는 구절들을 한 단위로 삼고 그 사건이 일어나고 있는 시대를 가리킨다. '그 후에도'라는 표현은 다음 구절들을 한 단위로 삼으면서 이전 사건보다는 후대의 시대를 가리킨다. 이 두 표현은 창세기 6장 1-2절과 4b절을 나누고 있다. 최종 편집된 본문에 따르면, 창세기 6장 1-4절은 네피림(Nephilim)과 용사(giants)라는 두 세대를 서술하고 있는 것이다. 두 그룹은 금지된 결합인 하나님의 아들들과 인간의 딸들의 결합에 의하여 만들어진 아이들이라는 면에서 유사하다. 네피림은 용사들 이전에 살았었다. 창세기 6장 4a절이 삽입된 후에 누가 네피림인가라는 질문은 네피림을 용사들과 동일화시킴으로 대답하고 있다. 6장 3절을 제외하면 이 설화는 네피림과 용사에 관한

---

62) 창세기 6장 1-3절에 관하여는 다음을 참조하라. 배정훈, "에녹 1서의 제사장 전승", 「구약논단」 19집 (2005), 157-158.

63) C. Westermann, *Geneses 1-11*, 365-369.

원래 신화로 이루어지면서, 하나님의 아들들과 사람의 딸들 사이의 결합을 통하여 인간의 힘을 증가하려는 인간의 욕망에 관한 이야기였다고 볼 수 있다.

이 원래 전승에 6장 3절이 삽입됨으로 야훼스트는 자신의 신학적인 입장으로 이 전승을 해석하게 된다. 베스터만에 따르면 야훼스트의 목적은 그동안 창세기 2-11장에서 거듭 보여 주려고 하는 인간의 타락과 심판의 예를 보여 주는 것이다. 하나님의 아들들이 금지된 사람의 딸들을 취함으로 죄를 지었지만, 하나님의 아들들에게는 아무런 심판이 주어지지 않았다. 초자연적인 죄의 기원을 인정하지 않는 야훼스트의 신학에 따라, 인간은 금지된 결합을 통하여 자신의 한계를 넘어서려는 욕망에 대한 심판을 받았다. 따라서 창세기 6장 3절에 나타난 인간의 수명을 제한하는 심판 선언은 야훼스트의 신학에 적절한 것으로 보인다.

창세기 6장 1-4절은 아담에서부터 시작되는 죄의 연속의 한 예를 보여 주는 것이 목표이다. 이 전승이 암시하고 있는 것은 인간에게 주어진 한계를 넘어서는 시도에 대한 심판이라고 볼 수 있다. 한계를 넘어서는 시도는 또한 금지된 성관계를 암시할 수 있다고도 볼 수 있다. 실제로 이 본문들은 신구약 중간시대에 금지된 성 관계를 범함으로 문란해진 제사장들의 부정을 비판하기 위하여 확대 해석된 예도 있다 (제1에녹서). 그리하여 오고 오는 세대에 이 본문은 두 가지 측면에서 이해될 수 있는 것이다. 하나는 창조시에 형성된 피조물의 본질을 넘어서는 어떠한 시도들도 죄이며 마땅한 심판을 당할 것이라는 원칙을 제공하며, 또 하나는 이 시도들의 방법으로서 나타난 금지된 성관계 자체를 금하는 범례적인 예로서 주어지는 것이다. 그리하여 창세기 6장 1-4절은 하나님의 심판을 초래하는 금지된 성관계를 금지한다는 면에서 동성애를 해석하는 한 예로 볼 수 있는 것이다.

III. 성폭력(Sexual Harassment)으로서의 동성애

앞에서 우리는 동성애 자체가 하나님이 창조하신 인간의 본성에 반하는 것으로 이해하였다. 이제 또 살펴보려고 하는 것은 동성애가 성폭력의 형태를 동반하는 경우이다.

1. 창세기 19장 1-11절

창세기 19장 1-11절에서 동성애와 성폭력이 함께 나타나고 있다. 창세기 19장 1-11절은 소돔과 고모라의 멸망에 관하여 서술하고 있다. 본문에서 등장하는 자들은 롯, 두 천사, 소돔 사람들, 롯의 딸들이다. 우선 롯은 아브라함과 헤어진 후에 소돔을 선택한다(창 13:10-13). 소돔과 고모라는 여호와의 동산 같고 애굽 땅과 같이 풍요로운 땅이었다. 아브라함과 헤어진 두 천사는 롯 앞에 사람의 모습을 하고 나타났을 것이다(창 19:1). 저자는 두 천사라고 말하고 있지만(창 19:1), 롯은 보통 나그네를 맞이하듯이 천사를 맞이한다. 저자는 두 천사를 '그들' 또는 '두 사람'이라고 부르다가 15절에서 다시 천사라고 부름으로써 이때부터는 롯이 이들이 천사임을 확실히 아는 것으로 보이지만 아마도 그 이전 어느 시점에 롯은 이들이 천사임을 알았는지 드러나지는 않는다. 롯이 나그네를 맞이하여 환대하고 그들이 눕기 전에(창 19:4) 소돔 백성들이 롯을 찾아왔다. 소돔 사람들은 "노소를 막론하고 원근에서 다 모여 롯의 집을 에워쌌다."(창 19:4). 이런 표현의 의도는 소돔 사람들 전체가 이 범죄에 참여하였기에 모두 이 범죄에 대하여 책임이 있고 그 책임으로 인하여 멸망할 수밖에 없다는 것을 보여 주려는 것이다. 그렇다면 소돔의 모든 백성들은 어떤 범죄에 참여하였는가? 롯의 집에 나그네로 찾아온 이 사람들을 끌어내어서 그들을 상관하겠다는 것이다(창 19:5). 이 말에서 읽을 수 있는 것은 두 가지 범죄이다. 하나는 이 사람들을 끌어냄으로써 나그네를 환대하는 관습을 어기고 자기 지역에 들어온 사람들을 임의로 행함으로 나그네를 환대하지 않는 범죄이다.[64] 다른 하나는 그들을 성적으로 다루겠다는 것이다. 이 본문에서 나타난 상관하다(야다)는 단어는 원래 '알다'라는 뜻이지만 성 관계를 의미하는 단어로도 쓰였다.[65] 물론 모든 소돔 사람들이 나타났을 때는 남녀를 포함하겠지만 남성 주도의 시대를 감안한다면 이 말이 남성이 본인의 의사와는 상관없이 일방적으로 여성을 대하듯이 남성과 동침하려는 의도로서 전형적인 동성애를 시도하려는 표현이며, 본문은 상호 사랑하는 동성애를 넘어서서 본인의 의사와는 상관없이 일방적인 성폭행을 통하여 죽음에까지 이르게 하는 행위를 보여준다.[66]

롯은 백성들의 조건을 듣고 문밖의 무리들에게 나아가 협상을 시도한다. 가장 바람직한 행동은 마을 사람들이 이 행동을 포기하고 집으로 돌아가게 만드는 것이다. 그러나 그러한 시도는 불가능하다고 롯은 생각하였기에 다음 단계로서 협상 조건을 제시하는 것이다. 적절한 협상 없이 나그네인 롯이 그 마을에서 살아갈 수는 없었을 것이다. 롯의 말에서 우리는 이들의 행위가 당대에

---

64) Weston W. Fields, *Sodom and Gomorrah: History and Motiff in Biblical Narrative* (JSOTSup 231; Sheffield: Sheffield Academic Press, 1997), 54-67.

65) 동성애자들을 옹호하는 입장에서는 이 단어를 이 본문에서 문자 그대로 보다 '잘 알고 지내기'를 원하자는 의미 이상이 아니었다는 설을 제기하고 있다. John Boswell, *Christianity, Social Tolerance, and Homosexuality* (Chicago: University of Chicago Press, 1980), 93-94. Derrick S. Bailey, *Homosexuality and the Western Christian Tradition* (Hamden, Conn.: Archon, 1975), 3-4; John J. McNeill, *The Church and the Homosexuality* (Kansas City: Sheed, Andrews and McMeel, 1976), 54-55. 이들에 따르면 '야다'라고 하는 동사가 구약성경 중 943번 등장하지만 성관계를 뜻하는 것은 오로지 10번 뿐이라고 한다. 이러한 주장에 따르면 소돔과 고모라의 사건이 문제가 되는 것은 동성애가 아닌 불친절한 행동 또는 집단 추행 등이라는 것이다. 야다가 성행위를 의미하는 용례는 다음과 같다: 창 4:1, 17, 25; 19:8; 24:16; 38:26; 민 31:17, 18, 35; 삿 11:39; 19:22, 25; 21:11; 삼상 1:19; 왕상 1:4.

66) Gagnon, *The Bible and Homosexual Practice*, 73. 19장 8절에서 야다는 성적인 의미를 가지고 있고, 마찬가지로 19장 5절에서도 성적인 의미를 담고 있다고 보아야 한다. 야다를 성적인 의미로 이해해야만 왜 소돔 사람들이 롯의 말을 타협으로 받지 않으려고 했는지 그 이유를 알 수 있다. 이 본문은 단순히 환대에 관한 문제만이 아니라 성폭행을 통한 동성의 행위로 보아야 한다. Donald J. Wold, *Out of Order: Homosexuality in the Bible and the Ancient East* (Grand Rapids: Baker Books, 1998), 89.

어떻게 평가되는지를 알 수 있다. 롯은 먼저 그들에게 말한다: "내 형제들아 이런 악을 행하지 말라."(창 19:7). 롯과 소돔 사람들은 소돔 사람들이 행하려는 행동이 큰 악임을 알고 있다. 레위기에서 특별히 가증한 것이라고 정의했던 동성애의 악이 롯의 시대에도 악으로 여겨졌음을 알 수 있다. 그런데 롯이 나그네 대신 자신의 두 딸들을 내어 주려고 한다. 동성을 향한 욕구를 이성을 통하여 해소하라는 말이다. 그렇다면 자신의 딸을 소돔 사람들에게 주는 것은 가능한 것인가? 그것도 악이지만 동성을 향해 욕구를 해소하는 것보다는 덜 악하다는 것이다. 구약의 가부장적인 상황에서 딸을 인격의 주체로 보기보다는 아버지의 소유로 보고 딸을 내어 주는 것이 아버지의 소유와 명예에 손상을 감수하면 된다는 것으로 여기고 있음을 알 수 있다. 롯은 이렇게 하여 "이 사람들은 내 집에 들어왔은즉 이 사람들에게는 아무 일도 저지르지 말라."(창 19:8)라고 말하면서 나그네를 환대하는 관습을 지키려고 애쓴다.

　　이러한 롯의 협상에 대한 소돔 사람들의 반응은 어떠한가? 아직까지 롯은 이 지역에서 공동체의 일원이 아니라 단지 "들어와서 거류하는 자"로 여겨지고 있을 뿐이다(창 19:9). 롯은 소돔 사람들의 은혜로 거류를 허락받고 있을 뿐 어떠한 권리도 행사할 수 없는 존재이다. 소돔 사람들은 이 사건에서 롯이 자신들을 판단하고 행동의 지침을 주는 '법관'처럼 행동하는 것을 인정할 수 없다.[67] 옳고 그름을 떠나서 소돔 땅에 들어온 나그네를 어떻게 대할 것인가는 소돔 사람들의 의무라기보다는 특권으로 여긴다. 롯은 나그네를 마음대로 다루는 행위를 악이라고 말하지만 소돔 사람들은 자기 마음대로 욕심을 성취하는 행위에 대한 거리낌이 없고 오히려 특권이라고 이해한다. 나그네에게 마땅히 행해야 하는 관습을 들어 그들의 행위를 막으려는 롯은 정의의 사도라기보다는 오히려 소

---

67) 롯이 딸을 제안한 일은 소돔 사람들의 위치에 대한 모욕이라고 볼 수 있다. 낮은 신분의 거류민인 주제에 롯은 소돔 사람들에게 요청할 권한이 없다. 나그네를 소돔 사람의 허락도 없이 데려온 것이 바로 소돔 사람의 권리를 침해했다는 것이다. Gagnon, *The Bible and Homosexual Practice*, 77. Victor H. Matthews, "Hospitality and Hospitality in Genesis 19 and Judge 19," BTB 22 (1992), 3-11.

돔 백성들로부터 먼저 해로움을 당해야 하는 대상일 뿐이다. 소돔 사람들은 이제 롯의 집을 부수어 롯에게 악을 행하려고 할 지경에 이르게 되었다.

이 본문에서 동성애에 관하여 깨닫게 하는 것은 롯의 시대에 소돔 지역에서도 동성애는 하나님이 정한 인간의 본성에 어긋나는 행위로 이해되고, 하나님이 심판을 선포할 만큼 악한 것이었다는 것이다. 그런데 이 본문에서 보이는 것은 소돔 사람들이 다른 불의를 행하지 않고 단지 동성애만을 시도한다는 것이다. 그래서 이 본문이 동성에 대한 비판으로 사용되는 것을 거부하는 학자들은 이 본문이 동성애와 이성애에 대한 가치 판단은 유보하고 오직 성폭행에 관하여만 비판하고 있다고 주장함으로 본문이 동성애에 대한 부정적인 평가와 무관한 것처럼 묘사하고 있다.

그러나 사실상 본문의 초점은 소돔 사람들의 멸망의 원인을 자세히 보여주는 것이 아니라, 멸망 직전의 마지막 상황과 멸망의 상황을 드러내는데 멈추기 때문에 우리는 이 본문에서 소돔 사람들이 모두 동성애를 행하는 것만 목격하게 되는 것이다. 그런데 이 본문 뒤에서 볼 수 있는 것은 소돔 백성들이 전혀 불의를 행하지 않고 동성애만 행하는 백성이라는 것이 아니라, 이미 악한 백성으로서 마지막 단계에 이르러 동성애를 행하는 악한 백성들이었다는 것을 보여주려는 것이다. 소돔이 동성애 이외의 심각한 불의를 행하여 멸망당하였음은 창세기 18장 20절과 에스겔 16장 49-50절, 이사야 1장 10절 등을 통하여 알 수 있다. 창세기 18장 20절에서는 다른 사람들이 소돔의 불의로 인하여 탄식하는 소리를 하나님이 들으셨다는 것이며, 에스겔 16장 49-50절에서는 소돔의 불의를 서술한다.

이사야서에서는 소돔의 불의를 전제하고 불의한 관원들을 소돔의 관원이라고 표현한다. 이 본문들이 증거하는 것은 소돔의 멸망이 동성애 때문이 아니라 불의 때문이라는 것이다. 그런데 실제로 창세기 19장에서 소돔과 고모라의 백성들이 행한 악의 내용에 대하여는 언급이 없고, 유일하게 찾을 수 있는 것이 손님들을 향하여 성폭행을 행하는 것이다. 결론적으로 이 본문은 소돔의 백성들이 정상적인 이성애로는 만족하지 않는 극단화된 타락의 상황에서 동성애를 행하고, 동시에 왜곡된 성의 형태로서의 동성애와 상대의 의사를 묻지 않는 집단적인 성폭행의 혼합으로 표현하였다고 이해할 수 있는 것이다. 이 본문에서 동성애에 관한 비판적인 평가는 간접적으로 수행되었다.

2. 사사기 19장

사사기 19장도 동성애와 집단 성폭행이 함께 이루어짐을 보여 주고 있다. 사사기의 저자는 이 사건의 시대를 사사기로 설정하고 "그때에는 이스라엘에 왕이 없으므로 사람마다 자기 소견에 옳은 대로 행하였더라."(삿 17:6; 18:1; 19:1; 21:25) 라는 구절을 곳곳에 나열함을 통하여 왕을 통한 하나님의 법이 바로 실현되어야 할 바람직하지 못한 타락한 사회의 모습을 드러내고 있다.

레위 사람이 행음한 아내를 데려오기 위하여 아내의 집인 베들레헴에서 유숙하다가 그곳을 떠나 에브라임으로 돌아가게 되었다. 여부스는 이스라엘 자손에게 속한 땅이 아니기에 여부스를 지나 베냐민에게 속한 기브아에서 유숙할 곳을 찾았으나 그를 집으로 영접하여 유숙하게 하는 자가 없었다(삿 19:15). 그런데 그를 맞이한 사람은 본래 에브라임 사람으로 기브아에서 베냐민 사람들 가운데 거류하는 자였다. 그들이 노인의 집에서 유숙할 때에 그 성읍의 불량배들이 그 집을 에워싸고 주인에게 말한다: "네 집에 들어온 사람을 끌어내라. 우리가 그와 관계하리라(야다)."(삿 19:22). 여기에서 불량배들이 원하는 "네 집에 들어온 사람"은 여자가 아니라 레위인 남자였다. 창세기 19장과 같이 성적인 의미를 담고 있는 야다라는 단어가 쓰이고 있다. 즉, 이들은 남자를 끌어내어 여자처럼 그와 성관계를 맺겠다는 의사를 표현한다. 이성이 아닌 동성에 대하여 성행위를 하되, 일방적인 성폭행을 행하겠다는 것이다. 동성애 성폭행은 사사 시대의 타락의 절정을 보여 주는 행위라고 볼 수 있다.

당대 사람들이 동성애에 대하여 어떻게 평가하고 있는지는 집주인인 노인의 말을 통하여 알 수 있다: "이 같은 악행을 저지르지 말라. 이 사람이 내 집에 들어왔으니 이런 망령된 일을 행하지 말라."(삿 19:23). 이 같은 악행이라는 말은 동성애가 당대에도 특별히 극악한 행위로 인식되고 있다는 암시이다. 더구나 노인의 집에 나그네로 온 사람에 대하여 환대할 책임이 있는 마을에서 이러한 악을 행해서는 안 된다는 것이다. 나그네에 대한 이러한 책임은 노인과 마을 사람들이 다 알고 있는 것으로 보이지만 자신의 욕심에 이끌린 불량배들은 이 말을 듣지 않는다.

이 노인도 역시 불량배들을 설득하여 행동을 포기하게 만들기보다는 타협을 하게 된다.[68] 그리고 타협을 위하여 자기 집에 온 남자 나그네와 자신의 처녀 딸이나 남자의 첩을 교환하기를 요청한다. 즉, 나그네를 향한 환대의 관습을 지키고 나그네를 보호하기 위하여 여성인 자신의 처녀 딸이나 남자의 첩을 내어 놓기로 결심한다.[69] 본문에서 암시하는 것은 남자의 아내인 첩이나 주인의 딸인 처녀는 모든 자신의 주권이나 인격을 갖지 못하고 남자의 딸이나 아내로서 남자의 소유로 인식되고 있는 사회 환경을 알 수 있다. 노인이 자신의 딸만이 아니라 레위인의 첩도 내어 놓을 수 있다고 제안한다는 것은 누구의 소유이건 여자 자체를 천하게 여기는 관습을 드러낸다. 노인은 불량배들이 이 여자들을 끌어내어 "너희가 그들을 욕보이든지 너희 눈에 좋은 대로 행하도록"(삿 19:24) 허락한다. 창세기 19장에서는 롯과 소돔 사람의 협상이 끝나기 전에 천사들의 보호를 받았기 때문에 다른 피해가 없었지만, 사사기 19장에서는

---

68) "고대 이스라엘 사람들은 남성을 성의 대상으로 삼는 것을 정상적인 인간관계로 이해하지 않고 남성의 위엄에 대한 심각한 손상으로 이해하고 있다. 그리하여 남성을 성의 대상으로 삼는 것은 이성의 위엄을 손상시키는 성 행위보다 더 수치스러운 것으로 이해한다." Bird, 148-149.
69) 여기에서 남성을 대상으로 여기는 성적 욕구와 여성을 원하는 이성애적인 욕구가 대립된다. Bird, 148.

위기 속에서 불량배들로부터 다른 보호 장치가 보이지 않는다. 다만 타협에 대하여 불량배들이 듣지 않을 때 레위 남자는 자신의 첩을 바깥으로 내어 주게 된다. 나그네로 그 집을 찾아온 레위인이 주인의 딸을 놓아 두고 자신의 첩을 내어준 것이다. 불량배들은 차선책인 레위 남자의 첩을 밤새도록 성폭행하고 새벽에 노인의 집으로 돌려보내지만 성폭행으로 인하여 이 첩은 죽게 된다.

불량배들의 행위에 대한 사람들의 재진술을 통하여 사람들은 이 사건을 어떻게 평가하는지 알 수 있다. 이스라엘 자손들은 이 일을 "이 악한 일"(삿 20:3)이라고 말한다. 레위 사람은 "불량배"를 "기브아 사람"이라고 칭하고, 그들의 행위는 단순한 동성애가 아니라 "레위 사람을 죽이려는" 행위였으며, 결과적으로 레위 사람 대신 그의 "첩을 욕보여 그녀를 죽게 하였다." 레위 사람에 의하여 이 행위는 "음행과 망령된 행위"(삿 20:6, 10)이다. 사건을 들은 이스라엘 사람들의 반응은 이 악은 반드시 제거해야 하는 것들이다(삿 20:12-13).

결론적으로 기브아의 불량배들이 행한 것은 이성인 여자를 성폭행하여 죽음에 이르게 한 것이지만 실제로 그들이 의도한 것은 동성인 남성을 성폭행하여 죽음에 이르게 하는 것이다. 이들은 이성이 아닌 동성을 향한 욕구를 집단적이고 비이성적으로 쌍방적으로가 아닌 일방적으로 분출하고, 성을 폭력화하여 한 인간을 죽게 만들면서 쾌락을 느끼고 욕구를 해소하고 있는 것이다. 불량배들이 원했던 것은 상대방을 죽음에 이를지라도 개의치 않고 하는 동성애였지만, 차선책으로 남자의 첩을 데려다가 이성애를 표현하고 그녀를 죽게 만듦으로써 폭력을 동반한 쾌락을 추구한 것이었다.

이상과 같이 살핀 이 두 본문을 통해 동성애에 대한 간접적인 사실들을 유추할 수 있다. 구약성서의 두 본문이 보여 주는 것은 타락한 상황에 처한 사회에서 동성애라고 하는 왜곡된 성관계가 행해지고 있다는 것이다. 즉, 이 본문들은 단지 이성애나 동성애를 묻지 않는 성폭행만이 아니라, 사회가 방임적이고 극단적으로 타락하였을 때 불의와 더불어 폭력을 동반한 동성애가 살인에까지 이르게 함을 보여 준다. 하나님은 이러한 가증한 동성애를 수반하는 행동에 대하여 소돔과 고모라의 멸망으로 심판하시고, 이스라엘 사람들도 이 악을 이스라엘에서 제거해 버려야 할 범죄로 인식하고 있다.

IV. 결론

위에서 본 관찰들을 통하여 구약성서에 나타난 동성애에 관한 몇 가지 결론을 내릴 수 있다. 첫째, 동성애는 인간 본성에 어긋나는 행위로 부모를 떠나 이성과 하나가 되고 서로의 돕는 배필을 이루기 위하여 인간을 창조하신 하나님이 원하시지 않는 행위이다. 둘째, 동성애는 하나님이 금하신 성관계로서 땅을 가증하게 만드는 행위이다. 동성애와 더불어 폭력이 동반되지 않는다 할지라도 동성애 자체는 하나님이 기뻐하지 않는 행위이다. 셋째, 인간의 타락이 극단에 이를 때 인간은 정상적인 이성애를 벗어나서 파행적인 동성애를 요구할 뿐 아니라 인간을 죽음에 이르게도 할 수 있는 성폭력을 행하는 존재이다. 그리하여 동성애에 이르기까지 파행된 소돔 사회는 멸망되었고, 같은 행위를 저지른 베냐민 지파는 지파가 끊어지는 위기에까지 이르게 되었다. 그러므로 동성애 자체를 인간의 본성으로 인식하려는 어떠한 시도도 성경에 반하는 것이라고 볼 수 있다. 그러나 하나님이 인간에게 요구하시는 것은 한 번도 죄를 짓지 않는 것이 아니라, 죄를 지었을지라도 회복할 수 있는 길을 통해 돌아오는 것이다. 그리스도인들이 해야 할 일은 동성애를 성경적으로 합리화하려는 시도가 아니라, 동성애가 하나님이 만드신 인간 본성에 반하는 것으로 이해하고, 동성애에 머물고 있는 자들이 돌이켜 하나님이 세우신 바람직한 원리에 따라 살도록 돕는 일이다.

제5장
동성애와 신약성서
바울의 가르침을 중심으로

소기천
장로회신학대학교 신약성서신학 교수

Ⅰ. 서론

한 마디로 분명하게 말하자면, 신약성서에 동성애라는 단어 자체가 나오지 않는다. 이 점에서 신약성서가 말하는 동성애에 관해서 아무도 정확하게 말할 수 없다. 포괄적인 의미의 동성애 문제도 예수의 가르침에서는 발견되지 않는다. 하지만 동성애 문제가 바울의 가르침에서는 아주 중요한 이슈로 취급되고 있다. 이 점에서 필자는 바울이 취급하고 있는 이슈를 중심으로 동성애에 관한 본 소고를 전개해 보고자 한다. 학자들마다 동성애 문제에 관해 어떤 입장을 보이는지 곧 찬성하는지 혹은 반대하는지에 관한 학자들의 논쟁은 필자에게 더 이상 중요하지 않다. 왜냐하면 학자들마다 학문적인 입장 차이가 너무나도 크기 때문이며, 포스트 모던적인 상황인식과 정치적인 고려를 통해서 동성애 문제를 해석하는 입장도 학자들마다 다르기에 저마다 자기들의 주장과 전제를 가지고 동성애를 찬성하기도 하고 반대하기도 하기 때문이다.

신약성서에 나타난 동성애 문제에 관하여 학자들의 치열한 찬성과 반대의 입장은 다음과 같이 두 가지로 나누어서 정리될 수 있다. 첫째, 신약성서는 동성애에 관해 반대하지는 않는다는 입장이다. 이것은 특히 미국에서 급진적인 학자들이 갖고 있는 입장이다. 1973년에 미국 정신의학협회는 동성애를 공식적인 정신 장애의 범주에서 제외시켰다. 이러한 입장에서는 동성애 자체를 말하지 않고 단지 인간이 누릴 수 있는 성적 경향성만이 중요한 문제로 부각된다. 둘째, 신약성서는 동성애를 찬성하지도 않는다는 입장이다. 이러한 시각은 남자와 여자가 동성애로 인해서 하나님의 형상을 가진 인간성과 성의 정체성을 파괴한다고 간주한다. 이러한 입장에서는 동성애를 많은 죄악들 중에 하나로 본다. 이런 입장에서는 결코 신약성서가 동성애를 징계하고 있는 다른 죄악들보다 더 심각한 악덕으로 보지 않는다.[70)]

이 두 가지의 입장은 항상 첨예하게 대립되어 많은 논쟁을 불러일으키고 있다. 어떤 입장이든지 각각 정치적인 입장이 뚜렷하기에 동성애를 전체적인 신약성서의 정신과 통전신학적인 조명 아래서 취급해야 하는 과제를 안고 있다.

이와는 반대로 월터 윙크에 의하면, 바울은 성적 지향성과 성행위를 구별하지 않았기에 오히려 바울 자신은 다음과 같은 논지로 동성애자가 아니라 이성애자를 정죄한다고 본다. 그에 의하면, 로마서 1장 26-27절에서 바울은 성적 지향성에 반대하여 행동하는 이성애자들을 정죄한다는 것이다. 여기서 정죄를 받는 이성애자들은 '순리대로 쓸 것을 바꾸어 역리로 쓰는 자들'이다. 다시 말하면 자신의 성적 지향성에 반대되는 성적 행위를 한 사람들이다. 사실상 성적 지향성은 인생의 초기에 결정되고, 이로써 성적 지향성이 나타난다. 이

---

70) Robin Scroggs, *The New Testament and Homosexuality* (Philadelphia: Fortress Press, 1983). 첫째, 신약성서가 동성애를 찬성한다는 입장은 최근의 정신의학적, 심리학적 영향 아래에서 신약성서를 재해석하고, 당시의 콘텍스트와 텍스트 사이의 긴장을 찾아내고, 그 갈등이 현재의 상황과 다르다는 것을 전제로 하여 동성애를 지지하는 입장이다. 둘째, 신약성서가 동성애를 반대한다는 입장은 동성애를 다른 죄악들 중에서 특별하게 구별하여 더 큰 것으로 특징지을 수 없고, 동성애를 독립적으로 놓고 판단할 수 없다는 입장이다.

러한 관점에서 바울은 성적 지향성에 반대되는 성행위를 하고 있는 이성애자들을 정죄한다.[71]

이러한 입장을 동성애적 행위가 아닌 이성애적 행위에 맞추어 적용해 보자. 동성애의 성적 지향성을 갖는 사람이 동성애를 반대하는 문화 속에서 동성애를 버리고 이성애자로 살아가는 것도 바울의 입장에서 보면 저주의 대상이다. 이런 관점은 신약성서의 시각을 더 흐려지게 만든다. 그 결과로 동성애 문제를 해결하기보다는 더욱 더 복잡한 정황으로 이끌어간다.[72]

이렇게 동성애 문제인가 혹은 정반대로 이성애 문제인가 사이에서 첨예하게 대립되는 측면이 존재한다. 필자는 신약성서에 나타난 동성애 문제와 관련하여 바울이 동성애를 찬성하거나 반대한다는 학자들의 논쟁과 정치적인 입장에 관련하여, 다만 오늘날 화두가 되고 있는 문제가 무엇인지에 대한 대답을 찾을 수 있는지에 대해서만 신약성서의 객관적 석의 과제를 통하여 객관적으로 연구하고자 한다. 여기서 말하는 객관적인 석의 과제란 로마서 1장 26-27절과 고린도전서 6장 9-10절과 디모데전서 1장 9-10절에서 바울이 동성애 문제에 관해 우상숭배와 관련을 지어 이해하고 있다는 사실을 석의적 관점에서 살펴보는 작업이다. 물론 성서학자도 본문이 말하는데 충실하려고 노력하지만, 본문의 의도를 해석할 때 때때로 학문적인 전제와 편견에 좌우되는 경우도 있다. 전제 없는 석의는 불가능하기 때문이다. 그러나 필자는 가능하면 본문이 말하고자 하는 바에 충실하게 해석하여 바울이 객관적으로 동성애 문제에 관해 왜 우상숭배와 관련을 맺고 있는지를 석의하고자 한다.

---

71) Walter Wink, *Homosexuality and Christian Faith: Questions of Conscience for the Churches* (Minneapolis: Fortress Press, 1999). 그에 의하면, 동성애적 행위가 바울의 눈에 부자연스러운 것으로 보였기에, 바울이 본성이라고 말한 것은 오늘날의 지식에서 본다면 본성적이지 않다고 주장한다.

72) 이러한 입장은 아주 사변적이고 다른 어떤 주장보다 아주 정치적이며, 동성애를 두둔하기 위해 고안된 아주 괴상한 이론이다. 이러한 바울의 입장에 의하면, 동성애 자체는 정죄의 대상이 아니고, 본성에 반대하는 이성애자의 행위가 정죄의 대상이므로, 바울은 기본적으로 현대 심리학에서 말하는 동성애의 성적 지향성을 알지 못한다는 것이다.

II. 로마서 1장 26-27절

로마서 1장 26-27절은 학자들마다 동성애 문제를 다루는 가장 기본적인 구절이다. 우리는 로마서 1장 26-27절을 1장 23절에 언급되고 있는 우상숭배에 관한 내용과의 연속선상에서 이해하여야 한다. 여기서 바울은 변태적인 성행위를 우상숭배와 연결을 짓고 있다.[73] 1장 27절에 언급되고 있는 동성애의 문제는 고대 종교에 있었던 음란한 우상숭배의 문화에 관한 바울의 철저한 경고를 보여 주고 있다. 이런 연유로 동성애 문제는 유대인들에게 이교도적인 것으로 비쳐진다.[74] 그러므로 로마서 1장 26-27절에서 바울은 18절부터 이어지는 이방인의 악덕을 언급하는 가운데 '경건하지 않음과 불의의 결과로 인하여 하나님께서는 이방인을 마음의 정욕대로 더러움에 내버려 두셨다'고 말한다.[75] 로마서 1장 18-23절에 의하면 인간이 불의한 중에 있을지라도, 하나님께서는 자연을 통하여 하나님 자신이 어떠한 분이신지 알린다는 사실이다. 여기서 바울은 하나님께서 지으신 피조물들이 곧 그 지으신 분을 증거한다고 말한다. 그런데 이방인은 하나님을 직면하게 될 때에, 하나님을 하나님으로서 대접해 드리기를 거절한다. 즉 그들은 하나님을 영화롭게도 아니하고, 그에게 감사하지도 않는다. 도리어 그 자신이 좋을 대로 하나님 대신에 우상을 만들어 섬긴다. 이것이 원인류의 타락 이래로, 자기도 모르는 사이에 범하는 자연인의 불신앙의 행위 곧 신앙에 반대되는 행위이다.

---

73) Ernst Kaesemann, *An die Roemer*, 한국성서학연구소 번역실 역,『로마서』(서울: 한국성서학연구소, 1982), 81.

74) Ernst Kaesemann,『로마서』, 88.

75) John Calvin,『칼빈 성경주석 로마서』, 존 칼빈 성경주석출판위원회 (서울: 성서교재간행사, 1995), 66에서 칼빈은 이방인의 악덕에 대한 하나님의 심판에 관한 주제와 관련하여, 로마서 1장 26-27절에 대해서 '주님의 보복'으로 간주한다. 칼빈은 로마서 1장 26-27절이 1장 18절부터 3장 20절까지 이어지는 전체 단락 속에서 해석되어야 한다고 강조한다. 바울의 논지는 "모든 사람이 죄를 범하였으매 하나님의 영광에 이르지 못하더니"라고 말하는 3장 23절로 귀결되어, 모든 사람이 의롭게 되기 위해서 그리스도께서 행하시는 구원이 필요하다는 사실을 논증하고 있다.

이로써 바울은 이방인의 불신앙과 '하나님을 알되 영화롭게 하지 않는 것'에 대해 '하나님의 심판이 임하게 되었다'라고 말한다. 이로써 바울은 로마서 1장 26-27절에서 하나님께서 이방인을 심판하시는 결과로 나타나는 증거들에 관하여 말한다.

동성애를 옹호하는 입장에서는 바울이 로마서 1장 26-27절에서 동성애를 반자연적 행위로 거부한다고 말하는데, 레이몬드 로렌스(Raymond J. Lawrence. Jr.)는 이런 주장과 관련하여 다음과 같이 말한다. 그에 의하면, 로마서 1장 26-27절에서 동성애는 윤리적 타락의 표시로 열거된 많은 우상숭배, 거짓말, 탐욕, 살인, 사기 등과 같이 하나님으로부터 멀어진 상태를 표현하는 악덕들의 하나로 열거되고 있다. 사실상 하나님께서 이 모든 악덕들로 인해 이방인들을 벌하신 것은, 그들이 가능함에도 불구하고 참 하나님을 알아보지 않고 오히려 스스로 우상 신들을 만들었기 때문이다. 바울은 자신의 논증을 헬라적 유대교의 가장 중요한 문서인 지혜서로부터 끌어들였다. 하나님 아닌 것을 하나님으로 섬기는 행위는 창조주이신 하나님과 피조물인 우상을 뒤바꿔 놓는 행위이다. 이러한 경우에 동성애는 여러 요소 중에 하나이다. 로마서 1장 26-27절에서 동성애가 이방인들 사이에서만 행해졌을 뿐이지 유대인들에게는 없었다고 단정 지은 측면도 있지만, 그리스-로마 세계에서 동성애가 성행하는 정도가 아주 심각했기 때문에 유대인들의 입장에서는 동성애를 이방인들의 악덕이라고 간주할 수밖에 없었다.[76]

바울은 이 부분에서 이방인에 대한 정죄와 관련하여 로마서 1장 26-27절과 가장 흡사한 교훈을 주고 있는 솔로몬의 지혜서[77]의 본문과 너무나도 유

---

76) Raymond J. Lawrence. Jr., *The Poisoning of Eros: Sexual Values in Conflict* (New York: Augustine Moore Press, 1989), 69-71.

77) 구약성서의 외경으로 분류되는 솔로몬의 지혜서는 바울보다 한 세기 이전 알렉산드리아의 어떤 유대인에 의해 기록된 지혜문헌이다. 솔로몬의 지혜서에 관한 영어번역을 위해, James H. Charlesworth, *The Old Testament Pseudepigrapha*, 2 vols. (Garden City: Doubleday, 1983-1985)을 보라.

사하다. 위에서 언급한 로렌스의 주장처럼, 바울이 솔로몬의 지혜서가 주고 있는 가르침으로부터 이방인의 악덕에 관한 교훈을 빌어 왔을 가능성이 많다. 비록 평행본문은 아닐지라도, 로마서 1장 20절과 솔로몬의 지혜서 13장 1절을 다음과 같이 대비를 지어보면 양자의 연관성이 너무나도 유사하다.

로마서 1장 20절	솔로몬의 지혜서 13장 1절
창세로부터 그의 보이지 아니하는 것들 곧 그의 영원하신 능력과 신성이 그가 만드신 만물에 분명히 보여 알려졌나니 그러므로 그들이 핑계하지 못할지니라.	하나님을 모르는 자들은 모두 태어날 때부터 어리석어서 눈에 보이는 좋은 것을 보고도 현존하시는 분을 알아보지 못하였고, 행하신 일을 보고도 그것을 이룩하신 분을 알아보지 못하였다.

바울에 의하면, 하나님께서 모든 것을 밝히 드러내셨기 때문에 아무도 핑계를 댈 수 없다. 이러한 바울의 지적은 우상숭배를 악덕으로 규정하려는 의도를 보여 주는 것이다. 솔로몬의 지혜서도 하나님을 모르는 자들은 어리석어서 눈으로 보고서도 하나님을 알아보지 못한다고 지적함으로써 우상숭배를 경고하고 있다. 솔로몬의 지혜서는 이방인들의 악덕을 언급하고 더 나아가서 솔로몬의 지혜서 14장 12-31절에서 우상숭배의 기원에 대하여 이야기한다. 마침내 솔로몬의 지혜서 14장 27절에서 다음과 같이 그 결론을 내려준다.

이름 없는 우상들을 숭배하는 것은 모든 악의 시작이요 원인이요 절정이다.

솔로몬의 지혜서도 우상숭배와 같은 악덕을 분명하게 정죄하고 있다. 곧 이방인은 하늘의 별들을 신으로 오해했다(13:2). 이방인이 우상에게 나가면 나갈수록, 창조주 하나님으로부터 멀어졌고 더 죄악된 길로 나아갔음에도 불구하고 하나님께서 우상과 죄악의 길로 달려가는 이방인을 그대로 내버려 두셨다. 이러한 솔로몬의 지혜서가 가르치는 것을 따라서 바울은 하나님께서 이방인을 더러움에 그냥 내버려 두신 것이며(롬 1:24), 부끄러운 욕심에 내버려 두신 것이며(롬 1:26), 그들을 상실한 마음대로 내버려 두신 것이라고 논증하면서(롬 1:28) 동성애 문제가 우상숭배의 악덕에 버금가는 것이라는 논지를 이어가고 있다. 이처럼 유대 지혜문학에서 동성애 문제를 비판적으로 다루는 이유는 부부관계를 보호함으로써 우상숭배를 경계하기 위한 것이다.[78] 이방인들은 필연적으로 왜곡된 성욕으로 자신들을 더럽힐 수밖에 없다.[79]

헬라적 유대교의 문학이나 그리스-로마 세계의 문학에서 자주 어떤 덕목들이 불특정 순서에 의해 나열된다. 우리는 지혜서 14장 25-26절에서 비슷한 예를 찾을 수 있다. 그리스-로마 세계의 영향을 크게 받은 바울도 이러한 특성에 익숙해 있다. 그러나 이러한 그리스-로마 세계의 문학적 특징에서 각 목록은 어떠한 특별한 기준이 제시되지 않는다. 그러나 유대 지혜서의 전통에 서 있는 바울은 악덕 목록을 제시하면서도 동시에 우상숭배라는 기준을 설정해 놓고 그 틀 속에서 움직이고 있다.

우상숭배가 모든 악의 시작이요, 원인이라고 선언하는 솔로몬의 지혜서 14장 25-26절에서 여러 가지 악덕의 목록이 나열된다. 그 중에서 우리가 특히 관심을 갖는 것은 '성행위가 난잡하고, 결혼제도는 질서를 잃고, 음행과 방탕이 성행한다'는 내용이다. 이러한 음란한 성행위는 고대 이방종교에 아주 흔하게 나타나는 우상숭배적인 현상이다. 솔로몬의 지혜서 14장이 말하는 성행위나 결혼제도의 혼란이 곧 동성애를 의미한다고 직접적으로 평가할 수는 없지만 이러한 성적 혼란이 우상숭배와 연결된다고 유추할 수 있는 것은, 당시 그리스-로마 세계에 편재해 있는 우상과 동성애의 연관성을 통하여 지혜서가 동성애 문제에 관한 것을 포함하고 있기 때문이다.

---

78) Ernst Kaesemann, 『로마서』, 88-89. 여기서 바울은 이방인들이 '부끄러운 일을 행한다'고 표현하는데, 이것은 성교에 관한 완곡어법이다.

79) Peter Stuhlmacher, *Der Brief an die Roemer*, 장흥길 역, 『로마서 주석』 (서울: 장로회신학대학교 출판부, 2002), 75.

솔로몬의 지혜서가 우상숭배와 성적 타락을 직접적으로 연결하고 있는 것처럼, 바울도 역시 이방인들과 우상숭배를 연결시킨다. 이것은 헬라적 유대인들의 전통이다. 물론 바울도 솔로몬의 지혜서를 기록한 알렉산드리아의 유대인과 마찬가지로 길리기아 다소 출신의 헬라적 유대 전통에 속한 사람이다. 그러나 바울은 솔로몬의 지혜서 14장 12, 24-25절과는 달리 엄격한 유대 전통으로 이방인에게 악덕 목록의 죄를 씌우고 죄의 혐의를 두려는 의도를 가지고 이방인을 개혁하려고 하지 않는다.[80] 여기서 바울의 의도는 단지 로마서 1장 25절에서 피조물을 하나님보다 더 경배하고 섬기는 이방인을 이야기한 직후에 26-27절에서 성적 타락의 중요한 특징인 동성애 문제를 언급하려는 것이다.

바울에게서 동성애 문제는 단순한 악덕이 아니라 우상숭배와 직결되었기 때문에 주님의 보복의 결과로 나타난다. 바울은 이방인의 악덕 목록 가운데 대표적인 것으로서 동성애 문제를 언급하는 것이 아니다. 바울에 의하면, 동성애 문제는 참 하나님을 하나님으로 거부하는(롬 1:21) 이방인의 근본적인 죄 곧 우상숭배의 여러 가지 결과들 중의 한 가지로 언급되고 있다.[81] 바울은 이방인들이 범죄함으로써 창세기 1장 27-28절로부터 멀어져서 여자가 여자와 나누는 성적 사랑과 남자가 남자와 더불어 나누는 남색으로 스스로를 더럽히게 되었다고 지적하면서, 이방인들의 이러한 행위들은 창조와 반대되고 "그들의 타락한 죄의 멸망 상태의 특징"[82]을 보여 준다.

결국 동성애는 죄의 결과이며 일체의 우상숭배를 거부하시는 하나님께서 보시기에 악한 것이라는 사실이다. '저희의 그릇됨에 상당한 보응을 받았느니라'는 부분을 주석하면서 칼빈도 다음과 같이 말한다.

---

80) Ernst Kaesemann, 『로마서』, 89.
81) V. P. Furnish, *The Moral Teaching of Paul*, 이희숙 역, 『바울의 네 가지 윤리적 교훈』 (서울: 종로서적, 1994), 107.
82) Peter Stuhlmacher, 『로마서 주석』, 75.

적개심 때문에 하나님께서 그들에게 주신 빛에 대하여 눈을 감음으로써 하나님의 영광을 볼 수 없게 되었던 사람들은 눈을 멀게 된 것이 당연하다. 그럼으로써 그들은 자신들을 잊게 되며 그들에게 유익되는 것을 보지 못하게 되는 것이다. 우리에게 빛을 주시는 단 한 분이신 하나님의 영광을 있는 힘을 다하여 소멸시키는 것을 부끄러워하지 않은 사람들은 정오에도 장님 되는 것이 마땅하다.[83]

26절에 사용된 헬라어 원형인 'παραδίδωμι(파라디도미)'는 '넘겨주다(hand over), '포기하다, '책임을 지다(responsibility for)', '구전이나 기록된 전승을 다음 세대에 넘겨주다' 등의 뜻을 가지고 있다.[84] 특히 '내버려 두다'라는 뜻을 가지고 이방인들의 죄를 드러내는 로마서 1장 26절에 사용된 παραδίδωμι(파라디도미)는 24절, 26절, 28절에 걸쳐서 세 번 사용되고 있다. 바울은 인간 위에 내려진 하나님의 진노의 결과가 무엇인지 심각하게 규명하고 있다. 하나님께서는 인간을 죄악의 형법 속에 그대로 내버려 두심으로 포기(hand over/ give up)해 버리셨다. 그러므로 인류는 죄와 불의에 대하여 더 이상 변명의 여지가 없게 되었다. 하나님께서는 불의한 인간을 죄악 속에 그대로 '내버려 두셨다'(24, 26, 28절)고 했는데, 이것은 하나님의 진노의 결과요 인간 위에 내려진 하나님의 심판이다.

'내버려 두셨다'(24, 26, 28절)는 구절에서 바울은 하나님을 알지 못하는 이방인들을 하나님께서 어떻게 심판하셨는지 설명한다. '더러움'에 내버려 두사(24절)에서 '더러움'이란 성적으로 순결하지 못한 것(sexual impurity)을 가리킨다. 그리하여 인간 육체 속에서 일어나는 정욕으로 그들의 몸을 서

---

83) John Calvin, 『칼빈 성경주석 로마서』, 66.
84) Walter Bauer, *A Greek-English Lexicon of the New Testament and Other Early Christian Literature* (Chicago: University of Chicago Press, 2000), 761-763.

로 욕되게 하였다. '부끄러운 욕심'에 내버려 두사(26절)에서 '부끄러운 욕심'이란 수치스런 정욕과 비정상적인 성관계를 가리킨다. 그리하여 순리대로 쓸 것을 역리로 바꾸어 여자는 여자끼리, 남자는 남자끼리 정욕을 불태우며 부끄러운 일들을 자행하게 되었다. '상실한 마음'에 내버려 두사(28절)에서 '상실한 마음'이란 타락하고 부패한 마음(deprave mind)을 가리킨다. 그리하여 마땅히 해야 할 일을 하지 않고 합당치 못한 일들, 즉 29~31절에 열거된 21가지를 저지르게 되었다. 열거된 21가지의 부패상들을 살펴보면 하나님의 신성함에 대한 외경을 전혀 찾아볼 수 없다.

하나님께서 이방인들을 이렇게 내버려 두신 근거는 21절에서 23절에 나와 있다. 곧 우상숭배를 근거로 들면서 이방인들의 잘못을 지적하는데, 곧 이방인들이 하나님을 알면서 하나님을 영화롭게 여기지 않고, 감사하지도 않고, 생각이 허망하여 마음이 어두워지고, 썩어지지 아니하는 하나님의 영광을 썩어질 사람과 금수와 버러지의 형상으로 만든 것이다. 이러한 우상숭배는 이방인들의 치명적인 잘못이다.

26절의 πάθος(파토스)는 강력한 열정이나 열심 혹은 열망으로 번역되는데, 하나님을 우상으로 형상화하려는 열심으로 이해되기도 하지만, 이 구절에서는 직접적으로 동성애 문제를 경고하려는 의도를 가진 단어이다.[85] 우상숭배가 하나님을 하나님으로 섬기지 못하는 잘못된 열정에 의해 기인된 것이므로, 여기서 말하는 부끄러움이란 하나님의 것을 하나님께 돌리지 않는 데서 비롯된 것이다(롬 2:21).

26절에서 바울은 정상적인 성관계가 남자와 여자 사이의 행위라는 생각을 전제하고 있다. 이러한 전제는 인간이 참 하나님을 올바르게 섬겨야 하기에

---

85) Walter Bauer, *A Greek-English Lexicon of the New Testament and Other Early Christian Literature*, 748. 골로새서 3장 5절과 데살로니가전서 4장 5절에서처럼 성적인 열정으로 사용되는데, 어떤 성적 행위뿐만 아니라 그 열정 자체가 부끄러운 것이고 치욕스러운 것으로 간주된다.

반대로 우상숭배를 배격하고 있는 것이다. 바울은 이 구절에서 남자나 여자, 즉 모든 사람이 정상적이지 않다는 사실을 강조하여, 본성을 거스르는 것(παρ ἀφύσιν 파라퓌신)은 남색과 같은 성적인 관계를 의미한다.[86] 곧 남자는 남자의 모습으로 여자는 여자의 모습으로 부여받은 조건과 환경에 영향을 받는다는 사실이다. 이것을 역으로 사용하는 것은 피조물이 자연스럽게 창조주 하나님을 섬기지 않고 우상을 섬기는 것과 같은 결과를 초래한다.

26절의 '바꾸다'는 동사와 27절의 '버리다'라는 동사는 인간이 자신의 자각과 행동에 있어서 의식적으로 모든 것을 결정한다는 사실을 전제한다. 곧 바울은 동성애와 우상숭배의 행위야말로 개인이 자유롭게 선택한 행동이라는 사실을 전제한다. 여기서 분명한 사실은 '바꾸다' 혹은 '버리다'라는 동사를 통해서 바울이 동성애 문제와 우상숭배를 인간의 자발적 행위 혹은 자발적 선택으로 간주하고 있다는 사실이다.

27절의 'ἀσχημοσύνη(아스케모쉬네)'는 수치스러운 행동이나 상태를 뜻한다. 이 단어는 동성애와 우상숭배의 부끄러운 결과를 나타낸다. 이로써 부끄러운 일 곧 신체의 은밀한 부분인 성기를 드러내는 일과 연관되어 사용되는 점을 중시할 때,[87] 고대 세계에서 우상숭배를 통해서 음란한 일들이 자행되고 있는 것을 경계하면서 참 하나님을 올바르게 섬겨야 할 것을 강조하고 있다.

이상 우리가 살펴 본대로 하나님의 진노의 결과는 인간을 억만 죄악 가운데 그대로 내버려 두시는 것으로 나타났다. 오죽하면 하나님께서 내버려 두시겠는가? 하나님께서 인간을 그냥 '내버려' 두심으로 인간의 죄악된 상황은 더욱 더 혼돈에 빠져들게 된다. 만일 우리가 자신의 불의와 범죄에 대해서 스스

---

86) Walter Bauer, *A Greek-English Lexicon of the New Testament and Other Early Christian Literature*, 1069-1070. 이 단어를 통해서 바울은 갈라디아 2장 15절과 로마서 11장 21, 24절과 마찬가지로 태생적으로 남자와 여자의 환경이 결정된다는 사실에 관하여 전적으로 공감한다.

87) 출애굽기 28장 42절, 나훔 3장 5절, 에스겔 16장 8절, 레위기 18장과 20장, 신약성서에서는 고린도전서 12장 23절, 요한계시록 3장 18절과 16장 15절 등에서 이러한 증거를 찾을 수 있다.

로 깨닫고 회개하게 되면 그때는 별 문제가 없다. 그러나 우리의 끝없는 범죄와 불의에 대하여 더 이상 하나님의 진노의 채찍이 없다면 혹시 우리가 하나님께로부터 '내버려진 자'가 아닌지 두려워해야 할 것이다. 원래 인간은 하나님께서 지으신 피조물이다. 그러므로 인간은 창조주 하나님을 주님으로 인식하고, 사랑하고, 존경하고, 신뢰해야 옳다. 그러나 인간은 이것을 거부하고 스스로의 마음속에 하나님 두기를 싫어하고 하나님 자리에 자기 자신을 세우는 근본적인 죄인 교만한 죄를 저질렀다. 만일 우리가 내 마음속에 하나님께서 들어오실 자리를 비워 드리지 않는다면, 하나님께서 결코 내 속에 들어오겠다고 강요하시지 않는다. 인간이 굳이 하나님을 거부하고 자신이 주인 노릇 하겠다고 선언하면, 하나님께서 인간으로 하여금 주인 노릇하도록 내버려 두신다. 그런데 바로 이것이 하나님의 심판이요 진노인 것을 알아야 한다.

로마서 1장 24-32절에 의하면, 인류는 죄에 대하여 변명의 여지가 없으며 마땅히 정죄 받아야 한다. 세 번이나 거듭해서 하나님께서는 인간을 '내버려 두사'(24, 26, 28절)라고 함으로써 심판하셨다. 즉 하나님께서는 우리로 하여금 악한 욕정의 노예가 되도록 그대로 내버려 두신다. 그러므로 만일 우리가 죄를 범한 후에 하나님의 채찍이 없으면 '내어 버려진 자'가 아닌지 두려워해야 할 것이다.

III. 고린도전서 6장 9-10절과 디모데전서 1장 9-10절

여기에 나열된 악덕 목록은 음란과 우상숭배와 관련하여 "중하고 희귀한 범죄들"[88]만 언급되고 있다. 전통적으로 고린도전서의 기록 목적은 글로에가 전

---

88) Martin Dibelius, *Die Pastoralbriefe*, 한국신학연구소 번역실 역, 『목회서신』 (서울: 한국신학연구소, 1983), 43.

해준 고린도 교회의 여러 가지 문제, 곧 고린도 교회가 가진 구체적이고 실제적인 상황들에 대한 대답으로 주어진 것이다. 실제로 고린도전서는 교회의 분열, 음행, 송사, 연보, 성적 문란, 결혼, 우상숭배, 성령의 은사와 열매, 그리고 부활에 관한 문제들이 순차적으로 다루어진다. 여기서 바울이 가장 중요하게 다루는 것이 우상숭배에 관한 악덕이다. 이러한 배경으로 볼 때, 바울이 선택한 단어들은 단순히 전승에 의해 내려오는 단어를 나열한다고 볼 수 없다. 물론 일부는 그러한 전승에서 빌려 온 것이지만, 그 단어도 전승으로 그치지 않고 우상숭배를 경고하려는 바울의 의도가 담겨 있다. 더욱이 이전의 목록에서 언급되지 않았던 것이 추가로 언급되고 나타난다면, 그러한 증거는 더욱 확실해진다.

고린도전서 6장 9-10절의 악덕이 고린도전서 5장 10절-11절의 악덕을 확대하고 있다. 김지철은 이러한 악덕에 관하여 다음과 같이 구분한다.

첫째는 범죄로서 음행, 간음, 탐색, 남색하는 것이고, 둘째는 소유물에 대한 범죄로서 도적, 탐욕, 탐람하는 것이고, 셋째는 일반적으로 흔히 볼 수 있는 죄로서 우상숭배와 술 취한 자이다.[89]

이러한 구분을 통하여 김지철은 여기에 언급된 악덕이 산상수훈이 말하는 하나님의 나라에 들어갈 수 있는 긍정적인 조건과 반대되는 것으로서, 하나님의 나라에 들어갈 수 없는 부정적인 조건들이라고 말한다.[90] 왜 그들이 하나님의 나라에 들어 갈 수 없는지에 관하여 김지철은 언급하지 않았지만, 필자가 보기에는 우상숭배의 결과가 멸망에 이를 수밖에 없다는 사실을 바울이 전제하고 있기 때문이다. 이런 악덕 목록이 우상숭배와 연결되는 이유는 "신들에 대한 범죄"[91]를 가리키기 때문이다.

고린도전서 6장 9-10절의 악덕은 고린도 교회의 삶의 정황을 반영하는

---

89) 김지철, 『성서주석 고린도전서』 (서울: 대한기독교서회, 1999), 253.
90) 김지철, 『성서주석 고린도전서』, 254.
91) Martin Dibelius, 『목회서신』, 43.

것이지만, 바울 자신이 원하는 특별한 목록을 추가한다. 만약 바울이 고린도 교회의 정황을 위해 선택된 단어가 우상숭배라면 그것은 일반적인 다른 목록의 악덕과 구분해야 한다. 그러므로 바울이 언급한 악덕이 단순하게 전승에 의한 것인지 아니면 특별한 목적으로 선택된 단어인지 알아보아야 한다.

바울이 악덕의 일부를 전승에 의지하는 것은 확실하다. 위에서 언급한 것처럼 바울이 악덕 목록을 나열하는 것은 그의 서신에서 여러 번 발견되지만, 바울이 특별한 목적으로 선택한 목록을 보기 위해서 고린도전서에 기록된 악덕 목록과 비교하는 것이 좋다. 바울이 전승에 의지하지 않고 특별한 목적을 가지고 선택한 악덕 목록을 찾아보기 위해서는 5장에서 언급하지 않은 단어가 6장에 어떻게 나타나고 있는가를 살펴볼 필요가 있다. 여기서 다음과 같이 고린도전서 5장 10-11절과 6장 9-10절을 비교해 보자.

고린도전서 5장 10-11절	고린도전서 6장 9-10절
음행하는 자들	음행하는 자들 간음하는 자들 ------------ 탐색하는 자들 남색하는 자들
탐하는 자들	탐람하는 자
토색하는 자들	토색하는 자들
우상숭배 하는 자들	우상숭배 하는 자들
후욕하는 자	후욕하는 자
술 취하는 자	술 취하는 자
	도적

역시 우상숭배는 두 개의 악덕 목록에서 기준이 되는 공통적인 악덕으로 소개되고 있다. 특히 고린도전서 6장 9-10절에서 우상숭배는 외관상으로 다른 악덕 목록의 중심에 해당하는 악덕으로 소개되고 있다. 여기서 우리의 관심 사항인 고린도전서 6장 9-10절의 남색하는 것과 탐색하는 것은 고린도전서 5장 10-11절에 없던 단어이다. 바울은 남색과 탐색이라는 단어를 어떤 특별한

목적을 가지고 선택했을 가능성이 있다. 그것은 고린도 교회의 정황을 반영하기 위한 목적일 것이다. 남색과 탐색은 단순한 전승을 전달하는 과정에서 나타나는 단어가 아니라, 바울이 5장에 나타난 악덕을 다시 되풀이하면서 특히 강조하고 싶은 단어인데, 곧 고대 종교에서 흔하게 나타났던 우상숭배의 음란한 문화를 경고하고자 하는 바울의 의도가 내포된 것이다.[92]

이러한 관점에서 6장 9-10절에 나오는 말라코스(μαλακὸς), 아르세노스코이테스(ἀρσενοςκοίτης)와 관련하여 우리는 성적인 문제와 우상숭배를 하나로 연결하여 해석하는 것이 좋다. 바울이 여기서 언급하는 단어 중에 말라코스는 문자 그대로 '부드러움'이라는 뜻이 있다. 말라코스는 신약성서 여러 곳에서 볼 수 있는 '연약함으로' 번역하지 않고 가끔 '방탕한 음란한'이라는 뜻으로 사용한다. 학자들이 동성애로 번역하는 단어는 아르세노스코이테스이다. 고린도전서 6장 9-10절에서 '남색하는 자'라는 말인 아르세노스코이테스는 당시 헬라어에는 없는 단어였다. 이 말은 칠십인 역에서 레위기 18장 22절을 헬라어로 번역할 때, '남자와 눕는'이라는 두 단어, 즉 ἄρσενος(아르세노스 : 남자)와 κοίτην(코이텐 : 침대)을 사용했는데, 바울은 그 레위기에 나오는 두 단어를 합성하여 이 구절에서 남색하는 자를 표현하는 단어로 만들어 사용했다.

이와 관련하여 윌리엄스는 고린도전서 6장 9-10절에서 말하는 말라코스와 아르세노스코이테스를 능동적 위치의 동성애와 수동적 위치의 동성애로 해석하였다.[93] 여기서 동성애의 악덕은 이중으로 드러난다. 즉 수동적 동성애 행위나 능동적 동성애 행위 모두에 그 자신을 내던지는 것은 그릇된 것으로 판

---

92) 고린도전서 5장과 6장에서 바울은 우상숭배와 음행의 문제를 집중적으로 거론하고 있다. 여기서 가장 많이 비판을 받는 것은 음행의 문제인데, 성적인 문제가 집중적으로 다뤄진다. 5장 전체는 음행의 문제를 집중적으로 다루고 있다. 6장 전체를 두 개의 단락으로 구분하자면, 전반부는 송사에 관한 문제를 후반부는 우상숭배와 연관된 음행의 문제를 다룬다. 특히 9-10절에서 우상숭배를 중심으로 앞뒤에 성적인 문제와 관련한 악덕 목록이 자리를 잡고 있다.

93) 한글판 표준 새번역은 남창 노릇하는 자와, 동성 연애하는 남자라고 번역한다. NIV성경은 male prostitutes와 homosexual offenders로 번역하고, NRSV는 male prostitutes와 sodomites로 번역한다. NKJV는 homosexuals와 sodomites로, KJV는 effeminate와 abusers of themselves with mankind라고 번역한다. 이처럼 말라코스와 아르세노스코이테스는 각 성경들마다 조금씩 다르게 번역하였다.

단된다. 고린도전서 6장 9절에서 바울은 하나님의 나라와 율법이나 복음에 상반되는 추악한 악덕 목록을 두 가지로 명시한다. 하나는 말라코스로 불리고 다른 하나는 아르세노스코이테스로 불리는데, 말라코스를 '수동적 동성애'로, 아르세노스코이테스를 '능동적 동성애'로 보면서 모두 금지하고 있다.[94] 즉 고린도전서 6장 9절의 전반부에서 말하는 '불의한 자'라는 말의 범위는 포괄적이기에, 말라코스와 아르세노스코이테스는 음행, 추행, 방탕, 우상숭배, 마술, 싸움, 시기, 분노, 이기심 등과 함께 특정 죄의 목록 속에 포함된다. 이러한 맥락에서 동성애는 구강 혹은 항문 성교 행위를 통해 동성애에 집착하는 이들을 특별히 염두에 둔 것이다.

　　여기서 바울이 정죄하고 있는 탐색하는 자와 남색하는 자에 대한 학자들의 이해가 다양하게 나타나는데, 곧 탐색과 남색이 구체적으로 무엇을 의미하는가에 대한 해석학적 차이가 다양하다. 윙크는 고린도전서 9장 6절이 동성애(Homosexuality)가 아니라, 남색(Pederasty)이라는 의미로 해석하기도 한다.[95] 그러나 필자가 보기에는 남색과 동성애를 서로 구분하려는 시도는 옳지 않다. 고린도전서 6장 9-10절은 학대나 착취를 나타내려는 의도는 없어 보인다. 바울이 탐색과 남색을 번갈아 사용한 것은 동성애에 관하여 일종의 반복을 통해 악덕을 강조하려는 수사학적 특징을 보여 주는 표현이다. 바울이 이 두 단어를 통하여 우상숭배와 마찬가지로 남색과 탐색이 지닌 고대 이방종교의 음란한 모습을 고린도 교인들에게 상기시키려고 하였던 것이다.

　　고린도 교인들은 자신들이 음행을 범하고 있었던 것을 대수롭지 않게 생각하고 있었다. 당시 그리스의 철학자들조차도 이런 종류의 범죄를 비난받을 만한 문제가 아닌 것으로 간주했던 사실을 고려한다면, 당시 사회의 일반적인

---

94) Don Williams, "The Bond That Breaks-Will homosexuality Split the Church?" in Edward A. Malloy, *Homosexuality and the Christian Way of Life* (Amer: University PR, 1982), 196.

95) Walter Wink, *Homosexuality and Christian Faith: Questions of Conscience for the Churches*, 50.

풍토도 이러한 동성애 문제를 대수롭지 않게 생각했던 것으로 보인다. 당시 고린도의 여러 가지 우상숭배적인 종교의식과 축제에는 다양한 음행이 포함되어 있었기 때문에, 고린도 사람들은 부도덕한 행실에 빠지기가 매우 쉬웠다. 대다수의 사람들이 음행을 대수롭게 여기지 않는 풍토 속에서 살았으며 온갖 죄악의 유혹에 빠지기 쉬운 환경에 처해 있었기 때문에, 많은 고린도 교인들은 음행에 관한 문제로 번민했다(6:12, 13).[96] 바울이 강조하고자 하는 것은 음행이 우상숭배로 직결되기 때문에, 음란한 일을 멀리하는 것이 곧 참된 하나님을 섬기는 길이라는 사실이다.

고린도전서 6장 9-10절의 가르침이 사도 바울의 믿음의 아들 디모데에게 보낸 목회적 편지인 디모데전서 1장 9-10절에서 다시 언급된다. 여기서 중요한 것은 전통적으로 성적 부도덕성으로서의 동성애를 언급하는 것으로 해석되어 온 이 구절들이, 바로 악덕 목록을 언급하는데 있어서 하나님의 나라에 들어가지 못하는 사악한 자에게 주어지는 경고라는 점이다. 여기에는 율법에 의해 정죄 받는 14가지 악덕 목록이 나온다. 이 악덕 목록을 보면 대부분 십계명에 관계된 것들이다. 위의 악덕 목록에서 정죄할 규준이 되는 것은 십계명이다.[97] 경건치 않은 자, 불법자, 죄인, 거룩하지 아니한 자, 망령된 자는 1-4계명(하나님에 관한 계명)에 관한 것들이다. 경건치 않는 자는 하나님을 두려워하지 않는 죄를 가리키며, 불법한 자는 율법 없는 자 곧 무법자를 가리킨다. 망령된 자란 하나님의 거룩하신 신성을 짓밟는 자를 가리킨다. 또한 아비나 어미를 치는 자는 제 5계명(네 부모를 공경하라), 아비나 어미를 죽이는 자, 살인하는 자는 제 6계명(살인하지 말라), 음행하는 자와 동성연애자는 제 7계명(간음하지 말라), 사람을 유괴하거나 납치하여 노예로 파는 자는 8계명(도적질하지 말라), 거짓말하는 자와 거짓 맹세하는 자들은 제 9계명(거짓 증거하지 말라)을

---

96) C. Hoddge, 김영배, 손종국 역, 『헨드릭슨 패턴 주석-고린도전서』(서울: 아가페, 1991), 18.
97) 전경연, 『고린도 서신의 신학논제』(서울: 대한기독교출판사, 1988), 133.

어기는 자이다. 이처럼 율법은 범죄자들의 불법을 드러내어 그들이 하나님의 준엄한 심판을 받을 수밖에 없는 죄인임을 깨닫게 하고, 구세주가 필요함을 깨닫게 하는 데 그 목적이 있다. 이런 의미에서 율법이란 죄를 깨닫게 하고, 죄로 심히 죄 되게 하여 사람을 그리스도께 인도하는 몽학 선생과 같다(갈 3:24).

고린도전서 6장 9절에 나오는 악덕의 목록을 다시 취하고 있는 디모데전서 1장 10절에서 바울은 아르세노스코이테스(ἀρσενοςκοίτης)를 그대로 다시 사용하고 있다. 따라서 전통적인 주석가들은 이 두 부분의 구절이 남성 동성애의 결과를 나타낸다고 해석한다. 두 구절에서 역시 말라코스(μαλακός)와 아르세노스코이테스(ἀρσενοςκοίτης)라는 헬라어 자체가 나름대로 정확한 의미들을 가지고 있기 때문이다. 위에서 설명한 것과 마찬가지로 바울은 전자를 동성연애 행위에서 수동적 역할을 하는 성행위를 의미하는 것으로 사용하였고, 후자는 능동적 역할의 성행위를 묘사하는데 사용하였다.[98] 이 두 단어들을 '동성애'라는 뜻으로 번역한 경우도 많다.[99] 고린도전서 6장 9절에서 탐색하는 자나 남색하는 자는 "각기 남자들끼리 동성연애 관계에 있는 능동적이거나 수동적인 파트너"[100]를 가리킨다. 콜만은 "바울이 아마 고대 세계의 동성연애 행위의 가장 통상적인 형태인 나이가 많은 사람과 사춘기를 지난 소년과의 상업적인 남색을 염두에 두고 있었을 것"[101]이라고 제의한다.

일반적으로 바울이 동성애 문제를 하나님 나라를 유업으로 얻지 못할 범

---

98) Peter Coleman, *Christian Attitudes to Homosexuality* (London: SPCK, 1980), 95-96 김희성, 『그 중에 제일은 사랑이라- 설교를 위한 고린도전서 연구』(서울: 한국성서학연구소, 1999), 119-120.

99) 고린도전서 6장 9절에 있는 말라코스(μαλακός)와 아르세노스코이테스(ἀρσενοςκοίτης)는 KJV에 의해서 effeminate와 abusers of themselves with mankind(한글 개역, 탐색하는 자, 남색하는 자 공동번역, 여색을 탐하는 자, 남색하는 자)로 번역되고 있다. 모패트(Moffatt)는 catamites and sodomites(미동들과 남색하는 자들)로 번역하였다. 그러나 RSV는 이 두 용어를 합해서 초판에서는 homosexuals(동성애자들)로, 재판에서는 sexual perverts(성적 도착자들)로 하였다.

100) C. K. Barrett, *The First Epistle to the Corinthians*, 한국신학연구소 번역실 역, 『고린도전서』(서울: 한국신학연구소, 1985), 172 김희성도 이와 같이 남색과 탐색을 남자끼리의 동성애로 간주한다. 『그 중에 제일은 사랑이라- 설교를 위한 고린도전서 연구』, 119.

101) Peter Coleman, *Christian Attitudes to Homosexuality*, 277.

죄로 보는 이유는 위에서 살펴본 바와 같이, 우상숭배가 고대 세계에서 음란한 일과 연결되어 나타났기 때문이다. 동성애가 자연스럽게 이방인들의 가증스런 행동인 우상숭배로 이어질 수 있는 점을 경계하고자 한 것이 바울의 의도이다.

IV. 결론

동성애를 옹호하는 입장에서 진행되는 성서연구는 대체로 두 가지 방향에서 이루어지고 있다. 첫째, 성서본문에 대한 새로운 해석을 시도함으로써 동성애에 관한 부정적 편견을 극복하고자 한다. 이러한 시도는 성서의 근본적인 가르침에 대한 도전이 될 수 있다. 예컨대 성서는 가부장적 사회제도에서 기록된 것이므로 그 시대의 문화적 한계를 극복하기 위해서 현재의 경험을 바탕으로 한 철저한 재해석이 필요하다. 둘째, 동성애 옹호론자들은 예수께서도 동성애에 대해서 특별한 언급을 하시지 않았다는데 인식을 같이 한다. 만약 동성애가 그렇게 큰 죄악이라면 왜 그리고 어찌하여 예수께서 지적하시지 않았겠느냐는 논리이다. 나아가 그들은 사도 바울의 동성애에 관한 견해는 권위적인 계시에 근거한 것이 아닌 자신만의 견해이므로(고전 7:25), 문화적으로 엄청난 격차가 있는 오늘날의 상황에 그대로 적용할 수 없다고 주장한다.

그러나 신약성서가 의식법에 대하여 대단히 혁신적인 태도를 취하는 것은 사실이지만(막 7:18, 행 10:12), 말라코스(μαλακòς)와 아르세노스코이테스(ἀρσενοςκοίτης)와 관련한 위의 석의를 통하여 살펴본 바와 같이 신약성서가 동성애에 관하여 우상숭배와 관련을 지어서 악덕이라는 측면에서 일관적으로 부정적인 태도를 유지하고 있다. 이 같은 사실을 알고 있는 우리는 오늘 이 시대에 동성애 문제를 어떻게 적용할 것인지 중대한 기로에 서 있다(롬 1:26-27, 고전 6:9, 딤전 1:10. 참고, 유 1:7). 바로 이러한 악덕 곧 동성애가 우상숭배로 이어질 수 있기 때문이다.

바울은 로마서 1장 26-27절에서 당시 그리스와 로마 세계에서 우상숭배 하는 이방인들에 관해서 묘사하고 있다. 당시 이방인들은 하나님께 합당한 영광을 돌리는 대신에 피조물과 창조주를 혼동한 나머지 우상숭배로 돌아섰다. 이방인들에 대한 심판으로 하나님께서는 그들을 타락한 마음과 부자연스런 성행위를 포함한 퇴폐적 행위들에 그대로 '내버려 두셨다'(24, 26, 28절). 이러한 구절은 전통적으로 동성애 행위에 관한 분명한 유죄판결로 해석되었다. 내버려 두신 것은 방치가 아니라, 하나님의 은밀한 역사를 일깨워 주는 표현이다.[102] 이방인들은 회개하지 않으므로 서로에게 악을 행하는 것으로 자신들의 악을 스스로 입증하게 되는데, 이 같은 내용은 유대 묵시문학인 솔로몬의 지혜서 14장 22절과 아리스테아스의 서신 152장과 아셀의 유언 6장 2절에도 나타난다.[103]

사도 바울이 '순리대로'라는 말을 했을 때 그것은 성적인 존재로서의 신적인 질서에 대해서 말하고 있는 것이 아니다. 바울은 전통적인 관례를 비전통적인 것으로 전환하는 것을 비정상적이란 말로 사용한다. 다시 말해서 이성애자들이 사회적 주류를 이뤄 왔으며, 이 때문에 사회적 소수인 동성애자들의 행위가 비정상적인 것으로 간주되어 왔다는 것이다. 이러한 논리는 여성이 비정상적인 관계를 위해 정상적인 것을 교환하는 데 있어 비정상적 이성애 관계를 포함할 수 있다는 사실도 제안한다. 이와 같이 바울은 간음과 동성애를 포함하는 일련의 다른 행위들을 비정상적인 관계의 성행위에 포함시킨 것이다.

맥네일(John McNeil)에 의하면, 비정상적인 성적 도착[104]과 비정상적

---

102) Ernst Kaesemann, 『로마서』, 69.

103) Peter Stuhlmacher, 『로마서 주석』, 77.

104) John McNeil, *The Church and the Homosexual* (Boston: Beacon Press, 1993), 42. "성행위 도착(sexual perversion)과 성대상 도착(sexual inversion) 사이를 구별해야 한다. 성행위 도착은 성적 행위에 의식적이고, 고의적으로 전념하는 이성애를 가리킨다. 이것은 동성애적 도착뿐만 아니라 이성애적 도착 모두를 포함한다. 성행위 도착자는 심리학적으로, 사회학적으로 인지되고 경험된 규범으로부터 이탈한 자아를 분명하게 인식한다. 성대상

관계는 분명히 동성애적 행위이다. 로마서 1장 26절의 '순리적'이라는 단어가 성적 기능의 자연적 사용이며, 어느 경우이든 '비순리적'인 사악한 성격을 강조하고 있다.[105] 로마서 1장 27절의 동성애에 대한 묘사는 더 구체적이다. "순리대로 여인쓰기를 버리고"라는 표현은 사도 바울의 기타 다른 곳에서의 교훈에서처럼(고전 7:1-7), 이성적 성적 행위가 존귀한 것임을 드러내고 있다. 따라서 정상적인 것은 하나님께서 제정하신 자연적인 이성적 제도 위에 기초한 것이다. 이런 점에서 역리로 쓰는 것은 성에 관하여 하나님께서 정하신 질서를 포기하는 것이다. '서로를 향하여 음욕이 불일 듯하매'라는 표현에서 불일 듯하다는 말을 고린도전서 7장 9절에 언급된 말과 동등시하는 것은 잘못이다. 후자는 자연적 성욕이 불같이 타는 것을 말한다. 바울은 이런 성욕을 해결하는 탈출구로서 결혼하면 좋다고 말하고 있다. 로마서는 자연적이거나 합법적이 아닌, 즉 정상적이 아닌 욕망을 지닌 불타오르는 불만족스러운 음욕에 대해 말한다. 다시 말해서, '남자가 남자로 더불어 부끄러운 일을 행하여' '부끄러운 일'은 문제시되고 있는 사악한 습관을 고발하는 것이다.[106]

다시 분명하게 말하지만, 신약성서에서 '동성애'라고 하는 단어가 직접 등장하지는 않는다. 그러나 로마서 1장 26절에 본성을 거스르는 것(παράφυσιν 파라퓌신)이란 표현이 있는데, 이 단어는 동성애와 밀접한 관련이 있다. 더욱이 이 구절에서 유일하게 여성의 동성애에 대한 성서의 명백한 인식이 나타나고 있다. 이에 관해 앞에서 언급한 바가 있는 윌리엄스도 다음과 같이 강조한다.

바울은 남성과 여성 모두의 동성애 행위들에 대해서 말하고 있으며, 창

도착은 이성애적 환상, 생각 또는 감정을 결코 경험한 일이 없는 동성애자들의 상태를 가리키는 의학적 명칭이다. 성대상 도착자는 이성애적 행위에 대하여 정서적으로 혐오감을 가지고 있으며, 출생 때부터 같은 성의 사람들을 향한 감정, 사고 그리고 의향도 도착된다."

105) John Murray, 권혁봉 역, 『뉴인터내셔널 성경주해 로마서』 (서울: 생명의 말씀사, 1979), 88.
106) John Murray, 『뉴인터내셔널 성경주해 로마서』, 88-89.

조 때에 하나님의 본 의도와 구약의 율법에 역행하는 것으로 그 행위들을 이해하고 있다.[107]

동성애는 인간 사회의 기본 틀을 이루는 보편적인 가정 개념에 대해 중대한 도전을 제기하고 있다. 우리가 동성애의 문제를 간과할 수 없는 또 다른 중요한 이유는 동성애는 하나님의 창조질서에 대한 근본적인 도전을 제기하기 때문이다. 우리가 동성애에 관심을 가져야 하는 이유는 동성애자들에 대한 선교와 치유와 목회적 관심 때문이다. 아직까지도 20세기의 불치병이라 불리는 에이즈로 인해 금세기 들어 가장 뚜렷하게 사람들로부터 경계 받고 소외된 집단들 중 하나가 동성애자들이므로 우리는 선교와 치유와 목회의 대상으로서 그들의 문제에 관심을 가져야 한다. 동성애자들도 사람이다. 하나님께서는 그들도 사랑하신다. 비록 신약성서가 동성애를 우상숭배와 연결될 수 있다는 맥락에서 철저히 악독으로 규정하고, 여전히 동성애자들에게 하나님의 진노가 임할 것이라고 말하고 있다. 그러나 본질적으로 동성애자들이 하나님의 사랑에서 완전히 제외될 수는 없다. 여전히 그들에게 하나님의 긍휼과 자비가 남아 있으므로 우리는 그들도 회복되고 치유될 수 있도록 그리스도의 사랑으로 감싸주어야 한다.

---

107) Don Williams, *The Bond That Breaks—Will homosexuality Split the Church?*, 194.

제6장
동성애에 대한 기독교윤리학적 반성

정원범
대전신학대학교 기독교윤리학 교수

Ⅰ. 들어가는 말

요즘 〈인생은 아름다워〉라는 제목의 주말 드라마가 화제가 되고 있다. 그동안 동성애가 영화나 연극에서는 다루어졌지만 안방극장에서 동성애가 본격적으로 다뤄지기는 이번이 처음이기 때문이다. 이 드라마는 태섭(송창의 분)과 경수(이상우 분)가 서로 사랑하는 모습과 태섭의 성정체성을 모르고 구애하는 채영(유민 분)의 안타까운 모습 등을 그리며 화제를 일으키고 있다. 자신을 사랑하는 채영에게 태섭은 "난 어떤 여자에게도 섹시함을 느끼지 못한다." "정체성의 혼란을 느낄 시기는 지났다. 범죄를 저지르는 느낌도 들었고 저주받은 것 같아 힘들고 슬펐다. 하지만 그게 내 실체"라고 말하며 눈물을 흘린다.

그런가 하면 태섭과 경수는 늦은 밤 함께 택시를 타고 태섭의 집으로 가던 중 경수는 태섭의 어깨에 기대어 잠을 청한다. 집 앞에 도착하자 태섭은 못내 아쉬운 마음에 경수와 포옹을 한다. 한동안 두 사람은 서로의 체온을 느끼며 헤어지기를 아쉬워한다. 또한 보통의 연인처럼 서로 먼저 가라며 사랑싸움도 벌인다.

이 드라마에 대해 시청자들은 크게 엇갈리는 반응을 보였다. 한편에서는 "온 식구가 모여서 보는 가족드라마인데 동성애라는 소재가 너무 자극적이다." "동성애를 미화하는 느낌이어서 부모 입장에서는 답답하고 불편하다." "두 사람이 나올 때마다 조마조마하다." "아름답게 그려지는 동성애를 보고 자녀들의 성정체성이 흔들릴까 두렵다." "동성애를 미화시키는 건 세상의 질서를 혼란하게 하는 반역"이라고 비판하는가 하면, 다른 한편에서는 "성적 소수자들이 가족 내에서 해결해 나가는 과정을 사실적으로 표현하고 있다." "이성간의 사랑보다 더 절절하게 묘사되고 있다. 수위 조절도 잘하고 있는 것 같다." "막장 불륜보다 이들의 사랑이 훨씬 풋풋하고 순수하다."고 옹호하기도 한다.

이런 드라마를 보면서 시대가 빠르게 변하고 있음을 실감하게 된다. 동성애를 옹호하는 이런 사회적인 분위기는 기독교계라고 해서 예외는 아니다. 교계 안의 동성애옹호론자들은 동성애자들의 목사 안수를 지지하기도 하고, 레즈비언이나 게이들 가운데 일부일처와 같은 신실한 관계들은 하나님의 뜻과 조화될 수 있다고 주장하기도 하며, 게이들과 레즈비언들이 결혼할 수도 있고 또 자녀들을 입양하여 책임적인 부모가 될 수 있다고도 주장한다.[108]

동성애를 옹호하는 이런 주장들이 과연 기독교 진리에 부합하는 것일까? 이 질문에 대답을 찾는 것이 본 논문의 목적이다. 이를 위해 우리는 제2장에서 먼저 '동성애 인식의 변천사'라는 제목으로 교회 밖 세계의 동성애 인식의 변화의 역사와 세계 교회 안에서의 인식의 변화 역사를 살펴보게 될 것이고, 제3장에서 '교회분열의 원인으로서의 동성애'에 대해, 그리고 제4장에서 '동성애옹호론의 근거'에 대해, 제5장에서 '동성애 반대론'의 근거에 대해 논의하게 될 것이

108) Nancy F. Duff, "How to Discuss Moral Issues Surrounding Homosexuality When You Know You Are Right," ed., Choon-Leong Seow, *Homosexuality and Christian Community* (Louisville, Kentucky: Westminster John Knox Press, 1966), 145.

다. 마지막으로 제6장에서는 동성애에 대한 기독교윤리학적 입장을 제시하게
될 것이다.

II. 동성애 인식의 변천사

1. 교회 밖 세계의 동성애 인식의 변천사

　　동성애란 "동성에게 우선적인 성적 매력을 느끼는 것"[109]이라고 간단하게
정의할 수 있는데 동성애는 최근의 현상이 아니다. 동성애는 선사시대의 예술
작품, 고대의 그림문자나 아시리아, 이집트의 법전 등에서 분명히 드러난다. 6
세기 이후부터는 동성애 관습이 사포와 아나크레온의 시, 플라톤의 산문, 애
쉴루스의 희곡 등 그리스 문학과 예술에서 많이 언급되었다. 그렇다고 해서 고
대 그리스 문화가 동성애를 인정했다는 것은 아니다. 아리스토텔레스, 헤로도
토스, 아리스토파네스 그리고 그 이후의 많은 스토아 철학자들은 동성애 관습
을 도덕적으로 인정하지 않았다.[110] 그리스 사회가 전체적으로는 동성애를 인
정하지 않았으나 그리스의 귀족들 중 소수의 사람들은 동성애를 용납하거나
심지어는 장려하기까지 했다.

　　고대 로마 사회에서 동성애는 수에토니우스의 작품, 주베날의 풍자문학,
그리고 카툴루스와 마티얼의 시에서 발견된다. 고대 그리스에서처럼, 동성애
관습이 나타난다고 해서 그것이 일반적인 사회적 승인을 의미하는 것은 아니었
다. 세네카가 동성애 행위를 색욕에 의해 일어나는 매우 천한 형태의 방종이라

---

109) John Jefferson Davis, *Evangelical Ethics: Issues Facing The Church Today*
(Phillipsburg, New Jersey: P and R, 1993), 95.
110) John Jefferson Davis, *Evangelical Ethics: Issues Facing The Church Today*,
96.

고 주장한 사실[111]에서 알 수 있듯이, 고대 로마 사회는 동성애를 정죄했다. 고대 역사 속에서 예컨대 바이킹족, 비시고트족, 켈트족, 반달족 등이 동성애를 승인했다는 증거는 없다. 오히려 전술한 이교문화 중 어떤 문화에서는 동성애를 엄하게 처벌했다. 비시고트족의 법은 동성애 행위자를 말뚝에 묶어 화형 시켜야 할 죄로 비난했다. 이런 사실은 서구 세계에서 동성애에 대한 적대감이 기독교에서 비로소 시작되지 않았음을 보여 준다. 교회의 가르침은 유럽 사회에 이미 존재했던 확신을 단지 강화시켜 드주었을 뿐이다.[112]

1000년에서 1500년 사이에 유럽은 거대한 도시화를 경험하기 시작하면서 동성애 행위의 증거들이 증가하기 시작했고, 16세기 말부터 18세기 말까지 영국과 프랑스에서 다양한 성적 일탈이 나타났다. 그렇긴 해도 "16세기 초 영국에서는 동성애를 사형으로 다스리는 법률이 제정되었다."[113]는 사실에 알 수 있듯이, 18세기 이전까지의 서구 세계는 대체로 동성애에 대한 부정적인 입장을 견지한 것이 사실이다. 물론 동로마제국의 유스티니아누스황제가 533년 동성애에 관련된 법조항의 효력을 소멸시켰던 경우[114]와 같이 역사 속에서 간헐적으로 동성애에 대한 어느 정도의 관용적인 분위기가 있었던 것이 사실이긴 하지만,[115] 전체적으로 볼 때 동성애를 부정적으로 보는 관점이 지속되어 왔다고 할 수 있다.

그러다가 "19세기에 이르러 동성애는 사악한 원죄의 산물이나 범죄적 성향의 표현으로 보는 대신에 정신적 요인에서 비롯된 성적 일탈행위, 즉 일종

---

111) Brian K. Blount, "Reading and Understanding the New Testament on Homosexuality," ed., Choon-Leong Seow, *Homosexuality and Christian Community* (Louisville, Kentucky: Westminster John Knox Press, 1966), 33.

112) John Jefferson Davis, *Evangelical Ethics: Issues Facing The Church Today*, 96

113) 김진, 『동성애의 배려윤리적 고찰』 (울산: 울산대학교출판부, 2005), 39.

114) 윤가현, 『동성애의 심리학』 (서울: 학지사, 2001), 87.

115) Floence Tamagne, *Mauvais Genre?*, 이상빈 역, 『동성애의 역사』 (서울: 이마고, 2007), 20.

의 정신병으로 규정되었다."[116] 그래서 성인들이 서로 동의하는 상태에서 이루어지는 동성 간의 성행위를 프랑스는 1810년, 폴란드는 1932년, 스위스는 1942년, 영국은 1967년, 스페인은 1980년, 뉴질랜드는 1986년부터 범죄로 여기지 않았다.[117]

캐나다는 퀘벡 주에서 1977년 게이들의 인권을 지지하는 법률이 통과되었고 1988년부터는 18세 이상의 성인들이 동의하에 행하는 오럴섹스나 항문성교 등을 범죄에서 제외시켰다. 덴마크는 동성 간의 성행위는 물론 남녀 게이 커플들의 재산상속도 인정되고 있고, 오스트리아는 1971년부터 동성애 행위를 범죄시하지 않고 있으며 1989년부터는 동성애자를 위한 매춘도 법제화시켰다.[118]

미국은 영국의 영향을 받아 동성 간의 성행위를 중죄로 다루었다. 버지니아 주와 사우스 캐럴라이나 주에서는 18세기 말까지 사형에 해당되었으며 미국의 모든 주에서 1961년까지 동성 간이든 이성 간이든 오럴섹스와 항문성교를 금하였다. 미국은 1993년까지 오럴섹스나 항문성교가 발각되면 처벌하는 주가 20여 곳이었고 그 행위로 적발되면 주에 따라 10년 형에서 종신형까지 언도를 받았다. 그러나 동성 간 성행위를 부정하는 이러한 엄격한 인식은 시대 변화와 더불어 달라졌는데, 미시간 주의 이스트 랜싱 시는 1972년 게이들의 인권을 보호하는 법을 제정하는 최초의 도시가 되었다.[119]

미국 내 동성애자 결혼에 대한 논쟁은 1993년 하와이 법원이 동성애자 결혼을 금지하는 주법에 대해 위헌 판결을 내리면서 본격적으로 시작됐고, 이후 2004년 매사추세츠 법원은 전국가적 차원에서 동성애자 결혼을 합법화해

---

116) 김진, 『동성애의 배려윤리적 고찰』, 39; John Jefferson Davis, *Evangelical Ethics: Issues Facing The Church Today*, 96-97.
117) 윤가현, 『동성애의 심리학』 (서울: 학지사, 2001), 88-89.
118) 윤가현, 『동성애의 심리학』, 90.
119) 윤가현, 『동성애의 심리학』, 89.

야 한다고 판시하였다.[120]

이러한 동성 결혼의 합법화 현상은 오늘날 세계적인 현상이 되고 있다. 1989년 덴마크가 세계 최초로 동성 결혼을 합법화한 이래, 아이슬랜드는 1993년에, 스웨덴은 1995년에, 프랑스는 1999년에, 네덜란드와 독일은 2001년에, 2001년에, 핀란드는 2002년에, 벨기에는 2003년에, 룩셈부르크와 미국의 매사추세츠 주는 2004년에, 캐나다와 스페인과 영국은 2005년에, 체코는 2006년에, 남아프리카공화국은 2006년에, 우루과이는 2007년에, 미국의 캘리포니아 주는 2008년에, 워싱톤 주와 버몬트 주는 2009년에, 하와이 주는 2010년에 동성 결혼을 합법화하였다.

동성애자의 고위 공직 진출에 대해서 서구인들은 어떤 인식을 가지고 있을까? 2010년 3월의 미국의 한 여론조사 결과가 이를 잘 보여 준다. 미국 국민의 50%는 공개적으로 동성애자임을 밝히고 나선 정치인이 대통령에 당선된다고 해도 무방하다는 입장을 보였다. 미국 CBS방송의 시사프로그램인 '60분'과 월간지 「배너티 페어(Vanity Fair)」가 실시한 공동 여론조사 결과에 따르면, 설문대상자의 50%가 이른바 '게이 대통령'을 지지한다고 밝혔으며, 44%는 "반대한다"고 하였다. 또한 대법관에 동성애자가 임명돼도 무방하냐는 질문에 대해서도 응답자의 55%가 "괜찮다"고 하였고, 40%는 "안 된다"고 응답하였으며, 국무장관의 경우에도 56%가 "무방하다"고 하였고, 39%가 "반대한다"고 응답함으로써 전반적으로 동성애에 대한 관대한 입장을 보였다.[121]

결론적으로 말하면, 동성애에 대한 서구인들의 인식은 정죄와 처벌의 대상에서 용납과 관용의 대상으로, 그리고 차별과 억압의 대상에서 지지와 인권옹호의 대상으로, 심지어는 축하의 대상으로까지 생각하는 놀라운 인식 전환의 역사를 보여 준다고 하겠다.

---

120) http://kctusa.com/technote7/board.php?board=newsmain&command=body&no=2531
121) http://www.dynews.co.kr/detail.php?number=59463&thread=11r07

2. 세계교회의 동성애 인식의 변천사

D. S. 베일리와 피터 콜먼 등에 따르면, 2세기 중엽부터 19세기 말까지의 교회역사 속에서 동성애 행위는 죄로 선언되었고 그 죄를 행한 것으로 드러나면 아주 가혹하게 처벌을 받았다.[122] 바울은 그의 기독교 초기의 저술에서 동성애 행위를 가증한 것으로 여기는 전통적인 유대교를 배경으로 하여 기독교 공동체의 새로운 상황 속에서 동성애적 행위에 대한 거부 입장을 나타냈다. 1세기의 기독교 공동체에서 그의 동성애에 대한 부정적인 평가는 어떠한 반대도 만나지 않았다.[123]

신약시대 이후 초기 기독교의 여러 자료들 역시 동성애에 대해 동일한 부정적인 평가를 내리고 있다. 순교자 저스틴, 터툴리안, 가이사랴의 바질, 닛사의 그레고리, 엘비라와 안키라의 공의회의 참가자들, 존 크리소스톰, 그리고 어거스틴 등 초기 기독교의 모든 저술가들은 동성애 성행위에 대해 신랄한 비판의 입장을 보였다. 크리소스톰은 동성애를 방탕한 향락 생활에서 비롯된 타락으로 보았고, 어거스틴은 동성애를 인간을 하나님으로부터 추방시킨 음탕한 행위로 보았다. 그는 "동성애는 '죄악 되고' '불결하며' '위법한' 행위이며, 자신의 성을 있는 그대로 사용하여 범한 죄인 간통이나 간음보다 더 악마적이다."라고 하였다.[124] 바질과 그레고리까지도 동성애 행위는 간음의 무거운 죄보다도 더 심각한 죄라고 선언하면서 동성애 행위에 대해 엄격한 입장을 보였다.[125]

동성애에 대한 초기교회의 엄한 비판은 중세 교회에 의해 계승되었고 초기 교회보다 더욱 엄격해졌다. 초기 기독교 시절 엘비라(305-306 C.E.)와 안

122) Marion L. Soards, *Scripture and Homosexuality: Biblical Authority and the Church Today* (Louisville, Kentucky: Westminster John Knox Press, 1995), 33.

123) Marion L. Soards, *Scripture and Homosexuality*, 35.

124) Briar Whitehead, *Craving For Love*, 이혜진 역 『나는 사랑받고 싶다: 관계중독, 동성애 그리고 치유하시는 하나님』 (원주: 웰스프링, 2007), 227.

125) Marion L. Soards, *Scripture and Homosexuality*, 36.

키라(314 C.E.)에서의 두 번의 공의회에서 동성애자들은 동성애 행위를 단념할 때까지 세례와 교리문답의 자격이 거부되었다. 가이사랴의 바질(375 C.E.)은 동성애 행위를 했던 사람이 성만찬에 참여하기 위해서는 15년간의 참회 기간을 가져야 한다고 요구하였다. 이런 태도는 그 이후에 더욱 엄격해졌는데 스페인에서 약 650년경의 규정들은 동성애자들은 거세되어야 한다고 주장하였다. 570년경에서 1010년까지 서구 기독교세계에 널리 보급되었던 고해규정서는 동성애의 범위와 그 행위에 대한 참회를 규정하고 있는데, 이 규정들 안에는 단순한 동성애 키스는 8일간의 특별 단식, 첫 번째의 상호간 자위행위자는 20일에서 40일간의 참회, 습관적인 오럴 섹스와 남색은 7년간의 참회 등 다양한 처벌 규정이 있다.[126]

12세기 동안에는 동성애 행위에 대한 다양한 판결들이 있는데 1120년에 네아폴리스에서 개최된 공의회에서 왕과 예루살렘의 대주교는 동성애에 대해 신랄하게 비판하며 남색을 통해 의도적으로 자신을 더럽힌 사람들은 말뚝에 매달아 화형시킬 것을 요구하였다. 13세기는 보다 발전을 이루었다. 토마스 아퀴나스는 동성애 행위를 모든 인간의 삶이 통제받아야 하는 하나님의 법을 직접적으로 어긴 것으로 판단하였다. 그는 성기관의 본래 목적은 출산이므로 모든 동성애 행위는 부자연스럽고 음탕하며 죄된 것이라고 추론했다. 그는 가장 경미하게 죄가 되는 동성애 행위라도 그것은 어떤 다른 종류의 음욕보다도 더 죄된 것이라고 보았고, 수간은 남색보다도 더 심각한 죄가 된다고 보았다. 그에게 있어서 동성애 행위는 실제로 창조주에게 해를 끼치는 바, 자연의 질서에 대한 위반이었다.[127]

종교개혁 시대를 보면, 중세 말 교회의 억압적이고 율법주의적인 결의론으로부터 종교개혁이 가져다 준 자유에도 불구하고, 재강화된 성경의 지상권

---

126) Marion L. Soards, *Scripture and Homosexuality*, 37-38.
127) Marion L. Soards, *Scripture and Homosexuality*, 39-41.

은 성윤리에 있어서 큰 변화가 없음을 확실하게 보여 주었다. 수도사들이 결혼을 했지만, 동성애에 대한 비난은 계속되었다. 루터는 동성애 문제에 대해 거의 관심이 없었던 것으로 보인다. 그러나 그 역시 로마서 1장을 주석하면서 남자들과 함께 자신을 남용하는 자들의 퇴폐적인 성도착의 문제점을 지적하고 있고, 칼뱅도 로마서 1장을 주석하면서 동성애 행위를 잔인한 짐승들도 혐오할 것으로 언급했다.[128]

종교개혁 이후의 시대 역시 어떤 큰 변화를 겪지 않았다. 종교개혁 이후 성서의 권위를 강조한 개신교는 동성애 행위에 대한 전통적인 입장을 유지하였고, 로마 가톨릭교회 역시 종교개혁 기간 동안이든지 그 이후이든지 그 입장이 변하지 않았다. 그러다가 20세기에 들어오면서 동성애에 대한 입장의 변화가 생겼는데 때때로 새로운 사고가 공식적인 입장이 되기도 하고 또는 준 공식적 입장이 되기도 했다. 칼 바르트는 동성애를 "인간이 하나님의 명령의 타당성을 용인하기를 거절할 때 나타날 수 있는 육체적, 심리적, 사회적 질병, 성도착 현상, 타락과 부패"(Church Dogmatics, Ⅲ/4, 166)로 묘사하였고, "윤리적 가치판단은 평가되어져야 할 실재의 현상마저도 왜곡시킬 수 있다."(The Ethics of Sex, 271)고 주장한 헬무트 틸리케는 D. S. 베일리의 말을 인용하면서 다음과 같이 말했다.[129]

의학적 사실을 세심하게 분석하고 성경과 교회의 진술들에 대해 사려 깊게 평가하면, 우리는 인격 구조가 의학적 치료에 의해 변화될 수 없는 경우에 가장 효과적인 도움은 그 사람으로 하여금 그의 핸디캡을 긍정적 생각으로 견뎌야 할 과제로 받아들이도록 해 주는 일이라는 가설에 이르게 된다.

---

128) Marion L. Soards, *Scripture and Homosexuality*, 41-42.
129) Marion L. Soards, *Scripture and Homosexuality*, 42-43.

이렇게 해서 틸리케는 동성애 행위에 대한 간단한 승인이나 긍정을 제공하지 않으면서 동성애의 사회적, 종교적 관용을 위한 강한 논거를 마련했다. 그리하여 동성애에 대한 거부보다는 이해가 중요하다는 점을 보여 주었다. 그러나 어떤 사람들은 동성애를 인정하는 데 있어서 한 걸음 더 나아갔다. 1963년 영국에 있는 친우회의 한 위원회는 "동성애 그 자체는 선으로도 사용될 수도 있고 악으로도 사용될 수도 있는 매우 자연스럽고 도덕적으로 중립적인 상태이고 왼손잡이보다 더 슬퍼해야 할 필요가 없는 상태"라고 주장했다.[130]

이러한 동성애에 대한 인식의 변화를 배경으로 하여 마침내 게이들을 위한 교회(성공회에서 파생된 자유 가톨릭교회, Liberal Catholic Church)가 1916년 세계 최초로 호주 시드니에 세워졌다. 미국에서 게이들을 위한 최초의 교회는 1946년 하이드라는 가톨릭 성직자가 애틀랜타에 세운 교회이다. 그후 게이들을 위한 교회로는 미국에서 1968년 페리(Troy Perry)라는 목사가 세운 메트로폴리탄 커뮤니티 처치가 가장 대표적이다. 메트로폴리탄 커뮤니티 처치는 1992년까지 미국에만 230여 곳에 세워져 있고, 세계적으로는 17개 국가에서 291개의 교회를 가지고 있다.[131]

동성애에 대해 최초로 긍정적인 입장을 취한 교단은 '그리스도의 교회'인데 1964년부터 동성 성인들 간의 성행위가 서로 동의하는 상태에서 이루어지는 경우 그것을 범죄시하지 않았다. 동성애를 인정하는 이런 분위기는 1970년 들어오면서부터 동성애자의 성직 안수로 이어졌는데 게이 남성을 최초로 성직자로 임명한 교단은 그리스도 연합교회로 1972년의 일이다. 또 레즈비언을 최초로 성직자로 임명한 교단은 영국성공회로 1977년 1월의 일이었다.[132]

이렇게 동성애자에게 성직 안수를 주는 일은 21세기에 들어오면서 보다

130) Marion L. Soards, *Scripture and Homosexuality*, 43.
131) 윤가현, 『동성애의 심리학』, 99.
132) 윤가현, 『동성애의 심리학』, 100-101.

많은 교단으로 퍼져나갔다. 동성애 파트너와 14년 간 동거해 온 미국성공회 진로빈슨 신부는 2003년 11월에 주교서품을 받았고, 미국성공회 총회에서 여자 신부로서는 최초로 캐서린 제퍼츠(Katharine Jefferts)가 2006년에 주교로 선출되었다. 그런데 그녀는 "동성애는 하나님의 선물이기 때문에 죄가 아니다"라고 선언했다. 네바다 주의 감독인 이 여인은 CNN과의 인터뷰에서도 동성애가 죄냐는 질문에 대해 "하나님이 인간을 창조하실 때 각기 다른 선물들을 주셨기 때문에 동성애는 죄가 될 수 없다. 우리는 하나님이 즐기라고 주신 여러 가지 선물 중에서 선택할 수 있다. 어떤 사람은 다른 이성에 대해서 매력을 느낄 수 있고, 어떤 사람은 동성에 대해서 매력을 느낄 수 있다."고 대답했다.[133]

스웨덴 개신교의 최대 교단인 루터교는 2009년 10월 동성애자 결혼식을 올릴 수 있도록 허용하는 결정을 내린 바 있고,[134] 미국 최대의 루터교단인 미국 복음주의 루터교 역시 2009년 동성 결혼을 합법화함과 동시에 동성애자 목사 안수를 허용한다고 결의했다.[135] 이렇게 동성애 결혼을 인정하고 동성애자 성직 안수를 허용하는 경향은 그 밖의 다른 교단들 가운데서도 계속 확대되어가고 있다.

지금까지 살펴본 대로, 기독교는 오랫동안 강도의 차이는 있었지만 동성애 행위에 대한 부정적인 입장을 일관되게 지켜왔다. 그러나 20세기에 들어오면서 몇몇 교단들은 동성애 행위에 대한 허용은 말할 것도 없고 동성 결혼과 동성애자 성직 안수까지 허용하기에 이르렀으며, 이런 변화는 기독교 공동체에 교회분열이라는 커다란 상처를 안겨 주었다.

---

133) http://www3.focususa.org/xe/?document_srl=126&mid=news
134) http://www.yonhapnews.co.kr/culture/2009/10/23/0903000000AKR2009102
3049900009.HTML
135) http://kctusa.com/technote7/board.php?board=newsmain&command=body&
no=6725

III. 교회분열의 원인으로서의 동성애

여러 교단들이 동성애 결혼과 동성애자 성직 안수를 허용하기 시작하면서 동성 결혼과 안수를 허용한 교단마다 심각한 갈등을 경험하고 있다. 동성애 결혼과 안수에 대한 허용 결정이 교회분열의 원인이 되고 있는 것이다. 한편에서는 적지 않은 기독교인들이 기독교가 게이나 레즈비언을 그대로 인정하지 않는다면 기독교는 미래가 없는 하나의 종파운동이 될 것이라고 생각하고 있고, 다른 한편에서는 또 다른 많은 기독교인들이 만일 게이나 레즈비언들이 그대로 환영받고 용납된다면 도덕의 체계와 기독교의 진리체계가 무너지게 될 것이라고 우려를 표명한다.[136] 이런 상반된 입장으로 인하여 세계교회가 심각한 갈등과 분열의 조짐을 보이고 있다.

미국성공회에서 2003년 동성애자인 진 로빈슨 신부가 주교서품을 받았고, 2006년 여자 신부로서는 처음으로 동성애자인 캐서린 제퍼츠(Katharine Jefferts)가 주교로 선출된 이후, 2007년 미국성공회 캘리포니아 주 샌와킨 교구가 동성애에 반대하여 교단을 탈퇴하였다. 캐나다성공회 역시 갈등이 확산되는 가운데 분열의 아픔을 겪고 있다. 한편에서는 동성결합을 축복하겠다는 교구가 나타나고 있는가 하면, 다른 한편에서는 그런 교회들과 함께 지낼 수 없다며 캐나다성공회를 떠나는 주교와 교구들이 나타나고 있다. 캐나다성공회 나이아가라교구는 동성결합을 인정하는 결정을 내렸으며, 오타와교구와 몬트리올교구도 동성애에 개방적인 입장을 밝힌 반면, 캐나다 은퇴주교인 도널드 하비주교와 말콤 하딩 주교는 캐나다성공회를 떠나 사우스 콘 성공회(남미성공회)로 가겠다고 선언한 것이다.[137]

---

136) John Shelly Spong, *The Sins Of Scripture*, 김준년, 이계준 역 『성경과 폭력』 (서울: 한국기독교연구소, 2005), 166.
137) http://www.kidok.com/news/quickViewArticleView.html?idxno=50710 ; http://christiantoday.us/sub_read.html?section=section2&uid=11642

미국 최대교단인 미국복음주의루터교회가 2009년 동성애자에게 안수를 허용하는 결의문을 승인하자 동성애 지지자들은 기뻐한 반면, 이에 반대한 사람들은 교단을 탈퇴하겠다고 반발하였다. 웨스트버지니아 주 찰스턴의 성 디모데 루터교회의 담임목사인 리처드 메이헌 목사는 "성서 어디에서도 동성애와 동성 간의 결혼을 하나님께서 용납하신다는 말씀은 없다. 오히려 그것은 비도덕적이며 타락한 것이라고 말하고 있다."고 말했다. 또한 보수적인 루터교 개혁연합은 미국복음주의루터교회와의 연합관계를 단절하고 독립적인 루터교 단체임을 선언했다. 교단의 수장인 마크 핸슨 감독은 동성애자 안수 허용 결정으로 인해 앞으로도 많은 사람들과 교회들이 떠나게 될 것이라며 우려를 표명했다.[138]

미국 최대 장로교단인 미국장로교도 동성애 문제로 분열 위기를 맞고 있다. 미국장로교는 2007년 6월 정기총회에서 동성애자의 성직 안수를 각 교회별로 취사선택할 수 있도록 결의한 이후, 동성애에 반대하는 8개 교회가 잇따라 교단을 탈퇴했다. 미국장로교 산하 교회들의 연합체인 뉴와인스킨 교회협의회는 성명을 통해 "복음장로교와 협의해 곧 교단을 탈퇴하겠다. 현재까지 151개 교회가 미국장로교를 떠나 복음장로교 노회에 가입하기로 결정했다."고 밝혔다. 미국장로교 총회장을 역임한 클립튼 커크 패트릭은 교단 산하 교회들에게 서신을 보내 교단 잔류를 호소하였는데 이 서신에서 "교단 결정에 반대하는 교회들의 불만이 위험수위에 달했다. 대다수 교회들이 교단에 남겠지만, 한두 교회가 아닌 집단으로 교단을 이탈하게 된다면 엄청난 손실을 입게 될 것"이라고 우려를 나타냈다.[139]

보수적인 미국 남침례교단은 공식적으로 동성애를 반대한다. 그럼에도 불구하고 일부 지역교회는 동성애자들을 받아들이고 있다. 오크허스트 침례교회와 버지니아 하이랜드 침례교회가 최근 동성애를 받아들였는데 남침례교

---

138) http://kctusa.com/technote7/board.php?board=newsmain&command=body&no=6725
139) http://christianherald.tv/WZ_NP/section/view.asp?seq=5480&tbcode=SEC01

조지아 주 총회는 이들 교회들을 제명하였으나 애틀랜타 침례교 협의회는 두 교회를 제명하지 않았다. 그러자 동성애를 반대하는 보수 침례교회들이 협의회를 떠나겠다고 말하였다. 동성애 문제로 인한 갈등과 분열의 전조가 가장 보수적인 침례교회에까지 미치고 있는 실정이다.[140] 이외에도 여러 교단들과 교회들이 동성애 문제로 인해 심각한 갈등을 경험하고 있지만 그 갈등과 분열의 양상은 거의 비슷하다.

Ⅳ. 동성애 옹호론의 논거

1. 유전학적 근거

동성애자들은 자신들이 동성애자가 된 것은 그들이 선택했기 때문이 아니라고 주장한다. 동성애옹호론자들은 동성애자들이 본래 동성애적 성향을 가지고 태어난 것이기 때문에 동성애는 자연스러운 것이고 그래서 동성애적 행위를 비난해서는 안 된다고 주장한다.[141] 그리고 이렇게 말하는 사람들도 있다. "나는 하나님이 나를 동성애자로 만드셨기 때문에 동성애자다. 따라서 동성애는 좋은 것일 수밖에 없다. 하나님이 사람을 동성애자로 만들어 놓으시고는 그들의 성적 자기표현의 권리는 허용하시지 않는다고는 생각할 수가 없다. 따라서 나는 하나님의 창조로 이루어진 지금의 모습을 긍정하고 나아가서 축하하고자 한다."[142]

---

140) http://kpcr.net/chnet2/board/view.php?code=BOARD11&id=142
141) Richard E. Whitaker, "Creation and Human Sexuality," ed. by Choon-Leong Seow, *Homosexuality and Christian Community*, 11.
  Stanley J. Grenz, *Welcoming But Not Affirming: An Evangelical Response to Homosexuality* (Louisville, Kentucky: Westminster John Knox Press,1998), 116.
142) John Stott, *Same-sex Partnership?* 양혜원 역, 『존 스토트의 동성애 논쟁』 (서울: 홍성사, 2006), 44.

2. 자연성의 일반적 개념을 반대하는 철학적 논거

동성애옹호론자들은 동성애에 대한 대표적 반대 논증인 '동성애는 자연스럽지 않다'는 논거는 잘못된 것이라고 주장한다.[143] 첫째로, 동성애 반대론자들은 비일상적이거나 평범하지 않은 것을 자연스럽지 않다고 주장하지만, 동성애를 하는 사람들이 적다는 이유만으로 그것을 도덕적으로 나쁘다고 말할 수 없다. 둘째로, 다른 동물들이 실제로 하지 않는 것은 비자연적이라고 말하는 사람이 있다. 동물조차도 동성과 교접하지 않는다. 그러므로 동성애는 나쁘다고 동성애반대론자들은 말한다. 그러나 이런 주장은 생물학 연구를 통해 잘못된 것으로 드러났다. 게이 양, 레즈비언 갈매기 등의 존재가 보고되었기 때문이다. 그 외에 쥐와 담비, 숫양과 수말(종마) 등 여러 동물들에게서도 동성애 행위가 발견된다.[144] 그러나 설령 동성과 교접하는 동물이 없다고 하더라도 이에 비추어 동성애가 비도덕적이라는 사실은 입증될 수 없다. 셋째로, 신체기관의 본래적 목적을 해치는 것은 비자연적이라고 주장하는 사람들이 있다. 동성애로는 출산이 불가능하기 때문에 자연적이지 않다는 것이다. 그러나 하나의 신체기관이 단 한 가지 목적만을 위해 사용되는 것은 아니다. 신체기관의 여러 기능들 가운데 어떤 행위만을 가리켜서 비자연적이라고 하는 것은 자의적이다. 예컨대 입은 말하고 먹고 마시며 껌을 씹고 이성에게 키스하거나 동성에게 키스하는 데 사용할 수 있다. 이 중에 어떤 행위만을 가리켜서 비자연적이라고 말하는 것은 자의적이다. 넷째로, 혐오스럽거나 불쾌하게 여겨지는 것을 자연적이지 않다고 생각하는 사람들도 있다. 이런 사람들은 동성애는 혐오스럽기 때문에 자연적이지 않다고 주장한다. 그러나 뱀을 만지거나 시체를 만지

---

143) 김진, 『동성애의 배려윤리적 고찰』, 52-60; 칸트는 동성애를 비자연적이고 그래서 부도덕한 행위라고 보았다.

144) Mark McClain-Tayler, "But Isn't 'It' a Sin?" ed., Choon-Leong Seow, *Homosexuality and Christian Community*, 80.

는 일들은 분명히 혐오스럽고 불쾌한 일이다. 그렇다고 해서 그 일을 자연적이지 않고 도덕적이지 않은 것이라고 생각하지는 않는다.

3. 인권적 근거

동성애 옹호론자들은 동성애를 정의와 인권에 근거해서 그 정당성을 주장한다. 케이프타운의 대주교였던 데즈먼드 투투는 자신에게 동성애 문제는 정의의 문제일 뿐이라고 말하면서 이렇게 주장한다. "우리가 성별, 피부색, 인종 혹은 계급으로 사람을 차별해서는 안 된다. 성경의 하나님은 정의의 하나님이시며 성경에서 그리고 있는 하나님은 정의를 사랑하고 불의를 미워하시는 분이기 때문이다. 따라서 정의의 추구는 하나님의 백성에게 최고의 의무가 되어야 한다. 노예와 여성과 흑인이 해방된 오늘날 게이의 해방은 벌써 이뤄졌어야 마땅하다. 1950년대와 60년대의 민권운동가들이 오늘날의 게이 인권 운동가들이다. 우리는 그들의 대의를 지지하고 그들의 분투에 동참해야 한다."[145]

4. 성경적 근거

1) 소돔과 기브아 주민들의 죄는 원래 동성애가 아니라 불친절, 강간미수, 천사들과 동거하려는 욕망이었다.[146]

동성애 옹호론자들은 우선 소돔은 동성애의 죄를 범하지 않았다고 주장한다.[147] 에스겔서가 이를 증명한다는 것이다. "네 아우 소돔의 죄악은 이러하니 그와 그의 딸들에게 교만함과 음식물의 풍족함과 태평함이 있음이며 또 그가

145) John Stott,『존 스토트의 동성애 논쟁』, 56.
146) Stanley J. Grenz, *Sexual Ethics: An Evangelical Perspective* (Louisville, Kentucky: Westminster John Knox Press, 1990), 228.
147) Jack Rogers, *Jesus, The Bible, And Homosexuality* (Louisville, Kentucky: John Knox Press, 2006), 71.

가난하고 궁핍한 자를 도와주지 아니하며"(겔 16: 49) 소돔이 동성애의 죄를 범하지 않았다는 주장은 자기 집안에 들어오는 사람들을 보호해 주려고 했던 가나안 족의 관습에 토대를 두고 있다. 이는 "이 사람들은 내 집에 들어왔은즉, 이 사람들에게는 아무 일도 저지르지 말라"(창 19:8)고 한 롯의 말이 입증한다. 소돔사람들은 낯선 사람의 정체를 알고자 했고 이 과정에서 소돔 사람들에게 문초를 당하게 된다면, 자신의 지붕 아래 들어온 손님을 환대해야 할 의무가 있는 사람으로서 롯은 그 환대의 의무를 다하지 못하게 된다. 이렇게 소돔 사람들은 롯에게 환대의 의무를 지키지 못하게 함으로써 죄를 저질렀다는 것이다.[148]

2) 레위기의 율법은 더 이상 적용될 수 없다.

동성애를 비난하는 구약의 중심 구절은 레위기의 율법 속에 있다. "너는 여자와 동침함 같이 남자와 동침하지 말라 이는 가증한 일이니라"(레 18: 22) "누구든지 여인과 동침하듯 남자와 동침하면 둘 다 가증한 일을 행함인즉 반드시 죽일지니 자기의 피가 자기에게로 돌아가리라"(레 20:13) 그런데 이러한 구절들은 레위기 17장에서 26장 사이에 있는 성결법전에 들어 있는 것으로, 그 안에는 생리 중인 여성과 성관계를 가질 경우, 그 사람은 백성들로부터 끊어져야 한다는 내용과 두 재료로 직조한 옷을 입지 말라는 내용(예를 들면, 면과 폴리에스테르를 섞어 만든 옷을 입어서는 안 된다는 내용)과 돼지고기와 새우를 먹어서는 안 된다는 내용 등이 들어 있다. 그러나 이와 같은 제사법은 이미 철폐되었다.(행 10: 15) 그러므로 동성애를 금하는 율법이 여전히 효력을 발휘하고 있다고 생각해야 할 하등의 이유가 없다고 동성애 옹호론자들은 주장한다.[149]

---

148) Norman L. Geisler, *Christian Ethics: Options and Issues*, 위거찬 역, 『기독교윤리학』(서울: 기독교문서선교회, 1991), 336; 이경직, "구약에 나타난 동성애," 『기독신학저널』제2호 (2002), 317-318;
　Jack Rogers, *Jesus, The Bible, And Homosexuality* (Louisville, Kentucky: John Knox Press, 2006), 70.
149) Norman L. Geisler, *Christian Ethics: Options and Issues*, 위거찬 역, 『기독교윤리학』, 336.

또 다른 동성애 옹호론자들은 레위기에서 금지하는 동성애는 이방신전에서 풍요제의를 위해 행해진 남창동성애였다. 그러므로 오늘날 우상을 숭배하는 제의와 무관하게 상호 조합의 아래 이루어지는 동성애가 금지된 것은 아니라고 주장한다.[150]

3) 바울의 동성애 금지는 착취적 동성애 형태에만 적용되는 금지규정이다.

동성애 옹호론자들의 강력한 주장 가운데 하나는 성경저자들이 알았던 동성애 형태는 오늘날의 동성애 형태와 다르다는 것이다. 스트록스는 그리스-로마 세계에서 바울이 알았을 동성애 형태는 성인 남성이 소년을 대상으로 하는 동성애 형태였을 것이라고 주장한다. 따라서 바울은 그리스-로마 문화의 귀족들에게서 나타났던 바, 소년들을 대상으로 하는 압제적이고 착취적인 동성애 형태를 비난했다고 주장한다.[151]

V. 동성애 반대론의 논거

1. 유전학적 근거에 대한 반론

1) 유전적 연관성에 대한 반론

동성애는 많은 경우 유전적 요인으로 인해 나타나며 그래서 동성애는 선택된 것이 아니기 때문에 동성애는 부도덕한 것이 아니라고 하는 주장에 대해서는 중요한 반론이 있다. 이러한 동성애의 유전적 연관성에 대한 반론으로는 유전자가 동일한 쌍둥이를 대상으로 한 연구가 있는데 이 연구에 따르면, 동일

---

150) 이경직, "구약에 나타난 동성애," 326.

151) Marion L. Soards, *Scripture and Homosexuality: Biblical Authority and the Church Today*, 46-47.

한 쌍둥이 중 한 명이 동성애자라고 해서 다른 쌍둥이 역시 반드시 동성애자임을 보여 준 연구 결과는 없었다는 것이다.[152]

또한 태어날 때부터 동성애적 성향을 가지고 있기 때문에 자연적이고 그래서 도덕적으로 선하다는 것은 잘못된 주장이다. 왜냐하면 우리는 선천적으로 악한 성향을 가지고 태어난 사람들에 대해서 그와 같은 성격이 자연적으로 주어진 것이므로 선하다고 하지 않기 때문이다.[153]

2) 성정체성 변화 불가에 대한 반론

성정체성이 변화되지 않는다는 주장에 대한 반론은 여러 연구들을 통해서 제기된다. 1997년 캘리포니아에 있는 동성애 연구와 치료를 위한 전국 연맹 NARTH는 이성애적 성 정체성을 찾고자 노력했던 860명의 동성애자들과 이들을 치료했던 200명의 전문가들을 대상으로 연구했는데 이 연구에 따르면, 치료 전 응답자 중 68%가 자신을 배타적으로 혹은 거의 완전히 동성애자로 생각했으나 치료 후에는 단지 13%만이 자신을 여전히 같은 범주에 속하는 것으로 생각했다고 한다.

또한 30년이 넘게 600명의 동성애자를 면담하고 분석한 에드먼드 버글러 박사는 주장하기를, "1-2년 정도의 기간 동안 매 주마다 최소 세 번 이상 내담할 경우, 환자가 진심으로 변화되기를 소망한다는 전제에서, 동성애에 대한 신경정신-정신분석 치료를 받으면 놀라운 예후를 볼 수 있다. 치료를 통해 양성애자가 되는 것이 아니라 진실 되고 속임수 없는 이성애자가 될 수 있다."고 하였다.[154]

152) Briar Whitehead, 『나는 사랑받고 싶다』, 152.
153) 김진, 『동성애의 배려윤리적 고찰』, 56.
154) Briar Whitehead, 『나는 사랑받고 싶다』, 154.

2. 철학적 논거에 대한 반론

동성애 논쟁에서 중요한 개념 가운데 하나는 '자연적이다' '자연적이지 않다'는 개념이다. 해방주의 해석자들은 '자연적'이라는 말을 사회의 주도권 그룹이 사회적으로 용납할 수 있는 것을 의미하는 말로 이해하므로 이 말을 언제나 회의적으로 바라본다.[155] 이런 맥락에서 텍사스 대학의 코르빈도 박사는 자연적이라는 말 속에 담긴 일반적 개념들을 철학적으로 비판한다. 그러나 성경에서 바울이 동성애 행위를 자연스럽지 못한 행위(para physin)라고 규정할 때 그 의미는 어떤 시대의 문화적 상황 속에서 형성된 이데올로기적인 개념이라기보다는 하나님의 창조질서에 배치되는 행위라는 뜻을 가진 신학적 개념이다.[156]

3. 인권적 근거에 대한 반론

동성애자들이 그들의 동성애 성향 때문에 사회로부터 멸시받고 거부당하는 일은 물론 시정되어야 한다. 하나님은 차별을 반대하시며 모든 사람을 차별 없이 사랑하라고 명하시기 때문이다. 그러나 존 스토트는 동성애 운동을 노예해방운동, 흑인해방운동 또는 여성해방운동과 유비관계로 보는 것은 잘못된 것이라고 주장한다. 왜냐하면, 하나님이 합법적인 것으로 허락하지 않은 것을 '권리'로 주장할 수 없기 때문이다.[157]

---

155) Brian K. Blount, "Reading and Understanding the New Testament on Homosexuality," ed., Choon-Leong Seow, *Homosexuality and Christian Community*, 36.

156) Richard B. Hays, *The Moral Vision of the New Testament: A Contemporary Introduction to New Testament Ethics* (HarperSanFrancisco, 1996), 387

157) John Stott, 『존 스토트의 동성애 논쟁』, 57.

4. 성경적 근거에 대한 반론

1) 소돔의 죄가 동성애의 죄가 아니라는 해석에 대한 반론

동성애 반대론자들은 이 해석에는 몇 가지 문제가 있다고 주장한다. 첫째로, 소돔사람들의 죄가 약한 이방인을 환대하지 않은데 있다는 주장만으로는 그들의 죄에 동성애 행위도 포함된다는 사실을 배제할 수 없다. 일부 고대문화에서는 동성애 행위는 낯선 침입자 남성에게 모욕과 수치를 안기는 불친절의 구체적인 행동이었다. 동성애 행위는 상대의 남성다움을 인정하지 않고 여성같이 취급하기 때문이다.[158] 이때의 동성애는 서로 사랑하는 동성 간의 동성애가 아니라 폭력을 동원하는 강간에 해당된다고 하겠다. 둘째로, 창세기 19장 5절과 8절에 사용된 동사는 동일한 יָדַע 동사이다. 그런데 동성애옹호론자들은 같은 단어인 יָדַע를 8절에서는 성관계의 의미로, 5절에서는 단순히 안다는 의미로 해석하고 있는데 이는 매우 무리가 가는 해석이라고 볼 수 있다.[159]

2) 레위기의 율법은 더 이상 적용될 수 없다는 주장에 대한 반론

성결법전 안에는 오늘날의 현대인들에게는 다소 당황스런 금지 규정들이 있는 것이 사실이다. 예컨대 생고기를 먹는 것, 두 재료로 직조한 옷을 입는 것, 앞머리를 깎아 다듬는 것, 수염을 깎는 것, 몸에 문신을 새기는 것 등에 대한 금지 규정들이다. 오늘날 이런 것들을 행하면서 죄책감을 느끼는 기독교인들은 극히 드물다. 따라서 동성애 옹호론자들은 레위기의 성결 규범들 안에 있는 이런 규정들이 폐기된 것처럼 동성애 금지 규정도 폐기되었다고 주장한다. 그러나 동성애를 의식법의 일부로 파악하여 오늘날 동성애를 허용해야 한다면, 동성애와 함께 정죄된 강간, 근친상간, 수간도 도덕적으로 허용해야 한다

---

158) 이경직, "구약에 나타난 동성애," 319.
159) 양형주, "성서적 관점에서 본 동성애: 성경은 동성애에 관해 무엇을 말하고 있는가?" 「성서마당」(신창간 제13호, 2007, 여름), 146-147.

는 결론이 나올 것이다.[160]

또한 동성애 옹호론자들은 동성애가 우상숭배와 연관되어 있다고 주장하지만, 동성애에 대한 비난은 종종 우상숭배의 관습에 대한 비난과는 별도로 이루어지고 있다.(레 18: 22; 롬 1: 26-27) 동성애와 우상숭배는 공존하는 죄이지 동등한 의미의 죄는 아니다. 성적인 부정은 우상숭배의 사례로 예시될 수 있지만 양자는 서로 구별되는 죄이다. 십계명을 보더라도 우상숭배(출 20: 3-4)와 성적인 죄(출 20: 14-17)는 서로 구분되고 있다.[161]

3) 바울의 동성애 금지는 착취적 동성애 형태에만 적용되는 금지규정이라는 주장에 대한 반론

로마서 1장에서 동성애에 대한 바울의 정죄는 착취와 무관하다. 왜냐하면 바울이 동성애를 묘사할 때 '남성과 소년'이라는 표현 대신 '남성과 남성'(27절)이라는 표현을 사용하고 있기 때문이다.[162]

VI. 동성애에 대한 기독교윤리학적 입장

1. 동성애에 대한 기독교윤리학적 평가

1) 동성애는 죄인가, 아닌가?

피텐저는 "사랑으로 진실하게 결합한 사람들 사이에서의 동성애 행동은 죄스러운 것도 아니며 교회가 그들을 죄인으로 여겨서는 안 된다."고 하였

---

160) 이경직, "구약에 나타난 동성애," 329-330.
　　Richard B. Hays, *The Moral Vision of the New Testament: A Contemporary Introduction to New Testament Ethics* (HarperSanFrancisco, 1996), 382.
161) Norman L. Geisler, 『기독교윤리학』, 342-343.
162) 이경직, "로마서에 나타난 동성애," 220.

다.[163] 과연 동성애는 죄인가, 아닌가? 이에 대한 해답을 얻기 위해서는 두 가지 전제가 필요하다. 하나는 판단의 기준이고 다른 하나는 개념의 명료성이다. 우선 윤리란 선악을 판단하는 일이다. 그러므로 윤리적 판단에서 중요한 것은 선이 무엇인지, 선악 판단의 기준이 무엇인지를 아는 것이다. 그런데 기독교윤리학에 있어서 선 또는 선악 판단의 기준은 언제나 하나님의 뜻(의도)이다. 쟈크 엘룰이 말했듯이, 선이란 하나님의 뜻 이외의 다른 것이 아니다. 선이란 하나님이 결정하는 것 이상도 이하도 아니다. 다시 말하면 선 자체가 하나님의 뜻을 결정하는 것이 아니라 하나님의 뜻이 선을 결정한다.[164]

그러면 성윤리에 대한 하나님의 뜻(의도)은 무엇인가? 성경은 성에 대한 하나님의 창조 의도는 하나님이 남자와 여자를 서로를 위해 만드셨다는 사실과 우리의 성적인 욕망은 이성 간의 결혼 안에서 올바르게 충족되어야 한다는 사실임을 분명히 보여 준다.(막 10: 2-9; 살전 4: 3-8; 고전 7: 1-9; 엡 5: 21-33; 히 13:4)[165] 다시 말해 남자와 여자로 이루어지는 결혼관계가 인간의 성적 충족을 위한 규범적 형태라는 것이다. 이런 점에서 동성애는 하나님의 창조질서의 왜곡으로서[166] 하나님의 뜻을 어긴 죄라고 말할 수 있다.[167] 그러므로 "본인의 의사와는 상관없이 유전적으로 동성애자로 태어나는 사람들도 있다. 이렇게 유전적 생물학적 요인으로 인해 동성애자가 된 사람들에 의한 동성애 행위를 죄라고 볼 수는 없을 것이다."[168]라는 입장은 지지할 수 없다. 그러나 여기

---

163) Norman Pittenger, "The Morality of Homosexual Acts," in Batcherlor, ed., *Homosexuality and Ethics*, 139; Roger H. Crook, An Introduction to Christian Ethics, 최봉기 역 『기독교윤리학개론』(서울: 요단출판사, 1997), 277. 재인용.

164) 정원범, 『쟈크 엘룰의 윤리사상』(대전: 대장간, 2009), 38.

165) Richard B. Hays, *The Moral Vision of the New Testament*, 390.

166) Richard B. Hays, *The Moral Vision of the New Testament*, 396.

167) Mark McClain-Tayler, "But Isn't It a Sin?" ed., Choon-Leong Seow, *Homosexuality and Christian Community* (Louisville, Kentucky: Westerminster John Knox Press, 1966) 78.

168) 김희수, "동성애에 대한 윤리적 고찰: 동성애는 죄인가?" 『기독교사회윤리』제13집 (2007), 139.

서 동성애 성향과 동성애 행위를 구별하는 일이 필요하다. 왜냐하면 알코올 중독 성향 자체가 죄가 아니듯이, 동성애 성향은 죄일 수 없기 때문이다.[169] 전통적인 복음주의자들이 말하는 대로, 동성애 성향은 고백되어져야 할 죄라기보다는 다스려져야 할 유혹이다.[170]

2) 동성애 성행위와 동성결혼의 문제점[171]

첫째로, 동성애 관계의 문제는 난잡함이다. 1978년 벨과 바인버그가 574명의 백인 동성애 남성을 대상으로 한 연구에 따르면, 이들 중 30%가 1000명 이상의 섹스 파트너를 만났고 이들 중 75%는 100명 이상의 파트너를 만났다고 응답했다.[172] 또한 정신병 의학자 찰스 소카리데스는 동성애 남성의 약 2%만이 결혼과 유사한 서약관계를 맺고 살아갈 수 있다고 지적한다.[173]

둘째로, 동성애 관계의 문제는 그 관계의 비영속성이다. 동성애자들에게 있어서 안정적이고 장기적인 관계는 매우 드물고, 예외적이고 안정적이고 장기적이며 충실한 관계는 더욱 드물다. 미티슨과 맥월터는 자신들이 조사한 156쌍의 남성 커플 중 성적인 정절을 지킨 경우는 일곱 쌍 밖에 되지 않았으며 이들 중 5년 이상 함께 한 커플은 한 쌍도 없었다고 밝혔다.[174]

셋째로, 동성결혼은 근본적으로 결함이 있다. 첫째로, 동성결혼은 남자와 여자로 구성되어 있지 않기 때문에 그들은 인류 공동체의 모델의 역할을 맡을 수 없거나 그러한 모델로서 봉사할 수 없다. 둘째로, 동성결혼은 생식 능력

---

169) Stanley J. Grenz, *Welcoming But Not Affirming: An Evangelical Response to Homosexuality*, 123.
　　Joe E. Trull, *Walking in the Way: An Introduction to Christian Ethics* (Nashiville, Tennessee: Broadman and Holman Publishers, 1997), 172
170) Stanley J. Grenz, *Welcoming But Not Affirming*, 122.
171) Stanley J. Grenz, *Welcoming But Not Affirming*, 241-242.
172) Briar Whitehead, 『나는 사랑받고 싶다』, 143.
173) Stanley J. Grenz, *Welcoming But Not Affirming*, 240.
174) Briar Whitehead, 『나는 사랑받고 싶다』, 144.

이 없다는 점에서 결함이 있다. 셋째로, 동성결혼은 본래 구속력이 없다는 점에서 결함이 있다. 넷째로, 동성결혼은 성행위로 조인될 수 없다는 점에서 결함이 있다.

2. 동성애에 대한 목회윤리적 과제

1) 수용의 과제

피텐저는 그리스도인들이 동성애자들을 '더러운 존재', '역겨운 성도착자', '망할 죄인들' 등의 표현을 쓰면서 욕하는 편지들을 여러 번 받았다고 했다. 릭터 노튼은 "동성애자들에 대한 교회의 기록을 보면 처음부터 끝까지 잔인함 그 자체다. 이것은 용서를 구해야 할 문제가 아니라 교회가 보상해야 할 문제다."라고 하였다.[175]

그런데 리처드 헤이즈에 따르면, 동성애 행위가 성경에서 특히 로마서에서 특별히 비난받아야 할 죄는 아니다. 또한 이 행위는 29-31절에 기록되어 있는 인간 불의의 다른 표현들보다 특별히 더 악한 것은 아니다. 원칙적으로 이것은 탐욕이나 수군거리는 것이나 부모를 거역하는 것보다 더 나쁜 것도 아니다.[176] 따라서 자기 의를 가지고 동성애자를 쉽게 정죄하는 행위는 동성애 자체만큼이나 죄악된 일이다. 우리들은 다른 사람들을 쉽게 정죄해서는 안 된다. 왜냐하면 우리 모두는 동성애자들 못지않게 하나님의 심판 아래 있기 때문이다. 그러므로 교회는 동성애자들을 정죄하기보다는 그들을 하나님의 사랑의 대상으로 대하며 그들을 수용하는 분위기를 조성할 수 있어야 한다.

2) 재형성의 과제

교회는 수용적 분위기를 만드는 동시에 스스로를 동성애자라고 생각하

---

175) John Stott, 『존 스토트의 동성애 논쟁』, 82-83.
176) Richard B. Hays, *The Moral Vision of the New Testament*, 388.

는 그리스도인들이 하나님의 의도와 그리스도의 복음에 합당하도록 자신의 정체성을 재형성할 수 있도록 도전하고 도울 수 있어야 한다. 교회가 어떻게 이 재형성의 과제를 잘 수행할 수 있을까? 무엇보다 먼저 교회는 성령의 변화시키는 능력이 실제로 우리 가운데 존재한다는 사실을 믿어야 한다. 그리고 치유를 경험하고 이성애적 성향으로 변화를 받았다고 하는 사람들의 이야기와 동시에 치유를 원했으나 여러 해 동안 성공하지 못했던 사람들의 이야기를 진지하게 듣는 가운데 동성애자들에 대한 이해를 넓혀 나가야 한다.[177] 경청의 자세를 가지고 그들에게 귀 기울이게 될 때 우리는 동성애의 원인이 무엇인지, 그들의 고뇌와 간절한 요구가 무엇인지를 알게 되고 그들을 진정으로 도울 수 있게 될 것이다.

"여러분의 교회 성도 중 누군가가 동성애 문제로 고민한다는 사실을 알게 된다면 그의 친구가 되어 주시겠습니까?"라는 질문에 우리 기독교인들은 어떻게 대답하게 될까? 아마도 많은 경우 "아니요. 그 사람이 나에게 군침을 흘리면 어떻게 해요."라고 대답할 확률이 높다. 그러나 이런 태도는 동성애의 치유를 위해 반드시 거쳐야 하는 과정인 건전한 우정을 배울 기회를 뿌리치는 것이라는 점에서 비극적인 일이라고 브라이어 와이트헤드는 말한다. 그는 동성애의 치유를 위해서는 동성과의 건전하고 육욕적이지 않은 우정이 반드시 필요하다고 주장하며 다음과 같이 말한다.[178]

그리스도인들은 이들과의 진실된 우정을 나누는 법을 배워야 하며 정상적으로 관계를 맺을 때 어떤 느낌이 드는지를 전 동성애자에게 보여줄 수 있어야 한다. 왜냐하면 이들은 그 느낌을 모르기 때문이다. 동성애적인 사랑은 동성에게 인정과 우정, 안정감, 성 정체성을 구하는 행위이다. 성

---

177) Richard B. Hays, *The Moral Vision of the New Testament*, 400-403.
178) Briar Whitehead, 『나는 사랑받고 싶다』, 320-321.

숙하고 정상적인 남성들과의 진실된 우정을 통해 이런 욕구를 충족받기 시작한다면 동성애자들은 이 관계를 통해 치유에 필요한 주요 자원을 공급받게 된다.

따라서 교회는 "진실한 동성과의 우정과 인정은 그리스도인 이성애자가 동성애자에게 제공할 수 있는 최고의 선물"[179]이라는 사실을 기억하면서, 교회 안으로 들어오는 사람들이 그 교회공동체의 삶을 통해 참된 우정과 정서적 지원과 영성개발을 경험하게 되는 아름다운 공동체로 거듭날 수 있어야 할 것이다.[180]

VII. 나가는 말

지금까지 우리는 크게 볼 때 동성애에 대한 인식이 정죄와 처벌의 대상에서 인정의 대상으로, 차별과 억압의 대상에서 지지와 인권옹호의 대상으로 변해 왔다는 사실과 또한 이러한 급격한 변화는 기독교계 안에서 심각한 교회분열의 원인이 되고 있음을 살펴보았다. 그리고 기독교계 안에서의 동성애옹호론의 근거와 동성애반대론의 근거를 논의한 후에 동성애에 대한 기독교윤리학적 입장을 제시하였다. 오늘날 급격하게 변하고 있는 성윤리의 도전에 대해 우리는 어떻게 응답해야 할까? 크게 두 가지로 요약할 수 있다.[181] 첫째로, 우리는 동성애에 대해 진리를 말할 수 있어야 한다. 오늘의 시대는 기독교인들이 동성애 행위를 비도덕적인 것이고 죄라고 말하면, 사랑이 없는 사람들이라고 비난

---

179) Briar Whitehead, 「나는 사랑받고 싶다」, 269.
180) Richard B. Hays, *The Moral Vision of the New Testament*, 402.
181) Joe E. Tull, *Walking in the Way: An Introduction to Christian Ethics* (Nashiville, Tennessee: Broadman and Holman Publishers, 1997), 172-173.

받는 시대가 되어가고 있다. 그러나 사람들이 아무리 비난을 한다 해도 보편적인 현상이나 사실 그 자체가 진리가 될 수는 없다. 그러므로 기독교인들은 그 어느 때보다도 진리의 파수꾼이 되어야 한다. 둘째로, 동성애자들에 대해 사랑과 긍휼을 베풀어야 한다. 보통의 기독교인이라고 하면 동성애에 대한 반감을 가지고 있는 것이 사실이다. 그러나 동성애자에게 동일한 반감을 가져서는 안 된다. 왜냐하면 만일에 우리가 동성애자들에게 공감을 보여 줄 수 없다면 우리는 주님의 기대를 저버리는 것이 될 것이기 때문이다.

제7장
동성애의 친밀성 구조 내 배려 및 치유윤리학적 성찰

박성관
장로회신학대학교 기독교와 문화 강사

I. 들어가며

　　동성애만큼 교회를 당혹하게 하는 주제도 없을 것이다. 우리는 동성애자라고 하면 우선 혐오감을 드러내는 교회 속에서 살고 있다. 동성애에 대한 기독교의 반응은 부정적인 시각을 가지고 있는 것이 사실이다. 우리가 부르고 있는 게이(남성 간의 동성애)나 레즈비언(여성 간의 동성애)이라는 말들이 그들의 인권을 무시하는 뉘앙스를 가지고 있다. 이성애자라는 측면에서 볼 때, 동성애자를 무조건 무시하거나 무슨 이상한 동물 보듯이 쳐다보았다면 인격을 무시하는 잘못된 처사에 대하여 성찰해야 할 것이다. 또한 교회는 각 세대마다 항상 새로운 도전들에 부딪쳐 왔으며, 오늘날 동성애를 대안적인 삶의 형식으로 받아들이라는 것 역시 하나의 도전이다.

　　동성애 문제를 섹슈얼리티의 친밀성의 사적 영역인 동시에 공적 영역에서 다루어져야 할 문제로 인식하고, 이 문제를 동성혼(동성애자의 결혼)이라는 시각에서 동성애 문제를 다루고자 한다. 우선 친밀성 내에서 성(性)의 문제를 어떻게 다룰 것인지를 살핀 다음, 동성애 성향과 동성애자의 행위, 그리고 동성혼(同性婚; 동성애자 결혼) 문제에 대하여 배려 및 치유 윤리적 성찰을 시도하고자 한다. 연속선상에서 동성애 행위와 동성애 결혼 문제에 대하여 기독교 윤리적으로 응답할 것이다. 기독교 신학이 현세와 내세 구조의 연장선상에 놓여있다면, 기독교 윤리는 자아의 성찰과 타인에 대한 배려라는 두 가지 요구를 필요로 한다. 그렇다면 동성애를 돌봄으로서 배려와 치유 윤리적 성찰로서 어떻게 응답할 것인가? 우선 이 물음에 대답하기 전에 성(性)이 갖는 친밀성의 구조부터 살펴보겠다.

II. 친밀성 구조 내 시민권과 평등권

오늘날 개인의 욕망이 개인적인 일(private affairs)이 되면서도 공적영역에서 다루어지는 성찰로서의 성윤리는 우리의 새로운 사회 윤리적 문제로 부각되고 있다. 이러한 문제에 대한 시도는 성 정체성에 대한 논의와 함께 타인(다른 성)에 대한 관심이라는 윤리적 관계를 형성하게 한다.

우리가 성에 대한 관심을 갖는 이유는 성이야말로 우리가 일상생활의 인간관계 속에서 스스로의 위치를 결정 짓는 중요한 기준점이며 그것을 통해 삶의 모든 면을 다시 성찰하는 계기가 될 수 있기 때문이다. 사적 영역의 성이 주목받는 것은 친밀성의 영역으로 현대 가장 커다란 변화가 일어나고 있으며, 공적 영역에서 다루어지기 때문이다. 앤서니 기든스(Anthoy Giddens)는 하버마스(공적 영역에서의 정치적 소통을 하나의 전범으로 제시)와 달리 성을 다루는 데 있어서, 그 이면에 있는 사적 측면의 친밀성 구조 내에서 일어난 성을 사회 심리적인 변동을 추구함으로써 현대성의 이면을 다루었다. 감추어진 현대성을 들추어내는 데 있어서, 개인 주체와 사회 체계 전체 속에 잠재되어 있는 성찰성을 가지고 왔다고 하는 점에서 그의 공헌이 크다.

기든스는 『현대사회의 성, 사랑, 에로티시즘』에서, 우리 일상생활 속에 자리 잡은 제도들과 인간적인 감정들이 뒤얽혀 있는 관계망으로서 섹슈얼리티 (sexuality)를 볼 수 있어야 한다면서, 성과 사랑이 개인적 관심의 차원에서 다루어지는 섹슈얼리티를 서구사회에서의 사적(private) 영역과 공적(public) 영역 분리라는 구조적 변동과 연관시켜 분석하고 있다. 그는 가장 사적 영역인 친밀성의 영역에 해당되는 성을 공적 영역의 담론으로 가져와 논하는데 기여를 하고 있다. 그가 펼치고 있는 섹슈얼리티 문제를 보면, 과거 자연의 명령에 따라 이루어졌던 인간 활동의 많은 부분이 점차 사회 체계의 내적 논리 속으로 흡수되었다는 것이다. 예를 들어 재생산(자녀의 임신과 출산)이 자연의 섭리이자 거부할 수 없는 숙명이었던 현대 이전의 사회에서는 섹슈얼리티 역시 자연으로부터 이미 결정되어 주어지는 것이었으나, 재생산 없는 섹슈얼리티(피임)와 섹슈얼리티 없는 재생산(시험관 아기 등의 테크놀로지)이 모두 가능해진 현대 사회에서는 성이 더 이상 단지 주어진 것이 아니라 인간이 결정하고 선택하는 문제로 변해가고 있다.[182]

기든스는 친밀성과 애정에 기초한 관계가 중시된다고 보고, 관계 외적인 것에 의존하지 않고 관계 그 자체의 내재적 속성에 따라 유지 변화되는 관계를 순수한 관계(pure relationship)라고 부르고 있다. 관계(relationship; 다른 사람과의 가깝고도 지속적인 감정적 유대)라는 개념은 다른 이성애 집단에서와 마찬가지로 동성애 하위문화에서도 강하게 나타난다.[183] 그에 따르면, "순수한 관계는 그것이 그 관계에 들어가 있는 각 개인에게 충분한 만족을 준

---

182) 이러한 상황을 조명하기 위해 기든스가 도입한 개념이 바로 '조형적 섹슈얼리티'(plastic sexuality)다. 앤서니 기든스, 배은경·황정미 역, 『현대사회의 성, 사랑, 에로티시즘: 친밀성의 구조변동』(서울: 새물결, 1996), 15.
183) 이 현상을 가리키는 말로 순수한 관계, 즉 관계 외적인 다른 것에 의존하지 않고 순수하게 관계 그 자체의 내적인 속성에 따라 형성되고 지속되는 관계라는 말이 도입된 것이다. 순수한 관계란 사회적 관계 그 자체를 목적으로 - 즉 개인이 다른 사람과 나누는 지속적인 관계에서 파생될 수 있는 것들을 목적으로 - 시작되는 상황을 가리킨다.

다고 당사자 모두가 생각하는 한에서만 지속된다. 사랑은 성적으로 '정상적인' 대부분의 사람들에게 있어, 결혼을 통해 섹슈얼리티와 연결되어 왔다." 그러나 현대에 와서 사랑과 섹슈얼리티는 점점 더 순수한 관계를 통해 연결되고 있다. 결코 모든 사람들이 다 그런 것은 아니지만 많은 사람들에게 있어 결혼은 점점 더 순수한 관계의 형태로 되고 있으며, 이에 따라 후속 결과들이 뒤따르고 있다. 다시 말해, "순수한 관계는 친밀성의 일반적 재구성의 일부이다."[184]

그러나 순수한 관계의 측면에서 볼 때, 그 관계가 깨진다는 것, 곧 헤어진다는 것은 동성애 여성들 혹은 남성들에게 엄청난 시련이다. 어떤 조사에 따르면, 레즈비언들 사이에서는 이성간의 관계에서보다 경제적 불평등이 덜하고, 가사노동도 대체로 분담하는 것이 일반적이며, 그들의 60% 정도는 관계가 깨진 후에도 계속해서 이전의 연인과 친밀하고 오래가는 친구관계를 유지한다.[185]

오늘날 동성애는 공적 영역(공중 질서와 공중도덕)에서 문제가 되고 있다. 동성애자들은 자신들의 권리를 인정해 달라고 거리시위를 하며 입법기관을 향해 압력을 행사하기도 한다. 그들은 법적인 장벽과 정죄 등으로부터 자유롭게끔 동성애적 생활양식을 인정해 주기를 바라고 있다.[186] 그들의 주장의 근거는 시민권과 사랑의 평등성에 기반하고 있다. 평등성(equalization)은 친밀성 영역의 구조변동에서 본질적인 요인이며 또한 소통이기도 하다. 친밀성은 타자에 흡수되는 것이 아니라, 그 사람의 특성을 아는 것 그리고 자기의 특성을 활용가능하게 만드는 것이다. 타자에 대한 개방은 역설적으로 개인적 경계를 요구한다. 왜냐하면 그것이 하나의 소통하는 현상이기 때문이다.[187] 따라서

184) 엔서니 기든스, 『현대사회의 성 사랑 에로티시즘: 친밀성의 구조변동』, 104.

185) Shere Hite, *Woman and Love*, London: Viking, 1988. 하이트는 과거의 연인과 계속해서 가까운 친구로 지내고 있는 여성들의 수치는 두 군데에서 각각 64%와 62%로 조금 다르게 나타난다.

186) 월터 카이저, 강성열, 『이렇게 가르치라』(서울: 새물결플러스, 2009), 159.

187) 앤서니 기든스, 『현대사회의 성 사랑 에로티시즘: 친밀성의 구조변동』, 154.

친밀성이 사적 영역에서 사랑과 공적 영역에서 정의로서 사적인 성으로 인한 친밀성의 표현이 공적 영역에서 다루어질 수 있는 길을 열어 놓은 점이다. 이런 의미에서, 동성애에 대한 교회의 입장은 시민권과 평등권에 있어서 충돌은 없는가, 있다면 어떻게 극복할 수 있는가? 우선 동성애에 대한 기본 정의를 내린 다음 이 문제에 대한 답을 찾아보자.

III. 동성애와 결혼에 대한 기독교 윤리적 성찰

1. 동성애에 관한 윤리적 개념

1) 동성애 개념 정의[188]

현대의 시각에서 동성애를 평생 가는 개인적인 성향과 성적 표현의 방식(성도착)으로 제시되는 새로운 사회적 상황 속에서 기독교 성윤리는 큰 도전을 받고 있다. 다시 말해 동성애는 죄인가 아니면 하나의 대안적인 성적 표현인가[189]에 대하여 진지하게 성찰할 때가 되었다. 동성애란 동성(same sex)에 대한 성적 행위로서, 동성애(homosexualism & homosexuality) 행위를 구성하는 데에는 공적 영역에서도 동의하지만, 동성애의 정확한 개념을 정의하는 데는 어려움이 있다고 본다. 그럼에도 한편으로는 공공연한 활동으로 동성애를 기술하지만, 다른 한편으로는 동성 간의 선호하는 성적 매력인 욕망의 활동으로 기술한다. 우리는 동성애 성향이나 욕망을 가질 수 있지만, 동성애 행위나 활동은 하지 않을 수도 있다. 또한 우리는 이성애에 강한 선호를 가지고 있

---

188) 일반적으로 동성애(同性愛)는 동성끼리의 성행위를 의미하지만, 두 가지 - 동성에게 성적으로 끌리는 성향orientation과 동성끼리 실제적인 성관계를 하는 행위 - 를 의미한다. 따라서 성향으로서 동성애와 그것을 실행하는 행위로서의 동성애는 구별하고 있다. 신원하, 『교회가 꼭 대답해야 할 윤리문제들』(서울: 예영커뮤니케이션, 2001), 39.
189) 스탠리 그렌즈, 남정우 역,『성 윤리학』(서울: 살림, 2003), 382-83.

지만 동성애 행위나 활동을 할 수도 있다. 특히 후자의 경우에는, 알코올의 영향이나 감옥에 있는 경우 갑자기 동성애 경험을 할 수도 있다. 이러한 경우, 동성과 이성 양쪽에 관계하는 개인들을 가리켜 '양성적(bisexual: 동성애와 이성애를 병행하는)'이라고 부르며, 이러한 개인들은 눈에 띄게 동성애 혹은 이성애(heterosexual)를 할 수 있다.[190]

동성애는 양면가치적인 용어다. 그것은 그들 자신의 성(sex)의 구성원들에게 성적으로 매력적인 사람들에게 적용되거나 그렇지 않으면 동성(same-sex)의 생식기 활동에 성적으로 매력적인 사람들에게 적용될 것이다. 레즈비언(lesbianism)이 일반적으로 여성 동성애와 구별되어 보통 사용된 단어일지라도, 동성애는 남성과 여성들로 이루어진다.[191]

현대 과학과 의학이 동성애나 동성애 성향(orientation)의 원인에 대하여 확실하게 밝히고 있지는 못하였지만, 대략 이론적으로는 원인에 대하여 두 가지 범주로 요약해서 설명할 수 있다. 하나는 태어나기 전의 호르몬 차원인 유전적(genetic) 결정이다.[192] 즉 개인이 동성애에 대한 개인적 성향을 물려받은 것을 자명한 것으로 가정하고 있다. 다른 하나는 심리적(psychologic), 환경적 요인에 의해 결정된다. 가족 구성원이나 다른 환경적 요소들이 사람의 성적 동일성을 결정하는 것을 자명한 것으로 보는 것 같다. 현대 연구 보고에 따르면 지나친 친밀함, 소유욕, 지배적인 어머니, 분리적이고 적대적인 아버지로 구성

---

190) Carl F. H. Henry, *Wycliffe Dictionary of Christian Ethics* (Hendrickson Publishers, 2000), 295. 이를 우리는 양성애자들이라고 부른다. 이들은 이성과 동성 모두에 성적인 반응을 보인다.

191) David J. Atkinson, *New Dictionary of Christian Ethics & Pastoral Theology* (InterVarsity Press, 1995), 450.

192) 길원평 교수(부산대)는 "동성애는 유전적이지 않다"면서, 다섯 가지 이유를 들어 비판하고 있다. 첫째로, 자녀를 적게 낳는 행동양식을 갖게 만드는 유전자 집단이 자녀를 적게 낳으면 결국 그 집단은 사라지게 된다. 둘째로, 가계조사를 해 보면, 갑자기 동성애자가 나타났다가 갑자기 사라진다. 셋째로, 동성애자의 빈도는 일반적인 유전질환의 빈도에 비해 매우 높다. 넷째로, 통계 결과도 동성애가 유전적이지 않은 것을 뒷받침한다. 다섯째로, 동성애를 나타내는 유전자는 발견되지 않았으며 실제로 존재하지 않는다고 본다.

된 가족이 동성애 아이를 낳는 것 같다고 본다.[193]

동성애 원인에 대한 태도를 좀 더 살펴보면, 남성 동성애(게이)와 여성 동성애(레즈비언)는 외롭고 고립된 사람에게서 나타난다. 어린 시절부터 같은 동년배들과 만족할 만한 관계(relationship)를 형성하는 것이 어렵거나 청소년기에 데이트가 어려운 사람에게 나타난다. 대부분의 동성애는 십대(혹 16세) 이전에 동성애를 인식한다. 그들은 대도시에 끌리고 그들만의 규칙, 의상, 언어를 가진 사회 체계를 형성한다.[194] 보통 사람들은 동성애가 질병이나 죄로부터 기인한다고 생각한다. 특히 기독교인들은 성경에 비추어 하나님의 율법에 어긋난다고 생각한다. 한편 현대 의학적 입장은 동성애 조건을 의학적 중재를 정당화하는 정신병리학적(psychopathology) 형식으로 간주한다. 오늘날 우리 사회에서는 동성애의 병리학을 부정하며, 도덕에 연루시켜 생각하기를 거부한다. 그리고 동성애를 단순히 통계적 규범과 '다르다'고 하는 성적 표현의 한 형식으로 간주한다. 그러한 태도는 비록 인도적이고 이타적이지만 동성애의 안녕(well-being)을 파괴하는 행위다. 그러한 태도는 도움을 주는 것이 아닐 뿐만 아니라 자신이 생명을 포기하도록 격려하는 것이다. 동성애에 대한 신학자들의 입장은 어떠한가?

2) 신학자들의 견해

모든 동성애에 대한 보수적인 성경학자들은 성경의 동성애 금지를 지지

---

193) Carl F. H. Henry, *Wycliffe Dictionary of Christian Ethics*, 295. 한편 길원평 교수는 동성애 유발의 선천적인 경향에 반대한다. 후천적 요인으로 부모의 잘못된 성역할 모델(약한 아버지, 강한 어머니), 유년기의 불안정한 성정체성(친구로부터 놀림), 잘못된 성경험(성폭행에 의한 우연한 동성애 경험), 동성애에 우호적인 문화의 영향이 있다. 선천적 요인으로 반대의 성에 가까운 외모, 목소리, 체험 등 신체적인 것과 성격 등의 심리적인 것을 들 수 있다. 요컨대 이러한 요인은 동성애자가 된 사람들을 분석한 결과이지 유발 요인을 가지면 반드시 동성애자가 된다는 뜻은 아니다. 그는 사람에게는 본능이나 경향을 억제할 수 있는 의지와 절제력이 있기에 동성애는 자신의 의지와 선택에 의해 이루어진 성적행동양식으로 본다.

194) Carl F. H. Henry, *Wycliffe Dictionary of Christian Ethics*, 296. 최근에 민족 조직이 그들의 이미지를 개선하려고 형성되었으며, 대부분의 이런 조직들이 동성애가 질병이거나 비정상적이라는 것을 부정하는 데 기여하였다.

한다. 성경학자 브라이트(John Bright)는 해석자의 임무는 모든 성경 텍스트의 이면을 간파해야 하며, 신학자의 일면은 바로 거기서 생각하는 바를 말해야 한다고 주장한다. 이러한 기준에 근거해서 판단하건데, '현대의 동성애 행위에 대한 성경의 금지가 중대한 의미를 갖는다'고 볼 수 있다.[195]

동성애 행위에 관한 구약성경의 금지하고 있는 중대한 신학의 국면은 창세기의 이성애 결혼(heterosexual marriage)의 한 몸(one-flesh) 패턴이다. 십계명의 최신의 적용(딤전 1)에 있어서, 바울(Paul)이 간통과 동성애 행위를 한데 몰아 다룬 이유가 여기에 있다. 그가 로마서에서 동일한 기록을 다루고 있는데, 거기서 동성애 행위에 대한 그의 금지 맥락은 창조론이다.[196]

동성애는 자연법칙에 반하는 것인가? 동성애에 관한 킨제이(Kinsey) 보고서의 범위는 그렇지 않다. 보고서에 따르면, 동성(same-sex) 교제 (intercourse)는 완벽하게 자연스러운 것이다. 통계적으로 동성애를 선호하는 사람들은 병적(abnormal)이며, 왼손잡이가 그런 것처럼 윤리적으로 기형 (abnormality)이다.[197]

아퀴나스(Thomas Aquinas)에서 바르트(Karl Barth), 틸리케 (Helmut Thielicke)까지 유명한 기독교 윤리학자들은 이 논의에 질문을 제기하였다. 기독교인들은 그들이 주장하고 있는 창조론에 그들의 자연 이해를 관련시켜야 한다. 동성애가 자연적인지 아닌지 묻는 것은 하나님이 그것을 만들었는지 안 만들었는지 묻는 것이다. 대답은 부정적이다.

바르트에 의하면, 성경의 창조를 하나님의 형상(imago Dei)의 남자와 여자의 상보적 관계를 가진다. 개인은 반대 성(opposite sex)의 사람들과

---

195) David J. Atkinson, *New Dictionary of Christian Ethics & Pastoral Theology*, 451

196) David J. Atkinson, *New Dictionary of Christian Ethics & Pastoral Theology*, 452.

197) David J. Atkinson, *New Dictionary of Christian Ethics & Pastoral Theology*, 452

관계를 통해서 '동료 인간(fellow humanity)'에 이를 수 있다. 동성애 결합(union)은 창조주가 남자와 여자 사이에서 창조하신 한 몸(one flesh) 관계 속에서 효율적으로 '타자(otherness)'를 부정한다. 이러한 논의가 기독교 시민 국가에서 어떻게 진행되었는지 살펴보자.

3) 시민권과 평등권에 있어서 동성애 논쟁: 미국의 경우

미국의 동성애에 대한 기독교 보수주의자와 진보적 복음주의자들의 다양한 입장을 통해 한국의 그리스도인과 그리스도인 동성애 문제에 대한 새로운 답을 찾고자 한다. 여기서는 가장 영향력 있고 동시대 진보적 복음주의의 대표 출판물인 두 잡지 〈The Other Side〉, 〈Sojourners〉와 사회행동을 위한 복음주의자(ESA)들의 주장을 중심으로 논의하겠다.[198]

1960년대 시작된 남성 동성애(게이)와 여성 동성애(레즈비언) 운동은 1969년 뉴욕의 그린위치 게이 바(Stonewall Inn)에 대한 경찰의 급습 사건 이후 유명세를 타게 되었다. 1975년 미국의 시민봉사 위원회는 동성애 고용 금지를 철회하였고, 1980년까지 미국의 절반에 해당하는 주에서 동성애 금지법이 폐지되었다. 미국 정신의학협회는 1973년에 투표로 동성애를 정신질환에서 제외하기로 결정하였다.[199] 그 이후 미국의 뉴욕과 샌프란시스코 등 주요 도시를 넘어서 게이 하부문화는 당당하게 확대되었다. 게이 자유운동은 여성 동성애자들에게 자긍심을 심어 주었고, 대중들에게는 긍정적인 태도를 취하게 하였다. 이들은 자신들의 요인을 정당화하기 위해 평등권이라는 용어를 사용하

---

198) 이 논의는 가사웨이(Brantley W. Gasaway)의 *An Alternative Soul of Politics: The Rise of Contemporary Progressive Evangelicalism* (Chapel Hill, 2008),12. 참고하였다. 이하 ASP로 함.

199) 동성애자들이 여러 차례 압력과 시위를 일으켜, 회원들의 우편투표로 동성애자들의 정상 여부를 결정하자고 하여, 그 결과 34%가 투표에 참여하여 투표자의 58%가 동성애는 정신질환이 아니라는 공식 입장을 취하였다. 그리하여 1973년 12월에 이사회에서 동성애 조항을 정신질환진단매뉴얼에서 삭제하기로 결정하였다. 이후 동성애연구치료모임을 통해 계속 연구되고 있다.

였다. 동성애자들의 이러한 평등권을 주장하는 이면에는 자신들의 활동을 정당화할 뿐만 아니라 전통적인 성 역할을 전복시키려는 숨은 의도도 가지고 있다.

아직도 많은 이성애자들은 동성애가 하나의 성도착행위, 즉 자연에 어긋나는 것이며 도덕적으로 비난을 받아야 한다고 생각한다. 그러나 '성도착'이라는 용어 자체가 임상 정신의학에서 거의 완전히 사라져 가고 있는 지금, 많은 사람들이 동성애에 대해 느끼는 반감은 더 이상 의학적인 전문지식으로 뒷받침되기가 어려워졌다.

보수적인 기독교 입장에서 볼 때, 이러한 동성애는 위협적인 존재가 아닐 수 없다. 왜냐하면 성적인 죄 중에서 동성애를 가장 혐오하고 있었으며, 혼외정사와 달리 동성애적 친밀감은 남녀간의 '자연스런' 매력을 발산하는 것을 악용하는 가장 악한 것으로 생각했기 때문이다. 성적 방탕이나 다른 이성애적 죄가 아니라, 동성애가 '가증스러움'의 칭호를 얻은 것이다. 수용 가능한 삶의 형식으로서 동성애를 부정하는 캠페인까지 벌이면서, 1977년 복음주의의 순결운동은 플로리다 주의 성적 선호도에 따른 차별을 폐지하는 법안에 대한 반대운동을 했고, 1년 뒤 기독교 우파 지도자인 라헤이(Tim LaHaye)는 『모든 사람이 동성애에 대하여 알아야 할 것들』이라는 책에서, "호전성과 비밀스런 정치적 책동으로 동성애 공동체는 우리의 아이들을 성적 악용이라는 오염된 바다에 빠뜨리는 동성애의 조류를 증가시키는 프로그램을 계획 중이고, 그것은 궁극적으로 미국을 로마나 그리스, 폼페이, 소돔과 고모라처럼 파괴시킬 것이다." 라고 썼다. 보수주의 복음주의자들은 동성애에 대한 관용을 미국의 도덕적 쇠퇴의 주된 증거로 간주하였다.[200]

동성애자들의 '커밍 아웃'(coming out: 동성애자들이 스스로 동성애자임을 인정하고 이를 떳떳하게 밝히는 것)은 매우 현실적인 과정이며 일반적인

---

200) Brantley W. Gasaway, ASP, 229-230. 참조.

성 생활에도 중요한 영향을 미친다. 스스로를 '게이'라고 묘사하는 일이 대중화됨으로써 이러한 영향이 나타나기 시작했다. 반면 동성애에 대한 진보적 복음주의의 응답은 1970년대 낙태에 대한 양면 가치를 반영한다. 사회적으로 보수적 기독교는 저항한 반면, 진보적 복음주의는 주저하였다. 1974년 하데스티(Nancy Hardesty)와 스캔조니(Letha Scanzoni)는 All We're Meant to Be: A Biblical Approach to Women's Liberation에서 레즈비언의 가능성을 언급했고, 그들은 성경의 저자들이 결코 '동성애 성향(homosexual orientation)'을 말하지 않고, 오히려 동성애 행위(homosexual activity)만을 이야기한다고 주장했다. 결과적으로 그들의 이러한 견해는 이성애만 적용되고 동성애 성향을 가진 사람들에게는 적용되지 않는다는 뜻으로 비쳐졌다. 또한 이들의 시각은 그들이 속한 복음주의 페미니즘 안에서 뿐만 아니라 그들이 관여하고 있는 복음주의 운동에서도 충돌의 근거가 되었다.[201]

'이성애와 동성애 그리스도인 사이에서 화해는 가능한가?' 라고 하는 문제 제기가 이 논쟁에 불을 붙였다. 복음주의 진영에서 돌봄과 치유의 실천으로서 동성애에 대한 지지가 동성애 혐오 사이에 균형을 이루었다. 1978년 몰렌코트(Mollenkott)와 하데스티는 선구자적으로 동성애에 대한 복음주의의 옹호하는 책 『동성애자는 나의 이웃인가?』(Is the Homosexual My Neighbor?)에서, 동성애를 비난하는 것으로 이해된 전통적 성경 해석에 다른 해석을 하고 있는데, 그들은 성경 저자들이 일부일처 동성애 관계를 이해하지 않고, 동성애적 성향은 알지 못한다고 주장하였다. 과학적 사회학적인 증거로 동성애자들은 왼손잡이들처럼 비자발적이며, 어쩔 수 없이 동성애 성향을 갖고 있다고 주장하였다. 따라서 그들은 그리스도인이 동성애 관계를 인정해야만 한다고 주장하였다.[202]

---

201) Brantley W. Gasaway, *ASP*, 230-231. 참조.
202) Letha Scanzoni and Virginia Mollenkott, *Is the Homosexual My Neighbor?* (San Francisco: Harper & Row, 1978).

기독교 보수주의자들은 게이 동성애 권리 운동을 반대하였고, 수용 가능한 '대안적 삶의 형식'으로서의 동성애의 공적 영역의 수용과 맞서 싸워왔다. 그러나 진보적 복음주의자들은 게이와 레즈비언의 충분한 시민권에 대한 주장에 있어서 일치하였다. 그들은 또한 동성애 원인이 선택의 문제이거나 일반적이지 않다는 것을 인정하고 있다. 그러나 그리스도인의 동성애 행동의 합법화에 관한 운동에 있어서는 동의하지 않고 있다.

1977년, 〈Sojourners〉의 편집자 데이튼(Donald Dayton)이 소개한 책인 맥닐(J. McNeil)의 『교회와 동성애』에서, 하나님은 일부 사람들을 동성애자로 계획하였고, 그리스도인은 '윤리적으로 책임 있는 동성애 관계의 존재'를 수용해야만 한다는 주장에 대하여 침묵하였다. 그러다가 '정의의 문제'라고 이름 붙인 글에서 로스(Joe Ross)는 동성애에 대한 보수주의 우파 진영은 "동성애자의 시민적·정치적 권리를 부정하고 교회 내의 삶으로부터 그들을 배제"하려 하고, '게이화 운동'은 동성애를 기독교 신앙과 전적으로 상호교환 되고 인정받을 가치가 없는 것으로 간주하였다. 로스는 자신의 입장을 이렇게 설명하였다. "우리는 성경이 동성애 삶의 방식을 용서한다고 믿지 않지만, 우리는 다른 사람들처럼 동성애자도 충분한 인간의 권리를 누려야 한다고 본다." 여기서 인간의 권리는 '성적 도덕에 관한 동의에 조건적'이지 않다. 그는 공적 영역에서 "그리스도인의 제일 되는 의무는 정의를 항상 포함하지만 전적인 동의를 필요로 하지 않는 사랑"이라고 주장하였다. 그리고 정의는 게이와 레즈비언의 충분한 시민권을 보호하는 것을 그리스도인에게 요구한다고 주장했다.[203] 지금까지 논의를 정리하면 다음과 같다. 성경은 동성애 삶의 방식을 인정하지 않지만, 우리는 동성애자도 이성애자처럼 시민권과 평등권으로서 인간의 기본 권리는 누려야 한다고 본다.

최근까지도 동성애 문제에 대한 미국의 개신교 주요한 교파들(the United

---

203) Joe Roos, "A Matter of Justice," Sojourners, Jul-Aug 1982.6.

Methodist Church, the Episcopal Church, the Presbyterian Church USA)은 이 문제로 골치를 앓고 있다. 교단의 지도부에서는 안수 받은 목사가 자신이 동성애자이고 지금도 동성애를 하고 있다고 할 때 그 사람에게 안수를 줄 것 인가를 놓고 투표에 부치면, 보수적인 신학적 입장에서는 이 문제가 해결되는데 큰 무리는 없다. 그럼에도 불구하고 사실 교회는 알게 모르게 수세기 동안 동성애자들에게도 안수를 주고 있다. 동성애를 하는 목사들의 숫자는 적어도 그렇지 않은 목사들의 숫자만큼이나 된다.[204] 그러나 교회는 공개적 선언에 있어서, 거의 모든 동성애 행위 혹은 동성애를 행하는 자의 안수식을 인정하지 않는다.

우리는 이 문제에 대하여 보다 정직하게 살펴보고 고민할 때가 되었다. 우리는 동성애를 지지할 것인지 아니면 반대할 것인지에 대한 입장을 정리하기 위해 성경을 연구해야 한다. 그러나 우리는 성경을 문자적으로 해석하는 것을 넘어서야 한다. 또한 우리는 성의 발달과 태도에 대한 과학과 의학적 지식을 수용해야 한다. 물론 과학이나 의학적이라고 해서 성에 대하여 다 알 수 있는 것은 아니다. 여기서 우리는 무엇보다도 성에 대하여 합리적이면서도 감성적인 분별력을 갖추어야 하고, 우리의 영적인 능력을 사용하여 하나님의 창조질서와 목적을 깨달을 수 있어야 한다. 이것들은 때때로 보수적인 신학과 마찰을 빚기도 할 것이다.[205] 동성애 문제로 미국 교회가 보수와 진보로 갈등하고 있는 것이 현실이다.

한국의 교회와 그리스도인의 경우, 보수진영에서 동성애 치료가 가능하다는 입장에서는 끝까지 성령의 도우심 속에서 목회적 돌봄이 요구된다고 본 반면, 일부 동성애 성향과 행위를 바꾸거나 통제하든지 특히 치료가 불가능할 경우에는 독신으로 살아야 한다고 본다. 한편 일부 진보진영에서는 소수자 인

---

204) 로이드 레디거, 유희동 역, 『목회와 성』(서울: 한국심리치료연구소, 2001), 120.
205) 로이드 레디거, 『목회와 성』, 120~121.

권보호라는 측면에서 성적 소수자에 대한 차별을 지양하고 관용으로 포용해야 한다고 본다. 이 두 입장에도 한계가 있다. 여기에 대한 답을 찾기 위해서는 가족 가치를 중심으로 한 기독교 결혼관을 가지고 조심스럽게 접근할 필요가 있다. 우선 결혼에 대한 올바른 이해가 선행되어야 한다.

2. 동성애자와 결혼

1) 결혼

모든 인간은 누구나 남자와 여자의 관계 속에 들어 있다. 남자는 여자와 가깝고도 먼 관계 속에서 존재한다. 여자도 마찬가지로 남자와 사적 영역에서 친밀한 관계 속에 들어 있다. 그러나 모든 사람 누구나 결혼 상태로 들어가는 것은 아니다. 그럼에도 불구하고 남자와 여자는 공적 영역에서 공동체의 가장 친밀한 형식인 혼인(martial bond)을 하도록 명령받았다.[206]

결혼에 있어서, 아퀴나스(가톨릭 정통 신학을 따르는)는 이성애 교제의 생식적인(procreative) 목적을 강조하면서, 행위는 자연스럽게 목적에 봉사해야 한다고 주장한다. 그의 주장에 의하면, 개념적으로 동성애 교제는 의도적으로 비생식적(non-procreative)이다. 따라서 부도덕적(immoral)이다. 왜냐하면 충만하고 안전한 가족생활을 초래하지 못하기 때문이다.

아퀴나스의 가톨릭이 생식적인 것을 성적 교제의 제일 목적으로 간주한다면, 프로테스탄트는 육체의 결합적인 친밀성의 높은 가치의 단면을 보여 준다. 이것은 동성애에 접근하는 상황주의자를 위한 사랑의 표준(the criterion of love)에 의한 아가페 사랑의 적용에 관하여 말할 때 준비된 중요한 토대다.[207] 1979년 앵글리칸 리포트(The Anglican Report), 동성애 관

---

206) David J. Atkinson, *New Dictionary of Christian Ethics & Pastoral Theology*, 72.
207) 평가적 동성애 행위를 위한 피텐저(Norman Pittenger)의 표준은 공개된 상황주의자이

계(Homosexual Relationships)에 따르면, 상황주의자의 접근에 동정적이다. 그러나 이러한 사안들은 두 가지 윤리적 결함을 지니고 있다. 첫째로, 어떤 특정한 상황의 사랑에 관한 개인주의적 해석에 의존하여, 도덕성에 대한 높은 주관주의에 이르게 된다. 둘째로, 논리적 결론을 취할 때 동성애 결혼의 짝(상대)보다 훨씬 더 개방적이 된다.[208]

하나님 앞에서 결혼의 위치는 무엇인가? 우선 결혼에 대하여 살펴볼 때, 결혼은 인간이 만들어 낸 제도가 아니다. 결혼은 하나님께서 세우시고 제도로 만드셨으며 명령하셨다고 말씀하셨다(창 2,3장). 여기서 결혼에 대하여 올바른 정의를 위해 두 가지 측면에서 정리하면 다음과 같다. 첫째, 결혼은 하나님이 만드신 근본적인 제도다. 하나님은 결혼을 모든 인간 사회의 근본 요소로 만드셨다. 하나님의 공식적인 선포를 보면, "남자가 부모를 떠나 그의 아내와 합하여 둘이 한 몸을 이룰지로다"(창 2:24). 결혼은 하나의 제도로서 하나님이 세우신 규칙과 법의 지배를 받는다. 이로서 결혼은 사회의 한 영역으로 최초로 공식적으로 제도화된 것이다. 결혼은 하나님의 특별한 사회로서 교회가 안식하는 기초가 된다.[209]

둘째, 결혼을 성적인 관계와 동일시해서는 안 된다. 성적 연합을 결혼의 연합과 동일시해서는 안 된다(출 22:16~17). 결혼은 성적 연합을 주신 의무와 즐거움으로 하는 연합이다(고전 7:3~5). 그러나 성적 연합이 반드시 결혼을 의미하지는 않는다. 결혼은 성적 연합을 포함하되 그보다 더 큰 것이다.[210]

다. 모든 동반된 사랑의 특성을 가지고, 상호 이행과 상호 관계 이행에 관한 인격 운동에 기여하는 한, '그들은 선한 행동을 한다'고 적고 있다. 이러한 접근이 동성애와 이성애 사이의 어떤 윤리적 특징을 효과적으로 약화시킨다. 둘 다 동일한 기준에 의해 판단을 받게 된다. 우리를 위한 모든 하나님의 목적은 사랑으로써 우리의 인간됨을 깨닫는 것이다. 그래서 어떤 행동은 도덕적으로 정당화된 목적에 가깝게 취급하게 된다. David J. Atkinson, *New Dictionary of Christian Ethics & Pastoral Theology*, 452.

208) David J. Atkinson, *New Dictionary of Christian Ethics & Pastoral Theology*, 452.

209) 제이 아담스, 송용자 역, 『성경이 말하는 결혼·이혼·재혼』(서울: 부흥과개혁사, 2008), 26~27.

210) 제이 아담스, 『성경이 말하는 결혼·이혼·재혼』, 28~29.

물론 결혼은 남자와 여자가 하나님과 서로 앞에서 서약을 주고받고 언약의 관계로 들어갈 때 완전하게 된다. 결혼은 성적 관계를 정당하다고 인정한다(히 13:4). 성적 연합이 결혼을 형성하지 않는다는 것은 결혼·이혼·재혼을 올바르게 이해하기 위해 절대적으로 필요하다. 결혼은 성적 연합과 구별되며 더 큰 의미를 지닌다.

그렇다면 결혼이란 무엇인가? 결혼이란 상호 간의 공적 승인에 의해 들어간 남자와 여자의 평생 연합이다. 결혼이 하나님의 선물이라는 점에서, 이 질문에 대한 하나님의 대답은 "사람이 혼자 사는 것이 좋지 아니하니 내가 그를 위하여 돕는 배필을 지으리라"(창 2:18). 여기서 돕는 배필은 동반자 관계가 결혼이 본질임을 의미한다. 즉 성경은 결혼을 '동반자 관계의 언약'임을 분명히 밝히고 있다. 비록 결혼이 본질적 속성에 있어서 교회적(ecclesiastical)이라기보다 세속적일지라도, 결혼은 신적 제도(divine institution)이다. 결혼은 성직자의 선포라기보다 배우자들의 동의에 의해 성립된다.[211]

혼자 사는 것이 '좋지 않다'는 것이 하나님께서 직접 말씀하신 근본적인 평가다. 더 나아가서 "남자가 부모를 떠나 그의 아내와 합하여 둘이 한 몸을 이룰지로다"(창 2:24)고 하는 일반 규칙이 나온다. 여기서 둘이 한 몸을 이루는 성관계는 이성애 결혼 관계에서만 가능하다. 따라서 동성애 성관계는 하나님이 주신 권리가 아닐 뿐만 아니라 이성애 결혼 관계와 동등하게 취급되어서는 안 된다.[212] 그러나 죄는 하나님의 관계뿐만 아니라 인간 사회를 왜곡시켰다. 그럼에도 특별히 교회를 위해 복음을 전하기 위해 예외적으로 혼자 살도록 부르심을 받은 경우도 있다(마 19:11~12, 고전 7:7 참조).

---

211) David J. Atkinson, *New Dictionary of Christian Ethics & Pastoral Theology* (InterVarsity Press, 1995), 72.

212) John Stott, Same-Sex Partnership?, 양혜원 역, 『존 스토트의 동성애 논쟁』(서울: 홍성사, 2006), 56. 존 스토트에 의하면, 진정한 게이 해방은 우리 자신의 도덕을 세우기 위해 하나님이 계시한 목적으로부터 자유를 얻는 것이 아니라, 하나님을 사랑하고 순종하기 위해서 우리의 의지적 반항으로부터 자유를 얻는 것이다. John Stott, 『존 스토트의 동성애 논쟁』, 57.

결혼의 본질인 동반자 관계의 언약에 대하여 성경에 나타난 '짝'이란 단어를 두 가지 측면에서 살펴보겠다. 우선 우리 인간은 누구나 삶을 함께 할 친밀한 동반자가 없을 때 외로움을 느끼는 존재로 하나님께서 만드셨다. 예를 들어, 창세기에서 보듯이 하나님은 하와를 아담에게 유일한 돕는 배필뿐만 아니라 동반자 관계로 허락해 주셨고, 잠언에서도 "그는 젊은 시절의 짝을 버리며 그의 하나님의 언약을 잊어버린 자라"(잠 2:17). 여기서 짝(companion)은 '길들여진 존재', '다른 사람과 가깝고 친밀한 관계를 가진 자'라는 원어적 의미를 가진다. 이 단어의 의미는 가깝고 친밀한 관계란 결혼으로 인한 동반자 관계를 의미한다. 즉 남편과 아내가 서로에게 갖는 가깝고 친밀한 관계다.[213]

다음으로 동반자 관계의 언약에 나타난 '짝'이라는 단어의 의미다. 예를 들어, 말라기에서 보듯이, "그는 네 짝이요 너와 서약한 아내로되 네가 그에게 거짓을 행하였도다"(말 2:14). 여기서 '짝'의 중요한 의미는 연합 혹은 동반자 관계다. 따라서 짝은 가까운 연합 속으로 들어가는 자다. 이 둘의 의미를 종합해 보면, 동반자란 생각과 목표, 계획과 노력(육체)에서 친밀하게 연합한 자다. 즉 결혼의 관계로 들어간다는 것은 남편과 아내 모두에게 동반자 관계에 대한 서로의 필요를 충족시키길 갈망해야 한다는 것을 뜻한다. 특히 여기서 사랑은 결혼에서 배우자의 외로움을 제거하기 위해 상대 배우자가 필요로 하는 동반자 관계를 제공해 주는 것에 초점을 둔다.[214] 따라서 결혼이란 언약적인 동반자 관계이기 때문에 우리는 동반자 관계를 더욱 발전시켜야 한다.[215]

동성애 동반자 관계를 사랑에 기초한다고 주장하는 사람이 있는 반면, 정의에 기초해서 그 정당성을 주장하는 사람들도 있다. 남아공 투투 (Desmond Tutu) 주교는 동성애 문제는 단순히 정의의 문제일 뿐이라고 말

---

213) 제이 아담스, 『성경이 말하는 결혼·이혼·재혼』, 38.
214) 제이 아담스, 『성경이 말하는 결혼·이혼·재혼』, 39.
215) 이 주제에 대한 방법을 보여 주는 책으로 Wayne Mack, *How to Develop Deep Unity in the Marriage Relationship* (Phillipsburg, N.J; Presbyterian and Reformed Publishing Co., 1978)이 있다.

했다. 그의 정의의 근거는 다음과 같다. "성적 기초에 따라서 사람을 차별해서
는 안 된다. 성경의 하나님은 정의의 하나님이시다." 그의 말대로 동성애자들이
불의와 억압을 받고 있다면 시정되어야 할 것이다. 만약 동성애자들이 성적 성
향 때문에 사회로부터 부당하게 멸시받고 거부당한다면, 그들이 사실상 동성
애 공포증(homophobia)의 희생자라면, 그들의 불만은 시정되어야 한다. 그
러나 반대로 그들이 불평하는 부당함이나 불의가 동성애 관계를 이성애 결혼
과 동등하게 합법적인 양자택일 사항으로 인정해 주지 않는 것이라면, 정의에
대한 논의는 부적절하다.[216] 이러한 정의를 이해하는 데 마이클 샌델(Michael
J. Sandel)은 세 가지 방식을 주장한다. 첫째로, 정의란 최대 다수의 최대 행
복을 추구하는 것이라고 말한 반면, 둘째로, 정의란 선택의 자유를 존중하는
것이라고 말한다. 셋째로, 정의란 미덕을 키우고 공동선을 고민하는 것이라고
말한다. 여기서 동성애 결혼 문제와 관련해서 정의는 올바른 분배만의 문제가
아니라 올바른 가치 측정의 문제라는 것을 기억해야 한다.[217] 여기에 대한 응답
은 결국 돌봄으로써 목회 상담과 배려로서 기독교 치유 윤리적 차원의 문제다.
그렇다고 동성애자의 결혼을 승인할 수 있는가?

2) 동성혼(동성애자의 결혼)

종교적 신념은 사적인 문제이므로 공적 책임에 관여할 필요가 없는가?
우리는 다원화된 사회 속에서 살고 있기 때문에 나의 종교적 견해를 다른 사람
에게 강요할 수 없다. 도덕적 종교적 신념은 법이나 정책 결정에서 빠져야 하는
가? 그렇지 않다고 생각하는 것이 진보주의자들의 생각이다. 종교는 선거철에
정치에 동원되는 수단은 아니며, 어떤 사회문제는 도덕적으로 변형해야 해결이

---

216) John Stott, 『존 스토트의 동성애 논쟁』(서울: 홍성사, 2006), 56~57.
217) 마이클 샌델, 이창신 역, 『정의란 무엇인가』(서울: 김영사, 2010), 360~362 참조.

가능하다.[218] 우리는 자칫 해결해야 할 사회문제에서 가치와 문화의 역할을 간과할 수 있다.'[219] 이 점에 대하여 미국의 대통령 오바마(B. Obama)는 다음과 같이 명쾌하게 주장하였다.

> 비종교인이 종교인에게 공개 광장으로 들어가기 전에 종교를 문 앞에 내려놓으라고 요구한다면 잘못입니다. 프레데릭 더글라스, 에이브러햄 링컨, 윌리엄 제닝스 브라이언, 도로시 데이, 마틴 루터 킹 등 미국 역사상 위대한 개혁가 다수는 신앙에 자극받았을 뿐 아니라 종교적 언어를 수시로 이용해 가며 명분을 옹호했습니다. 따라서 공공정책을 토론할 때 '개인의 도덕'을 끌어들여서는 안 된다는 주장은 현실적으로 말이 안 됩니다. 우리 법은 모름지기 도덕을 체계화한 것이며, 그 도덕의 상당 부분은 유대 그리스도교 전통을 바탕으로 합니다.[220]

성경은 오직 이성 결혼만을 승인하고, 게이와 레즈비언은 환대하지만 동성(same-sex)의 성 관습은 인정하지 않는다. 샌델(Michael J. Sandel) 교수는 동성애 결혼 문제를 정치철학의 문제로 본다. 이러한 동성애 결혼 문제를 다루는 데 있어서 마이클 샌델의 핵심 요지는 정의와 공동선이다. 그가 보기에 오늘날 자유지상주의자(libertarian)들은 현대 국가가 실시하는 법이나 정책에 반대하는 경우가 있다. 그들은 법이라는 강압적인 힘을 이용해 미덕을 권장하거나 다수의 도덕적 신념을 표현하는 행위에 반대한다. 예를 들어, 사회 구성원 다수가 동성애에 반대할지라도 게이나 레즈비언에게서 성 상대자를 고를

---

218) 마이클 샌델, 『정의란 무엇인가』, 343.
219) Barack Obama, "Call to Renewal Keynote Address," Washington D. C., June 28, 2006, at www.barackobama.com/2006/06/28/call_to_renewal_keynote_address.php.
220) Barack Obama, "Call to Renewal Keynote Address," Washington D. C., June 28, 2006, at www.barackobama.com/2006/06/28/call_to_renewal_keynote_address.php. 재인용, 마이클 샌델, 『정의란 무엇인가』, 344.

권리를 법으로 박탈하는 것은 옳지 않다고 본다.[221]

동성애 결혼에 대한 논의에서, 우선 국가는 결혼의 목적과 동성애의 도덕적 지위에 관한 도덕적·종교적 논란에 개입하지 않고 동성애 결혼을 인정해야 할까? 개인의 자유로운 선택이라는 측면에서는 옳다. 즉 개인적으로 게이나 레즈비언 관계에 찬성하든 반대하든, 사람들은 저마다 결혼 상대를 자유롭게 고를 수 있어야 한다. 이성에게만 결혼을 허용하고 동성에게는 허용하지 않는다면 게이와 레즈비언을 부당하게 차별하고 법 앞에 평등을 부정하는 셈이다.[222] 그에 따르면 동성애 논쟁은 근본적으로 게이와 레즈비언의 결합이 국가가 승인한 결혼에 따르는 영광과 인정을 받을 가치가 있는가에 관한 논쟁이다.

동성애 결혼을 찬성하는 사람들은 이성간 결혼만 인정하는 행위는 차별이라고 본다. 반면에 반대하는 사람들은 국가가 동성애 결혼을 인정한다면, 단순히 동성애를 눈감아 주는 수준을 넘어, 그것을 공식 인정하고 '정부 승인 도장'을 찍어 주는 행위라고 주장한다. 만약 결혼이 사적 영역에서의 일이라면, 동성애 결혼을 둘러싼 논쟁은 무의미해진다. 그렇다면 동성애 결혼을 공적 영역에서 인정해야 할 것인가 인정하지 말아야 할 것인가? 동성애 결혼에 대하여 찬성하든 반대하든 결혼의 목적과 결혼을 규정하는 정의를 놓고 근본적인 도덕적·종교적 논란을 벌일 수밖에 없다. 그러나 어떤 사람들은 이 문제를 자율과 선택의 문제로 보기도 한다. 그러나 자율과 선택의 자유는 동성애 결혼을 정당화하기에는 불충분하다.

마이클 샌델이 말한 동성애 결혼의 쟁점은, "선택의 자유가 아니라, 동성결합이 공동체에게 영광과 인정을 받을 가치가 있는가, 즉 결혼이라는 사회제도의 목적을 이행하는가 하는 점이다. 아리스토텔레스 식으로 말하자면, 공직

---

221) 마이클 샌델, 『정의란 무엇인가』, 90.
222) 마이클 샌델, 『정의란 무엇인가』, 352.

과 영광의 공정한 분배가 쟁점이다. 그것은 사회적 승인의 문제다."[223)

동성애 결혼에 반대하는 사람은 결혼의 일차 목적은 출산이라고 주장한다. 이 주장에 따르면 동성 부부는 출산할 수 없으므로 결혼할 권리가 없다. 즉 미덕이 부족하다는 이야기다. 다음으로 결혼의 본질은 출산이 아니라 이성이든 동성이든 두 사람 사이의 독점적인 사랑의 약속이다. 세속 결혼의 필수 조건은 결혼한 부부 사이의 독점적이고 영원한 약속이지, 아이를 갖는 것은 아니다.[224)

그렇다면 출산을 위한 결혼과 독점적이고 영원한 약속으로서의 결혼이라는 해석 가운데 어느 쪽이 더 타당한지 어떻게 결정할 수 있을까? 이 물음은 결혼의 목적과 결혼이 칭송해야 할 자질에 관한 문제다. 그러다 보면 근본적인 도덕적·종교적 논쟁을 피할 수 없다. 게이와 레즈비언 관계의 도덕적 지위는 무엇인가? 만약 결혼을 이성애에 한정한다면 동성애 결혼은 이성애 결혼에 비해 선천적으로 열등한 관계이며 존중받을 가치가 없다는 생각을 인정해 주는 셈이다.[225)

따라서 동성애 결혼에 찬성하는 주장을 보면, 그것이 비차별과 선택의 자유에 의존할 수 없다는 것이다. 누가 결혼할 자격이 있는지를 결정하려면, 결혼의 목적과 결혼이 칭송하는 미덕을 생각해야만 한다.

결혼을 하나님의 제도와 관계에서 보게 되면, 우리에게는 보편적으로 적용 가능한 하나님 계시의 원칙이 생긴다. 이 원칙은 고대에나 현대에나 마찬가지로 적용될 수 있다. 존 스토트(J. Stott)에 따르면, "동반자 관계로서 동성애 결혼도 정죄되어야 하는 이유는 동성애가 하나님의 창조 질서(이성애 일부일처

---

223) 마이클 샌델, 『정의란 무엇인가』, 357.
224) Hillary Goodridge vs. Department of Public Health, Supreme Judicial Court of Massachusetts, 440 Mass. 331(2003) 재인용. 마이클 샌델, 『정의란 무엇인가』, 359.
225) Hillary Goodridge vs. Department of Public Health, Supreme Judicial Court of Massachusetts, 440 Mass. 333. 재인용. 마이클 샌델, 『정의란 무엇인가』, 359.

제)와 양립할 수 없다는 것이다. 또한 이러한 질서가 문화가 아니라 하나님의 창조와 함께 설립되었기 때문에 그 유효성은 영구적이며 또한 보편적이다."[226] 뮌헨대학 신학 교수인 판넨베르크(Wolfhart Pannenberg)는 동성애 결합을 결혼과 대등한 것으로 인정하는 교회는 "더 이상 하나의, 거룩한, 보편적, 사도적 교회가 아니다."라고 주장한다.[227]

앞장에서 논한 대로, 기독교 보수주의자들은 동성애를 죄악시하거나 그들을 교회가 연민과 관용으로 포용할 필요가 있다고 본 반면, 진보적 복음주의자들은 동성애적 행동의 합법화에 동의하지 않지만, 게이와 레즈비언의 충분한 시민권과 평등권을 보호하는 데에는 동의한다. 그러나 동성혼에 있어서는 부정적이다. 한국의 경우, 아직 논의가 활발하게 진행되지 못하고 있는 상태에 있다. 필자는 보수진영의 동성애의 치료가 가능하다고 보고 목회적 돌봄과 배려는 긍정적이지만, 치료가 어려울 경우 독신 주장은 지나치다고 본다. 한편 진보진영의 소수자 인권옹호라는 측면에서는 긍정적이지만, 동성애의 치료가 가능한 데도 노력하지 않고 동성애 행위로 나아가도록 인정하는 것에 대해서는 동의하기가 어렵다. 치료가 가능하다는 주장에 경우, 동성애를 죄로 인식하는 것에 대해서는 보다 승리주의 신앙이 요구된 반면, 치료가 불가능할 경우에 동성애 행위를 인정하는 부분에 대해서는 인내로써 돌봄과 배려하는 고통의 신학이 요구된다. 따라서 동성애 성향과 동성애자의 행위를 구분하여 친밀성 구조 내에서 사적이고 공적 영역에서 배려는 결국 목회적 돌봄과 치유 윤리적 성찰이 요구된다.

---

226) John Stott, 『존 스토트의 동성애 논쟁』, 43. 결혼은 하나님의 창조와 제도 초기부터 이성애자의 결합으로 인정되었기 때문에 근본적이다. 그것은 하나님이 의도하신 인간 사회의 기초이며 이에 대한 성경적 기초는 논쟁의 여지가 없다. John Stott, 『존 스토트의 동성애 논쟁』, 48.

227) *Christianity Today* (11 November 1996). 재인용. John Stott, 『존 스토트의 동성애 논쟁』, 48.

IV. 한국교회의 목회적 돌봄과 치유 윤리적 성찰

우리는 동성애든 이성애든 친밀한 관계로서 교제를 원하지만 정직하게 성에 대하여 배울 수 없는 교회 속에서 자라온 것이 사실이다. 이성애자의 경우, 우리에게 동성애 행위에 대하여 다소 본능적으로 혐오감을 갖는 것은 지극히 자연스러운 일이었다. 우리는 이성애자들의 혼외정사나 혼전 성관계의 문제에 대해서 보다 동성애 행위자들의 동성애 관계에 대해서 더 혐오감을 드러내는 것 또한 사실이다.

첫째, 동성애 성향과 동성애 행위, 동성애 행위자의 결혼 문제에 대하여, 1981년 영국 노동당이 돌봄과 상담(Care and Counsel)이라 부르는 동성애자들에 대한 태도(Attitudes to Homosexual People)에서, 동성애자들의 요구를 '승인'한 이래, 동성애 문제는 목회 상담과 기독교 치유 윤리적 차원에서 응답이 요구되고 있다. 먼저 독신에 대한 승인을 보면, 모든 동성애 행위가 잘못이라고 생각하는 사람들 대부분은 지속적인 동성(same-sex) 선호는 사실상 독신에 대한 소명이라는 잘못된 결론을 내린다. 하지만 보수적인 학자들이 무조건적으로 이러한 주장을 펼치는 것은 아니다. 스메데스(Lewis Smedes)는 그것을 작은 일을 하는 데 너무 큰 쇠망치를 쓴다는 '대형 쇠망치'(sledgehammer judgement)라고 부른다. 즉 윤리적으로 옳지만 '비효율적인 목회 상담'이라는 말이다. 그는 틸리케의 성윤리를 반영하여, 동성애 행위는 윤리적으로 부당한 것이라고 주장한다. 따라서 동성애자는 적극적으로 변화를 추구해야만 하고 독신을 위해 많은 노력을 해야만 한다. 하지만 이 두 가지가 다 불가능할 경우라면, 서로 다른 사람과 신실하고 사랑스러운 연대를 발전시킬 '최적의 동성애 도덕성'(optimum homosexual morality)을 목표로 삼아야만 한다.

도미니안(Jack Dominian)은 이것을 AIDS 전염병에 적용함으로써

'덜 나쁜'(lesser evil) 논쟁으로 확대한다. 만일 신실한 동성애 관계의 대안이 HIV전염병의 지속적인 위협을 가진 난잡한 삶의 스타일이라면, 기독교 상담가는 병을 그치게 하기 위해서 동성애 금지를 격려해야만 한다. 이러한 접근을 미끄러진 경사길의 꼭대기로 보고 복음의 치료적 자료(resource)를 부정하는 사람도 있지만, 반면에 많은 기독교 상담가들은 완전하고 동시적인 치료법(cures)으로 본다. 신약성경은 복음에 의해 깊이 뿌리박힌 삶의 양식의 잠재적인 구제를 지지한다(고전 6:9-11). 물론 동성(same-sex) 선호에 대한 전환이 동성애 문제에 대한 최종적 해결책이라고 생각하지 않는다. 이성애와 마찬가지로 동성애의 목적은 그리스도 안에서 온전성을 성취하는 것이다.

둘째, 교회의 동성애 혐오를 어떻게 할 것인가? 이성애자들의 두려움으로 주어진 동성애 혐오는 종종 동성애자들의 정서적 거부를 초래한다. 동성애 혐오감이 동성애자의 소외 감정을 강화한다. 동성애자 소외 감정들이 교회와 사회에서 그들의 승인을 방해하도록 한다. 동성애자는 이웃이다. 따라서 누군가로부터 사랑받아야 할 대상이다. 이성애자들의 심판적 태도가 동성애자의 외로움과 고립감을 강화한다. 동성애자를 한데 모으는 게이 집회의 존재가 바로 그들을 교회가 돌보는 데 실패했다는 반증이라면 지나친 억측일까.

합법적인 저지가 완화되었음에도 불구하고, 세속적 차원에서 동성애 혐오의 징후는 특히 고정관념과 함께 (더 우연하게) 확실히 평등권과 시민권을 부정하는 것이다. 성적 성향 때문에 남자와 여자들이 희생당할 때마다, 기독교인들의 의무는 정의를 위한 투쟁에 있어서 압제받는 소수를 지지하였다.

모든 치료 프로그램의 가장 우선적 지시는 자기 성찰적인 것이다. 동성애에 대한 교회의 치료 대안은 사랑과 정의를 통해 나타나야 한다. 즉 하나님의 사랑과 정의는 그리스도인 동성애자든 비그리스도인 동성애자든 예수 그리스도께서 베푸신 구원의 은총과 부르심에 있어서 소외되거나 배타시 될 수 없이 누구나 구원받을 수 있다는 것이다. 이성애자의 경우, 동성애 자체에 대한 편협성 – 동성애 혐오증(homohatred), 공포증(homo-phobia) – 과 부정적인 태도를 버려야 한다. 물론 동성애자 당사자도 다양한 심리치료가 성공을 거두고 있다는 것을 인식하고 치료가능성을 열어 두어야 한다. 모든 심리치료에 성공은 환자의 중요한 존재의 동기부여(motivation), 능력강화(empowerment) 등 환자와 상담가의 다양한 요소에 달려 있다. 동성애의 정신병학을 해결하려는 문제 가운데 보다 어려운 문제는 동기부여가 부족하다는 것이다. 특히 임상경험을 통해 보면, 동기부여가 죄의식을 변화시키는 데 치료적 성공의 가능성을 높게 하였다.[228]

Ⅴ. 나가며

동성애에 대한 교회의 대안은 그리스도인의 태도와 관련해서 시정되어야 할 부분이 있다. 동성애는 종종 기독교 공동체 안에서 무감각하고 폐쇄적인 태도 때문에 그렇다. 그러한 반응은 자살을 초래할 수도 있고, 고통과 외로움, 전적인 낙담을 강화시킨다. 한편 예수 그리스도는 질병과 죄에 대하여 사랑과 동정을 가지고 치유 사역을 펼치셨다. 오늘날 새로운 미디어는 동성애에 대하여 넓은 범위를 허용하고 토론 주제로써 보다 더 수용하게 되었다. 따라서 교회는 동성애 문제를 더 의식하게 되었다. 이로써 교회는 동성애자로 하여금 외로움을 극복하고 사람들과 소통하기 위한 피난처로 여기도록 해야 한다. 여기서 기독교의 사랑의 정신이 그들의 특별한 정서적 욕구와 만나 매력을 발산할 수 있는 접촉점이다.

동성애에 대한 기독교 윤리적 대안을 몇 가지로 정리하면 다음과 같다. 첫째, 지속적인 관심으로 돌봄과 배려의 윤리를 통해 나타나야 한다. 이성애

---

228) C. F. H. Henry, Wycliffe Dictionary of Christian Ethics, 297.

자의 경우, 동성애자들을 위해 끊임없는 기도 속에서 돌봄과 배려가 요구된다. 여기에는 두 가지 입장이 있을 수 있다. 하나, 보수적인 신앙을 고수하는 사람들은 전혀 다른 고통을 겪는 치료불가능한 사람들에게 편협한 태도를 취한 것에 대하여 회개하고, 그들의 시민권과 평등권을 인정해 주어야 한다. 이것은 그들이 계속 노력하면서 삶의 힘을 얻도록 격려해 준다. 이로써 우리는 우리와 전혀 다른 상황 속에 처한 사람들을 어떻게 사랑해야 할 것인지를 배우게 된다. 둘째, 진보적인 신앙을 고수하는 사람들은 치료가능성을 열어 두고 지속적인 관심을 갖고 치유를 위해 기도하면, 고침 받을 수 있다는 소망을 갖는 사람들에게 비판적 태도를 취한 것에 대해 성찰하고, 동성애자에게 관용과 포용으로만 해결될 수 없다는 사실을 인식시키고, 장기적으로 진행되는 치료를 위해 지속적인 관심을 갖고 치유를 위해서 기도하며 격려해야 한다. 우리는 여기서 기독교 승리주의와 고통의 신학 사이에서 균형감각을 갖게 된다.

셋째, 동성애자 결혼(동성혼)에 대한 교회의 대안은 성경의 가르침을 정직하게 말해야 한다. 동성애에 대한 치료 가능성을 열어 놓는 배려가 필요하며 그들의 결혼은 약자 보호라는 측면에서는 일부 긍정적인 면도 있다. 동시에 동성애자들이 구원과 예배공동체에서 제외되는 것은 아니다. 다만 동성애자의 결혼이 동반자 관계의 평생 언약임과 동시에 사랑과 정의, 그리고 공공선을 위해 자연스러운 사회적 관습 측면에서 볼 때, 성경적 결혼관에 배치된다는 것이다. 따라서 동성애자의 시민권과 평등권은 일부 인정하더라도, 한국교회의 정서와 사회적 관습상 그리스도인 동성애자의 동성 간의 결혼은 허용되지 않는다.

제8장
동성애와 배려의 윤리학[229]

김진
울산대학교 철학과 교수

I. 문제제기: 동성애는 배려의 대상인가?

동성애 현상을 어떻게 받아들여야 하는가? 이 물음은 적절하지 않을 수도 있다. 지금도 여전히 동성애 현상은 부정적인 것, 사악한 범죄로 여기는 사람들이 많기 때문이다.[230] 지금까지 동성애는 자연에 반하는 것, 도덕적으로 나쁜 것으로 규정되어 왔다. 동성애는 더럽고 추악한 성적 도착증으로 간주되기도 했다. 지금까지 인류가 행한 동성애에 대한 도덕, 종교, 의학, 정치 차원에서의 제재(制裁)는 동성애가 도덕적으로 용납될 수 없을 뿐만 아니라 다른 사람들의 삶을 위협하는 도착, 질병, 광기 등으로 인식되었기 때문이다. 그러

---

229) 이 글은 본인의 책, 『동성애의 배려윤리적 고찰』(울산: 울산대학교출판부 2005)에서 제시된 테제를 정리·보완한 것이다.

230) 유럽에서 동성애가 범죄 목록에서 배제된 것은 프랑스 1791년, 벨기에, 룩셈부르크 1792년, 네덜란드 1811년, 스페인 1822년, 포르투갈 1852년, 이탈리아 1889년, 덴마크 1930년, 폴란드 1932년, 스위스 1937-42년, 스웨덴 1944년, 헝가리, 체코 1961년, 영국 1967년, 동독, 불가리아 1968년, 서독 1969년, 오스트리아, 핀란드 1971년, 노르웨이 1972년, 슬로베니아, 크로아티아, 몬테네그로 1977년, 스코틀랜드 1980년, 북아일랜드 1982년, 아일랜드, 러시아, 리투아니아 1993년 이후였다. Martti Nissinen, *Homoeroticism in the Biblical World: A Historical Perspective* (Minneapolis: Fortress Press, 1998), 141.

나 이러한 동성애에 대한 인식이 대부분 편견이나 오해에서 비롯된 것이라는 사실이 밝혀지면서 우리를 당혹스럽게 한다. 더욱 더 힘들고 당혹스러운 것은 그처럼 잘못 인식되었다는 사실이 밝혀진 지금에도 여전히 동성애에 대한 혐오와 공포는 사라지지 않고 있다는 것이다.[231]

동성애 현상은 이미 고대에서부터 보고된 바 있다. 그러나 동성애를 통한 육체적 쾌락과 정신적 평안을 증진하는 모든 행위들은 중세와 근대를 거치면서 악마적, 병적, 도덕적으로 타락한 행위로 간주되었으며, 비난과 저주의 대상이 되었다. 정상인조차도 동성애자로 간주될 경우에 사회적 격리와 처벌을 감수해야만 했다. 그러나 현대에 들어서면서 동성애의 옹호적 태도가 강화되고 있으며, 특히 포스트모더니즘과 페미니즘의 영향력이 커지면서, 동성애자들에 대한 인격적, 인간주의적, 배려윤리적 고려가 강화되는 추세에 있다. 전체성, 보편성, 본질, 동일성, 체계 등을 강조하는 전통적인 가치 지향 대신에 포스트모더니즘의 시대에서는 개체, 특수성, 실존, 차이 등에 대한 가치가 우선적으로 고려되고 있다. 따라서 소수자의 권리가 사회의 절대 다수에 직접적인 위해가 되지 않는 문제들에 대해서는 전향적인 자세, 즉 배려적 태도를 취할 필요가 있는 것이다. 그렇다면 동성애 현상이 바로 배려적 관점에서 고려되어야 할 그런 가치에 속하는 것일까? 이 글에서는 동성애 현상이 배려윤리의 대상이 될 수 있으며, 따라서 기독교 윤리의 테두리 안에서 보호될 수 있는 여지가 있는가를 비판적으로 성찰하고자 한다. 이를 위해서는 배려의 윤리학에 대한 선행적인 이해가 전제되지 않으면 안 될 것이다.

배려의 윤리학은 전통적인 규범윤리학에 대한 도전으로 시작되었으며,

---

231) 동성애는 '동성 간의 동반자 관계'(same-sex partnerships)를 뜻한다. 이 말은 1869년 헝가리 출신 의사 벤케르트에 의하여 처음 사용되었으나, 동성 간의 도착적인 섹스라는 부정적인 의미로 고정되면서 1930년대부터 레즈비언(lesbian)이나 게이(gay)라는 말로 대체되고 있다. 오늘날에도 여전히 대다수의 사람들은 동성애를 혐오하고 두려워한다. 이를 동성애 공포증(homophobia)이라고 한다. 그러나 동성애를 두려워하거나 혐오하는 논리적 근거가 도덕적으로나 합리적으로 정당성을 가지고 있는가를 살펴볼 필요가 있다. 어떤 것이 두렵다는 이유만으로 그것에 대한 모든 적대행위가 정당화되는 것은 아니기 때문이다.

특히 콜버그(Lawrence Kohlberg)의 도덕발달론[232]이 남성에게 우세하게 나타나는 정의 지향성에 바탕을 둠으로써 여성성의 특징인 배려 지향성을 배제하거나 무시하여 결국 여성들이 도덕적으로 열등한 존재인 것처럼 편파적으로 규정했다는 인식으로부터 발단되었다. 이러한 문제는 콜버그의 연구에 참여했던 캐롤 길리건(Carol Gilligan)에 의하여 1977년과 1982년에 제기된 바 있다.[233] 그녀는 콜버그가 제시한 정의 개념 중심의 도덕 발달 이론은 인류의 절반을 차지하고 있는 여성에게는 적합하지 않다고 선언하면서 배려윤리학이 전통윤리학의 보충적인 형식으로 받아들여져야 한다고 주장하였다. 그러나 1985년에 콜버그의 채점체계에서 남성이 여성보다 우수하다는 것은 근거 없는 미신이라는 주장이 제기되면서, 길리건은 자신의 이론을 일부 수정하여 배려 지향이 남녀 모두에게 존재하고, 가상 딜레마보다는 피험자 스스로 만들어 낸 도덕 딜레마에서 더 쉽게 발견된다고 주장하였다. 그러나 그녀의 반대자들은 그런 증거 역시 발견되지 않았다고 반박하였다.[234] 실제로 가장 최근의 콜버그 조사에서도 성별에 따른 도덕성 발달의 의미 있는 차이는 발견되지 않았다.[235] 그리하여 길리건은 자신이 제시한 '배려'가 어떤 의미인지, 어떤 점에서 '정의' 개념과 다른지를 다시 설명해야 할 곤란에 처하게 되었다. 가장 대표적인 두 명의 여성 심리학자들이 길리건을 둘러싸고 찬반으로 갈라서게 되었다.

232) Lawrence Kohlberg, *The Philosophy of Moral Development* (San Francisco: Harper and Row, 1982); Lawrence Kohlberg, *Moral Stages* (Basel and New York, 1983); Lawrence Kohlberg, *The Psychology of Moral Development* (San Francisco: Harper and Row, 1984).

233) Carol Gilligan, "In a Different Voice: Women's Conceptions of the Self and Morality," Harvard Educational Review, 47(1977): 481-517; Carol Gilligan, *In a Different Voice* (Cambridge: Harvard University Press, 1982).

234) L. J. Walker, "Sex Difference in the Development of Moral Reasoning: A Critical Review," Child Development (1985), 55. 131-139. 워커는 이 연구에서 자연발생적 도덕 딜레마와 가상 도덕 딜레마 모두에서 '정의' 지향과 '배려' 지향 사이의 의미 있는 차이는 발견되지 않았다고 보고했다. James R. Rest, *Moral Development: Advances in Research and Theory* (Westport: Greenwood Publishing Group, 1986); Westport, 『도덕발달 이론과 연구: 도덕 판단력, 행동, 문화 그리고 교육』 (서울: 학지사 2008), 153.

235) J. R. Snarey, J. Reimer, & L. Kohlberg, "The Development of Social Moral Reasoning among Kibbutz Adolescents: A Longitudinal Cross-Cultural Study," Developmental Psychology, 20-1(1985), 3-17.

세일라 벤하비브(S. Benhabib)는 길리건의 두 개의 도덕 이론을 지지하여 남성을 정의의 능력을 소유한 자율적인 존재, 그리고 여성을 배려하면서 살림을 살아가는 존재로 이해했다. 그와 반대로 눈너-빈클러(Gertrud Nunner-Winkler)는 길리건의 주장에 반대하여 성차를 넘어선 하나의 보편적인 도덕만이 존재한다고 보았다.[236]

이러한 논쟁적 갈등으로부터 적어도 몇 가지 사실을 확인할 수 있다. 첫째로, 현실은 그것을 구성하는 주관적 차이에 따라서 다르게 해석될 수 있다는 점이다. 따라서 콜버그가 제시한 도덕발달의 단계들 역시 다른 시각을 적용하면 달리 규정될 수 있을 것이다. 예를 들면 전통사회에서 인정을 중시하는 3단계와 법 절차의 준수를 우선시하는 4단계의 가치 우선성을 어떻게 규정하는가의 문제에 이런 시각의 차이가 개입될 수 있다. 둘째로, 정의는 시비지심(是非之心)의 문제지만 배려는 측은지심(惻隱之心)에 관한 것이다. 옳고 그름을 가리는 일과 불쌍하고 가엾이 여기는 것은 전혀 다른 심성 범주에 속한다. 따라서 정의와 배려는 마음의 서로 다른 작용인 동시에 나름대로 서로 다른 가치 우선성을 전제로 하는 덕목들이라는 사실을 알 수 있다. 셋째로, 정의와 배려의 성품은 남성이나 여성에게만 따로따로 발견되는 것이 아니라 성차를 넘어서서 인류 전체 안에 존재한다고 보아야 한다. 그러므로 배려는 여성, 노약자, 장애인, 소수자, 피지배자 등을 우선적으로 보호하려는 아름다운 마음씨라고 생각할 수 있다. 그리고 이런 마음씨는 가끔씩 정의의 규범과 상충될 수도 있다. 예를 들면 '거짓말을 해서는 안 된다'는 칸트적인 명령은 언제나 어느 곳에서나 존중되어야 할 보편적인 명제이지만, 숨겨둔 유대인을 보호하기 위해서 게슈타포에게 거짓말을 할 수밖에 없는 것이 바로 '배려'의 문제인 것이다. 정의와 배

---

236) S. Benhabib, "Der verallglgemeinerte und der konkrete Andere. Ansätze zu einer feministischen Moraltheorie," in E. List und H. Studev(hrsg.), Denkverhätnisse. *Feminismus und Kritik* (Frankfurt, 1989), 454-497. Gertrud Nunner-Winkler, Weibliche Moral. *Die Kontroverse um eine geschlechtsspezipische Ethik* (Frankfurt, 1991), 148f.

려는 중층적인 스펙트럼을 형성하고 있지만, 언제나 동일한 차원을 구성하고 있는 것은 아니다.

우리는 앞으로 동성애 현상이 역사적으로 어떻게 규정되고 관리되어 왔는가를 살펴보면서, 결국 동성애 문제는 배려윤리학적 접근이 필요하다는 사실을 강조하고자 한다.

II. 동성애의 부정적 시각들

전통적으로 기독교 성서와 바울과 같은 초기 기독교 지도자, 로마의 역사가 플루타르크와 작가 루키아노스, 중세의 아우구스티누스와 토마스 아퀴나스와 같은 기독교 사상가들, 그리고 임마누엘 칸트와 같은 이들은 동성애에 대하여 적대적인 입장을 나타냈다. 이러한 사상들이 역사적 흐름의 주류를 형성하고 있었기 때문에 동성애 현상은 부정적이고 착종된 것으로 인식되어 왔다.

1. 성서와 바울

기독교 성서는 동성애에 대하여 부정적인 입장을 취하고 있다. 베일리는 성서에서 동성애에 대한 진술을 최초로 주제화하면서, 동성애에 대한 오해를 해소하려고 시도한 바 있다.[237] 그러나 존 스토트는 다시 베일리와의 비판적 논의를 시도하였다.[238] 성서에 나타나는 동성애에 대한 출처는 소돔 이야기(창 19:1-13), 기브아 이야기(삿 19장), 레위기(18:22, 20:13)에서 "여자와 동침하듯 남자와 동침하는 것"을 금지하는 대목, 그리고 사도 바울이 비판한 당

---

237) Derrick Sherwin Bailey, *Homosexuality and the Western Christian Tradition* (Green: Archon Books, 1955).
238) John Stott, *Same-Sex Partnerships?* (Michigan: Revell, 1988), 11, 17-18.

시의 퇴폐적인 이교 사회(롬 1:18-32)와 죄인들을 나열한 바울의 두 서신(고전 6:9-10, 딤전 1:8-11)을 들 수 있다.

구약성서 창세기(19장)는 가장 사악한 도시 '소돔'으로부터 남색을 뜻하는 소도미(sodomy)가 유래되었던 사실을 보여 주고 있다. 소돔과 고모라의 죄는 하나님 앞에서 심히 크고 무거웠다(창 18:20). 두 천사가 롯의 집을 방문하자, 소돔의 남자들이 그들을 끌어내서 관계하고자 했다. 롯은 그들 대신 두 딸을 내주겠다고 했지만 소용이 없었다(창 19:8). 조너선 커시는 그의 책에서 소돔 사람들이 롯의 집에 온 낯선 사람들을 끌어내어 남색을 즐기려(bugger, sodomite) 했다고 묘사하고 있다.[239] 베일리는 이러한 해석의 가능성을 일축했지만,[240] 스토트는 베일리를 비판하면서 동성애가 소돔이 멸망한 원인들 중의 하나라고 지적했다(Stott, 22).

레위기 18장에서는 유대인들이 이집트나 가나안의 나쁜 풍속에 따르지 않도록 주의 받고 있는 사실이 나타나 있다. 가나안에서는 여러 가지 성적 일탈, 유아를 제물로 바치거나 우상숭배와 사회적 불의가 행하여졌다. 베일리는 레위기의 두 텍스트[241]에서 남자와 남자의 동침을 일반적인 동성애로 해석

---

239) Jonathan Kirsch, *The Harlot by the Side of the Road*, Forbidden Tales of the Bible (New York: Ballantine Books, 1988), 18; 조너선 커시, 『길섶의 창녀들. 성서의 금지된 이야기들』(서울: 까치 1998), 34.

240) 베일리는 구약성서에 943회가 나오는 yādhà라는 히브리어는 '알다'라는 뜻이고, 그 중에서 약 10회만이 육체적인 관계를 의미한다고 주장하면서, 이 경우는 "우리가 그들과 성 관계를 가지리라"(so that we can have sex with them)는 NIV의 해석보다는 "우리가 그들과 알고 지내려고 한다"(Bring them out to us, so that we may know them)는 의미로 해석하는 것이 낫다고 주장했다. 또한 동시에 베일리는 소돔의 죄악이 동성애와 관련되었다는 것을 입증할만한 사실을 구약성경 어디에서도 찾을 수 없다고 주장했다(Bailey,4,27). 이사야는 소돔의 죄를 위선과 사회적 불의에서(1:10), 예레미야는 간음과 사기와 사악함에서(23:14), 에스겔(16:49f)은 교만(집회서 16:8)과 욕심과 가난한 자에 대한 부관심에서(지혜서 19:8) 찾았다는 것이다(Stott, 19-20, 85). 따라서 베일리는 소돔이 동성애로 인하여 멸망했다고 믿을 이유가 하나도 없다고 주장한다. 그러나 스토트는 성 관계를 뜻하는 열 번 가운데 여섯 번이 창세기에 집중되며, 그 중 한 번이 롯의 딸들과 관련해서 사용되고 있으므로, 소돔 사람들의 경우에도 같은 의미로 사용되는 것으로 볼 수 있다고 주장한다(Stott,22).

241) "너는 여자와 동침함 같이 남자와 동침하지 말라 이는 가증한 일이니라. 너는 짐승과 교합하여 자기를 더럽히지 말며 여자는 짐승 앞에 서서 그것과 교접하지 말라 이는 문란한 일이니라"(레 18:22). "누구든지 여인과 동침하듯 남자와 동침하면 둘 다 가증한 일을 행함인즉 반드시 죽일지니 자기의 피가 자기에게로 돌아가리라"(레 20:13).

했지만(Bailey,30), 다른 학자들은 오히려 그것을 우상숭배로 해석하기도 했다.[242] 동성 간의 성행위는 수간(獸姦, bestiality)처럼 가증하고 문란한 것으로 간주되어 위반할 경우 사형에 처하였다. 따라서 스토트는 이 구절은 명백하게 동성애를 금지하고 있으며, 위반할 경우에 사형에 처할 정도로 심각하게 여겼다는 사실을 강조하였다(Stott, 24).

사도 바울은 여러 곳에서(롬 1:26-27, 고전 6:9, 딤전 1:9) 동성애에 대한 부정적인 입장을 밝힘으로써 결국 초대 교회가 동성애를 혐오하도록 지도했다. "이 때문에 하나님께서 그들을 부끄러운 욕심에 내버려 두셨으니 곧 그들의 여자들도 순리대로 쓸 것을 바꾸어 역리로 쓰며, 그와 같이 남자들도 순리대로 여자 쓰기를 버리고 서로 향하여 음욕이 불 일듯 하매 남자가 남자와 더불어 부끄러운 일을 행하여 그들의 그릇됨에 상당한 보응을 그들 자신이 받았느니라"(롬 1:26-27). 바울은 여기에서 그리스 로마 사회에서의 우상숭배 행위를 묘사한데 이어서 동성애 현상을 고발했다. 스토트는 바울의 강조점이 동성애적 성향을 가진(inverts) 자보다는 이성애적 성향을 가졌으면서도 동성애를 행하는(perverts) 자를 비난하는 데 있다고 해석하였다. 완전한 동성애자라면 여자와 자연스러운 관계를 전혀 가져보지 못했기 때문이라는 것이다(Stott, 25). 그러나 여기에서 스토트의 해석은 적절하지 않은 것 같다. 바울의 목적이 순수 동성애자를 옹호하는데 있기보다는 동성애 현상이 자연에 반하는 부도덕한 행위라는 것을 지적하는데 있기 때문이다.

바울은 다른 곳에서 "음행하는 자나 우상숭배하는 자나 간음하는 자나 탐색하는 자나 남색하는 자나 도적이나 탐욕을 부리는 자나 술 취하는 자나 모욕하는 자나 속여 빼앗는 자들은 하나님의 나라를 유업으로 받지 못하리라."(고전 6:9-10)라고 썼다. 그리고 율법은 "옳은 사람을 위하여 세운 것이 아

---

242) Peter Coleman, *Christian Attitudes to Homosexuality* (London: SPCK, 1980), 49.

니요. 오직 불법한 자와 복종하지 아니하는 자와 경건하지 아니한 자와 죄인과, … 음행하는 자와 남색하는 자와 인신매매를 하는 자, …를 위함이니"(딤전 1:9-10)라는 사실을 강조했다.[243] 이 텍스트에 대하여 콜먼은 바울이 고대 세계의 동성애 형태로서 나이 든 남자와 사춘기 남자들 사이에서 횡행하던 상업적 남색을 염두에 두고서, 동성애를 "로마서에서는 이방인들의 악으로서, 고린도전서에서는 하나님 나라의 장애물로서, 디모데전서에서는 도덕법에 따라 거부해야 할 범죄로서" 용납하지 않고 있다고 정리하였다(Coleman,277,101).

이상의 성경 텍스트에서는 동성애는 '환대의 폭력'(violations of hospitality), '이교의식에 대한 금기'(cultic taboos), '수치를 모르는 방탕'(shameless orgies), '남성 간의 성매매나 젊은이의 부패'(male prostitution or the corruption of the young)와 같이 '매우 특수한 것'(highly specific)[244]으로 다루어지고 있다. 따라서 일부 학자들은 동성애적 성향을 가지고 태어난 사람들의 동반자 관계에 대한 어떤 정죄도 발견할 수 없다고 주장하기도 한다. 예를 들면 스칸조니(Letha Scanzoni)와 몰렌코트 (Virginia Mollenkott)는 "성경은 특정한 동성애 행위(그리고 집단강간, 우상숭배, 탐욕스럽고 난잡한 성행위)는 분명하게 정죄하고 있으나, 그밖에 다른 종류의 동성애, 즉 '동성애 성향'이나 '이성애의 일부일처제와 비슷한 헌신된 사랑의 관계'에 대해서는 침묵하는" 것으로 보인다고 주장하기도 했다.[245]

---

243) 이곳에서 바울은 하나님의 나라에 들어갈 수 없고 율법에 거스리는 죄악을 범하는 무리들 중에서 하나를 '말라코이'(malakoi), 그리고 다른 하나를 '아르세노코이타이' (arsenokoitai)라고 지칭하는데, 표준 개역판(Revised Standard Version)에서는 이 두 단어를 '동성애자들'(homosexuals)로 번역했다가 1973년 개정판에서는 '성도착자'(sexual perverts)로 수정했다. 그런데 스토트는 '말라코이'가 '만지기에 부드러운'이라는 뜻으로 그리스의 동성애에서 수동적 역할을 하는 남자들을 의미한다고 보았다. 그리고 '아르세노코이타이'는 '침대에 있는 남자'(male in a bed)라는 뜻으로서 그리스 동성애에서 능동적 역할을 하는 남자로 해석했다(John Stott, *Same-Sex Partnerships?*, 27).

244) Rictor Norton in Macourt, *Towards a Theology*, 58; John Stott, *Same-Sex Partnerships?*, 28.

245) Letha Scanzoni and Virginia R. Mollenkott, *Is the Homosexual My Neighbor?* (London: SCM, 1978), 111; John Stott, Same-Sex Partnerships? 29.

스토트는 이러한 관점은 성경에 대한 올바른 태도에서 비롯된 것이 아니라고 지적한다. 특히 그는 동성애 문제를 소돔으로부터 시작하려는 베일리의 시도에 이의를 제기한다. 동성애 문제는 창세기 1, 2장에서 인간의 성과 이성애 결혼에 대한 긍정적인 가르침에 의해서만 비로소 올바른 해답을 찾을 수 있다는 것이다(Stott, 30). 소돔에서 창조 사건으로 소급한 것이다. 이는 전통적인 기독교주의자라면 모두 동의하고 인정하는 사실이다. 다시 말하면 유대-기독교적 전통에서는 하나님이 인간을 창조했고, 하나님의 동산에서 처음 남자와 처음 여자 사이의 관계, 즉 이성애에 기초한 혼인으로부터 출발하기 때문에 모든 가능한 동성애는 자연에 반하는 현상으로 규정될 수밖에 없는 것이다. 성경이 증거하는 결혼은 이성애적 일부일처제(heterosexual monogamy)이며, 한 남자가 자신의 '살 중의 살'이라고 인정하는 자기 아내와 가지는 성애적 결합인 것이다(Stott, 39-40).

2. 플루타르크와 루키아노스

로마 시대의 스칸티니아(Scantinia) 법률에서는 동성애가 금지되지는 않았으나 그 악용과 폭력을 경계하고자 했다. 로마는 스승으로 하여금 어린 소년들에게 순수한 마음과 엄격한 규범으로써 본을 보이도록 했기 때문에, 고대 그리스 시대에 유행했던 소년애의 성애적 요소들은 부부애(결혼)의 형태로 전이되거나 시와 예술로 변형되었다.[246] 플루타르크(Plutarchos 46~120)는 『사랑에 대한 대화(Erotikos)』에서 소년애가 이성애로 변화하는 과정을 잘 보여 주고 있다. 그는 이성애가 동성애보다 더 완전하고 이상적이라는 사실을 보여 주고자 했다(Foucault 2008, 1536ff).

---

246) Michel Foucault, *Die Sorge um sich: Sexualit?t und Wahrheit, in: Die Hauptwerke*, (Frankfurt: Die Knaben, 2008), 1533-1571.

루키아노스(Lucianos 120~180)의 작품으로 추정되는『사랑』(2세기 또는 4세기 초)에서 카리클레스는 스토아철학에 근거하여 이성애는 자연적인 것이라고 주장한다(Foucault 2008, 1552ff). 자연은 원소들이 혼합된 세계 전체에 영혼을 부여하여 살아있는 것으로 만든다. 세계의 모든 존재는 유한하지만, 각 개체들은 출산을 통하여 연속성을 유지할 수 있다. 그리하여 사자, 황소, 숫양, 멧돼지, 늑대, 새, 물고기들과 같은 동물조차도 자신과 같은 성을 추구하지 않고 자연의 법칙에 따르는 것이다. 따라서 이성 간의 사랑은 자연스러운 것이다. 인간은 원초적인 상태에서 덕성을 가지고 영웅적으로 행동하며, 카리스(동의)를 바탕으로 행복한 가정생활을 꾸리고 자식을 얻고자 한다. 그러나 인간이 타락하게 되면서 혼외정사와 생식 목적을 벗어난 성행위에 빠져들게 되었다는 것이다.

반대로 소년애주의자인 칼리크라티다스는 이 세계는 카오스 상태에서 비롯되었으며, 그로부터 영혼이 창조되고, 에로스는 인간들에게 우애라는 신성한 정감을 통하여 육체에 대한 애착을 갖게 했다. 태초의 인간은 궁핍을 극복하기 위하여 기술(techne)과 지식(episteme)에 매진했으며, 덕성(arete)에 기초한 아름다운 영혼들에 대한 사랑을 통하여 문화적 상승을 발휘할 수 있는 소년애를 발견했다. 인간들과는 달리 동물들이 동성을 욕구하지 않았던 것은 도덕적으로 우월해서가 아니라 우애의 아름다움이 무엇인가를 알지 못했기 때문이다. 따라서 동성애가 '자연에 위배된다'는 것은 잘못된 주장이라는 것이다.

결국 플루타르크와 루키아노스는 소년애의 특성이 일반적인 결혼 제도 속으로 전이되어 가는 절충적인 모습을 보여 준다. 소년애에서의 비자연적인 욕구 충족은 도덕적 엄격성이라는 기준에 의하여 점차 축소되거나 제한되고, 이성 부부 사이에서 확장되는 추세로 진행된다. 그러나 푸코는 이러한 변화가 금지의 형태들이 강화되어서가 아니라 개인의 정체성, 타자들과의 관계, 건강 또는 질병에 대한 불안과 공포 등, 삶의 양식과 기술이 발전되고 변화된 결과라고 진단했다. 성행위 자체가 악은 아니지만 점점 더 위험한 것으로 인식됨으로써, 안전한 결혼 생활에서만 영위하게 된 것이다. 그리고 이러한 성적 엄격성과 위반에서 비롯되는 불안 의식은 기독교 세계의 윤리적 지침으로 작동되었던 것이다.

3. 아우구스티누스와 토마스 아퀴나스

초기 기독교 교회는 공개적으로 동성애에 대한 강한 거부감을 표명하였다. 따라서 소돔의 죄가 동성애 때문에 비롯된 것이라는 새로운 성서 해석이 교회의 주류를 형성했다.[247] 알렉산드리아의 클레멘트(Clement of Alexandria), 그리고 콘스탄티노플 동방교회의 총대주교 요한 크리소스톰(John Chrysostom)은 소돔 사건을 동성애 문제로 규정했다.[248]

북아프리카의 주교 아우구스티누스(Augustinus 354~430) 역시 『신국』에서 소돔을 "어디에서나 법보다는 남색이라는 풍속이 유행하여 다른 여러 사악함을 만들어내는 불경스러운 도시"라고 규정했다.[249] 아우구스티누스는 인간의 정욕(concupiscence)이 '이브에 대한 아담의 욕망'(원죄)에서 비롯된 것으로 보고, 출산 목적이 아닌 모든 성적 접촉을 죄악으로 규정하였다. 출산 목적의 경우라도 남편은 열정적이거나 유혹적인 자극이나 신체의 고결함을 타락시킴이 없이 부인의 위에 엄숙하게 위치해야 하며, 신체의 그런 부위들에서 어떤 정열의 열기도 일어나게 해서는 안 된다. 사정 시에도 정액은 마치 월경이 처녀의 자궁에서 나오는 것처럼 여성의 성기를 고결하게 유지하면서 부인의 자

---

247) Louis Crompton, *Homosexuality & Civilization* (Massachusetts and London: The Belknap Press of Harvard University Press, 2003), 137.
248) Clement: *Christ the Educator*, 3.8; Chrisostum: Ad pop. Antioch. hom. xix.7. John J. McNeill, *The Church and the Homosexual*. (Boston, 1993), 75.
249) *The City of God*, 16.30 (McNeill), 75.

궁 속으로 주입되어야 한다.[250] 아우구스티누스는 이처럼 단순한 쾌락이나 즐거움을 위한 성적 욕망은 영혼의 의지작용에 의하여 철저하게 억제해야 한다고 주장했다.[251] 따라서 출산을 목적으로 하는 인간의 성생활에 대해서만, 그것도 매우 엄격한 방식으로 허용하는 아우구스티누스의 지침서에 동성애가 들어설 자리는 전적으로 불가능하다.[252]

토마스 아퀴나스(1225~1274)가 1267년부터 1273년까지 집필한 『신학대전(Summa Theologiae)』은 가톨릭 사상체계의 정수이며, 그의 저술들은 1879년 교황 레오 13세에 의하여 가톨릭교회의 공식철학으로 승인되었다. 토마스는 육체적인 합일 그 자체를 악으로 보지는 않았으나, 남근을 통하여 정자를 방출하는 자연적 목적은 출산에 있다고 규정함으로써 아우구스티누스를 계승하였다. 그에 의하면 이성간의 성행위(coitus)는 신이 부여한 자연적 성향이고, 그러한 자연적 목적은 성적 접촉을 통하여 성취될 수 있다.[253] 그는 잘못된 성애의 기준을 '비자연적인 것'(unnatural)으로 보아, 그 심각성의 수준을 네 단계로 분류했다. 첫 번째는 '홀로 짓는 죄'(solitary sin), 즉 수음(手淫 masturbation)이다. 두 번째는 '잘못된 성기'(wrong vessel) 혹은 '잘못된 체위'(wrong position)로 행하는 이성간의 성행위로서, 항문성교(anal sex)와 구강성교(oral intercourse)가 이에 해당된다. 세 번째는 '잘못된 성'(wrong sex)과의 관계, 즉 남색(男色 sodomy, pederasty, buggery)이다. 네 번째는 '잘못된 종(種)'과의 성행위, 즉 수간(獸姦 bestiality)이며, 가

---

250) *The City of God*, 14.26; On Marriage and Concupiscence, 2.5 (McNeill), 94.
251) On Marriage and Concupiscence, 1.9; W. Alexander, "Sex and Philosophy in Augustine," Augustinian Studies 5 (1974), 197-208.
252) 아우구스티누스가 성적 방종이나 동성애에 대해서 지나칠 정도의 규제 성향을 보인 것은 그의 젊은 시절의 방탕에 대한 경계일 수도 있다. 『고백록』 3권에서 그는 카르타고에서 '불법적 사랑의 용광로'에 빠진 경험을 술회하고 있는데, 이 때 그가 남색에 빠졌을 가능성이 있다고 추정되기도 한다. Louis Crompton, *Homosexuality & Civilization*, 137-8.
253) "That Not All Sexual Intercourse Is Sinful," Summa Contra Gentiles, bk. 3, pt. 2, ch. 126.

장 큰 죄에 속한다.[254] 또한 그는 성행위가 출산을 목적으로 한 자연적인 경우에도 건전한 이성에 반하는 이른바 근친상간(incest), 강간(rape), 유괴(seduction), 간통(adultery) 등은 부도덕하다고 규정했다. 동시에 어린아이를 가진 사람이 아이에게 충실하지 않고 간음이나 혼외정사에 빠지는 것 역시 비자연적이며, 가장 나쁜 유형의 죽을 죄에 해당된다. 그러나 토마스는 문명사회에서 적절한 관계의 위반에 해당되는 자연적 성행위는 '가벼운 죄'(venial sins)로 처리하였다.[255]

특히 동성애를 비자연적이라고 비난한 토마스의 주장은 플라톤의 『법률』에 나오는 자연법의 두 원리, 즉 동물들이 동성 간에 교배를 하지 않는다는 이론과 동성 간의 교배는 출산을 하지 못한다는 이론이다. 따라서 여기에서 '자연적인 것'이란 생물학적 개념으로써 출산 가능성과 관련되어 있다. 3세기의 로마 법률가 울피아누스(Ulpianus 170?~228)는 이 자연법을 유스티니아누스 법전에 명문화 했다. 이에 근거하여 토마스는 의도적인 성행위가 자연에 반하는 경우에는 도덕적으로 잘못이라고 규정하였다. 그는 울피아누스의 규정을 심화하여, 남성과 여성의 성행위처럼 자연적인 경우가 아닌 동성애, 그리고 수간이나 항문 및 구강성교처럼 비자연적인 성기에 대한 성행위는 특별한 죄, 즉 '죽을 죄'(mortal sins)에 해당된다고 강조하였다.[256] 그리하여 토마스는 동성애를 '가장 나쁜 성 범죄'라고 규정했던 아우구스티누스의 견해를 그대로 인정했던 것이며,[257] 그 가장 중요한 근거는 '출산을 못하는 비자연적(unnatural) 성행위'라는 사실에 있었다.[258]

254) Summa Theologicae, 2a2ae, Qu.154, art 3, reply 4; vol.43:249.
255) A. Soble, *Philosophy of Sex and Love*, 36, 210. John Boswell, *Christianity, Social Tolerance, and Homosexuality* (Chicago: University of Chicago Press, 1980), 324.
256) Summa Theologicae, 1a2ae, Qu.94, art 3, reply 2; vol.28:85. Louis Crompton, *Homosexuality & Civilization*, 187.
257) Summa Theologicae, 2a2ae, Qu.153, art 2, reply 2; vol.43:193. Louis Crompton, *Homosexuality & Civilization*, 188.
258) Summa Theologicae, 2a2ae, Qu.154, art 12, reply 2; vol.43:247. Louis

4. 임마누엘 칸트

동성애에 대한 유대-기독교의 부정적 시각은 근대에 이르러서 칸트에 의하여 그대로 재현된다. 칸트(Immanuel Kant, 1724~1804)는 인간의 양심과 도덕적 심정을 중시하였던 윤리사상가였으나 동성애에 대해서는 매우 비판적인 입장을 취하였다. 이와 반대로 공리주의 사상을 정립한 벤담(Jeremy Bentham, 1748~1832)은 칸트의 의무론적 윤리학설은 물론이고 동성애에 대한 입장에서조차도 반대적인 이론을 제시했다.

칸트는 동성애를 비자연적이고 부도덕한 행위로 보았다. 1780년에 칸트는 그의 『윤리학 강의』에서 성애(sexual love)는 사랑의 대상을 욕망의 대상으로 다루기 때문에 인간의 본성을 훼손한다고 하였다.[259] 성적 충동은 너무나 강렬한 자신의 즐거움을 추구하기 위하여 상대방의 주관이나 목적을 무시하고 그 인격을 대상화한다.[260] 칸트는 중세의 두 성인과 마찬가지로 쾌락을 전제로 한 모든 섹스는 도덕적으로 나쁘다고 규정했다. 섹스는 한 사람이 다른 사람을 사용하는 것이므로, 상대방을 인격적으로 대하고 존경하는 경우에만, 성적 욕망을 만족시키기 위한 성기(organa sexualia) 사용에 대한 권리를 얻게 된다고 보았다. 그와 같은 인격에 대한 권리는 결혼(matrimony)에 의해서만 가능하다. 결혼은 두 사람이 각자 인격의 전체를 양도함으로써 동등한 권리를 갖게 되는 상호간의 동의이며, 이 경우에만 인간은 섹스를 통한 합일에 도달할 수 있다.[261] 칸트의 결혼 개념은 형식적으로 부부의 육체에 대한 상호 소유권을 인정하는 계약으로서 인격적 결합에 바탕을 둔 상호동등한 권리와 의무를 전제

Crompton, *Homosexuality & Civilization*, 188.

259) Immanuel Kant, *Lectures on Ethics*, trans. by L. Infield (New York: Harper and Row, 1963), 163.

260) Alan Soble, *The Philosophy of Sex and Love: An Introduction* (Minnesota: Paragon House, 1998), Introduction xxiv.

261) I. Kant, *Lectures on Ethics*, 166-7; *The Metaphysical Principles of Virtue*, trans. by J. Ellington, (Indianapolis, 1964), 85.

하고 있다.

또한 칸트는 기독교적인 전통에 따라서 성행위가 인간의 자연적 목적인 출산에 부합되는 방식으로 이루어져야 한다고 생각했다. 칸트는 수음, 자위행위, 오난이즘 등, 성적 능력을 남용하는 행위에 의하여 인격이 동물 이하의 상태로 타락한다고 생각하였으며, 특히 동성 간의 섹스(sexus homogenii)는 인간성의 목적과 너무나 상반된다고 비난하였다.[262] 칸트가 동성애를 부도덕한 성도착이라고 규정한 것은 모든 유형의 혼외정사처럼 다른 인격을 수단으로 사용한다고 생각했기 때문이다. 칸트의 이런 생각은 동성애가 출산을 전제로 하지 않은 비자연적인 성행위라서 부도덕하다는 아우구스티누스와 아퀴나스의 입장을 그대로 수용한 것이며, 이는 현대의 동성애 반대론자들에게 결정적인 영향을 주었다.

그러나 이와 같은 칸트의 주장은 결혼만이 섹스에 대한 권리 주장의 근거인가, 그리고 그런 지침은 어떻게 정당화될 수 있는가, 결혼은 언제나 신성한 것이고 악용될 소지는 없는가, 결혼 후에 비정상적인 상태에 빠진 사람들도 무조건 성생활을 감내해야 하는가 등의 철학적 물음들에 직면하게 된다. 또한 동시에 오늘날 동성애 옹호론자들, 특히 여성 동성애자들은 동성애만이 상대방을 인격적으로 대하며 결코 그 어떤 지배수단으로 여기지 않는다고 반박한다.

III. 동성애 문제의 배려 윤리학적 조망

동성애에 대한 배려윤리적 조망은 역사적으로 강력한 구속력을 가졌던 동성애의 적대적인 논거들, 특히 기독교의 창조론이나 플라톤과 아리스토텔레스의 자연철학에 대한 비판적 접근을 통해서 가능할 것이다. 그리고 초대 교

---

262) I. Kant, *Lectures on Ethics*. 170.

회의 확장을 최고 가치로 알았던 바울의 정치신학, 그리고 그와 같은 문화 권력으로부터 확대 재생산된 고정관념에 대한 비판적 논의도 필수적으로 요구된다.

첫 번째로, 동성애의 배려윤리적 조망은 기독교의 창조신학과 관련된다. 유대-기독교적 전통에서 동성애를 보는 관점은 창조론에 토대를 둔 남녀의 결혼이라는 사실에 근거하고 있다. 유대인과 기독교인들은 이 세계가 유일신에 의하여 창조되었다고 믿고 있으며, 하나님은 한 남자와 한 여자를 만들었다. 자연적인 결혼은 하나님의 창조 사역에 부합되는 방향에서 이성간의 문제로 귀결되며, 따라서 동성애는 원천적으로 자연에 반하는 것으로 규정될 수밖에 없는 것이다. 그러나 이 세상에는 기독교만이 존재하는 것도 아니고, 창조주 하나님만을 믿는 사람들만이 사는 세상도 아니다. 그런 종교적 신앙과 신조를 믿지 않는 사람들에게 동성애에 대한 기독교적 규정은 구속력을 가질 수 없을 것이다. 동성애의 기독교적 이해가 이와 같은 신앙과 특정 철학자의 이론에 근거하는 것이라면, 다른 종교나 다른 철학자들의 입장도 존중되어야 하는 것은 자명한 이치이다. 유대-기독교의 창조신화에 의하면 이성애만이 자연적인 현상으로 규정될 수 있지만, 고대 그리스의 인간 복합체 신화에 의하면 이성애와 함께 동성애까지 자연적인 현상으로 해석될 수 있다. 아리스토파네스가 들려준 인간 복합체는 남성, 여성, 제3의 혼성, 즉 남녀성(anthrogunos, androgynes)이라는 세 가지 유형이 있으며, 이로부터 이성애적 성향(heterosexuals), 게이적 성향(male homosexuals=gay), 레즈비언적 성향(female homosexuals=lesbians)이 나타나는 것이다.[263] 따라서 기독교적 세계질서에서 운용되는 규범을 다른 세계질서에까지 무리하게 적용하려고 해서는 안 될 것이다.

---

263) John Boswell, *Same-Sex Unions in Premodern Europe* (New York: Vintage, 1994), 59.

두 번째로, 동성애의 배려윤리적 조망은 플라톤과 아리스토텔레스의 자연철학에 대한 비판적 반성을 시도하게 한다. 플라톤과 아리스토텔레스는 이성 간의 교배를 통해서만 출산이 가능하다는 자연 원리를 구성하였는데, 이것은 로마법에 그대로 계승되었다. 그리고 아우구스티누스와 토마스 아퀴나스에 의하여 기독교의 근본입장으로 정착되었으며, 근대에 이르러 칸트가 이를 재승인함으로써 서구 사회의 일반적인 상식이 되기에 이르렀다. 창조설을 신봉했던 기독교 철학자들은 플라톤과 아리스토텔레스의 자연 법칙을 결합시킴으로써 출산을 목적으로 하는 이성 간의 성행위만을 자연적인 것으로 규정하였다. 그러나 모든 생명 현상이 이성 간의 교배에 의해서만 가능한 것은 아니며, 언제나 출산을 목적으로 교배하는 것도 아니다. 앤 퍼킨스(Anne Perkins)는 게이 양(gay sheep)의 존재를 보고하였고, 조지 헌트와 몰리 헌트(George and Molly Hunt)의 연구에서는 레즈비언 갈매기 쌍이 보고된 바 있다.[264] 이 갈매기 쌍들은 모두 암컷이었는데, 그것들은 다른 수컷들과 교배하여 새끼를 낳은 후에 암컷과 살림을 차리는 양성애적 성향을 가지고 있었다. 한편, 미국의 애리조나 사막에서는 수컷 없이도 새끼를 낳는 채찍꼬리도마뱀들이 발견되었는데, 이 암컷들은 하나가 위로 올라가 상대를 자극함으로써 정자 없이도 수태가 가능했다.[265]

코르빈도(John Corvindo)에 의하면 동성애 반대론자들은 가장 일반적으로 동성애가 '자연적이지 않다'(unnatural)는 것과 '유해하다'(harmful)는 것을 반대논변으로 제시하는데,[266] 설사 동물들이 동성 간 교배를 하지 않는다고 하더라도, 그로부터 동성애가 비도덕적이라고 입증되는 것은 아니라고

---

264) Simon LeVay, *Queer Science* (Cambridge: MIT Press, 1996), chap. 10.
265) 최재천, 『생명이 있는 것은 다 아름답다』 (서울: 효형출판 2001), 41 이하.
266) John Corvindo: *Homosexuality: The Nature and Harm Arguments*, in: Nicholas Power and Alan Soble, *The Philosophy of Sex* (New York: Rowman & Littlefield Pub., 1997), 138-145.

주장했다.[267] 또한 그는 동성애가 '유해하다'고 주장하는 사람들이 제시한 위험 사실들이 동성애에만 해당되는 것이 아니고 이성애에도 똑같이 존재한다는 점을 지적하였다. 따라서 창조의 신앙이나 자연성의 원리에 기초하여 동성애를 비난하는 것은 적절하지 않다는 사실을 확인할 수 있다.

세 번째로, 동성애 문제는 정치신학과 문화 권력의 측면에서 접근할 수 있다. 바울의 동성애 비판은 고대 그리스의 소년애 전통을 극복하기 위하여 히브리적 전통을 강화하려는 정치신학의 맥락에서 이해되어야 한다. 이른바 전통 주도권의 변화, 즉 문화 권력의 문제로 접근할 필요가 있다. 그리스 사회에서 만연한 동성애는 로마제국이 들어서면서 퇴조하기 시작했고, 특히 로마가 기독교를 국교로 채택하면서 그리스-로마사회의 성 풍속에 대한 도덕적 가치 판단이 유대-기독교적으로 급격하게 변화되는 가치의 역전 현상이 일어났다. 바울 역시 소아시아 지역에서 영향력을 행사하고 있던 그리스 철학을 극복하고 복음을 전파하고자 했다. 따라서 바울의 선교 전략은 문화 권력을 확보하는데 집중되었으며, 그것은 고대 그리스 제국의 문화사상을 대체할 수 있는 정치신학의 구축을 통하여 현실화되었다.

바울의 시대를 거쳐서 2세기 또는 4세기 초의 로마 시대를 배경으로 루키아노스는 『사랑』에서 소년애와 이성애 사이의 치열한 주도권 논쟁을 그려내고 있다. 이 논쟁에서 이성애주의자 카리클레스는 스토아주의를 표방하고 소년애주의자 칼리크라티다스는 그리스주의를 대변하고 있다. 결국 로마에서 바울, 플루타르크, 루키아노스, 그리고 영지주의 논쟁 등을 통하여 고대 그리스의 사상은 점진적으로 기독교 사상에 의하여 대체되기에 이르렀다. 심지어 성탄절과 성모 마리아의 아이콘마저도 그리스의 축제와 여신사상을 극복하기 위하여 고안되었다.

네 번째로, 동성애 문제는 고정관념의 확대재생산이라는 측면에서 접근

267) J. Corvindo, *Homosexuality*, 138.

할 수 있다. 동성애 문제는 기독교 신앙에서의 부정적인 시각이 서구사회의 주류적 이데올로기로 고착되면서 경직된 측면이 있다. 동성애를 부정적으로 보는 고정관념이 형성되었다. 동성애가 '자연적이지 않으며'(unnatural), '유해하다'(harmful)는 비판은 가장 일방적인 고정관념이다. 그런 지적들은 이성애에도 얼마든지 적용될 수 있기 때문이다. 그런 주장들의 논거는 창조신학, 플라톤과 아리스토텔레스의 자연학, 바울의 정치신학, 아우구스티누스와 토마스 아퀴나스의 교의신학 등을 바탕으로 하고 있다. 이러한 교의신학적 논거들로부터 동성애자 역시 하나님의 피조물이 아닌가라는 변신론적 물음이 제기될 수 있으며, 죄악의 기원에 대한 문제와 마찬가지로 동성애적 성향의 선천성 및 후천성 논란으로 진행될 수 있다.

공자그 드 라로크(Gonzague de Larocque)는 동성애에 대한 고정관념의 대부분이 오해에 비롯된 것이라는 사실을 일깨워준다.[268] 1948년의 킨제이 보고서 이후 정상적인 성생활에 기준에 대한 인식이 급격하게 변화되었다. 성적 욕망은 성 차이에 관계없이 작동되고 있었던 것이다. 오늘날 아우구스티누스와 토마스 아퀴나스가 정형화했던 출산을 목적으로 하는 이른바 '선교사 체위'만이 정상적인 성생활이라고 생각하는 현대인은 더 이상 존재하지 않는다. 따라서 그는 동성애의 원인은 무엇인가, 유전적(선천적)인 것인가, 아니면 환경적(후천적)인 것인가를 묻는다. 동성애의 원인이 선천적이고 유전적인 데 있다면, 창조론에 근거한 기독교적 비난은 원인무효가 될 것이다. 왜냐하면 동성애자는 그들 자신의 의지와 관계없이 그런 기질적 요소들을 미리부터 가지고 태어났기 때문이다. 만일에 동성애의 원인이 후천적이고 환경적인 데 있다면, 창조론에 근거한 기독교의 비난은 어느 정도 근거를 가질 수 있을 것이다. 그러나 동성애 현상이 후천적, 환경적으로 나타났다 하더라도, 그것이 이성애에 비

---

268) Gonzague de Larocque, *Les Homosexuels* (Paris: Le Cavalier Bleu, 2003). 한국어판, 공자그 드 라로크, 『동성애』(서울: 웅진지식하우스, 2007).

하여 비자연적인 것이라는 이유를 보다 분명하게 제시해야 할 것이다. 그러나 아직까지 이런 물음들에 대한 확실한 과학적 증거들은 제시되지 않고 있다.

동성애 문제가 만일 종교적 교의신앙의 문제이거나 문화적 전통의 차이 문제라고 한다면, 이는 당연히 다른 종교 및 문화에 대한 존중이라는 차원에서 새롭게 조망되어야 한다. 오늘날 하나님의 존재를 모르는 사람이나 부정하는 사람들을 우리는 더 이상 그런 이유만으로 핍박하지 않으며, 그렇게 할 수도 없다. 타 종교 신앙을 가진 사람들에게 대화의 가능성을 열어 두는 것처럼 동성애자들의 기본적인 권리 주장에도 귀를 기울여야 마땅할 것이다.

Ⅳ. 결론

지금까지 인류는 동성애에 대한 확실한 증거 없이 사악하고 부정한 것이라는 이유를 내세워서 핍박하고 처벌해 왔다.[269] 그러나 이제 동성애 문제는 더 이상 억압과 감금의 차원이 아니라 권리 주장의 확산으로 이행하고 있다. 1999년 10월, 영국 대법원은 죽은 파트너 명의의 국가 보조 아파트에 동성애자가 계속 거주할 수 있도록 판결함으로써 동성 커플 간의 상속권을 인정하였다. 프랑스는 1999년 10월, 이성 또는 동성 커플이 동거계약서를 법원에 제출하고 3년 이상 함께 살면 사회보장, 납세, 유산상속, 재산증여 등에서 보통 부부와 똑같은 권리를 누릴 수 있도록 규정한 시민연대협약(PACS)을 통과시켰다.[270] 영국 노동당 정부가 동성 커플에게 자녀 입양권을 허용하는 정책을 취

---

269) 이에 대해서는 필자의 『동성애의 배려윤리적 고찰』 (울산: 울산대학교출판부, 2005), 6장과 콜린 윌슨, 수잔 타이번이 쓴 『동성애자 해방운동의 역사』 (서울: 연구사, 1998)를 참조하라.

270) 시민연대협약(PACS: Pacte civil de solidarit?)은 1999년 프랑스의 사회당 정부가 제정한 법으로서, 동성애 커플에게도 정식 부부와 동등한 법적 지위를 부여했다. 1970년대부터 이성애 커플은 주택임대계약을 맺은 동거인이 실종, 사망하는 경우에 권리를 승계 받을 수 있었으나, 동성애 커플은 보호 대상이 되지 못했다. 1975년에 90만 명이던 미혼 동거 커플 수가

하는 것과는 반대로 프랑스와 스웨덴은 자녀 입양권을 허용하지 않은 점만이 다를 뿐이다.

동성애 문제는 그 자체만으로 도덕적으로 비난할 어떤 근거도 없으며, 옳고 그름[是非]의 문제가 아니라는 사실이 분명해졌다. 동성애 혐오증은 객관적 규정사실의 위반에 따른 처벌이 아니라 종교적 신앙이나 문화적 전통의 차이뿐만 아니라 주관적 혐오증의 차원에서 제기되는 문제라는 것이 확인되었다. 따라서 동성애 문제는 사회적 정의 차원에서 비난할 여지가 전혀 없는 현상임을 알 수 있다. 이 때문에 동성애 문제에 대한 올바른 접근은 정의에 기초한 전통적 규범윤리학보다는 배려지향적인 새로운 윤리학이 더 적절할 수 있는 것이다. 그러나 길리건을 위시한 대다수의 여성윤리학자들은 배려의 문제를 남성 중심적 권력을 극복하거나 대체하거나 보완하기 위한 조처로 생각함으로써 발상의 한계를 드러냈다. 배려의 문제는 여성의 전유물이 아니다. 실제로 동성애의 문제는 여성만의 문제가 아니다. 여성들의 동성애, 즉 레즈비언뿐만 아니라 남성들의 동성애, 즉 게이라는 현상이 존재하기 때문이다. 배려의 윤리학은 정의 개념의 스펙트럼이 미치지 않은 부분을 더 잘 설명하고 치유할 수 있다는 점에서 유의미성을 갖게 되며, 따라서 동성애 문제는 페미니즘 윤리학적 차원을 넘어서는 배려윤리학의 사유대상인 것이다.

그렇다면 동성애 문제는 언제까지 그리고 어느 수준까지 배려되어야 하는 것일까? 지금까지는 동성애 문제가 소수자 문제이므로 배려 차원의 문제로 접근할 수 있을 것이다. 그러나 성의 평등성 주장이 확산되어 동성 간의 사랑과 이성 간의 사랑 모두가 정당화되고, 결혼과 가족의 구성 역시 법적으로 모

1999년에 500만 명에 이르고, 1980년부터 1996년 사이에 이혼율이 15% 증가하면서, 미혼 동거자의 자녀 출생률 역시 10%에서 40%까지 높아지면서, 1980년대 말에 장 뤽 멜랑숑 상원의원이 동성애자의 동거에 관한 법이 발의된 바 있으며, 그 후 장 폴 풀리캉의 주도 아래 1991년에 '시민결합계약'의 형태를 갖추게 되고, 1995년에 미혼 커플의 법적 지위를 보장하는 '사회결합계약'(CUS), 1998년에 '집단적 이해에 관한 협정'(PIC)으로 발전되었다가 1999년 11월 15일에 PACS로 통합되었다. 이 계약은 당사자들의 동거 계약서를 지방법원 기록보관소에 등록함으로써 법적 효력이 발생하지만 친권, 입양권, 인공생식에 대해서는 구속력이 없다. 2002년까지 총 6만5천 건의 팍스 계약이 신고되었다(공자그 드 라로크, 13, 131, 133).

두 허용될 경우에는, 더 이상 배려의 대상이 될 수는 없을 것이다. 동성애 가족이 이성애 가족과 평화적으로 공존할 수 있는가는 아직 아무도 예측할 수 없다. 그렇다면 우리는 또 다시 동성애의 무차별 확산을 저지하기 위하여 제재 조치를 검토해야 하는가? 아니면 동성애자들의 천국에서 더 이상 '우리'가 될 수 없는 우리는 소수자의 처지로 만족하며 살아야 하는가? 차이는 어디까지 존중되고 배려되어야 하는가? 이러한 물음들은 오늘날 우리가 동성애 문제를 새롭게 바라보아야 할 지평으로서 새로운 논의와 합의 도출을 필요로 하고 있다.

제3부

동성애 문제와
교회의 법제적이며 목회적인 실천

제9장
성전환자 관련 법률 제정의 필요성과 방향[271]

박종운
법무법인 소명 변호사, 기독법률가회 사회위원장

Ⅰ. 서설

2006년 6월 22일 대법원의 "성전환자의 호적상 성별정정 허가" 결정(대법원 2006. 6. 22. 선고 2004스42 전원합의체 결정)과 관련하여 우리 사회 내부에서는 성전환자의 행복추구권을 인정하는 등 성적 소수자[272]의 인권을 고려한 긍정적 결정이라는 견해가 존재하는 반면, 관련 법제가 정비되지 못한 상태에서 다수 국민의 정서에 반하는 결정이라는, 서로 상반된 견해들이 다양

---

271) 이 글은 2006년 7월 기독교윤리실천운동 부설 기독교윤리연구소에서 주관한 "성전환자 호적 정정에 관한 기독교적 고찰" 포럼에서 발표한 내용을 정리한 것이다. 그 당시 대법원 2006. 6. 22. 선고 2004스42 전원합의체 결정을 둘러싼 우리 사회의 반응과 개신교계의 대응을 엿볼 수 있으므로, 비록 시간이 많이 흘렀지만 여전히 의미가 있다고 생각되어 싣게 되었다.

272) 성적 소수자에는 트랜스젠더(transgender: 육체적 성과 정신적 성이 일치하지 않는 사람, 성전환증자), 동성애(homosexuality: 동성에게 육체적·감정적 사랑을 느끼는 성적 취향을 가진 사람), 간성(intersexuality: 남성과 여성의 성기를 동시에 가지고 태어난 사람), 이성 복장자/복장도착증(transvestism: 반대 성의 복장과 외모를 취함으로써 성적, 감정적 만족감을 느끼는 사람) 등이 있으나, 여기에서는 트랜스젠더에 관한 법률적인 논의만을 다루고 있다. 동성애는 자신의 성정체성과 동일한 성정체성을 가진 사람을 사랑하는 '성지향성'의 문제이고, 성전환증은 '성정체성' 장애를 말하므로 명확하게 구별된다는 점을 유념해 주시기 바란다.
　한편, 성전환증의 원인에 대해서는 첫째로 선천적 요인설, 둘째로 후천적 요인설, 셋째로 복합원인설 등이 있고, 트랜스젠더를 포함한 성적 소수자에 대한 그리스도인의 태도에는 첫째로 '죄'로 보는 견해, 둘째로 '질병'으로 보는 견해, 셋째로 '은사'라고 보는 견해 등이 있다.

한 스펙트럼을 형성하면서 존재하고 있다.

특히 한기총을 비롯한 보수적인 그리스도인들은 기존의 성 관념,[273] 하나님의 창조 질서[274] 등과 관련하여 매우 혼란스런 상태를 초래할 수 있다면서 대법원의 위 결정에 반대하고 있는 대다수가 그리스도인으로 보이는데, 위 결정에 참여한 대법관들 중 대법원장을 비롯한 상당점은 이와 관련된 다양한 시각과 고민들을 엿볼 수 있게 한다.

그런데 이와 같은 다양한 견해에도 불구하고 모두가 동의할 수 있는 것은 아직 우리나라에 성전환자에 대한 시각이 정립되어 있지 못하고, 관련 법제가 정비되어 있지 않다는 점일 것이다.

아래에서는 대법원 결정의 요지를 정리하고, 외국의 입법례 및 우리나라의 관련 논의를 살펴본 후, 성전환자 관련 법률 제정의 필요성과 방향에 대해 개인적인 의견[275]을 말씀드리도록 하겠다.

II. 대법원 결정의 내용 및 취지

1. 결정의 요지

1) 다수의견(대법원장 이용훈, 대법관 강신욱, 이강국, 고현철, 김영란,

273) 성(性)의 개념은 ① 생물학적 성, ② 인격적 성, ③ 행동과학적 성 등으로 분류되고, 성을 결정(판단)하는 요소에 대해서는 역사적으로 ① 성선·외부성기 등 신체기관 -> 성염색체 발견 이후에는 ② 성염색체의 구조 => 성염색체와 다른 성 정체성을 가진 사람들에 대한 연구가 본격화되면서부터는 ③ 심리적·정신적 성, ④ 사회적 성이 성을 결정하는 요소로 논의되고 있다.

274) 보수적인 그리스도인들은 성(性)의 결정 요인을 성선·외부성기 등 신체기관, 성염색체의 구조만으로 제한하고, 하나님의 창조질서 또한 위 개념만으로 한정짓는 것으로 보인다. 이에 대해서는, 심리적·정신적 성 또한 성을 결정하는 요인이며, 만일 어떤 사람이 신체적인 성과 정신적인 성이라는 두 가지 주어진(선천적인) 성 간에 괴리를 가지고 있다면 과연 그 중 어떤 것이 하나님의 창조질서에 부합한 것인가에 대해서는 고민이 부족하다는 비판이 가능할 것이다.

275) 성전환자와 관련하여 CLF(기독법률가회) 차원에서는 아직 정리된 내용이 없는바, 이 글은 기독법률가회와 무관하게 순전히 필자 개인의 잠정적인 의견임을 밝히니 오해가 없기 바란다.

양승태, 박시환, 김지형) : 성전환자의 호적정정을 허가하여야 한다고 보아 이를 허가하지 않은 원심 결정을 파기 환송

"남성 또는 여성 중 어느 한 쪽의 성염색체를 가지고 그 성염색체와 일치하는 생식기와 성기가 형성·발달되어 출생한 사람은 사회통념상 그 출생 당시에는 생물학적인 신체적 성징에 따라 법률적인 성이 평가된다."

"출생 후의 성장에 따라 일관되게 출생 당시의 생물학적인 성에 대한 불일치감과 위화감·혐오감을 갖고 반대의 성에 귀속감을 느끼면서 반대의 성으로서의 역할을 수행하며 성기를 포함한 신체 외관 역시 반대의 성으로서 형성하기를 강력히 원하여, 정신과적으로 성전환증의 진단을 받고 상당기간 정신과적 치료나 호르몬 치료 등을 실시하여도 여전히 위 증세가 치유되지 않고 반대의 성에 대한 정신적·사회적 적응이 이루어짐에 따라 일반적인 의학적 기준에 의하여 성전환 수술을 받고 반대 성으로서의 외부 성기를 비롯한 신체를 갖추고, 나아가 전환된 신체에 따른 성을 가진 사람으로서 만족감을 느끼고 공고한 성정체성의 인식 아래 그 성에 맞춘 의복, 두발 등의 외관을 하고 성관계 등 개인적인 영역 및 직업 등 사회적인 영역에서 모두 전환된 성으로서의 역할을 수행함으로써 주위 사람들로부터도 그 성으로서 인식되고 있으며, 전환된 성을 그 사람의 성이라고 보더라도 다른 사람들과의 신분관계에 중대한 변동을 초래하거나 사회에 부정적인 영향을 주지 아니하여 사회적으로 허용된다고 볼 수 있다면, 이러한 사정을 종합적으로 고려하여 사회통념상 신체적으로 전환된 성을 갖추고 있다고 인정될 수 있는 경우가 있다 할 것이며, 이와 같은 성전환자는 출생시와는 달리 전환된 성이 법률적으로도 그 성전환자의 성이라고 평가받을 수 있을 것."

"현행 호적법에는 이와 같이 성전환자에게 바뀐 성에 따라 호적에 기재된 성별란의 기재를 바꾸기 위한 절차가 마련되어 있지 않지만, 진정한 신분관계가 호적에 기재되어야 한다는 호적의 기본원칙과 아울러 성전환자도 인간으로서의 존엄과 가치를 향유하며 행복을 추구할 권리와 인간다운 생활을 할 권리가 있고 이러한 권리들은 질서유지나 공공복리에 반하지 아니하는 한 마땅히 보호받아야 한다는 헌법상의 원칙(헌법 제10조, 제34조 제1항, 제37조 제2항)을 종합하여 보면, 위와 같이 성전환자에 해당함이 명백한 사람에 대하여는 호적정정에 관한 호적법 제120조의 절차에 따라 호적의 성별란 기재의 성을 전환된 성에 부합하도록 수정할 수 있도록 허용함이 상당하다."

"성전환자임이 명백함에도 불구하고 막상 호적의 성별란 기재는 물론 이에 따라 부여된 주민등록번호가 여전히 종전의 성을 따라야 한다면 사회적으로 비정상적인 사람으로 취급되고 취업이 제한됨으로써 결국 이들의 헌법상 기본권이 침해될 우려가 있다."

"호적정정 허가는 성전환에 따라 법률적으로 새로이 평가받게 된 현재의 진정한 성별을 확인하는 취지의 결정이므로 호적정정허가 결정이나 이에 기초한 호적상 성별란 정정의 효과는 기존의 신분관계 및 권리의무에 영향을 미치지 않는다."

"사회통념상 이름이 성별 구분의 기초가 되는 경우가 많으므로 성전환자에 대한 호적정정을 허가하는 경우에는 성전환자의 이름이 정정된 성에 부합하도록 하는 개명 역시 허가될 수 있다."

2) 반대의견(손지열, 박재윤) : 호적정정 부분에 대하여만 반대의견을 밝혔음

"호적법 제120조에 정해진 호적정정은 잘못 기재된 호적을 출생시에 소급하여 정정하기 위한 제도인데, 성전환자는 출생 신고 당시 성별의 판정이 잘못된 것이 아니고 따라서 최초의 호적 기재도 착오라고 할 수 없기 때문에 호적법 제120조에 의한 호적정정의 대상이 되지 않음."

"성전환은 실질적으로는 남자로부터 여자, 여자로부터 남자로의 성 변경이고, 성변경은 기존의 헌법과 법률이 고려하지 않은 새로운 문제이므로 일반

국민의 의견수렴, 신중한 토론과 심사숙고의 과정을 거쳐 국민의 대의기관인 국회가 입법적 결단을 통하여 결정되어야 함."

"성변경의 요건과 절차 및 효과를 정하는 입법이 이루어지지 않은 상태에서 법원이 개별사건에서 호적법 제120조를 적용하여 성전환수술을 받은 사람의 호적정정 허가신청을 선별적으로 인용한다면, 성변경 허가재판의 적법성과 타당성에 관한 보장이 미흡하고, 법원마다 재판결과가 구구해질 가능성이 있을 뿐만 아니라, 신청인에게 충분하고 적절한 배려가 되는 것인지 여부도 의문이며, 당사자 본인이나 이해관계인들의 법률관계에 미치는 영향도 불분명하여 법적 안정성을 크게 해치게 됨."

3) 소결

반대의견도 성전환자의 성변경 자체를 부인하는 것은 아니라는 취지로 보이므로, 결국 다수의견과 반대의견의 차이는, '성전환자의 성별 정정에 관한 법률이 제정되지 않은 현 시점에서 해석상 호적정정제도를 이용하여 성 및 이름을 바꾸는 것을 허용해줄 수 있는가'의 여부에 달려 있다고 할 것이다.

궁극적으로 성전환자에 대한 구제는 의학적·법률적 요건, 절차·효과 등에 관한 모든 사항을 정한 법률을 제정하는 것이 가장 이상적인 해결방법이라는 점에 있어서는 다수의견과 반대의견이 입장을 같이한 것으로 볼 수 있다. 다만 다수의견은 아직까지 어떠한 형태로든 그에 관한 가시적인 입법조치를 예상하기 힘든 현재의 시점에서, 입법이 없다는 이유로 구제를 포기하기보다는 법원이 구체적·개별적 사안의 심리를 거쳐 성전환자로 확인된 사람에 대해서는 호적법[276]상 정정의 의미에 대한 헌법합치적 법률해석을 통하여 성별 정정을 허용하는 사법적 구제수단의 길을 터놓는 것이 미흡하나마 성전환자의 고통을 덜어 줄 수 있는 최선의 선택이라는 점에서 출발한 것이므로, 결국 다수의견은

---

276) 현재 호적법은 2008. 1. 1. '가족관계의 등록 등에 관한 법률' 시행으로 인해 폐지되었다.

해석상 호적정정제도를 이용하여 성 및 이름을 바꿀 수 있다는 것이고, 반대의 견은 관련법을 개정한 연후에야 가능하다는 것이다. 호적법 규정만을 놓고 보면, 형식 논리상 반대의견이 더 타당하다고 볼 수도 있고, 입법 불비 상태에서 해석에 의해 성전환자를 보호한다는 점에서는 다수 의견이 타당하다고 볼 수도 있다.

2. 결정의 의미와 파장

이번 결정은 성전환자의 호적 처리에 대한 대법원의 최초, 그것도 전원합의체에 의한 판단이라는 점 그 자체에 이미 큰 의미가 있다고 할 것이다. 성전환자의 성별 정정과 관련한 명확한 법률이 없는 상태에서 사법부가 행복추구권 등 헌법상의 기본권을 존중하고, 합헌적인 법률해석을 통해 성적 소수자에 대한 구제의 길을 열었다는 점에서 의미가 있다. 그동안 하급심에서 성전환자의 호적이나 주민등록번호 변경을 허용할 것이냐를 둘러싸고 빚어졌던 혼선도 어느 정도 정리가 될 것으로 보인다.[277]

대법원은 이 결정에서 성전환자의 법률적 의미와 호적상 성별을 정정하기 위한 요건을 제시하였는데, 단순화 시켜 보면, 출생 당시의 생물학적인 성에 대한 불일치감과 반대의 성에 대한 귀속감을 느끼고, 일상생활에서 반대의 성을 가진 사람으로 행동하고 자신의 신체 역시 반대의 성으로 만들고자 원하여, 정신과적으로 성전환증의 진단을 받고 치료를 받아도 증세가 호전되지 않음으로써, 성전환수술을 받아 반대 성으로서의 외부 성기를 비롯한 신체를 갖추고, 자신을 바뀐 성을 가진 사람으로 인식하고 성관계나 직업 등도 바뀐 성에 따라 활동하여, 주위 사람들이 바뀐 성으로 알고 있으며, 전환된 성을 그 사람

---

277) 2005년도까지 하급심에서 호적상 성전환자의 성별 정정을 허용한 결정례가 55건 정도 되는 것으로 알려졌다.

의 성이라고 보더라도 다른 사람들과의 신분관계에 중대한 변동을 초래하거나 사회에 부정적인 영향을 주지 아니하여 사회적으로 허용된다고 볼 수 있는 경우에 비로소 인정된다는 것이다. 이러한 기준은 앞으로 일선 법원이 성전환자의 호적정정 사건을 처리하는데 중요한 지침이 될 것으로 보인다.

그동안 성전환자들은 오랜 기간 동안 자신의 성정체성으로 고민하며 의학적인 치료를 받아도 해결되지 않아 결국 성전환 수술까지 거쳤음에도 불구하고 호적과 주민등록번호가 여전히 종전의 성에 의한 것으로 남아 있음으로써 비정상적인 사람으로 취급되고 취업이 제한되는 등 고통을 겪어 왔다. 앞으로는 성적 소수자인 성전환자들은 자신의 성과 이름, 주민등록번호 등을 고칠 수 있게 됨에 따라 주변의 멸시, 취업 제한 등 신분상의 불이익에서 벗어나 예전보다 용이하게 사회구성원으로 받아들여지고 정상적으로 직업 및 사회활동을 할 수 있을 것으로 기대된다. 이에 따라 최대 3만 명으로 추정되는 국내 성전환증자의 성전환 수술 및 성별 정정 청구가 잇따를 것으로 예상된다.

나아가 이 결정은 기존의 일부 편협한 시각에서 벗어나 성전환자를 포함한 넓은 의미의 소수자에 대한 이해와 관용이 싹트는 계기로서 기능할 것이고, 입법적인 불비가 지적됨으로써 관련 법령을 제정하는 데 하나의 기준으로 작용할 것으로 보인다.

3. 실제적인 변화에 대한 예상

대법원의 호적정정결정 이전과 이후를 단순화시켜 실제적인 변화에 대해 예상해 보면, 결정 이전에는 다른 성으로의 호적정정 및 이름, 주민등록번호 변경 등이 담당 판사 개인의 개인적인 주관에 따라 가능 또는 불가능하였으나, 결정 이후에는 위와 같은 변경이 가능하게 되었고, 병역의무와 관련하여 호적정정 이전에는 남성이 여성으로 전환할 경우 정신과 질환으로 분류하여 병역면제 판정을 받았고, 여성이 남성으로 전환할 경우에는 병역의무 대상이 아니었으나, 이후에는 남성이 여성으로 전환하면 당연히 병역이 면제되고, 여성이 남성으로 전환하면 병역의무 대상자로 분류될 것이며, 강간죄와 같은 성범죄의 경우, 남성이 여성으로 전환한 경우, 이전에는 피해자를 진정한 여성으로 볼 수 없어 강간죄 대신 강제추행죄가 적용되었으나, 이후에는 강간죄가 적용될 것이다.

Ⅲ. 외국의 입법례

1. 개관

세계 각국의 성전환자 관련 법제도는 성전환자의 존재를 아예 무시하고 부인하는 나라(사회환경적, 입법적 불비)에서부터 성전환 수술을 사회보험에서 지원하고 성 및 성명 변경을 인정할 뿐만 아니라 성전환 후 합법적인 결혼까지 인정하는 나라에 이르기까지 다양한 양태를 보이고 있다. 예컨대 서유럽 국가들의 경우에는 스웨덴이 1972년경 '성별의 확정에 관한 법률'을 제정한 데 이어 많은 나라들이 트랜스젠더(transgender)[278]에게 법적으로 성 전환할 권리를 인정하고, 성 전환 수술을 한 자에게 출생증명서 등 공적인 문서로 성(gender)과 이름[279]을 변경할 권리와 함께 성전환 후 결혼할 권리를 인정하는 반면에, 동유럽 국가들은 이에 대한 법률이 미비하거나 위와 같은 권리를 인정하지 않는 국가들이 많다.

세계 여러 나라 가운데 우리나라와 사회경제적으로 동일·유사하거나 선

278) 자신의 신체적인 성기와 다른 성 정체성을 가진 자를 transgender, 이들 중에 성전환 수술을 받은 자를 transsexual이라고 부름.
279) 서구에서는 이름에 성별이 드러나기 때문에 이름의 변경이 중요함

진적인 국가를 중심으로 입법례를 살펴보겠다.

* 유럽 각국의 제도 정비 현황

국가	성전환 수술의 합법성	출생증명서 변경 허용 여부	수술 후 결혼의 합법성
알바니아	No	No	No
안도라	No	No	No
오스트리아	Yes	Yes	Yes
벨기에	Yes	Yes	Yes
체코	Yes	Yes	분명치 않음
덴마크	Yes	Yes	Yes
에스토니아	Yes	Yes	Yes
핀란드	Yes	Yes	Yes
프랑스	Yes	Yes	Yes
독일	Yes	Yes	Yes
그리스	Yes	Yes	Yes
헝가리	Yes	입법미비	입법미비
아이슬란드	Yes	입법미비	입법미비
리투아니아	확인불가	확인불가	확인불가
룩셈부르크	Yes	확인불가	확인불가
마케도니아	확인불가	확인불가	확인불가
말타	확인불가	확인불가	확인불가
몰도바	Yes	Yes	입법미비
네덜란드	Yes	Yes	Yes
노르웨이	Yes	Yes	Yes
폴란드	Yes	Yes	입법미비
포르투갈	분명치 않음	분명치 않음	확인불가
루마니아	Yes	입법미비	입법미비
산마리노	–	확인불가	확인불가
슬로바키아	Yes	Yes	Yes
슬로베니아	–	확인불가	확인불가
스페인	Yes	Yes	Yes
스웨덴	Yes	Yes	Yes
스위스	Yes	Yes	Yes
터키	Yes	Yes	Yes
우크라이나	Yes	Yes	Yes
영국	Yes	Yes	Yes

2. 오스트리아

출생증명서 상의 성을 변경하고자 하는 사람은 우선 법원에 신청해야 하며, 홈오피스(Home Office)라는 행정기관이 법원으로부터 넘겨받은 자료에 기초하여 성을 변경하는 최종 결정을 한다. 성변경 신청자가 홈오피스의 최종 결정을 받기 위해서는 두 명의 독립적인 전문가로부터 위 신청자가 성전환 수술을 받은 자이며, 심리적으로도 전환한 성 정체성을 가진 자라는 사실을 확인 받아야 한다. 성전환자의 성변경이 이루어진 후에는 과거의 혼인은 무효가 되고, 성 변경으로 인한 혼인 무효 사실은 재발급되는 출생증명서에 기재된다. 성전환자에 대한 특별법은 존재하지 않으나, 성전환 후에는 변경 후의 성을 가진 자로서 모든 법적인 권리를 누린다. 예를 들어 상대의 성과 결혼도 가능하고, 가족법상 아버지(남자로 성전환한 여자의 경우)가 되어 부모의 권리와 의무를 이행할 수 있다. 또한 성전환자들은 성차별 금지법(anti sex discrimination law)을 원용하여 사회적인 차별로부터 보호를 받을 수 있다.

3. 벨기에

성전환 수술 등(심리학적, 호르몬 처방, 외과 수술)은 법적으로 허용되고, 국가 보조금이 지급되나, 18세 미만에게는 호르몬 처방과 외과수술이 금지되어 있다. 트렌스젠더는 성전환 수술 후에야 출생증명서의 성을 변경할 수 있다. 출생증명서 상에 성이 변경된 경우, 과거의 혼인은 무효가 되고, 성 변경 후의 성을 기준으로 이성과 결혼도 가능하다. 출생증명서 상의 성을 변경한 개인은 입양이 불가능하나, 결혼 후에는 입양이 가능하며, 양부모로서 친부모와 동일한 양육의 권리를 행사할 수 있다. 성전환자들은 성전환 수술 후 고용차별을 받지 않도록 법적으로 보호받고 있다.

4. 프랑스

성전환 수술비용을 사회의료보험으로 지원해 주는데, 특별한 의료기관이 독점적으로 위 수술을 행한다. 따라서 성전환 수술 신청자가 위 의료기관으로부터 성전환이 필요한 자임과 의료보험으로 처리해야 할 필요가 있는 자임을 인정받아야만 의료 보험의 혜택을 받을 수 있기 때문에 드물게 인정될 뿐만 아니라 시간이 오래 걸린다.

유럽 인권재판소의 결정에 따라 성전환자의 성 변경을 인정한 1992년 프랑스 대법원 판결(B v France)[280] 이후 출생증명서 상의 성 변경은 일반적으로 인정되고 있다.

5. 독일

성전환에 관한 법이 1980년 통과되어 성전환 수술이 필요하다고 인정되는 자에게는 수술비용을 전액 지원해 주고, 성전환자의 이름과 그의 법적인 성을 바꿀 수 있도록 조처하고 있다. 성전환법(Transsexual Law : TGS)은 성전환 수술 전이라고 하더라도 독일 시민, 국적이 없는 외국인, 독일 거주 난민에게 일정한 요건 하에 자신의 성 정체성에 맞는 이름으로 변경할 수 있도록 하고 있다. 이름 변경에 필요한 요건으로는 첫째로 25세 이상이어야 하고, 둘째로 앞으로 바뀌지 않을 다른 성 정체성을 가지고 있다는 높은 개연성이 인정되어야 한다. 따라서 트렌스젠더는 자신이 살고 있는 지역 법원에 문서로 변경을 신청하고 트렌스젠더에 관한 전문가 두 사람이 작성한 "과학적인 증거에 따

---

280) 프랑스 법원이 성 변경을 불인정하자, 성전환자가 이를 유럽 인권위원회에 제소하였고, 유럽 인권위원회가 다시 유럽 인권재판소로 보냈는데, 유럽 인권재판소는 프랑스 최고 법원으로 하여금 파기하도록 유도함. 한편, European Commission on Human Rights는 Van Oosterwijck case에서 성 정체성에 관한 권리를 근본적인 권리fundamental right로 인정한 바 있음.

르면, 신청자는 다른 성 정체성을 가지고 있고, 이러한 성정체성을 가지고 3년 이상을 살았으며, 이러한 성 정체성을 다시 변경하지 않을 높은 개연성이 있다."는 취지의 독립적인 보고서를 제출해야 한다.

트렌스젠더가 성전환 수술을 받은 후에는 일정한 요건을 갖춘 후 출생증명서 상의 성을 변경할 수 있다. 위 법률은 성 변경의 요건으로 첫째로 미혼일 것, 둘째로 장래에 계속적으로 출산을 하지 못할 것, 셋째로 성전환 수술을 받아 명백하게 다른 성의 외모를 취할 것을 규정하고 있는데, 성변경 신청자들은 위 요건을 갖추었다는 전문가의 보고서를 첨부하여야 성변경을 신청할 수 있다. 출생증명서 상의 성이 변경되면 그 이후에 성과 관련된 권리와 의무는 새로 변경된 성에 따라 정해진다. 그러나 성변경 이전에 발생한 부모와 자식의 관계는 성변경으로 영향을 받지 않으며 상속의 경우에도 마찬가지이다. 기존에 받고 있던 연금 등에 대한 권리 역시 영향을 받지 않으므로 성 전환 전에 배우자의 자격으로 받던 연금을 성 전환 후에도 계속 받을 수 있다.

6. 네덜란드

연령과 상관없이 사회 의료보험으로 성전환 수술을 받을 수 있다. 성전환자가 물리적으로 다른 성을 취하게 되었다는 지정 전문가의 의견서와 함께 자신이 미혼이고 임신이 불가능하다는 사실을 밝혀 법원에 출생증명서 상의 성 변경을 요구할 수 있다(네덜란드 민법29a-29c).

7. 영국

영국의 경우, 성전환자들은 자유롭게 이름을 변경할 수 있고, 법적으로 고용 차별을 받지 않도록 규정은 되어 있으나, 출생증명서 상의 성 변경은 허용되고 있지 않았다. 그러다가 2004년 영국 의회는 성 인정법(Gender Recognition Act)를 통과시키면서 트렌스젠더에 대한 포괄적인 법적 지위를 인정하고 있다. 특히 다른 나라와는 달리 성 인정 과정에 있어서 성전환 수술을 하지 않더라도, 단지 그가 가지는 성별 불쾌감을 밝히고, 2년 동안 트렌스젠더로서 살았으며, 앞으로 죽을 때까지 새로운 성으로 살기를 바라는 사람이면 누구나 그에 따른 법적 조처를 해주도록 되어 있다. 나아가 성전환자의 결혼이 법적으로 허용된다. 법원은 성전환 수술이 사회 의료보험 혜택의 범위에 들어간다고 판결했지만, 개별 성 정체성 클리닉의 정책에 따라 보험 혜택의 여부와 정도가 많은 차이를 보이고 있는 실정이다.

8. 미국

미국은 주(state)마다 출생증명서의 발급과 결혼 제도가 다르기 때문에 성전환자에 대한 제도에 있어서도 주마다 다르다.

오하이오, 텍사스, 뉴욕 주는 혼인제도의 목적상 성전환 수술을 인정할 수 없다는 판결을 한 적이 있지만, 다른 주 법원들은 성전환 수술을 인정하고 있다. 또한 대부분의 주는 출생증명서 상의 이름과 성의 변경을 인정하고 있지만, 테네시, 오하이오, 아이다호 주는 허용하고 있지 않다. 출생증명서 상의 성의 변경을 인정하고 있는 주 중에서도 일리노이, 뉴저지, 알라바마, 하와이, 매릴랜드, 노스캐롤라이나, 펜실베니아, 버지니아는 변경된 성에 따른 새로운 출생증명서를 발급하나, 나머지 주에서는 기존의 출생증명서를 수정하는데 불과하므로 성이 변경되었다는 사실을 문서를 보고 알 수 있도록 하고 있다.

트렌스젠더에 대한 차별금지는 1964년 민권법의 성차별 금지조항을 적용하여 이루어지고 있다.

9. 캐나다

미혼인 성전환자는 행정기관(Vital Statistics)에 대해 성전환 수술에 의해 변경된 성으로 출생증명서 상의 성을 변경해 줄 것을 신청할 수 있다. 성 변경 신청자는 성전환 수술이 행해졌다는 의사의 증명서를 신청서와 함께 제출해야 한다.[281]

10. 일본

2003년 일본 의회는 성전환자로 하여금 일정한 요건 즉, 미혼이며 자녀가 없을 것을 전제로 자신들의 법적인 성을 변경할 수 있도록 하는 법을 만장일치로 통과시켰다.

위 법에 의하면 첫째로 20세 이상인 자, 둘째로 아직 결혼하지 않은 자, 셋째로 자녀가 없는 자,[282] 넷째로 생식선과 생식선의 기능이 제거된 자, 다섯째로 자신이 취하려는 성과 유사한 외형적인 생식기의 모습을 가지고 있는 자[283]와 같은 엄격한 조건을 충족하는 자들은 가정법원을 통해 호적상의 성을 정정할 수 있다. 2004년 7월경에 발효된 이 법에 따라 2004년 7월 28일 오키나와의 나하(Naha) 가정법원에서 위 법을 처음으로 적용하여 성전환자의 법적인 성 변경을 인정했다. 성전환자 특례법에 의하면, 원래는 호적정정을 하기 위해 성기재건까지를 마쳐야 하나, 성기만 완전히 제거되어도(여성에서 남성으로 전환할 경우 2차 수술만 마치고 아직 성기재건술을 시행하지 않아도) 정정이 가능하다고 한다.

---

281) *Revised Statutes of British Columbia 1974*, Chapter 66 s21a
282) 우리나라에서 이전 발의된 법안엔 이 문제가 빠져 있었다.
283) http://wwwsshe.murdoch.edu.au/intersections/issue12/taniguchi.html

11. 싱가포르

싱가포르는 재부여 된 성으로 결혼하는 것까지 법으로 용인하고 있다.

12. 호주

최근 호주의 가정법원은 성전환자가 여러 조건을 만족할 경우, 그의 법적인 성을 전환할 수 있으며, 결혼이 용인된다는 판결을 한 바 있다.

Ⅳ. 우리나라에서의 관련 논의

1. 성전환자의 호적정정 관련 경과

- 2002년 대표적인 성전환자 연예인인 '하리수' 등에 대한 호적정정 허가
- 2002. 5. 김홍신 전의원이 '성전환자의 성별 변경에 관한 특례법안' 대표발의(2002. 11. '성전환자 성별변경 등에 관한 특례법' 대표발의)
- 2002. 7. 10. 입법공청회 개최, 찬반양론 팽팽히 맞섬. 그러나 회기만료에 따라 폐기.
- 2005. 9. 대법원 비교법실무연구회(회장 대법관 양승태)에서 라이너 프랑크 명예 교수와 이무상 교수의 주제발표(위 발표자들은 모두 성전환자의 호적정정에 대하여 찬성하는 견해 표명).
- 대법원 2006. 5. 18. 14:00 비공개 심문 개최: 참고인 이무상 교수(의학계)는 찬성의견 발표, 박영률 목사(종교계)는 반대의견 발표.
- 대법원 2006. 6. 22. 14:00 결정 고지.

2. 2002년도의 입법 발의

2001년 9월 경 송영길 의원이 국정감사 정책자료집『성전환자의 인권과 호적 정정』을 통하여, 성전환 실태, 성전환자의 현실, 성전환의 개념, 의학적으로 보는 성전환증, 성전환에 대한 각국의 법적 태도,[284] 성전환에 대한 우리나라의 법적 태도(판례를 중심으로), 성별정정의 판단 근거 검토,[285] 성전환자의 인권,[286] 성전환자에 대한 우리 사회의 인식을 살펴본 후에 "성전환자의 차별대우는 그들을 제대로 이해하지 못한 무지에서 비롯된다. … 사실에 대한 정확한 이해와 상대방에 대한 애정 그리고 성숙한 포용력이 필요한 시점이다. 성전환자는 개인의 성적 취향과는 무관하다. 자신의 해부학적인 성과 정신적인 성이 불일치한 상황에서 가장 큰 어려움을 겪는 사람은 바로 그들 자신이다. 그들의 인간다운 삶을 되찾아 주기 위한 의학적 치료 방법으로 성전환 수술이 불가피하다는 사실을 우리는 인정해야 한다. 그리고 다른 어떤 치료보다 성전환수술을 원하는 성전환자들에게 근본적이고 만족스러운 결과를 가져다준다는 것도 받아들여야 한다. … 호적제도를 포함한 법제도는 인간 사회생활을 규율하는 제도이므로 법적 판단에 있어서는 한 사회의 일반적 사회 통념을 중요한 요소로 고려해야 할 것이다. … 성전환자들이 보다 인간적인 삶을 영위하고 사회생활에 잘 적응하기 위한 치료의 수단으로써 성전환수술이 강구되는 이상, 이미 반대의 성으로 생활하고 있는 당사자의 인권을 고려한다면 호적정정을 허용하여야 한다. 더불어 독일처럼 이를 가능하게 하는 특별법 제정을 검토해야 할 것

---

284) 그 당시 자료집에는 긍정적인 입장으로 독일, 프랑스, 미국, 네덜란드를, 부정적인 입장으로 일본과 영국을 예로 들고 있으나 앞에서 살펴본 바와 같이 일본과 영국의 사정도 긍정적인 입장으로 변경되었다.

285) 자료집에 의하면, 성염색체 구조, 성선·외부성기 등 신체기관, 심리적·정신적 성, 사회생활에서 수행하는 성역할을 성 결정의 요소로 들고 있다.

286) 자료집은 인권의 존엄과 가치 및 행복추구권, 혼인의 자유, '도덕적 소수자'(다수의 도덕감정에 부합하지 못한다는 이유만으로 차별받는 소수자를 의미하는 것으로 보임, 필자주)의 보호를 제시하고 있다.

이다."는 결론을 내리고 있다.

그 이후 김홍신 의원과 송영길 의원에 의해 2002년 7월 10일 "성전환자의 호적변경"에 관한 입법공청회가 열렸고, 2002년 11월 4일에는 김홍신 의원 대표발의로 "성전환자의 성별 변경에 관한 특례법(안)"이 국회에 제출되었습니다.

위 법안에는 성전환자, 성전환수술의 정의(제2조),[287] 성별 변경의 요건(제3조 제1항),[288] 개명(제4조), 성별변경의 효력(제6조)[289] 등이 규정되어 있었으나, 회기 만료에 따라 폐기되었다.

3. 현재의 관련법 제정 운동

2005년 10월부터 성소수자 관련하여 51개 단체가 '성전환자 성별변경 관련법 제정을 위한 공동연대'를 꾸려 "(가칭) 성전환자 성별변경 및 개명에 관한 특례법" 제정을 위해 활동 중인데, 이들은 2006년 7월까지 한국 성전환자가 몇 명인지 그들의 인권 상황이 어떤지에 대한 실태조사를 마무리한 후 9월께 민주노동당에서 그 자료를 바탕으로 입법 발의할 계획을 가지고 있다.

---

287) 1. "성전환자"라 함은 출생시 확인된 신체의 성이 자신의 진정한 성이 아니라고 확신하면서 적어도 2년 이상 다른 성의 역할을 수행함과 아울러 외부 성기로 표현된 신체의 성을 혐오하여 이를 제거하거나 변형하는 등의 방법으로 상대 성징을 얻으려는 강한 심리적 상태에 놓여 있는 자를 말한다.
　　2. "성전환수술"이라 함은 성전환자가 지닌 고통의 경감을 위하여 의료법 제2조에 정한 의사가 성전환자의 외부 성기 등을 제거·변형하여 반대되는 성으로 전환할 의도로 외과적 침습을 가하는 의학상의 조치를 말한다(제2조).
288) 1. 성전환자일 것, 2. 성전환수술을 통하여 성적 외관이 반대의 성으로 명백히 변경되었을 것, 3. 장래 성 인식의 재전환 가능성이 없을 것이라는 점에 대한 상당한 정도의 개연성이 있을 것, 4. 성년자로서 한정치산자나 금치산자가 아닐 것, 5. 혼인관계에 있지 아니할 것.
289) 이 법에 의하여 성별 변경의 확인 결정을 받은 자는 다른 법률에 특별한 규정이 있는 경우를 제외하고는 호적에 그 내용이 기재된 날부터 변경된 성별이 지니는 권리와 의무를 보유한다고 규정함으로써 상당히 광범위한 효력을 부여하고 있다.

4. 관련 법령

성전환자에 대해서는 관련 입법이 없다고 보아도 무방한데, 차별금지와 관련하여 국가인권위원회법 제2조(정의) 제1호는 "'인권'이라 함은 헌법 및 법률에서 보장하거나 대한민국이 가입·비준한 국제인권조약 및 국제관습법에서 인정하는 인간으로서의 존엄과 가치 및 자유와 권리를 말한다.", 제4호는 "'평등권침해의 차별행위'라 함은 합리적인 이유 없이 성별, 종교, 장애 ··· 성적(性的) 지향 ··· 등을 이유로 한 다음 각 목의 어느 하나에 해당하는 행위를 말한다. 다만, 현존하는 차별을 해소하기 위하여 특정한 사람(특정한 사람들의 집단을 포함한다. 이하 같다.)을 잠정적으로 우대하는 행위와 이를 내용으로 하는 법령의 제·개정 및 정책의 수립·집행은 평등권침해의 차별행위(이하 '차별행위'라 한다)로 보지 아니한다. 가. 고용(모집, 채용, 교육, 배치, 승진, 임금 및 임금 외의 금품 지급, 자금의 융자, 정년, 퇴직, 해고 등을 포함한다.)과 관련하여 특정한 사람을 우대·배제·구별하거나 불리하게 대우하는 행위, 나. 재화·용역·교통수단·상업시설·토지·주거시설의 공급이나 이용과 관련하여 특정한 사람을 우대·배제·구별하거나 불리하게 대우하는 행위, 다. 교육시설이나 직업훈련기관에서의 교육·훈련이나 그 이용과 관련하여 특정한 사람을 우대·배제·구별하거나 불리하게 대우하는 행위, 라. 성희롱 행위", 제7호는 "'장애'라 함은 신체적·정신적·사회적 요인에 의하여 장기간에 걸쳐 일상생활 또는 사회생활에 상당한 제약을 받는 상태를 말한다."고 규정함으로써 합리적인 이유 없이 성적 지향을 이유로 고용, 교육 등에서 차별하는 것을 금지하고 있고, 최근 국가인권위원회에서 내 놓은 차별금지법(안) 또한 제2조(금지대상 차별의 범위) 제1항에 성적 지향을 포함하고 있으며, 국가인권위원회가 작성하여 정부에 제출한 인권 NAP에서는 성적 소수자를 위한 여러 조치 등을 권고하고 있다.

V. 성전환자 관련 법률 제정의 필요성

성전환에 찬성하는 자들은 "정신과적 치료를 통한 성정체성 유지가 불가능하다.", "과거에는 육체에 정신을 맞추라고 했지만, 이제는 오히려 정신에 맞는 육체를 갖출 수 있도록 도와야 한다."라면서 성전환자들의 인권 옹호를 위해 관련 법률의 제정이 필요하다고 주장한다. 그러나 이에 반대하는 자들은 "성별은 생명윤리의 가장 기본적인 것이며, 주어진 자연의 섭리에 순응하는 것이 윤리적인 것", "성 정체성 혼란은 심리학·사회학적 원인이 대부분이므로 질병 치유의 관점에서 사회가 도움을 줘야지 성을 바꾸는 것은 도움이 되지 않는다."고 주장한다.

한편 성전환증을 앓는 경우에는 끊임없는 호르몬 주사와 정신적 육체적 고통에 시달려야 하고, 성전환 수술은 여러 차례로 나누어 고통스럽게 진행되는데 남자에서 여성으로 성전환하는 경우에는 비교적 수술이 간단하지만, 여성에서 남성으로 성전환하는 경우에는 난소제거 -> 성기폐쇄 -> 성기재건의 절차를 밟아야 하는 고통스런 과정이 예정되어 있으며, 많게는 수천만 원의 비용까지 소요된다.[290] 중요한 것은 사회적으로 성전환자 및 그들의 참혹한 현실이 존재하고, 이를 둘러싼 논란과 대립이 심화되고 있다는 것이다. 법의 역할은 이처럼 실존하는 현실에 대해 법률적으로 규명하고 권리의무를 결정하는 것이다. 즉 성전환자의 성별 변경을 인정하든 인정하지 아니하든 간에 이것은 법률적으로 정리되어야 할 사회 현실 문제라는 것이다.

기본적으로 이러한 관점에서 성전환자에 관한 법률을 제정할 필요성은 제기된다. 특히 사회 전반적으로 논의가 분분하고, 성전환자들의 고통과 차별적 현실이 엄연히 존재하는 한, 관련 법령을 정비하는 것은 시급한 과제이다.

---

290) 그래서 상당수의 성전환증자들은 국내에서 수술 받지 못하고, 비교적 비용이 저렴하고 성전환 수술에 대해 개방적인 태국 등 외국에서 수술을 받기도 한다.

VI. 성전환자 관련 법률 제정의 방향

법과 제도를 정비한다는 것은 원칙적으로 기존에 합의된 사회경제적 규범을 법문화시킨다는 전통적인 의미(질서유지·기득권 보호의 측면, 보수적)와 현재 또는 미래의 예정된 사회 현실을 미리 규정할 필요에 의해 진보적이고 미래지향적으로 먼저 법문화된 규범을 제시함으로써 사회를 선도한다는 의미(미래지향적, 진보적)도 있다. 문제는 "어떠한 방향으로 제정할 것인가"이다. 즉 현실에 적합한 법령을 제정하기 위해 어떠한 절차를 통해 어떠한 방향으로 제정할 것인가가 실제로는 중요한 현실적 과제라는 것이다.

첫째, 가장 먼저 전제되어야 할 것은 "사회적 합의"이다. 소수자의 인권을 보호하는 것이 반드시 다수의 대중에 의해 결정될 문제는 아니지만(편견을 가진 다수에 의한 결정보다는 전문가 집단과 그들로 인해 편견을 극복한 대중에 의해 결정될 문제임), 법령 제정 과정에서 충분한 논의가 이루어져야만, 법령 제정 이후에 누구나 다 그 법령을 준수하겠다는 실효성이 발생하는 것이기 때문이다. 바른 법제화를 위해서는 의사, 법률가, 윤리학자, 신학자, 상담가, 사회 일반인 등 폭넓은 의견 청취가 필요하다. 이와 같은 사회적 합의가 이루어지는 과정에는 철저하게 객관적인 사실에 근거하되, 성전환자들에 대해 동일한 인격을 가진 인간으로서의 애정 어린 시선이 필요하다. 객관적으로 근거가 미약한 증거를 자신의 주장에 유리하다는 이유만으로 신성시하거나, 자신의 주관적인 의견을 일방적으로 관철시키려 하면 곤란하다. 예컨대 현재 문제가 되고 있는 성전환자들은 대부분 신체적으로 드러나 있는 성과 정신적인 성이 다른 경우이고 정신과적 치료에 의한 성과가 미미한 형편이다. 나아가 증오와 편견으로 바라본다면, 그러한 시선을 가진 자 또한 불행하고 죄인이거니와 이 문제를 해결할 방법을 찾지 못하게 될 것이다. 따라서 이와 관련한 심도 깊은 의학적, 사회학적, 윤리 및 신학적인 연구가 필요하다고 할 것이다.

둘째, 법안의 내용을 결정함에 있어서는 이미 성전환 수술을 통해 신체적인 변화가 이루어진 이후에 이를 정당화시키기보다는 성전환 수술 이전에 엄격한 요건을 통해 성전환증을 가진 자임이 분별되어야 한다. 즉 호기심에 의한 경우, 주관적인 욕구나 순간적인 욕망에 의한 경우, 자연적인 것이 아니라 성정체성을 본인이 주관적으로 스스로 선택하고 의도적으로 창조하는 경우 등은 성전환이 철저히 배제되어야 한다.[291]

셋째, 객관적인 사실을 근거로 판단이 되었다면, 가능한 한 도덕적 소수자들의 인권을 옹호하고 차별을 금지하는 방향으로 법이 제정되어야 한다. 일반적인 질병 및 상해 치료 방법으로 치유될 수 없었다면 성전환 수술을 인정해야 할 것이고, 이를 통하여 정신적 성과 일치되는 신체적인 성을 찾을 수 있도록 도와야 할 것이다.

넷째, 엄격한 요건을 통하여 성전환 수술을 마치고 성전환자가 된 경우에 한하여 일정한 절차에 따라 예외적으로 성별 변경, 이름 및 주민등록변경 등이 이루어져야 한다.

다섯째, 성별 변경의 효력 범위에 대해서는 좀 더 심도 깊은 연구가 필요하다. 예컨대 자녀를 가진 아버지가 여성으로 성전환하는 것이 허용될 경우, 여성이 된 이 아버지는 자신의 자녀에 대해 어머니가 되는 것인지, 그가 만일 다른 남성과 결혼한다면 그는 아버지인지, 누구인지 등 세밀하게 나누면 수십 가지의 해결되어야 할 문제가 남아 있다.

여섯째, 입법 작업이 이루어진 이후에는 이러한 법 제정의 취지가 오도되지 않도록 충분한 홍보와 교육이 이루어져야 한다. 호기심이나 순간적인 판단

---

291) 대한비뇨기과학회는 1990년 다음의 조건에 부합할 경우, 성전환 수술이 가능한 것으로 정한 바 있다. 1. 근본적으로 정신과 질환이므로 정신과에서 정확한 진단이 있어야 한다. 2. 정신과적 치료가 상당 기간 지속하여 왔으나 성과가 없어야 한다. 3. 수술 전에 바꾸고자 하는 성에 대한 정신사회적 적용이 이루어져 있어야 한다. 4. 다른 정신 질환이나 우울증이 없어야 한다. 5. 수술 전에 바꾸고자 하는 성에 대한 호르몬치료를 이미 상당 기간 동안 지속하여 왔고, 이에 대한 부작용이 없어야 한다. 6. 나이가 21세 이상의 사춘기를 지났어야 한다. 7. 신체외형이 바꾸고자 하는 성에 어울려야 한다.

잘못에 의하여 성전환을 하지 않도록 해야 할 뿐만 아니라, 올바른 성 정체성 교육 및 성 윤리 교육이 이루어져야 하고, 성적 소수자에 대한 이해와 배려가 뒤따라야 한다.

VII. 결론

우리나라는 현재 성 변경에 따른 법제도가 정비되지 못한 상태인데다가, 일반 대다수의 국민들의 정서는 성적 소수자에 대해 – 마치 구약시대에 문둥병 (한센병) 환자를 대하듯 차가운 시선을 거두지 않고 있고, 특히 기독교인들의 경우에는 기존의 성 관념에 비추어 가치관 혼란(하나님의 창조 질서, 신학적 판단 등)과 함께 무조건적인 반대의사를 표출하기도 한다. 그러나 이 문제는 잘못된 사실에 기초하여 도그마적인 신학이나 윤리로 풀 문제는 아니라고 생각된다. 하나님께서는 비장애인들을 창조하셨지만, '제8요일'에는 다운증후군 장애인 '조지'를 창조하셨고, 그 밖에도 수많은 질병환자, 장애인을 창조하셨다. 또한 신체적 성과 정신적 성에 괴리가 있는 이들도 창조하셨다.

우리 인류, 특히 다수를 차지하는 비장애인들에게는 오랜 기간 동안 장애인, 각종 질환자들과 동일한 영성을 가진 인간으로 인정하지 아니하고, 사탄의 자식, 죄악의 결과물로 취급하여 온 불행한 역사가 있다. 그러나 현대에 이르러 이들을 그렇게 취급하는 사람들은 거의 다 사라져 가고 있다. 성전환자 또한 마찬가지이다. 지금은 익숙하지 않고, 감추고 싶고, (다수와 비교할 때) 뭔가 비정상적인 것처럼 보이지만, 그들도 영성을 가진 인간이고, 하나님을 섬기는 인간이다. 이번 대법원의 결정을 계기로 무분별한 성전환자 양산을 방지하면서진정한 의미의 성전환자들에게는 인간답게 살 권리를 보장해 주는 신중하고 합리적인 성전환자 관련 법령이 제정되기를 소망한다.

제10장
동성애 차별금지법안 문제점과 입법반대운동

장헌일
(사) 대한민국 국가조찬기도회 사무총장

I. 동성애 차별금지법 제정 반대운동

최근 국가인권위원회가 국무총리에게 2008년 3월까지 입법추진을 권고한 차별금지법안에는 동성애 확산을 조장하는 동성애차별 금지조항의 내용이 들어 있다. 그리고 지난 2007년 10월 2일 법무부장관 이름으로 법무부 공고 제2007-106호의 차별금지법안이 행정절차법 제41조의 규정에 의해 다음과 같이 공고된 바 있다.

차별금지법안은 그 법의 제안 이유를 다음과 같이 말하고 있다. 이 법안은 「헌법」의 평등이념에 따라 성별, 장애, 병력, 나이, 출신국가, 출신민족, 인종, 피부색, 언어, 출신지역, 용모 등 신체조건, 혼인여부, 임신 또는 출산, 가족형태 및 가족상황, 종교, 사상 또는 정치적 의견, 범죄전력, 보호처분, 성적지향, 학력(學歷), 사회적 신분 등을 이유로 한 정치적, 경제적, 사회적, 문화적 생활의 모든 영역에 있어서 합리적인 이유 없는 차별을 금지하고 예방하며 불합리한 차별로 인하여 피해를 보게 되는 피해자에 대하여는 구제조치를 규정하고 있는 기본법을 제정함으로써, 헌법 및 국제 인권 규범의 이념을 실현하고 전반적인 인권 향상과 사회적 약자와 소수자의 인권 보호를 도모함과 아울러 궁극적으로 사회통합과 국가발전에 기여할 수 있도록 하기 위함으로 규정하고 있는 바, 그 평등이념 속에 성적 지향을 포함시키고 있는 것이다.

이와 관련하여 의회선교연합과 배아복제를 반대하는 과학자모임, 범국민적인 동성애허용법안 반대를 위한 국민연합을 비롯한 에스더기도운동 등 동성애 차별금지법반대 단체에서는 차별금지법안의 제3조(금지대상 차별의 범위)에서 성적지향(동성애) 삭제를 요청한바 있다. 특히 동성애 문제에 대한 심각성을 파악하고 있기 때문에, 한국교계 평신도대표 4단체인 (사)대한민국 국가조찬기도회, 국회조찬기도회, 한일기독의원연맹, 성시화운동본부가 연합하여 동성애 차별금지법을 저지하기 위한 의회선교연합(상임대표 김영진 국회의원)을 조직하여 동성애 차별금지법 저지 천만국민서명운동을 전개하여, 1차로 30만 명 서명을 받아 동성애 차별금지법 삭제의견서와 함께 법무부에 제출하였었다.

이와 함께 2007년10월15일 배아복제를 반대하는 과학자모임은 차별금지법안에 대한 동성애 관련 성적지향 삭제의견서를 제출하면서, 10월 2일에 입법예고 된 차별금지법안의 제3조(금지대상 차별의 범위)에서 성적 지향(동성애) 삭제를 청원하였다. 동성애는 윤리도덕에 어긋난 성적 행위로써 결코 용납될 수 없는 사회악으로, 동성애 차별금지법안은 동성애 확산을 막으려는 모든 건전한 노력을 금지시키며, 결혼율의 감소, 저출산문제, AIDS의 확산 등의 사회병리현상을 심화시키는 법안이라는 것이다. 동성애 차별금지법안이 입법되면 동성애를 더 이상 비정상으로 간주하지 않게 되기 때문에, 성윤리도덕이 무너지게 된다는 절박한 마음으로 입법을 권고한 차별금지법안의 제3조(금지대상 차별의 범위)에서 성적지향(동성애) 삭제를 주장한 것이다.

국가인권위원회가 권고하여 법무부가 입법하려고 한 차별금지법안을 보면, 2조에 '성적지향'을 차별 금지대상에 포함시키고 있으며, 4조 6항에 성적지향을 이성애, 동성애, 양성애로 정의하고 있다. 따라서 차별금지법안에 따르면 동성애라는 이유로 개인이나 집단을 분리, 구별, 제한, 배제하거나 불리하게 대우할 수 없으며, 고용, 주거시설 이용, 교육, 정책의 집행 등에서 차별할 수 없다(2조)고 하고 있다. 또한 동성애란 이유로 교육기관에의 입학, 편입을 제한·금지하면 안 되며, 전학·자퇴를 강요하거나 부당한 퇴학 조치를 해서도 안 된다고 말한다(21조). 특히 교육내용, 생활지도 기준에 동성애에 대한 차별을 금지함과 동시, 동성애에 대한 혐오와 편견을 교육내용에 포함하거나 이를 교육하는 행위가 금지되어야 함을 강조한다(22조).

위와 같은 법안이 발효되면 동성애가 이 사회에 확산되는 것을 막을 길이 전혀 없게 된다. 학교에서 동성애를 나쁘다고 가르칠 수 없으며, 동성애로 물의를 일으키는 학생을 징계할 수 없고, 기숙사에서 나가게 할 수 없고, 그 학생을 불러서 동성애를 하지 않도록 상담하고 권고조차 할 수 없게 되며, 만약 그러한 상담이나 징계를 하면 법에 의해 오히려 처벌을 받게 된다. 그런 의미에서 위의 차별금지법안이 만들어지면, 중고등학교 내에서 동성애가 떳떳하게 확산되는 것을 막을 길이 전혀 없기에 이 문제는 매우 심각한 사안이다.

따라서 동성애는 비윤리적이며 비정상적이라는 분명한 주장을 통해 이 법안이 만들어지는 것을 막아야 한다. 이에 뜻을 같이 한 대학교수들을 중심으로 총 33개 대학에서 229명의 교수들이 발기인으로 참여했다. 이러한 발기인 대표들은 성명서와 반대 이유를 작성하여 3월 31일까지 서명을 받아서 국무총리, 관계 기관, 정당 등으로 성명서와 서명명단을 공문형식으로 보내면서 차별금지법안에 대한 의견으로 차별금지법안에서 성적 지향을 삭제해 주길 청원하였다.

II. 동성애 차별금지법안의 법률적 문제점

동성애 차별금지법안에 대한 법질서 내지 법 정신 측면에서 문제점은 다음과 같다.

첫째, 기본권의 대국가적 공권성 측면이다. 차별금지법안은 제5조에서 누구든지 이 법에서 금지하는 차별을 해서는 안 된다고 규정하고 있고, 제34조 내지 제36조에서는 사용자나 교육기관의 장, 법인의 대표자나 법인 또는 개인의 대리인·사용인 그 밖의 종업원 등을 불이익 조치 금지위반의 행위자 또는 처벌의 대상으로 규정하고 있다. 다시 말하면, 이 법에서 보장하고자 하는 평등권이 미치는 인적 범위는 공인이든 사인이든 아무런 제한이 없다. 그러나 우리 헌법이 보장하고 있는 평등권은 원래 대국가적 효력을 가지는 기본권으로서 국가의 입법권, 사법권, 행정권을 구속하는 공권성을 가지고 있는 권리인 점에 비추어 볼 때 이 규정은 문제가 있다. 물론 평등권이 사인 간에도 적용되느냐와 관련하여 평등권의 제3자적 효력을 인정할 것인가의 문제가 있다. 이 문제는 나라마다 그 태도를 달리하고 있고 우리나라의 학설은 효력부인설, 직접적용설, 간접적용설이 있는데 이것은 기본권의 성격에 따라 입장을 달리하여야 할 것이다. 국민의 기본권 내지 평등권도 사인 간의 침해가 가능하기 때문에 사인에게도 효력이 미친다고 하여야 하나, 그 성격상 간접 적용되는 기본권으로 보는 것이 우리나라의 통설이다. 우리 헌법에서 평등권을 개인에게 직접 적용하는 경우 사적 자유 내지 계약 자유의 원칙이 침해될 우려가 있으므로 평등권의 제3자적 효력을 인정하되 그 사적제한에 한계를 인정해야 할 것이다. 이러한 관점에서 볼 때 차별금지법안이 평등권 침해 행위의 주체에 아무런 제한을 두지 않고 있고, 더구나 차별 금지위반행위에 대하여 민형사상 강력한 제재를 가하고 있는, 동 법안인 제31조 내지 제36조의 규정에 비추어 볼 때 이것은 입법상 큰 문제가 아닐 수 없다.

둘째, 차별 금지 사유의 몰가치성의 측면이다. 차별금지법안 제3조 제1항 차별 금지 사유를 보면 신체조건(성별·장애·병력·나이·출신국가·출신민족·인종·피부색·언어·출신지역·용모 등)이나, 그 외의 여러 가지 조건들(혼인여부·임신 또는 출산·가족형태 및 가족상황·종교·사상 또는 정치적 의견·학력·사회적 신분 등)을 나열하면서 여기에 범죄 및 보호처분의 전력과 성적 지향도 포함시키고 있다. 헌법상 평등의 원칙내지 평등권은 모든 기본권을 제약하는 기본권 중의 기본권이기는 하나, 그렇다고 하여 헌법 제11조의 법 앞의 평등이 절대적 평등은 아니고 불합리한 차별 대우를 하여서는 안 된다고 하는 상대적 평등이라고 보는 것은 우리의 학설과 판례가 일치하고 있고 이점은 차별금지법안 제3조에서도 인정하고 있다. 헌법 제11조 제1항은 법 앞의 평등·성별·종교·사회적 신분에 의한 차별 금지와 정치·경제·사회문화의 각 생활 영역에서의 차별 금지를 규정하고 있는 바 차별 금지 영역에 관하여는 모든 생활 영역이라 하여 그것이 예시적이냐 열거적이냐 하는 것은 문제가 되지 아니하나, 여기의 차별 금지 사유에는 성별·종교·사회적 신분만을 열거하고 있고 모든 사유라는 표현이 없어 그것이 제한적 열거규정이냐 예시규정이냐의 문제가 제기된다. 그러나 우리의 학설과 판례는 이 규정을 예시규정으로 보고 있고 또 그것이 타당하다고 생각되므로 학력·정치관·건강·연령 등 어떠한 사유로도 불합리한 차별은 금지된다고 보아야 할 것이다. 그러므로 차별금지법안의 차별 금지 사유에 성별·종교·사회적 신분 외에 여러 가지 사유를 열거하는 태도는 타당하다고 하겠다. 그러나 문제가 되고 있는 것은 그 차별 금지 사유에 범죄의 전력이나 성적 지향을 삽입해 놓은 것으로써, 이것은 합리적 차별은 금지하고 불합리한 차별은 허용하는 평등권 보장의 취지와 법리에 어긋난다. 왜냐하면 성별·종교·사회적 신분 등 대부분의 사유는 자신에게 책임을 돌릴 수 없는 가치중립적이고 몰가치적인 사유이기 때문에 이를 이유로 차별하는 것은 불합리하지만 성적 지향은 그 성격이 다르기 때문이다. 헌법에 규정된 평등권은 성별·

종교·인종과 같은 가치중립적인 요소를 판단의 기준으로 삼아 차별하는 것을 금지하는 것이다. 피부색이 어떠냐 하는 것도 옳고 그르냐의 문제가 아니라 가치중립적인 것이므로 차별의 근거와 사유가 될 수 없다. 그러나 범죄전력이 있느냐 없느냐 하는 것은 가치중립적인 것이 아니라 윤리·도덕성이나 가치 판단의 문제이므로 직무의 청렴성이 요구되는 공무원 직무의 성격상 국가공무원법이 일정한 범위에서 범죄전력이 있는 자의 공직 취업을 제한하고 있는 것처럼 합리적인 범위에서는 차별의 근거와 사유가 될 수 있다. 마찬가지로 동성애의 문제도 그것이 가치중립적인 것이 아니라 윤리 도덕적으로 선·악의 판단 대상이 되고 옳고 그름의 문제를 안고 있기 때문에 몰가치적인 그 이외의 차별 금지 사유와는 본질적으로 다르기 때문에, 가치적인 성적 지향 특히 동성애를 가치중립적인 다른 사유들과 함께 나열하고 있는 것은 타당하지 않다.

차별금지법안은 그 법안의 목적이 차별을 금지하고 예방하며 차별로 인한 피해를 효과적으로 구제함으로써 인간의 존엄과 평등을 실현하는 데 있다고 규정하고 있다. 인간의 평등권은 물론 인간의 존엄과 가치를 구체화하는 인권이고 기본권이다. 그러나 동성애는 인간 생래적 천부적으로 이루어진 성의 보편적인 성윤리·바른 성윤리에 반하는 비윤리적인 행태이기 때문에 오히려 천부적인 인간의 존엄과 가치에 반하는 것이다.

또한 동성애 보호론자들은 동성애자들이 소수집단이라는 이유로 사회의 편견과 냉대를 받고 취업제한의 차별을 받는 것은 헌법상 평등권에 위배되므로 동성애자의 차별을 금지하는 법규가 만들어져야 한다고 주장한다. 사회에는 다양한 소수집단이 있지만 모든 소수집단이 똑같이 보호되어야 하는 것은 아니다. 다민족사회 내에서의 소수민족이나 건강한 사람들이 주류를 이루는 사회 속에서의 장애인도 소수집단이지만 마피아나 알코올 중독자도 소수집단이라 할 수 있다. 그러나 소수집단에 대한 인권보호가 논의될 수 있는 범주에 소수민족이나 장애인은 포함되지만 알코올 중독자나 마피아집단이 포함된다고 생각하는 사람은 없다. 평등권 보호의 대상이 되는 대상으로서의 소수는 단순히 숫자적인 소수이기만 하면 되는 것이 아니라 등가치를 전제로 한 수적 소수를 의미하는 것이기 때문이다. 따라서 소수민족이나 장애인 집단 등과 윤리적인 면에서 동등한 잣대를 갖다 댈 수 있는 동성애자들이 아니므로 이들에 대하여 소수집단 보호라는 각도에서 접근하는 것은 부당하다. 근대헌법에서 성문화된 평등의 원칙내지 평등권은 고대 정의 관념과 결부된 평등사상과 중세 신 앞의 평등, 근세 법 앞의 평등이라는 평등사상에서 유래된 것이고 평등권이 자연법상 자연권의 성격을 지니고 있음으로 헌법과 법률의 차별 금지 사유를 가치중립적인 것과 가치적인 것, 윤리적으로 옳은 것과 그른 것으로 구분하여 달리 취급하는 것은 극히 타당한 견해라 할 것이다.

셋째, 국법질서 측면이다. 최고규범인 우리 헌법 제36조 제1항은 혼인과 가족생활은 개인의 존엄과 양성의 평등을 기초로 성립되고 유지되어야 한다고 규정함으로써 헌법이 남녀 간의 결합에 의한 정상적 혼인과 정상적 가족에 대한 제도를 보장하고 있다. 그 뿐 아니라 민법 친족상속편은 혼인은 1남 1녀가 평생부부로서 생활공동체를 형성하며 친족법상의 합의로써 당연히 자녀를 출산할 것을 전제로 하고 있으며 종족 번식이라는 이념도 함께 추구하고 있다. 또한 형법 제241조 간통죄는 배우자 있는 남녀가 자신의 배우자 이외의 이성과 간음하는 경우에 처벌하도록 규정되어 있는데 극도로 비윤리적인 양성애의 경우에는 처벌할 수 없는 것도 문제이다. 이와 같이 우리나라의 현행법 질서는 남자와 남자 또는 여자와 여자의 혼인이나 성관계는 인정하지 않고 있다. 그러므로 차별금지법안의 동성애 조항은 위헌적인 발상이며 만일 동성애를 법적으로 허용하고 동성 간의 결혼제도를 허용한다면 차별 금지내지 평등권의 미명 하에 우리의 현행법 질서는 대혼란이 야기되고 크게 훼손되는 결과가 올 것이다.

넷째, 사인 간의 기본권 충돌 측면이다. 위에서 언급한 평등권의 대 사인적 효력과 관련하여 일방 당사자의 기본권과 타방 당사자의 기본권과의 충돌이 문제된다. 차별금지법안 제3조 제3항은 성별·장애인종·출신국가·출신민족·피부색·성적지향을 이유로 한 괴롭힘은 차별로 본다고 규정하고 있다. 위에 열거한 사유 중 성적지향에 포함된 동성애는 이성애와 달리 위에서 언급한 바와 같이 현재 우리의 국민 정서, 국민 보건, 국민 법 정서 등 여러 가지 측면에서 극도로 비윤리적이고 혐오의 대상이 되고 있다. 그러나 차별금지법안은 교육기관이나 개인이나 누구든지 이 법에서 금지하는 차별을 해서는 안 되고 특히 괴롭힘을 차별로 간주하면서 동성애를 이유로 개인이나 집단에 대하여 신체적 고통을 가하거나 수치심, 모욕감, 두려움 등 정신적 고통을 주는 일체의 행위를 금지하고 이를 위반하면 일정한 경우에 차별금지법안상 특별한 민사상의 손해배상책임은 물론이고 2년 이하의 징역 또는 일천만원 이하의 벌금에 처하도록 하고 있다. 물론 동성애자라 하더라도 그들은 사랑의 대상이고 그의 인격이나 명예, 감정은 보호되어야 한다. 그리고 그 괴롭히는 행위가 요건이 충족되면 민형사상의 책임을 추궁할 수 있다. 그런데 이러한 일반적인 권리 구제 방법 외에 차별금지법안 자체에 강력한 민형사 책임을 묻는 강제규정을 둠으로써 여러 가지 법적인 문제점이 제기될 수 있다. 괴롭힘의 경우 신체적 고통을 가하는 것 외에 수치심·모욕감·두려움 등 정신적 고통을 주는 일체의 행위도 처벌의 대상으로 하고 있는데 이것은 괴롭힘의 행위가 너무 주관적이고 포괄적이어서 죄와 형벌은 그 요건이 엄격한 법률로 정하여야 한다는 죄형법정주의의 정신에 반한다고 할 것이다. 그 뿐만 아니라 이러한 제재 규정은 학교나 교회나 개인의 가정에서 동성애에 관해 교육상 행해지는 훈육이나 동성애에 대한 호불호의 의사표현의 자유를 침해하는 결과를 초래할 것이다. 한 사람의 기본권 존중만을 고려하고 상대방의 기본권을 고려하지 않는다면 이것 또한 기본권 침해내지 역차별이 된다. 차별금지법안상 차별로 인한 손해배상 책임에 있어서도 고의 과실에 관한 입증책임전환을 규정하고 있는 제31조 제1항도 재판 절차에 있어서 상대 당사자의 기본권을 침해한다는 비난을 면치 못할 것이다.

이상 몇 가지 단점에서 살펴 본 바와 같이 우리나라에서 논란이 되고 있는 동성애차별금지법안은 대다수 국민들의 정서에 부합되지 않고 법적인 측면에서도 문제가 적지 않으므로 지난 2007년 법무부에서도 이 부분을 삭제하고 결국 입법추진을 포기하였다. 그러나 동성애자나 그 소수집단의 인간적인 존엄과 가치 행복추구권과 평등권은 존중되어야 하고 불합리하게 침해되어서는 안 될 것이며 그 침해 행위에 대하여는 기존 기본권 구제제도나 개별 법률에 의하여 제재를 받아야 한다. 그리고 동성애자에 대한 법적 보호가 필요하다면 위와 같은 무리한 기본법으로가 아니라 개별 입법으로 해결하여야 할 것이다. 그러나 이것은 동성애자를 사회의 소수집단이라는 차원에서 보호할 수는 없다는 것과는 별개의 문제이다. 우리는 동성애 문제와 관련하여 바른 성문화를 확립하고 이에 관한 국민의 공감대 조성을 위하여 계속 노력해야 한다.

III. 동성애 유전적 주장에 대한 반론

동성애 문제를 접근하는 데 있어 동성애자들이 대표적으로 주장하는 것이 동성애가 유전적이라 어쩔 수 없다는 주장이다. 동성애를 유전적인 것으로 착각하는 대표적인 오해들에 대한 이유는 다음과 같다.

첫째, 동성애가 유전적이지 않다는 명쾌한 근거는 자녀 재생산이란 간단한 논리로부터 얻을 수 있다. 자녀를 적게 낳는 행동양식은 결코 유전적일 수 없다. 왜냐하면 어떤 행동 양식을 갖게 만드는 유전자를 가진 집단이 자녀를 적게 낳으면, 그 유전자가 다음 세대로 전달되지 않기에, 결국 그 유전자를 가진 집단은 사라지게 된다. 어떤 유전자 집단이 지속적으로 존재하려면, 그 집단의 성인 한 명당 한 명의 아이를 낳아야 한다. 그런데 설문 조사에 의하면 배타적인 동성애자들은 대략 성인 한 명당 0.2명의 아이를 갖는다고 한다. 이러한 결과에 의하면, 동성애를 나타내는 유전자는 이미 지구상에서 사라졌어야 한다.

둘째, 동성애가 유전적이라면, 일반적인 관점에서 많은 유전자가 관련되었을 것으로 추측되고, 동성애란 행동 양식은 천천히 여러 세대에 걸쳐서 변화되어야 한다. 즉, 일반적인 이성애자의 가계에서 동성애자가 나오려면, 여러 세대에 걸쳐서 조금씩 동성애적 경향이 나타나서 결국 동성애자가 나와야 한다. 왜냐하면 많은 유전자가 조금씩 변화되어 다른 행동 양식이 나타나도록 만들어야 하기 때문이다. 그런데 실제 상황은 전혀 그렇지 않다. 가계조사를 해 보면, 갑자기 동성애자가 나타났다가 갑자기 사라진다.

셋째, 동성애자의 빈도는 일반적인 유전질환의 빈도에 비해 매우 높다. 핵심적인 유전자 중에서 한두 개가 돌연변이를 일으켜서 동성애가 생긴다고 설명하기에는, 동성애가 나타나는 빈도가 너무 높다. 유전자의 손상으로 나타나는 유전질환은 전체 인구 중에서 0.025% 이하의 빈도를 가지고, 그러한 유전질환자를 모두 합치더라도, 전체 인구의 1% 정도 밖에 되지 않는다. 그런데 동성애의 빈도는 약 2.2% 이기에, 동성애가 유전자 손상에 의해서 나타난 현상이라고 보기에는 너무 빈도가 높고, 오히려 정신질환자들의 빈도와 비슷하다. 물론 이 말은 동성애자가 정신질환자라는 뜻이 아니라, 빈도로 보았을 때 정신질환자들의 빈도와 비슷하다는 것이다.

넷째, 통계 결과도 동성애가 유전적이지 않은 것을 뒷받침한다. 만약 동성애가 유전적이라면, 나이가 들어도 감소하지 말아야 한다. 그런데 설문조사에 의하면 동성애자의 수가 나이가 들수록 감소를 한다. 그리고 자란 환경에 따라 동성애의 빈도가 다르다는 것이 설문조사를 통하여 밝혀졌다. 14~16세의 청소년기를 어디서 보냈느냐에 따라 동성애 빈도가 다름을 보여 준다. 즉, 큰 도시에서 클수록 동성애 빈도가 높고 시골에서 자랄수록 동성애 빈도가 낮음을 보여 준다. 따라서 동성애는 유전적인 요인보다는 자란 환경의 영향을 받는 것으로 볼 수 있다.

　다섯째, 동성애를 나타내는 유전자는 발견되지 않았다. 1993년에 해머 등은 동성애 남자 40가계의 X 염색체를 분석하여, 동성애 성향이 X 염색체의 한 부분인 다형질 유전자들(Xq28)의 존재와 상관관계가 있다고 발표하였다. 동성애자인 해머의 연구 결과에 대해서 서구 언론들은 동성애 유전자를 발견했다고 대서특필하였으며, 일반인들의 마음에 동성애는 유전적임에 틀림없다는 인식을 심어 놓았다. 1999년에 라이스 등은 동성애자 형제를 가진 52개의 가계에서 Xq28 염색체 안에 존재하는 유전자들을 분석하였으며, 대조군과 비교하여 동성애자 형제를 가진 가계에서 이들 유전자의 발현 빈도가 높을 것으로 기대하였으나 결과는 다르지 않았다. 따라서 라이스 등은 Xq28이 남성의 동성애와 관련이 없다고 결론을 내렸다. 2005년에 해머를 포함한 연구팀이 더 많은 자료로 조사한 결과, 상관관계가 없는 것으로 밝혀졌다. 따라서 동성애를 나타내는 유전자는 발견되지 않았으며 실제로 존재하지 않는다고 본다.

　이외에도 동성애에 대한 수많은 다른 오해들이 있다. 가장 대표적인 오해가 킨제이 보고서로, 과장된 동성애자 통계 수치이다. 킨제이는 동물학교수였는데, 1948년에 5,300명의 남성을 대상으로 표본조사를 하여서 출판한『남성의 성적 행동』이란 책에서 미국 남성의 13%가 16세에서 55세까지 최소 3년 동안 동성애 경향을 보인다고 주장했으며, 1953년에 쓴『여성의 성적 행동』이란 책에서는 레즈비언이 7%라고 주장하였다. 그런데 킨제이 자신이 이성애와 동성애를 함께 즐긴 양성애자였으며, 근친상간, 어린이나 동물과의 성행위를 포함한 모든 종류의 성행위를 옹호하였다. 그래서 그는 자신이 원하는 결과를 얻기 위하여 수백 명의 남자 매춘부, 1,200명의 성범죄자, 동성애로 악명 높은 고등학교에 소속된 300명의 학생, 많은 숫자의 소아애호자, 노출증환자, 교도소의 수감자 등이 최소한 전체 표본의 1/4을 차지하도록 하였다.

　다음은 동성애는 잘못된 성호르몬의 영향인가에 대한 오해이다. 일반인들은 동성애가 잘못된 성호르몬의 영향일 것이라고 추측한다. 하지만 동성애 남자와 일반 이성애남자의 남성호르몬 수치를 조사하면 전혀 차이가 없었다. 즉, 성호르몬 분비가 잘못되어서 동성애자가 되었을 것이라는 추측은 맞지 않다. 또한 동성애자에게 강제로 성호르몬을 주입하더라도 아무런 효과가 없었다. 성호르몬은 성욕을 증가시키거나 감퇴시키는 효과는 있지만, 동성애 습관을 바꾸지 못했다.

또한 동성애는 태아기의 성호르몬 이상으로 생기는가에 대한 오해이다. 이와 관련된 연구결과로서, CAH질환을 앓은 여성이 일반 여성보다 더 동성애 경향을 나타낸다는 설문조사가 있다. 참고로 CAH질환이란 태아기에 남성호르몬이 많이 분비되어 태어났을 때에 남성의 성기모양이 만들어지기도 하지만, 태어난 후에 치료하면 정상 여성으로 돌아오는 질환이다. 먼저 설문조사 자체의 문제점을 지적하면, 설문조사 할 때에 자신을 여성답다고 느끼지 않고 남자 애인이 없으면 동성애자로 간주하였다. 또한 만약 CAH질환을 앓은 여성이 일반여성보다 더 동성애 경향을 가진다 하더라도, 모호한 자녀의 성을 대하는 부모의 양육태도, 자신의 성에 대한 내적 불안감, 어린 시절의 과다 약물투여 및 병원 치료 등의 이유로 왜곡된 성정체성을 갖게 되었을 수 있다. CAH질환을 앓은 여성이 일반여성보다 더 동성애 경향을 가진다고 해서, 이 결과가 태아기의 성호르몬 이상이 동성애를 하도록 신체구조를 형성했다는 주장을 뒷받침한다고 볼 수는 없다. 무엇보다도 선천적인 성기형 환자에게서 얻은 결과를 일반 동성애자들에게 적용할 수 없다. 다시 말하면, 신생아의 성기형이 나타날 정도로 태아기의 심각한 성호르몬 이상이 있는 사람들을 조사해서 얻은 결과를 갖고, 일반 동성애자들도 태아기의 성호르몬 이상에 의해서 동성애적 신체구조를 갖고 태어났다고 확대유추해서는 안 된다.

또 다른 오해로 동성애 남자는 여자와 비슷한 두뇌를 가진다는 것이다. 르베(LeVay)는 1991년에 시상하부의 INAH-3 영역이, 여자가 남자보다 작고 동성애 남자가 이성애 남자보다 작다고 발표했지만, 번(Byne) 등은 2000년에 같은 영역이 남녀의 차이는 있어도, 동성애 남자와 이성애 남자의 차이는 없었다고 발표했다. 알렌(Allen) 등은 1992년에 양쪽 뇌를 연결하는 전교련이 여자가 남자보다 크고, 동성애 남자가 이성애 남자보다 크다고 발표하였지만, 라스코(Lasco) 등은 2002년에 아무런 차이를 발견할 수 없었다. 양쪽 뇌를 연결하는 뇌량이 여자가 남자보다 크고, 동성애 남자는 여자와 비슷하다는 발표가 있었지만, 그 뒤로 행하여졌던 22번의 연구에서는 남녀의 차이를 발견할 수 없었다. 따라서 두뇌차이를 조사한 연구결과들은 서로 상충하며, 선택된 두뇌영역의 위치가 불분명하여서 주관적이다.

한편 일란성 쌍생아의 높은 동성애 일치율이 동성애가 유전임을 증거한다는 오해이다. 일란성 쌍생아는 같은 유전자를 가지고 있기에, 만약 동성애가 유전자에 의한 것이라면 일란성 쌍생아는 높은 동성애 일치율을 가져야 한다. 1952년의 첫 연구에서 일란성 쌍생아의 동성애 일치율이 100%였고, 1991년 연구에서는 52%이었다. 첫 연구는 교도소와 정신병원 수감자를 대상으로 한 것이어서 신뢰성이 떨어지고, 1991년 연구도 친 동성애 성향의 언론매체를 통하여 조사대상을 모집하였기에 신뢰성이 떨어진다. 즉, 연구결과 수치를 높이기 위해 의도적으로 많은 동성애자인 쌍생아가 응모했을 수 있다. 2000년에는 무작위로 쌍생아에 대한 설문조사를 한 결과, 동성애 정의에 따라 일치율이 20~38%이었다. 이것은 일치하는 쌍둥이에게 가중치 2를 준 결과이고, 가중치를 없애면 11~23%로 떨어진다. 따라서 일치율이 그다지 높지 않으며, 또한 전부 유전적인 효과라고 말할 수 없다. 같은 부모와 환경 하에서 자랐기 때문에 동일한 후천적 영향을 받았으며, 서로에게 긴밀한 영향을 주고 자랐기에 한 사람이 먼저 동성애자가 된 후에 직간접적으로 영향을 주어서, 혹은 흉내를 내어서 다른 사람도 동성애자가 되었을 수 있다.

특히 선천적인 경향이 어쩔 수 없이 해야 하는 강제성을 뜻하지 않는다.

동성애 유발요인은 후천적인 것과 선천적인 것으로 나뉜다. 후천적 요인으로 부모의 잘못된 성역할 모델, 유년기의 불안정한 성정체성, 성폭행, 우연한 동성애 경험 등의 잘못된 성경험, 동성애에 우호적인 문화의 영향이 있다. 선천적 요인으로 반대의 성에 가까운 외모, 목소리, 체형 등의 신체적인 것과 성격 등의 심리적인 것을 들 수 있다. 위의 유발요인은 동성애자가 된 사람들을 분석한 결과이지, 유발요인을 가지면 반드시 동성애자가 된다는 뜻은 아니다. 따라서 선천적 경향 또는 후천적 환경 때문에 동성애를 어쩔 수 없이 하게 되었다고 변명하면 안 된다. 왜냐하면 사람의 행동은 동물과는 달리 본능이나 경향에 의해 완전히 결정되지 않으며, 사람에게는 본능이나 경향을 억제할 수 있는 의지와 절제력이 있다. 동성애는 자신의 의지와 선택에 의해 이루어진 성적 행동양식이다.

더욱 심각한 것은 미국 정신의학협회의 결정에 따른 문제로 동성애자들이 유전적이라고 주로 주장하는 근거로 사용한다. 미국정신의학협회는 1973년에 투표로 동성애를 정신질환에서 제외하기로 결정하였다. 하지만 이렇게 된 이유는 결정하기 몇 년 전부터 동성애자들이 미국정신의학협회 학술대회를 방해하였기 때문이다.

1970년 때는 동성애자들의 입장을 인정해 달라고 방해하였으며, 1971년 때는 토론 세션을 하나 배정받았음에도 불구하고 여러 차례 시위를 일으켰다. 결국 1973년에 공청회가 열렸고, 회원들의 우편투표를 통하여 동성애의 정상 여부를 결정하자는 결론을 내렸다. 이때에 동성애 단체는 회원명부를 토대로 조직적인 운동을 전개하였으며, 그 결과 회원의 34%가 투표에 참여하였고, 투표자의 58%가 동성애는 정신질환이 아니라는 입장을 취하였다.

그리하여 1973년 12월에 이사회에서 동성애 조항을 정신질환 진단통계 매뉴얼에서 삭제하기로 결정하였다. 이때 내세운 이유는, 첫째 동성애자들에 대한 차별을 막자는 것이었고, 둘째 동성애에 관련된 정신이상증상이 있는지에 대한 연구가 선행되어야 한다는 것이었다. 하지만 동성애가 정신이상증상을 유발하는 지에 대한 연구도 차별을 조장한다는 이유로 하지 못했다. 그 후 4년 후에 2,500명의 정신과의 대상으로 조사한 결과 69%가 1973년의 결정을 반대하였다. 그 이유는 투표의 영향으로 동성애를 질환으로 이해했던 전문가들의 토의와 연구가 중단되었으며, 인권보호란 이유로 동성애를 끊도록 도와주는 치료는 잘못된 것이라는 정치적 결정을 내렸기 때문이다. 그 이후 결정을 반대하는 정신과의사들이 동성애연구치료모임을 만들었으며, 현재 약 1,500명이 참여하고 있다. 마지막으로 강조하고 싶은 것은 동성애가 정신질환에서 제외되었다는 것이 동성애가 윤리도덕적인 문제가 없다는 것을 뜻하지 않는다. 예를 들어서 간통, 수간, 근친상간도 정신질환은 아니지만 비윤리적인 성행위이다.

IV. 동성애 치유와 기독교 관점

1. 성경에서의 동성애

동성애는 치유가 가능한가에 대한 기독교 관점에서 논의하고자 한다. 먼저 성경에서 말하는 동성애 문제가 무엇인가에 대한 이해와 그 사례를 살펴본다.

헬무트 틸리케는 「기독교 성윤리, 동성애」에서 신약성서에서 동성애는 우상숭배, 간음, 탐욕, 술 취함, 도둑질과 같은 다른 형태의 불순종의 목록에 들어있다(고전 6:9-10, 딤전 1:9-10). 따라서 바울은 동성애를 죄악으로, 또한 하나님이 의도하신 인간실존의 질서에 대한 성도착으로 간주하고 있다.

동성애에 대한 바울을 가장 정통한 신학으로 평가하는 구절(롬 1:26)에서 창조주가 그의 피조물에서 분명하게 나타내 보이는데도 불구하고 이교도가 하나님을 알지 못하는 이유로 그의 피조성을 수용하지 않는다는 것이며 하나님을 알지 못하고 있다는 것이다. 성경 본문을 중심으로 동성애에 관한 말씀으로는 창세기 19:1-11, 창세기 18:20-21, 에스겔 16:48-50, 레위기 18:22-23, 레위기 20:13-16, 예레미야 23:14, 사사기 19:20-24, 로마서 1:24-28, 고린도전서 6:9-11, 디모데전서 1:9-10 등이 있다.

이와 같이 성경은 여성과 병자와 장애인은 소외계층으로 분류하지만 이 계층에 동성애자를 집어넣는 곳은 한 군데도 없다. 간음한 자를 소외계층으로 부르지 않는 것처럼 왜곡된 성행위를 하는 자를 소외계층으로 분류할 수 없다. 동성애자는 사회 계층적으로 볼 때 어느 한 계층에만 집중되어 나타나는 현상이 아니라 사회의 전 계층을 망라하여 나타나는 현상이다. 오히려 역사적으로 보면 사회적으로나 경제적으로 상류계층에서 동성애자들이 많았다.

물론 성경은 사회적 약자를 억압하는 행동을 죄악으로 판단한다. 그렇다고 해서 성경이 말하는 죄가 약자를 억압하는 행동만을 유일한 죄라고 판단하는 것은 아니며, 약자를 억압하는 행동을 죄로 판단한다고 해서 동성애를 포함하는 성적인 문란함을 죄로 판단하지 않는다는 결론은 내릴 수 없다.

안식년법이나 희년법과 같이 약자를 옹호하고 약자의 해방을 말하는 법은 실정법이지 성결법이 아니다. 모세의 율법은 세 부분으로 구성되어 있다. 도덕법, 실정법, 성결법. 도덕법은 모든 시대의 모든 기독교인들이 준수해야 할 절대적이고 보편적인 법이다. 사랑의 대강령, 황금률, 십계명, 산상수훈, 동성애금지규정 등이 여기 속한다. 실정법은 이스라엘이라는 특수한 신정사회를 경영하는데 필요한 헌법 곧 형법, 민법, 상법, 가족법 등이다. 모세의 실정법은 정치문화와 시대가 달라진 오늘날에는 문자적으로 적용될 필요는 없다. 그러나 이 실정법이 담고 있는 법의 정신 또는 법철학은 오늘날도 여전히 유효하다. 성결법은 제사법, 절기법, 성막규례, 정결의식규례, 유출병과 문둥병과 피부병과 같은 질병규례, 제사장의 복식에 관한 규례 등을 가리키는데, 이 규례들은 장차 오실 예수님과 함께 이 땅에 임할 예수님을 예표하는 상징으로서 예수님과 십자가 사건과 더불어 완성되었기 때문에 예수님의 구속사역 이후에는 더 이상 자구적으로 지킬 필요는 없다. 그러나 이 성결법이 상징하는 상징적인 의미들은 오늘날도 모두 유효하다. 도덕법은 절대적이고 보편적인 도덕법으로서, 실정법은 법의 정신과 철학으로서, 성결법은 상징적 의미로서 오늘날 신자들의 생활에 모두 적용되며 하나도 버릴 것이 없는 것이다.

예수님 당시에 차별 당하던 소수자의 범주에 동성애자가 들어간 일이 전혀 없다. 어떤 사람이 소경이 된 것은 도덕적인 의지의 문제가 아니다. 어떤 사람이 장애를 안고 태어났다거나 가난하다는 사실은 도덕적인 의지의 문제가 아니었기 때문에 당연히 소수자의 범주에 들어갔다. 거리의 창녀들도 소수자의 범주에 들어갔으나, 그렇다고 해서 예수님이 창녀들의 혼외정사를 인정해 주신 것은 아니다. 간음하다가 현장에서 붙잡혀 온 여인을 예수님이 용서해 주셨으나 다시는 그런 행동을 하지 말라는 경고의 말씀과 함께 돌려 보내셨음을 유의해야 한다. 동성애자도 마찬가지다. 하나님은 한 인간으로서 동성애자를 불쌍히 여기시지만, 동성애라는 행위 그 자체를 용납하시는 것은 아니다. 동성애는 레위기에 있는 도덕법적 규정에 의하여 명백하게 그릇된 성관습으로 비판받았으며, 로마서 1장에 기록된 인류의 범죄들 가운데 첫 번째 항목으로 제시되었다.

로마서 1장 18절 이하는 인류에 대한 하나님의 진노이다. 먼저 이 본문은 하나님을 모르는 이방인들의 불신앙으로부터 나타나는 종교적인 타락과 윤리적 타락을 제시하는 본문이다. 종교적인 타락으로서는 우상숭배를 적시하고 윤리적 타락의 표본으로 동성애를 지적한다. 하나님을 모르는 인류에게서 나타나는 죄악의 표본으로 동성애가 지목되었다는 말은 동성애가 죄임을 명확히 하는 것이며, 더욱이 신앙을 가진 기독교인들이나 교회가 빠져 들어서는 안 될 죄임을 간접적으로 선포하는 것이다. 동성애를 불신앙의 표준적인 죄목으로 지적한다는 말은 하나님을 믿는 사람이라면 동성애를 하지 말라는 강력한 메시지로 해석되어야 하는 것이다.

2. 동성애 치유

동성애를 기독교적 관점에서 어떻게 치유할 수 있는지를 살펴보고자 한다. 하나님의 자녀가 된 이후에는 하나님의 자녀의 신분에 어울리는 삶을 살아야 할 의무가 부과되는 바, 만일 예수 믿기 전에 동성애라는 관습에 빠져 있었다면 이 관습을 청산하고 바른 이성애로 돌아서는 것이 바로 하나님의 백성의 신분에 합당하고 어울리는 삶의 모습들 가운데 하나인 것이다. 예수님께서는 성적인 죄를 지은 사람들에 대해 판단과 거절이 아니라 사랑과 용서를 베푸셨다. 예수님은 또한 성적인 죄의 속박에서 벗어날 자유와 소망을 주셨다. 예수님은 또한 회개를 용서하셨다.

다른 죄인들과 마찬가지로 동성애자 또한 새로운 피조물이 되어 하나님과 함께 새로운 삶을 시작할 수 있다. 사실 성경을 보면 초기 고린도교회에도 한때 동성애자였다가 후에 동성애로부터 자유롭게 된 사람들이 있었다는 것을 확실히 알 수 있다(고전 6:9-11). 모든 사람들은 여러 가지 죄를 짓는다. 동성애자들은 하나님과 친해지고 다른 사람들과 교류하며 사랑을 주고받아야 하는 진정한 필요가 충족되지 못한 사람들이다. 해결되지 못한 깊은 상처가 존재하고 있기 때문이다.

동성애는 관계의 단절을 의미하며 성경은 이것이 인간의 성정체성에 관한 하나님의 섭리에 반대된다고 밝히고 있다. 우리가 하나님께 가까워질수록 하나님의 형상이 우리의 인격에 보다 풍성하게 나타나게 된다. 우리의 성장 목표는 올바른 방법으로 사랑하기 위한 자유를 얻는 것이다. 동성과 육욕적이지 않은 친밀한 관계를 형성하며 두려움이나 무관심 없이 상대의 성을 우리가 필요로 하는 배우자로 받아들일 수 있게 되는 일이다.

이러한 사랑이 우리를 향한 예수님의 마음이며 예수님께서 이러한 사랑을 우리의 삶에 그리고 동성애에서 자유롭게 되기를 소원하는 사람들의 삶에 가져오실 것을 믿는다. 『동성애 온전한 변화를 위한 시작』이라는 책에서 앤드류 코미스키는 원래 동성애자였는데 예수 그리스도를 통해 치유와 회복의 기쁨을 맛보았다. 동성애자들에 대한 교회의 역할을 강조하고 있다.

최근 미국 심리학회에서는 동성애에서 벗어나기 위한 치료방법을 허용하였다. 그로브시티 대학의 워렌 트로크몰튼(Warren Throckmorton) 교수는 동성애적인 생활습관에서 떠나기로 결심한 사람들에 대한 9가지의 개별적인 연구 자료 평가를 통해 "성적 정체성의 변화는 얼마든지 가능하다"는 결론을 내렸다. 지금까지 비기독교인들이 실시한 연구에 의하면 동성애에 대한 변화의 시도에 대한 성공확률이 65% 이상이며 변화에 대한 소망을 갖는 것이 중요하다.

동성애에 대한 과학적인 연구로 저명한 네일 화이트헤드 박사는 이렇게 말한다. 십대 소녀가 임신을 하게 되는 데에는 소녀가 매력적인 외모이거나 성적으로 발달했다는 등의 유전적인 요소가 작용되었을 수 있으나, 남자 친구와 은밀한 데이트를 하게 되었다거나 피임을 하지 않았다는 등의 환경적인 요소도 있으며 아버지와의 감정적인 거리가 있었다는 등의 가족적인 요소도 개입되었을 것이라는 추론이 가능하다. 이는 동성애에 있어서 유전적인 영향이 미미한 수준 이라는 점을 시사한다.

북미에 있는 120개의 사역체와 세계 17개국의 150개 사역체의 연합체이면서 세계에서 가장 큰 전(前) 동성애 기독교단체 엑소더스 인터내셔널(Exodus International)에서는 동성애로부터의 '변화'를 "동성애적 행위로부터 절제함을 얻고 동성애적 유혹을 줄이며, 남성적 또는 여성적 정체성을 강화하고, 동성 및 이성과의 왜곡된 관계를 바로 잡는 것"으로 정의한다.

기독교적인 관점에서 볼 때에는 동성애에서 이성애로의 전환에 중점을 두기보다는 동성애의 문제로부터 자유로움을 경험하고 이로 인해 하나님과의 관계 안에서 성적 및 관계적 온전함을 찾는 것이 중요하다.

첫째, 실제로 동성애에서 벗어난 사례를 살펴보고자 한다. 먼저, 이요나 목사가 있다. "나도 43살까지 홍석천 씨와 똑같은 생활을 했던 사람이었습니다."라고 고백했다. 어렸을 때부터 동성애 성향을 보였다는 이 목사는 "타의에 의해 강제로 성폭행을 당한 후 동성애에 중독되었는데, 한동안 동성애에서 빠져 나오지 못했습니다."라고 고백했다.

이요나 목사는 20여 년 전 이태원에서 동성애자들을 위한 클럽을 운영하기도 했으며 동성애자로 살았던 그가 이성애자로 바뀐 데는 신앙이 결정적인 이유가 됐다. 이 목사는 동성애가 자신에게 중독이었고 신앙을 통해 43살에 본래의 성으로 돌아왔다고 고백했다. 뿐만 아니라 이요나 목사는 성경적 상담 자기대면 프로그램을 통해 14명의 동성애자들이 치유 중에 있고, 이중 2명은 신학을 위해 일본 갈보리처치로 유학중이며, 6명은 서울 갈보리교회의 성도가 되었다고 밝혔다.

다음은 앤드류 코미스키(Andrew Comiskey)의 사례이다. 전 동성애자 코미스키는 캘리포니아 롱비치에서 모태신앙으로 태어났지만 사춘기에 접어들어서 동성에 대한 매력을 가지게 되었다. 이내 비밀로 간직했다가 대학 졸업 후에 그는 전적으로 동성애적인 생활을 시작하였다. 그러나 어떤 파티에서 집단강간과 구타를 당한 그는 진지한 고민에 빠졌으며 1976년 11월에 친구들의 도움을 받아 기독교인으로 거듭났다. UCLA에서 공부하다가 부인 애넷(Annette)을 만났고 후에 풀러신학교에서 석사(M. Div.)를 취득했다. 빈야드 애너하임교회(Vineyard Anaheim)에서 전 동성애자들을 위한 지원 그룹을 시작했고 곧이어 데저트 스트림 사역(Desert Steam Ministry)

을 창설하였다. 1981년에 빈야드 크리스천 펠로우십(Vineyard Christian Fellowship)에서 목사 안수를 받았으며 현재 데저트 스트림사역의 대표로서 동성애회복운동에 전념하고 있다.

또한 앨런 챔버스(Alan Chambers)와 마이크 즈눙(Mike Genung)의 사례이다. 앨런 챔버스(Alan Chambers)는 사춘기와 청년기에 동성애의 문제와 씨름하였지만 지금은 이성애의 삶을 살고 있다. 챔버스와 결혼하여 두 명의 자녀를 두었다. 세계적으로 돌아다니며 동성애에 대한 주제로 강의를 주로 한다. 현재 플로리다 올랜도에 본부를 두고 있는 엑소더스 인터내셔널의 대표로 활동하고 있으며 이전에는 올랜도에서 가장 큰 교회인 캘버리하나님의성회에서 목회자로 있었다.

성중독자는 아직 마음에 하나님의 사랑을 받아들이지 못한 사람이다. 즈눙은 13년 동안 5명의 심리학자, 2명의 정신과 의사와 만나 상담을 받았고, 8년 이상 프로그램과 책을 읽는 것보다 진정으로 하나님께서 나를 사랑하신다는 것을 마음속으로 믿었더라면 성중독자가 되지 않았을 것이라 고백하고 있다.

지금의 동성애 문제를 회복하려면 근원이 되는 깊은 문제를 해결하고 문제의 핵심이 되는 수치심에 대해 여전히 굴레로 작용하고 있는 아픈 기억들에 대해 하나님의 치유를 받아야 한다. 용서하고 용서받음으로 자유를 찾아야 한다. 예수 그리스도의 십자가에서 얻을 수 있는 능력과 사랑을 경험해야 한다.

특히 동성애자 출신으로 엑소더스 인터내셔널을 창시한 프랭크 워던(Frank Worthen)은 "적절한 도움을 받는다면 동성애의 치유는 가능할 뿐 아니라 당연하다."고 지적했고 동성애자였던 작가 사이 로저스도 "동성애의 이면에서 작용하고 있는 힘은 한 개인의 삶이 홀로 감당하기에는 너무나 강력하기 때문에 새롭고 전혀 다른 해답이 요청된다."고 밝혔다.

한편 브라이어 와이트헤드는 동성애를 포함한 기타 의존적 관계에 빠졌다가 하나님 영접을 통해 치유된 사람들 100명을 직접 인터뷰 해 그 결과로, 『나는 사랑받고 싶다 - 관계중독, 동성애 그리고 치유하시는 하나님』이란 저서를 남겼다. 충족되지 않은 사랑을 어긋난 방법으로 채우려는 욕망으로 인해 발생한 동성애와 관계중독으로부터의 자유와 회복이 하나님의 사랑과 믿음의 형제, 자매들의 도움으로 가능하다는 것을 성경과 학문적 접근 그리고 실질적 치유사례를 통해 증명하고 있다.

이외에도 'Parents and Friends of Ex-Gay and Gays'의 전 대표였던 리처드 코헌(Richard Cohen), 아프리카계 미국인 레즈비언을 위한 잡지 〈비너스(Venus)〉의 편집장이었던 코드런(Charlene Cothran), CCM 가수이자 작곡자인 데니스 저니건(Dennis Jernigan), 'National Coming Out of Homosexuality Day'의 회장이었고 케루소 사역(Kerusso Ministries)의 창시자인 마이클 존스톤(Michael Johnston) 등이 동성애로부터 벗어난 대표적인 인물들로 꼽히고 있다.

LGBT(성적 소수자) 활동가들은 성적성향을 전혀 바꿀 수 없는 것으로 생각하여, 다른 입장에는 귀 기울이려 하지 않는다. 성경에서는 동성애를 죄로 정의하지만, 동시에 동성애에서 벗어난 사람들이 있다는 점을 시사한다. "그러나 여러분은 우리 주 예수그리스도의 이름과 우리 하나님의 성령으로 씻음을 받고 거룩해졌으며 의롭다함을 받았습니다."(고전 6:9-11).

둘째, 동성애 회복 프로그램으로 웰스프링(Wellspring)이 있다. 국내에서는 2006년 11월에 설립된 웰스프링이 동성애자들의 회복을 돕는 몇 안 되는 기독교 단체 중 하나이다. 2007년 9월에 첫 동성애자 지원그룹 모임을 시작하였기 때문에 웰스프링의 도움을 받아 완전히 회복된 전 동성애자는 아직 없는 실정이다. 실제로 국내에 동성애로부터 벗어난 사람들이 존재하는 것으로 믿어 의심치 않지만 우리 문화의 보수성으로 인해 자신의 과거를 숨기고 있는 사람들이 많은 것으로 생각된다.

3. 동성애 문제와 교회의 대안

동성애의 기독교적 관점에서 성경적 조언과 교회의 대안에 대해 살펴보고자 한다. 몇 가지의 개별적인 연구결과에서는 우리나라 동성애자들 중 20~25%가 기독교인인 것으로 나타나고 있다. 이는 우리나라 전체 인구 중 기독교인 비율과 크게 다르지 않은 것으로, 우리가 출석하고 있는 교회에도 동성애자가 있을 수 있다는 점을 시사한다. 동성애 문제는 단순히 교회가 관심을 가져야 할 사회적인 이슈일 뿐만 아니라 이미 우리 교회 안에 스며들어와 있고 달아날 수 없는 심각한 문제이다. 교회는 거룩함의 모습을 강조하고 성적인 대화를 터부시하고 있으며, 기독교 동성애자들은 자신의 실제 모습을 숨긴 채 매주 예배에 참석하고 있다. 지금 교회의 안팎을 둘러싸고 있는 이 거대한 문제에 대해 실질적이고 즉각적인 대안이 요구되고 있다.

우리나라에는 동성애자, 양성애자, 성전환자를 포함한 소위 성소수자들의 인구를 정확하게 추산하기 어렵지만 약 1백만 명 정도로 본다. 이들을 둘러싼 우리의 가장 큰 문제는, 기독교인들이 동성애 문제에 대해 아는 바가 없으면서 무조건 동성애자들을 죄인으로 정죄하며 강력히 반대하거나, 아니면 소위 관용이라는 이름하에 자신과는 상관없다는 생각으로 동성애를 찬성하고 있다는 사실이다.

고린도전서 6장에서 사도 바울은 우리가 하나님 나라에 들어가는 데 걸림돌이 될 만한 죄악을 열거하는데, 여기에 동성애가 포함되어 있다. 동성애자도 죄인이지만 우리 중에 죄인이 아닌 사람은 없다는 것이다. 같은 장 11절에서 말씀한다. "너희 중에 이와 같은 자들이 있더니 주 예수 그리스도의 이름과 우리 하나님의 성령 안에서 씻음과 거룩함과 의롭다 하심을 받았느니라." 예수님은 동성애를 포함한 이 세상 모든 죄를 용서하고 우리를 하나님의 거룩함으로 이끄시기 위해 이 땅에 오셔서 죽으시고, 부활하셨다. 우리 기독교인은 사회적

이슈가 되고 있는 동성애의 문제에 보다 큰 관심을 가지고 성경적인 관점으로 보아야 한다. 동성애자들을 나보다 더 심한 죄인이거나 절대로 구원받을 수 없는 죄인이라고 생각하고 정죄하기보다는 구원을 받은 같은 죄인으로서 우리 모두 죄로부터 자유로워지고 하나님의 사랑을 받을 수 있도록 함께 지지하고 품어야 할 것이다.

그러면 교회의 대안은 무엇인가 살펴보아야 한다. 교회와 기독교인들은 동성애자들도 그리스도의 사랑의 맥락 안에서 따뜻하게 포용할 필요가 있는 것은 사실이지만 이 포용은 어디까지나 동성애자들의 왜곡된 성의식을 교정하여 바른 이성애적 성의식으로 전환시키기 위한 계도적 목적 하에서 이루어져야 한다. 동성애자를 사랑으로 포용한다는 말은 동성애를 교정하지 않고 끝까지 고집하는 상황에서 동성애를 정상적인 성질서로 인정해 주는 것을 의미하지 않는다.

보호를 받기 원한다거나 인정을 받기 원하는 것은 모든 여자와 남자가 공통적으로 갖고 있는 필요이다. 동성애는 이런 필요가 채워지지 않을 때 나타나는 수많은 증상 중의 하나일 뿐이고, 우리에게는 이러한 근본적인 필요를 채울 수 있는 방법이 있다. 바로 예수님의 십자가를 통한 하나님의 사랑이다. 그리스도의 사랑을 기초로 하여 건강한 가족을 세우고 부모가 자녀들을 성경적인 가르침으로 인도할 때, 동성애를 비롯한 많은 문제가 예방될 수 있다. 이미 동성애 생활에 빠져 있거나 자신의 삶 속에서 사랑의 결핍을 절실히 느끼고 있는 사람은 예수님과의 관계를 통해 과거의 상처를 치유 받고 마음속의 공허함을 채우며 하나님이 의도하시는 충만한 삶을 살아갈 수 있다. 또한 예수님을 모르고 동성애의 삶을 살고 있는 사람들은 동성애 관계에서 찾을 수 없는 무조건적이고 변질되지 않는 온전한 사랑을 예수님의 십자가에서 발견할 수 있다. 교회 내에서의 동성애 문제 예방, 기독교 동성애자들의 치료, 그리고 비기독교 동성애자들에 대한 진정한 사랑과 관용은 오직 예수 그리스도의 복음을 통해서만 가능한 것이다. 이에 대해 우리 교회가 해야 할 일은 크게 세 가지가 있다.

첫째, 어린이와 청소년에게 올바른 성과 관계에 대한 교육을 제공해야 한다. 우리나라 청소년들은 성에 대한 대부분의 정보를 인터넷, 매스컴 또는 주변 친구들을 통해 얻고 있다. 교회와 부모가 하나님 말씀에 기초하여 성의 아름다움과 건전한 관계의 중요성을 적극적으로 가르쳐야 하며, 자녀들이 성에 대한 대화를 자유롭게 할 수 있는 분위기를 조성해 주어야 한다.

둘째, 치유와 변화가 가능한 사랑의 공동체로 거듭나야 한다. 동성애자와 이성애자를 구분하여 서로 정죄하기보다는 우리 모두 인간의 죄성으로부터의 자유와 구원을 갈망하는 죄인임을 인정해야 한다. 예수님께서는 간음하는 것만이 죄가 아니라 음란한 생각을 하며 여자를 보는 것도 죄라고 하셨다. 행위의 문제가 아니라 마음의 문제라는 것이다. 이것은 동성애자와 이성애자 모두의 문제이다. 무너진 가치관을 붕괴된 가족구조와 함께 다시 세워야 하며, 교인들이 자신의 문제를 서로에게 알리고, 서로 중보해 주고, 서로 정신적으로 그리고 감정적으로 지지해 주어야 한다. 빛과 소금된 교회는 죄의 심각성과 십자가 구원의 능력에 대한 진리를 선포하되 동성애자들이 용서와 사랑과 회복의 체험을 할 수 있는 장소를 제공해야만 한다. 동성애자 또는 성적으로 문제를 안고 있는 이들을 위한 지원그룹, 세미나, 회복프로그램을 운영할 수도 있다.

셋째, 동성애 관련 기독교 사역 또는 운동에 참여해야 한다. 웰스프링과 같이 동성애자들의 회복을 위해 일하고 있는 기독교 사역 단체에 관심을 가지고 참여해야 한다. 나날이 가시화되고 있는 동성애의 문제에 대해 기독교는 그 어느 집단보다 독특한 입장에 있을 수밖에 없다. 교회만큼이나 동성애는 죄이고 더 이상 확산되지 않아야 한다고 선포하는 곳도 없다. 또한, 교회만큼이나 동성애자들에게 진정한 사랑을 전해 주고 온전한 구원의 길로 인도할 수 있는 곳도 없다. 우리 모두 동성애라는 이 시대의 문제에 대해 성경적이고 실질적인 대안을 마련하는 교회가 되어야 한다.

V. 동성애 문제와 향후 방향 및 제언

이러한 동성애 문제에 대한 다각적인 연구와 범국민운동을 통한 동성애 차별금지법반대운동을 전개한 결과 법무부에서 동성애관련 성적지향 항목을 삭제하기로 결정하였다. 그러나 이후 우리 사회에 동성애 문제에 대한 관심이 확대되자 각 언론에서는 이 문제를 다루기 시작했는데 주로 동성애를 시대흐름 으로 수용하는 측면에서 접근하고 있는 것이 주류 현상이었고 대다수 국민들 은 이에 대한 고민 없이 일방적인 여론에 무차별적으로 노출되어 합리적인 의 견을 제시하지 못하는 그런 상황이었다. 바로 이때 2008년 1월 9일 CBS 기독 교방송 시사 프로그램 토론 Q에서 "동성애 차별금지법 논란, 크리스천의 입장 은?" 이란 주제로 동성애차별금지법 문제에 관해 첫 토론회가 준비되어 길원평 교수와 장헌일 사무총장이 출연하여 주제발표와 토론을 통해 한국교계의 관 심과 기도를 요청했다. 이외 공영방송의 대다수 연예와 문화 예술 프로그램이 동성애를 수용하는 문화코드로 인식하며 이를 조장하는 분위기로 유도하고 있 었다. 그러나 한국교계는 일부 몇 단체를 제외하고는 이에 대해 근본적인 문제 인식과 대책 수립 없이 여러 사안에 묻혀가고 있었다.

그러다 최근 SBS 동성애 드라마 "인생은 아름다워"에 대한 시청거부운 동에 따른 2010년 6월 15일 "백지연의 끝장토론"에서 동성애 드라마 수용과 반대에 대한 토론이 있었다. 반대 입장에는 길원평 교수, 장헌일 사무총장이 나섰고 수용입장에는 동성애자 영화감독과 영화평론가가 출연하여 팽팽하고 끝이 없는 토론을 벌였다. 이미 판정단과 방청객들은 동성애 찬성과 수용자를 중심으로 사전에 계획된 토론회였다. 판정단 대다수가 문예창작과 출신 작가 지망생들로 드라마 각본의 창작물로서 동성애 소재가 문제없다는 시각을 갖고 있는 편파적 방송편성이었다. 이와 같이 동성애 찬성론자들은 입법 활동을 포 함하여 집요하고 계획적인 의도 하에 확대시켜 나가고 있는데 반해 동성애 반대운동 모임은 극히 일부에서 진행되고 있을 뿐이다.

실제 법무부가 지난 2007년 4월 이 법안을 마련했으나 동성애자에 대한 소수자보호가 다수자 인권을 위협하고 나아가 동성애 확산을 조장할 수 있다는 각계 우려로 인해 "성적 지향, 학력, 언어, 국가, 연령, 전과, 병력" 등 7개 차별 금지 사유가 삭제됐었다. 이후 7개 사유 삭제에 반발, 2007년 11월 민주노동당이 주도해 수정법안을 마련했었다. 그러나 2008년 5월 29일 새로운 국회가 구성되면서 당시 본회의에 상정된 법안은 폐기됐고, 2010년 하반기 국회에서 민노당·진보신당 등 주도로 새로운 동성애자 보호 법안이 국회에 제출될 것이 예상된다.

민노당·진보신당은 각각 성소수자위원회, 성정치위원회를 두고 동성애자를 지원하고 있다. 민노당은 2007년 대선공약에서도 "동성애자 커플을 법적으로 인정하고, 동성애자와 성전환자의 실질적 입양권 보장"을 주장한 바 있다. 민노당은 특히 동성애자 공약으로서 '성소수자 차별금지법'·'성전환자 성별변경법'·'성소수자 인권보장 기본계획' 제정 및 수립을 내걸었다. 이를 통해 "독립채널 확보를 통한 동성애자의 전용방송, 윤리·국어 등에 이성애 중심적 교과서 전면개정, 교사 및 군 간부 대상 동성애자 교육 실시, 성전환수술에 건강보험 적용" 등을 주장했다. 민노당에서 나온 진보신당 역시 강령을 통해 "성소수자에 대한 혐오에 바탕을 둔 낙인과 폭력을 근절하며 더 나아가 성소수자들을 배제하는 기반이 되는 '정상의 성' 이데올로기를 극복해야 한다."고 규정하고 있다.

이와 같이 정치권은 동성애자들을 중심으로 정치 세력화하고 있으며 지난 18대 총선에 동성애자를 국회의원 선거에 출마시킨 바가 있다. 민노당을 비롯하여 정치권을 통한 동성애 차별 금지와 동성애 결혼 합법화 등 동성애 관련 법안이 지속적으로 추진될 예정으로 의회선교연합과 같은 정치권 선교에 대한 적극적인 참여와 지원이 요청된다.

이와 함께 동성애 관련단체들은 영화, 연극 그리고 드라마, 음악을 비롯하여 각종 방송 및 토론회 등을 통해 다양한 동성애 문화코드를 중심으로 확산시켜 나가고 있다. 이러한 문제의 심각성으로 지난 케이블TV 토론에 참석한 후 향후 드라마를 비롯한 문화예술을 통해 강하게 침투할 동성애 문제에 대한 근본적인 대안과 대책을 마련하고자 각 분야의 전문가로 구성된 전국단위의 모임을 준비하였고, 동성애 문제를 포함한 바른 성문화를 위해 전문가 및 운동그룹 조직화를 통한 '바른 성문화를 위한 국민연합(바성연)'이라는 전문기구 출범을 합의하고 2010년 9월 1일 사무실 개소식을 시작으로 활동에 들어갔다. 특히 이 기구와 에스더기도운동본부, 의회선교연합, 세계성시화운동본부, (사)대한민국국가조찬기도회를 비롯한 유관단체들이 모여 동성애를 비롯한 음란과 타락된 성문화를 바로 세우기 위해 최선의 노력을 다하고 있다. 이와 함께 무엇보다 중요한 것은 한국교회가 동성애에 대한 문제를 근본적으로 다루는 전문연구와 출판이 필요하며 문화예술분야에 있어 전문적이고 다양한 대책수립과 함께 각 종교 사회단체와 더불어 범국민운동 차원으로 확대되어야 할 것으로 사료된다.

제11장
동성애 문제에 대한 한국교회의 목회적 대응을 위한 내러티브(narrative)[292]적 설명과 제안

곽재욱
동막교회 담임목사

I. 홍석천 이야기

동성애자가 스스로 자신의 성적 정체성을 드러내는 것을 '커밍아웃' (coming out)이라고 한다.[293] 한국에서는 지난 2000년 9월 탤런트이자 방송인인 홍석천이 커밍아웃하여 동성애 문제가 우리 사회의 뜨거운 논제로 떠올랐을 뿐만 아니라, 그의 고백은 이어지는 동성애 논쟁의 전개와 사회의 인식 변화에 있어서도 중요한 역할을 하는 기점이 되었다. 커밍아웃하기 이전에 홍석

---

292) '담론', '서사', '이야기' 등 다양하게 번역된 내러티브는 미국 기독교 윤리학의 수정주의 학파를 이끌고 있는 알라스데어 매킨타이어(Alasdair Mckintyre)와 스탠리 하우어와스 (Stanley Hauerwas)의 윤리적 표제어로서 '이야기'(story)에 대한 형용사적, 혹은 서술적 의미를 가지고 있는 용어이다. 하우어와스는 내러티브와 스토리를 거의 같은 의미로 섞어서 사용하고 있다. 필자는 학위논문에서 내러티브의 서술적 의미를 보다 분명히 드러내기 위하여 '이야기하기'로 번역하기도 했으나, 이 글에서는 이해를 간결하게 하기 위하여 영어 '내러티브'를 그대로 사용한다. 그러나 여기서 '이야기'는 해석학적 설명 개념으로서 '사실'과 다른 '허구'의 의미를 갖는 '이야기'와는 다르다. 곽재욱, "스탠리 하우어와스의 이야기하기 윤리의 사회윤리로서의 가능성 모색" (서울: 장로회신학대학교 대학원 미간행 박사학위 논문, 1995), 11–24.

293) 그와는 반대로, 타인에 의하여 그 사람의 동성애적 정체성이 밝혀지는 것을 '아웃팅' (outing)이라고 한다. 아웃팅의 의미와 윤리에 관해서는 Claudia Card, 강수영 역, 『레즈비언 선택』 (고양: 도서출판 인간사랑, 2004), 363–408 참조.

천은 1995년 'KBS 대학 개그제'에서 데뷔를 하여 어린이 뮤지컬 '사오정'에 출연하였고, 한국의 대표적 어린이 프로그램 '뽀뽀뽀'를 진행하고 있던 시청자들에게 재미있고 친근한 이미지의 활발한 활동을 하던 연예인이었다.[294]

그러나 그가 커밍아웃하자 그의 친근하고 따뜻한 이미지는 순식간에 무너져 '혐오'와 지탄의 대상이 되었다. 그는 "'뽀뽀뽀'를 진행하면서 아이들에게 정직하게 살라고 했는데 나 스스로 성의 정체성을 밝히지 못해 괴로웠다."며 "정신적인 충격을 받은 부모님들과 팬들께 죄송하다."고 말했다. 이어 홍석천은 "내가 동성애자임을 밝히는 것은 내 영혼의 문제로 매우 중요하다."면서 "그동안 특별한 계기가 없어 밝히지 않았던 것일 뿐 주변 사람들에게는 줄곧 이 사실을 시인해 왔다."며 '뽀뽀뽀' 등 모든 방송 출연을 중단했다. 그의 커밍아웃은 스스로에게 고난을, 한국사회에는 커다란 충격과 동시에 사회적 의제를 던져 주었다.

우선 그동안 음성적이던 한국의 동성애자들이 홍석천의 커밍아웃을 지지하고 그에 대한 불리한 처우에 대해서 반대하는 기자회견을 자청하면서 나섰다. 홍석천의 커밍아웃이 한국사회의 동성애 그룹의 커밍아웃을 이끌어 내는 순간이었다. 그들은 "홍석천의 방송출연 금지는 명백한 인권 침해이자 폭력"이라는 공개적 성명까지 발표했다. 이에 대해 기독교, 천주교, 유교 등 종교단체들은 "동성애 논란은 일고의 가치도 없다."라며 반박했다. 홍석천은 대한민국 국회에서도 거부당하는 존재로 화제를 낳았다. 2000년 11월 3일 보건복지부에 대한 국회 보건복지위 국정감사에 참고인 자격으로 설 예정이었던 홍석천이 "아직도 동성애를 질병으로 보는 시각이 일반적", "보건복지위가 희화화될 수 있다"는 일부 의원들의 반대로 국회 앞에서 발길을 돌린 것이다.

힘든 상황을 겪던 홍석천은 해외에서조차 이슈가 되었다. 2003년 LA타

---

294) 유명준, "[Ki-z 삶 & 사랑] '커밍아웃 10년' 홍석천, 대한민국을 바꾸다"(neocross@kukimeida.co.kr, 2010.7.17.) '홍석천 이야기'의 구조와 전개의 중요한 부분을 유명준 기자의 기사 내용 중에서 발췌한 것이다. 다만 이슈를 읽고 평가하는 관점은 차이가 있다.

임스는 "'한국 스타, 커밍아웃 뒤 인기 추락'이라는 서울발 기사에서 동성애자임을 공개한 홍 씨가 한국판 〈세서미 스트리트〉인 MBC TV 〈뽀뽀뽀〉 출연이 정지되고 동료배우들까지 그를 피하는가 하면 10대 소년들은 길거리에서조차 욕을 퍼부었으며 가족들까지도 동반자살을 권유하는 혹독한 세월을 지내고 있다."고 소개했다.

그러나 2004년부터 홍석천에 대한 사회의 시선이 조금씩 달라지기 시작했고, 해외에서도 그의 행보를 주목하기 시작했다. 2004년 10월 미국 시사주간지 《타임》은 한국의 공인으로서는 처음으로 커밍아웃을 선언해 동성애에 대한 보수적인 태도에 변화를 가져왔다고 평가하며 홍석천을 아시아의 젊은 영웅 20인에 선정했다. 이것은 미국의 스톤월 인 사건과 짐바브웨의 무가베 체포 시도 사건이 몰고 온 동성애자들의 정체성과 인권에 대한 여론을 일으킨 것과 같은 차원의 한국에서의 결정적 사건이라고 평가한 것이다.[295]

홍석천 자신도 적극적으로 변했다. 그해 9월 민주노동당 '성소수자위원회' 발족식에 참석해 "이런 날이 올 것이라고 상상하지 못했는데, 세월이 좋아졌다는 것을 느낀다. 성적 소수자들이 살만한 세상을 위해 힘을 보태겠다."며 입당했다. 3년 만에 홍석천은 성적 소수자들을 대표하는 인물로 떠올랐고, 그의 행보와 발언을 통해 사람들은 한국의 성적 소수자에 대한 변화를 읽었다.

또 2007년에는 케이블TV에 얼굴을 비추며 본격적인 활동에 임하기 시작한다. 한 프로그램에 나와서는 자신의 이상형은 근육질 꽃미남이라고 거침

---

[295] 1969년 6월28일 미국 뉴욕의 동성애자들의 결집장소였던 스톤월 인(stonewall Inn) 식당에 대한 경찰의 급습사건은 미국에서 동성애자들이 성적 정체성을 드러내는 데에 결정적인 역할을 하게 되었다. 7월 28일 그날은 「오즈의 마법사」의 여주인공이자 동성애자들의 추앙을 받던 주디 갈란드(Judy Garland)의 장례식 날이었다. 그 이전의 경찰급습에 대해서 수동적이었던 동성애자들이 이날 경찰에 저항을 하면서 '동성애 행동주의'의 문을 열었다.
　　1995년 짐바브웨의 대통령 무가베(Robert Mugabe)가 하라레(Harare)에서 열린 짐바브웨 국제 도서 전시회에서 동성애 관련 도서의 전시를 금지시키면서 동성애를 모욕하고 동성애자들을 핍박한 일이 국제적인 차원에서 동성애자들의 정체성과 인권에 대한 여론을 불러일으키는 결정적 계기가 되었다. 무가베 대통령이 영국을 방문했을 때에 게이 인권 단체는 "살인, 고문, 비재판 구속 등 동성애자의 인권유린"이라는 죄명으로 무가베 대통령에 대한 '시민에 의한 체포'를 시도했다. Vanessa Baird, 김고연주 역, 「성적 다양성, 두렵거나 혹은 모르거나」 (서울: 도서출판 이후, 2007), 26-28, 42-44 참조.

없이 고백을 했지만, 이에 대해 대중들의 시선은 이전보다 따갑지 않았다. 이어 2008년에는 아예 동성애자들의 일상과 고민을 다룬 프로그램 진행을 맡게 된다. 비록 흥미 위주의 접근이라 논란이 일긴 했지만, 동성애가 방송가에서 일회성 아이템이 아닌, 한 프로그램의 메인 주제로 떠올랐으며 이를 이끄는 이가 홍석천이라는 사실은 세상이 동성애자를 바라보는 시선의 변화가 수면 위로 본격적으로 떠올랐음을 시사했다.

이런 홍석천은 또 한 번의 행동으로 세상의 주목을 끌게 된다. 이혼한 자신의 친누나의 아이들을 입양한 사실이 알려진 것이다. 조카들 생부의 친권포기 각서를 받으려면 법적인 입양자, 보호자가 필요했으며, 홍석천은 보호자 개념으로 조카들을 입양했다. 그러나 또 이를 두고 사람들 사이에서는 논란이 일었다. '커밍아웃'이라는 홍석천의 행동이 세간의 시선에서 어느 정도 수그러들 즈음 홍석천은 동성애자로서 넘기 힘든 영역에 또 한 번 발을 옮긴 것이다.

그리고 2010년. 홍석천이 커밍아웃을 한지 10년이 지난 현재 홍석천을 받아들이는 세상의 시선은 한편 '평범'해지고, 다른 한편 '특별'해졌다. 2009년 부산국제영화제를 즐기러 온 홍석천에게 사람들은 다가가 사인과 사진 촬영을 요구했고, 홍석천은 스스럼없이 그들과 어깨동무하며 환하게 웃어 주었다. 그 동안 트랜스젠더 연예인이 다수 나오고, 동성애를 주제로 한 영화는 물론 드라마까지 나오자 사람들은 '동성애'에 대해 관대해진 까닭이다.

특히 한국 시청자들에게 있어서 영화가 '선택'의 요소가 강하다면 TV드라마는 '필수'의 의미를 가진다. 2010년 8월 현재 MBC는 수·목에 "개인의 취향", SBS는 토·일 밤에 "인생은 아름다워"를 편성하여 동성애자들에게 우호적 내지는 동정적 입장을 안방으로 실어 내보내고 있으며, KBS가 국민배우 문근영을 동원한 "신데렐라 언니"마저 동성애적 시각이 있다는 의혹을 받는 것을 보면, 홍 씨의 커밍아웃 10년째인 2010년 들어서 동성애는 공중파, 지상파

를 망라한 방송의 최고의 의제가 되어 있다고 할 수 있는 것이다.[296]

그렇다면 다원주의화 되는 이 사회 속에서 교회는 점차 자신들의 소리를 내고 있는 동성애자들에 대해 과연 어떠한 입장을 가져야 할까? 전통적인 성서 해석에 따라 교회는 동성애를 정죄시키는 태도를 계속해 갈 것인가? 아니면 성서가 쓰여질 당시의 문화와 사회에 영향을 받을 수밖에 없었던 동성애에 대한 성서의 입장을 오늘날 상황에서 다시 새롭게 해석하는 시도를 해야 할 것인가? 특히 이 문제는 여전히 사회적 소수로 억압을 받는 동성애자들을 상담차원에서 돕기 위해서도 해결되어야 할 중요한 것이다.

홍석천이 지난 6월 12일 열린 제11회 퀴어문화 축제에서 "커밍아웃을 원하지 않는다면 굳이 할 필요는 없다고 생각한다. 부끄럽게 생각하거나 성 정체성에 대해 지나치게 걱정할 이유도 없다."며 "스스로를 사랑해야 타인의 사랑도 받을 수 있다. 여러분 모두 사랑스러운 사람들"이라는 발언이 성소수자들뿐만 아닌, 그들에게 동조적인 일반인들에게도 찬사를 받기에 이르렀다.

물론 여기에는 전제가 있다. '내 가족과 내가 아는 사람들'만 아니라면 성적소수자가 사회에 존재한다는 것을 인정하겠다는 것이다. 익명을 요구한 한 동성애자는 "아직은 국한됐지만 내가 게이라고 말할 수 있는 장소가 점점 공개적으로 변하고 있다. 성소수자가 아닌 사람들도 자유롭게 와서 대화하고 놀고 간다. 그러나 역시 가족들에게는 말하지 못하고 있다. 하지만 지금의 세상에도 만족한다. 게이가 '병'이나 '정신이상자'가 아닌, 평범한 사람의 성적 정체성으로 인식이 변하고 있기 때문"이라고 말했다.

홍석천의 이야기는 분출된 사건이다. 홍석천이 커밍아웃하기 이전에도 연예인을 포함한 방송인들에 대한 동성애 소문은 무성했다. 그러나 그러한 소문들과 홍석천의 커밍아웃의 다른 의미는 그의 성적 정체성이 더 이상 숨어서

---

296) 케이블 티브이 TvN의 "백지연의 끝장토론" 2010. 6. 19. "동성애 드라마의 수용 Vs 반대" 제하의 토론은 동성애 드라마 방송에 대한 찬반에 관한 것이었다.

흐르는 소문으로 그치지 않고 방송을 통하여 공개되고 사회적으로 의제가 되었다는 점이다. 의제는 시간의 흐름과 함께 세 가지 방향으로 발전하였다. 그 하나는, 그의 커밍아웃은 그 동안 숨겨져 있고, 닫혀져 있었던 우리 사회의 동성애자들이 스스로 정체성을 의식하고 결집하는 계기가 되었다. 둘째는, 그의 커밍아웃으로부터 우리 사회의 동성애에 대한 공론상의 인식이 시작되었고, 그것이 시간의 흐름에 따라서 점차 반감에서 호의로 바뀌어져감으로써 국회에서는 동성애차별금지법안을 상정하려는 시도에까지 이르렀다는 점이다. 홍석천이 커밍아웃을 했을 때에 그의 편은 아무도 없었다. 그러나 동성애자들이 그것에 대해 반대하였고, 차차로 사회 여론이 그에 대해서 관용적이 되어 갔으며 그에 따라서 영화나 드라마 같은 것들이 동성애에 대해서 호의적인 태도들이 드러났으며 마침내는 국회조차도 동성애차별금지법안상정의 시도에까지 이르게 된 것이다. 셋째는, 그와 함께 동성애에 대한 호의가 주로 우리 사회의 진보주의 그룹의 정치적 의제에 포함되었다는 것이다. 동성애 금지 법안은 사회적 소외에 속하는 소수자들을 향한 인권과 사회복지, 사회정의의 차원에서 언급되었다는 점이다.

II. 동성애 이야기

한국 사회가 동성애자들을 '사회적 소수자'라는 인권적 차원에서 인식하기 시작하고, 영화와 드라마와 같은 흥행의 우호적 주제가 될 뿐만 아니라, 국회에서 '동성애차별금지법'을 상정하려는 시도에까지 이른 오늘의 상황은 한국교회로 하여금 동성애에 대한 공동적, 목회적 대응을 서둘러야 하는 상황에 직면하게 하였다. 이 같은 흐름과 분위기 가운데 동성애에 대한 논의는 1995년 6월 26일 국내 동성애자들의 단체 회원들이 함께 모여 「한국 동성애자인권운동협의회」를 결성한 이후 본격적으로 공개되기 시작하였다. 2002년부터 활동에 들어간 국가인권위의 관련법 30조 2항은 성적 소수자에 대한 차별을 금지하고 있으며, 2002년 3월 29일에 국가인권위원회는 직원 공개채용 시 국가기관으로는 처음으로 동성애자 1명을 포함하는 직원을 선발하기도 하였다.

지금까지 한국 교회는 우리 사회의 여론 조성의 한 축으로써, 특히 인권문제에 대한 영향력 있는 기관으로서 동성애 문제에 대하여서도 견해들이 전혀 없었던 것은 아니었다. 그러나 그러한 견해들이 주로 목회자들의 설교와 같은 것들에서 성경의 몇몇 구절들을 인용하는 비판 일변도의 대응이었을 뿐, 한국 사회와 교회의 현실을 반영한 합의적 대안이 제시되었다고 볼 수는 없을 것이다. 한국 교회는 안과 밖에서 질문을 받고 있다. 안으로 신도들에게 성경과 교회 전통에 입각하고 현실을 반영한 책임적 설명을 해야 할 뿐만 아니라, 밖으로 사회로부터 한국 교회의, 특히 목회적 설명력을 갖춘 답변을 요구받고 있는 것이다. 특히 학문적 탐구를 일차적 임무로 하고 있는 신학과는 달리 교회라고 하는 현실 공동체를 떠안고 있는 목회는 전통성과 현실성을 함께 갖춘 책임적 자세와 대응이 요구되고 있다고 볼 수 있다. 즉 신학과는 달리 목회는 내러티브적 성격이 보다 강하다고 할 수 있다. 내러티브의 성립에 있어서 가장 중요한 것이 이야기의 전승성과 함께, 그 이야기를 내용으로 결집하고 전개하는 공동체의 존재이기 때문이다. 우리가 홍석천의 고백을 한국 동성애 이야기의 출발점으로 보는 것도 바로 그로 인하여 한국 동성애자들이 공동적 정체성을 의식하면서 이야기를 전개해 나갔다고 보기 때문이다.

서구에서 동성애가 내러티브적 의미를 갖게 된 것은 20세기에 들어서서였다. 그것은 20세기 이전에 동성애가 존재하지 않았다는 것을 의미하는 것은 아니다.[297] 동성애가 존재한 것과 동성애가 내러티브가 된다는 것은 구분되

---

297) 동성애와 이성애란 단어는 1868년 한 편지에서 처음 발견되고 그것이 인쇄되어 나온 것은 1892년 미국에서였다. 푸코에 의하면 서구의 성의역사에 있어서 19세기 후반에 들어서 동성애적 정체성이 성립되었다.

어야 한다. 내러티브는 두 가지 차원, 곧 시간적·수직적 차원과 공동체적·수평적 차원의 두 가지가 확인됨으로써 형성되는 것이다. 이와 같은 동성애 이야기의 해석학적 이론의 배경을 비트겐슈타인의 '가족 상동성'과 레비스트로스의 '내재적 접근'을 중심으로 생각해 볼 것이다. 물론 비트겐슈타인과 레비스트로스가 내러티브적 이해를 시도한 배타적 인물들은 아니다. 프리드리히 니체가 그와 같은 제안을 이미 했으며, 그런 의미에서 그는 포스트모더니즘의 선구자로도 이해된다. 근자 수정주의학파로 불리워지는 매킨타이어와 하우어와스 같은 사람들이 일반 윤리학과 기독교 윤리학에 있어서 내러티브적 주장을 하고 있다.

1. 동성애 이야기의 이론적 배경들

1) 비트겐슈타인의 '가족 상동성'

클로디아 카드(Claudia Card)는 그녀의 책 『레즈비언 선택(Lesbian Choices)』에서 레즈비언 내지는 동성애의 계보학을 내재적 관점에서 성립시키고 있다. 즉 다양성과 불일치 가운데서 레즈비언의 공통점을 하나의 연속적 본질에서 찾지 않고 "그보다는 수많은 제한적 연속성, 공통성과 관계들이 일부 '레즈비언'들을 다른 사람들과 연결시켜 주고, 이들은 또 다른 일군의 공통성과 관계들로 다른 사람들과 연결되어 있다."고 전제하였다. 이것은 다양성 속에서 통일성을 계보적으로 구축한다는 의미로서 '가계 연결의 메타포'라고 부르는데, 우리는 이것을 내러티브적 해석이라고 부른다.

클로디아 카드는 이와 같은 내러티브적 해석의 현대적 시도를 비트겐슈타인에게서 찾고 있다. 크로디아 카드는 "소크라테스가 사물들을 동일한 이름으로 부르기 위해서는 그 공통된 특성, 즉 공통된 형태와 보편자가 있어야 한다."라고 말한 고대 그리스 철학의 정언에 대하여 반박한 20세기 비엔나 철학자 루드비히 비트겐슈타인(Ludwig Witgenstein)의 '가족 상동성(family resemblances)' 개념을 수용한다. 즉, 눈이나 얼굴 형태와 같은 공통된 특징이 없어도 가족을 유머감각이나 몸짓, 말 등의 다양한 요소들에 의하여 가족을 식별하는 것과 같이 레즈비언들이 역사와 문화의 여러 요소들에 의하여 서로 얽히며 이어지고 있다는 것이다.[298]

혹은 영국의 사회학자 앤소니 기든스의 민주적 소통구조로서 계몽주의의 합리성을 넘어서서 인간의 내면에 있는 사적인 영역, 곧 '친밀성'의 영역에서 찾고 있다. 기든스는 프로이드의 여러 가지 중독(알코올, 약물, 나아가 섹스 중독)의 사례들에 대한 당사자의 자기 자신에 대한 서술(바로 '자아의 서사')을 면밀하게 다루면서, 이로서 사회를 관통하는 큰 흐름을 읽어 내려 한다.[299]

2) 내재적 접근

'가족 상동성'이나 '계보학'은 우리 사회에서 일전에 재외 재야학자인 송두율 교수의 입국과 관련하여 논란이 되었던 그의 '내재적 통일론'과 유사하다. 남한 사회의 재야, 청년 진보주의 그룹의 북한 이해와 통일론에 상당한 영향을 미친 그의 내재적 접근은 또한 레비스트로스의 인류문화학에서의 내재적 접근과도 상당히 유사하다. 우리는 '가족 상동성, 계보학, 내재적 통일론, 문화의 내재적 접근'이 내러티브한 공통성을 갖는다고 보는 것이다. 레비스트로스는 원시종족의 문화를 식민주의적으로 이해하게 하는 서구, 근대, 백인 중심적 문화 이해를 거부하고 모든 문화는 나름대로의 동일한 역사와 내용을 가지고

---

298) 클로디아 카드는 비트겐슈타인의 '가족 상동성' 개념을 프리드리히 니체가 '계보학'이라고 부른 것의 시간적 단층(time-slice)과 같다고 말한다. 그녀는 비트겐슈타인의 가족 상동성과 니체의 계보학이 보편에 관한 소크라테스식 탐색에 대한 대안을 제공한다고 말한다. 즉 "계보학은 역사적으로 존재하는 공통적 본질이나 한 사람의 조상들에게 공통적으로 존재하는 유전자를 전제하지 않는다. 후세들은 여기저기서 조금씩 빌려온 것들을 조합함으로써 탄생한다."고 하였다. Claudia Card, 『레즈비언 선택』, 70-81.
299) 배은경, 황정미, "현대 사회의 성·사랑·에로티시즘, 현대성의 그림자 혹은 탈출구?" Anthony Giddens, 『현대사회의 성·사랑·에로티시즘』(서울: 새물결, 2003), 16-18.

있는 것으로서 그 자체적으로, 즉 내재적으로 이해되어야 함을 주장하였다. 만약 서구 중심적으로 원시종족의 문화를 바라보게 되면, 종족문화는 원시종족들은 미개사회의 미개부족으로 인식되고, 이는 필연적으로 현대문명이 지도하고, 가르치고, 계몽해야 할 세계로 인식된다는 것이다. 이는 아마도 원시부족들의 현대문명에의 노예화로 필연적으로 내몰게 되는데, 이는 이들에 대한 정당한 이해가 아니며, 몰이해의 확산일 뿐이라는 것이다. 아마존의 원시종족들은 불합리, 비합리의 세계가 아닌 그들 속에서는 그들 나름대로의 자체 논리를 갖고 삶을 이어가는, 충분히 합리적이고 논리정합적인 사회라고 보는 것이다. 다시 말해, 아마존의 원시부족들은 서구근대사회와는 다른 문명관, 다른 세계관, 다른 인생관, 다른 인간관을 가지고 있을 뿐이지, 관점과 의식 자체가 없거나 미숙한, 진화의 탈락체가 아니라는 것이다.

레비스트로스가 이러한 아마존의 원시부족사회에서 보고 느꼈던 것은, 삶의 원형태가 고스란히 살아 있는, 총체적 삶의 형태가 살아 있는, 고향으로서의 문화 이미지이다. 우리의 현대문명과는 전혀 다른 이질의 문명 내지는 문화의 세계, 문화절대주의 시각에서 보면 미개사회요 진화하지 못하고 그 진화가 멈춘 사회이지만, 문화상대주의 입장에서는 현대문명이 잃어버린 것을 간직하고 있는, 고향으로서의 세계, 바로 그것인 것이다.

레비스트로스의 내재적 접근은 탈식민주의 탈서구 중심주의를 지향하고 있다는 점에서, 주체냐 노예냐의 주체 중심사고에서 관계적 사고로 나아가고 있다는 점에서, 그리고 아마존 원시부족에 대한 정당한 이해에 도달하고 있다는 점에서 매우 유의미하고 바람직한 접근법임을 알 수 있다. 세계를 힘의 논리가 지배하는 세상이 아닌 관계성의 사고가 지배하는 세상으로 재구성해낸 것은, 세계를 보다 긍정적으로 변화시키는 작업이었음이 분명하기 때문이다.

내재적 접근이 탈식민주의요 탈서구 중심주의적이며 탈주체 친타자의 입장을 드러내는 접근법이요 방법론이라면, 내재적 접근은 매우 가치 있는 시각이요 연구방법론이라고 할 수 있다. 그러나 이는 레비스트로스의 경우에 그러한 것이다. 레비스트로스의 경우를 떠나면, 내재적 접근이 여전히 가치 있는 시각이요 연구방법론인지는 장담할 수 없는 일이다. 특히 정치성이 개입될 때 레비스트로스의 내재적 접근이 변질된다고 할 수 있겠는데, 동일문명권·동일문화권 내로 이 내재적 접근을 가지고 올 때 이는 필연적으로 정치성의 개입이라고 할 수 있고, 정치성의 개입이라고 보아야 한다. 내재적 접근은 아마존의 원시부족들의 문화와 같이 주체와 타자의 관계가 완결되었을 때에야 실효성이 있지, 주체와 타자의 관계가 다툼중이고 치열하게 투쟁중이어서 확정되지 않는 관계에 도입시키는 것은 필연적으로 정치성을 발생시키기 때문이다.[300]

우리 사회가 북한을 바라보는 내재적 접근은 레비스트로스가 아마존의 원시부족 사회를 바라보는 시각과 동일하며, 북한사회를 그처럼 인식한다는 것이다. 북한사회가 아마존의 원시부족사회와 마찬가지로 타자성과 반문명성과 탈진화성을 지닌 사회라는 것이다. 북한사회가 핵무기를 지닌 사회이며 수용소군도를 운용하는 사회이며, 세계 10위권 안에 드는 군사대국이라는 사정은 전혀 무시되거나 망각되거나 인식의 표면 위로 떠올라오지 않는다. 우리 사회의 문명과는 몇 단계는 뒤처진 전 전 단계쯤의 문명이며, 우리가 잃어버리고 있는 인간성을 간직한 시원의 장소이며, 한마디로 문명이전의 타자의 세계라는 것이다.

탈식민주의요, 탈중심주의요, 탈주체, 친타자를 지향하는 내재적 접근이 이와 같은 영상화에 도달하는 것은 불가피하다. 내재적 접근을 지나치게 확장하는 게 위험한 이유이며, 또 동일문명권 내로 내재적 접근을 가져오는 게 불가한 이유이기도 하다. 동일문명권 내로 내재적 접근을 가져오는 것은 위험하며 불가한 일임에도 불구하고, 내재적 접근을 동일문명권 내로 가져온다면, 이는 정치이다. 정치적 이유 혹은 정치적 목적 때문에 그와 같이 한다는 것이다.

---

300) 도서출판 아엘앤피, 『통일문학사와 내재적 접근』(www.ilnp.co.kr: 2010. 7. 5).

2. 이야기의 진실성(The Truthfulness of Narrative) - 숨김과 드러남

내러티브(narrative)는 일목요연한 이론(theory)이 아니다. 또한 내러티브는 객관적 사실성을 실험적 합리화를 통하여 증명하고자 하는 자연과학적 리포트와 같은 것은 아니다. 내러티브는 이미 그 안에 '부딪침'과 '어긋남'이 포함되어 있다. 이야기를 포함하고 있는 공동체 안에서 이러한 부딪침과 어긋남은 전승과 전승의 발전, 그리고 공동체의 정신과 영성에 의하여 연결되면서 전체적 모습을 형성하여 나간다. 그 가운데 내러티브는 많은 것들을 생략하고 많은 것들을 부각시키고 강조한다. 그리고 그 흐름과 해석의 일관성을 내러티브 속에서 찾는다. 그러므로 내러티브는 내러티브 자체로서 합리성을 갖는다. 즉 도덕적 행위자의 내부적 심리나 내러티브 외부의 사회적, 환경적 요인들이 아니라, 도덕적 행위자가 가지는 내러티브의 전승과 공동체에 의하여 윤리적 행동의 연속성과 그 의미와 특징을 가지게 되는 것이다.

그러나 각각의 공동체들이 포함하고 있는 이야기들이 더 큰 '사회' 혹은 '세상'이라는 공동체 안에서 서로 다른 이야기의 흐름과 정서로 인하여 '어긋남'과 '부딪침'으로 만날 때에 어떻게 할 것인가? 오늘날 각각의 공동체들의 이야기들은 '지구'라는 하나의 생태적 기반과 '세계 사회'라는 구조적 기반 위에 만난다. 우리는 지난 인류의 역사 가운데 자본주의와 공산주의의 이념의 이야기가 다름으로 해서, 그리고 기독교와 이슬람의 종교의 이야기가 다름으로 인하여 그 이야기들이 부딪칠 때에 얼마나 크고 잔인한 폭력이 발생하고 얼마나 많은 희생을 낳게 되는지를 생생하게 경험하였다.

물론 서로 다른 이야기들이 충돌하고 부딪치는 가운데 이야기들의 삭제와 합류가 일어날 수는 있다. 우리가 가진 성경과 교회의 이야기들도 바로 그와 같은 많은 이야기들의 부딪침과 어긋남을 통한 삭제와 합류의 결과이기도 하다. 그러나 오늘 세계는 더 없이 상호 연관되어 좁아져 있고 단일화되어 있다.

현대 세계에는 현재 이슬람 과격주의자들이나 북한과 같은 일탈적 국가들의 이야기들이 다른 이야기들과 폭력적으로 충돌하여 돌이킬 수 없는 파멸로 이어지는 것을 막기 위한 일차적 가치인 '생존'(survival)에 대한 합의가 요구된다. 내러티브의 어긋남이 불안의 긴장을 일으키고, 부딪침이 파멸의 폭력으로 이어질 수 있기 때문이다. 그와 같은 생존의 기반 위에 검증되어야 할 것이 내러티브의 진실성(the truthfulness of narrative)이다. 즉, 이야기의 진실성 여부가 생존의 기반 위에 검증되어져야 하는 것이다.

그런데 이러한 내러티브로서의 인식론에 있어서 궁극적으로 중요한 것은 서로 다른 이야기들 가운데 하나의, 혹은 어떤 이야기가 진실이라는 것을 어떻게 주장할 수 있는가가 문제이다. 이 질문에 대한 대답은 다음의 몇 가지 가운데 생각해 볼 수 있다. 첫째, '그것이 객관적인 사실이기 때문이다.' 이와 같은 대답은 내러티브가 갖는 속성상 이미 거절되었다. 둘째로는, "각각의 문화 혹은 공동체들은 서로 다른 이야기들을 가졌고, 그들의 이야기는 그 자신들에게 있어서 진실한 것이다."라는 대답이다. 아마도 앞서 보았던 가족 상동성이나 계보학, 그리고 내재적 접근과 같은 것들이 그와 같은 입장을 취하고 있다고 볼 수 있다. 이야기의 다양성을 그대로 인정하고 이야기 속에 속한 사람들은 그 이야기로서 진실하다는 것이다. 여기서 이야기 속에 속해 있다는 것은 시간적인 종, 공동체적인 횡의 두 가지 차원을 갖는다. 내러티브는 종으로 시간을 타고 이어지고, 횡으로 그것을 담지한 공동체에 의하여 입증되며, 그 속에 포함된 개인들은 그 전승과 공동체에 의하여 자신의 정체성을 구하는 것이다.

카드는 존 보스웰에게서 도움이 될 만한 암시를 얻었다고 하면서, 그의 '구성'(construction)은 '추론하다'(construe)에서 파생한 것으로 돌릴 수 있다고 한다. '구성하다'가 '조작하다'(fabricate, '거짓말하다'는 뜻을 암시한다)를 암시한다면, '추론하다'는 '해석하다'(interpret)를 암시한다고 말하면서 이

하에서 자신의 추론의 진실성을 성립시키려고 노력하고 있다.[301]

스탠리 하우어와스는 이야기의 진실성은 독자가 이야기에 소속되었는가
의 문제와 이야기의 향후를 향한 계속성에 있다고 보았다.

우리는 진실한 이야기는 정확한 진술, 올바른 서술을 제공하는 것이라고
생각한다. 그러나 진실한 이야기는 나로 하여금 계속 나아갈 수 있도록
(to go on) 돕는 것이어야만 한다고 제안하고 있는 것이다. 왜냐하면 비
트겐슈타인이 제안한 바와 같이 이해하는 것은 어떻게 계속 나아가는가
를 이해하는 것이기 때문이다.[302]

각각의 전승과 공동체가 가지고 있는 내러티브들이 이야기들의 보편적
기반인 생존을 위협하고 파괴하는 것이면 어떻게 될 것인가? 더구나 세계 속에
는 인류가 수천 년을 내려오면서 고귀하게 보존하고 전승해 왔던 가치들, 동서
양을 넘어서는 가치들과 이야기들이 있다. 이것은 이야기들을 다듬어 하나의
보편주의적, 우주적 이야기를 의도적으로 형성하자는 제국주의적 발상을 말
하는 것이 아니다. 각각의 가치들과 고유한 정서들을 포함하는 이야기들은 그
나름대로 존중되어야 한다. 그러나 그 이야기들이 진실성의 얼마간을 보여 주
고 생존을 보장하는 자연의 법칙이 있다고 우리는 확신한다. 예를 들어서 부적
절한 성관계를 통하여 만연하는 에이즈와 같은 성병들이 내러티브의 진실성을
확인해 주는 자연의 메시지요, 가치라고 볼 수 있는 것이다. 무엇보다도 인류의
종족의 보존과 번성이 본질적으로 남녀의 성을 통해서인 것과, 고금의 윤리학
들이 인간의 성이 갖는 두 가지 차원인 '후자 생산'과 '성의 즐거움'이 서로 분리
되고 한쪽으로 기울게 될 때에 일어나는 결과에 대해서 경고하고 있다는 사실

---

301) Claudia Card, 『레즈비언 선택』, 53.
302) Stanley Hauerwas, *Truthfulness and Tragedy* (Notre Dame, Indiana: University of Notre Dame Press, 1985), 80.

을 주목하지 않을 수 없다. 자연이 징후로서 나타내고, 양심이 경고하고, 기독교 신앙이 성경을 통하여 말씀하는 바와 명백히 반하는 내러티브가 진실하고 유익한 것인가에 대한 질문을 심각하게 물어보아야 할 것이다.

내러티브는 모든 것을 모두 이야기하는 것은 아니다. 그러나 이야기의 진실성은 무엇보다도 '생존'과 같은 가치에 기반을 두는 것이어야 하고, 그 이야기 자체의 전개에 의한 것이어야지 반드시 검증되어야 할 내용들을 의도적으로 감추고 있는 것이어서는 안 될 것이다. 한 마디로 내러티브는 인위적이거나 작위적이어서는 안 된다. 이야기의 공동체에 포함된 개인은 이야기의 주체이면서도 객체이다. 그러나 우리가 말하는 '내러티브'는 개인의 주체성보다는 객체성을 우선하는 것이다. 이야기는 개인이 풀어 나가는 것이 아니고 이야기 자체로서 풀어 나가야 하고 개인은 그 가운데 이야기의 수용자로서의 의미가 우선적인 것이다.[303]

여기서 개인이나 어떤 요소들에 의하여 의도적으로 이야기를 왜곡한다든지, 다른 방향으로 해석하여 이끄는 것은 그 자체가 이야기의 진실성을 무너뜨리는 것이다. 동성애를 주장하는 사람들이 흔히 주장하는 바와 같이 고대 그리스 철학자들의 인류애와 형제애에 관한 이야기들을 동성애로 해석하는 것은 바로 그와 같은 이야기의 왜곡이라고 할 수 있다. 그들이 주장하는 바는 문화의 동력으로서, 후학에 대한 교육으로서, 그리고 덕목으로서의 인간애를 동성애의 근거로 삼는 것에 당혹한다.

심지어 기독교 신앙이 소중한 이야기의 전거로 신봉하는 성경의 이야기들조차도 단편적으로 끊고 해석하여 동성애의 근거로 삼는 것은 내러티브를 담지하고 있는 공동체에 대한 모욕이며 손상이 될 수 있다. 성경의 이야기들의 전체적 흐름과 그 속에 흐르는 정서와 담고 있는 덕목들과 가치들과 반하는 주장

---

303) 곽재욱, "스탠리 하우어와스의 이야기하기 윤리의 사회윤리로서의 가능성 모색." 93-105.

들을 편집하여 주장하는 것은 자신의 이야기를 구성하기 위한 표절이요, 그 이야기를 이어받고 전개해 나가는 공동체에 대한 침해라고 할 수 있다. 한 마디로 성경의 이야기들은 현실적으로 주인이 있는 이야기다.

　　성경은 아무나 그 전체적 의미와 그 이야기의 진정한 주관자이신 성령의 조명을 벗어나서 인위적으로 잘라 쓸 수 있는 백과사전과 같은 것이 아니다. 소돔이야기, 기브아의 이야기, 다윗과 요나단, 나오미와 룻과 같은 이야기는 성경의 전체적 의미와 흐름인 구원과 거룩함이라는 관점에서 이해되어져야 할 것이다.[304] 나그네에 대한 불친절을 경고하는 기브아의 이야기와 같은 본문들이 동성애의 전거로 주장된다는 것은 성경 전체의 의미와 흐름에 대한 몰이해이며, 그것을 신봉하는 공동체인 교회에 대한 모욕이라고 할 수 있는 것이다. 창세기는 태초부터 이성애가 역동성임을 명백하게 말한다. 하나님의 자연은 현재에 대한 불만족과 이상을 향한 성장을 포함한다.

　　더구나 동성애자들이 고백하는 것은 동성애라는 타이틀이다. 그들은 그 타이틀 속에 포함되어 있는 침대를 고백하는 것은 아니다. 남자 동성애자들의 경우 흔히 그들은 항문에 성교를 한다. 그 외에도 각종 변태적인 성교를 통해서 전염성, 혹은 비전염성 성병이 확산될 수 있다. 미국에서 성적으로 전염되는 질병들(Sexually Transmitted Diseases : STD)이 매년 새로 발생하는 것이 1500만 명이고 그 1/4가 10대이다. 성의 정치화, 상품화가 급증하고 있다. 거기에 비하여 규범적 교육(normative learning)이 급감하고 있다. 동성애에 대하여 관용적 분위기가 결국 동성애를 확산하는 결과를 가져오는 것이다. 물론 생물학적으로 유전적 돌연변이나 환경오염으로 인한 동성애자들이 있다는 것을 인정한다고 하더라도 그것은 지극히 작은 것을 큰 것으로 확대해서 해석하는 것이다. 무엇보다도 그것은 동성애에 대하여 아직 도덕적인 의식

---

304) 문화사와 함께 신구약 성경의 여러 인물들과 사건들에 대한 동성애적 해석에 관하여서는 Folrence Tamagne, 이상빈 역, 『동성애의 역사』 (서울: 이마고, 2007), 참조.

과 기준을 갖추지 못한 청소년들에게 동성애가 정상적인 행위이며 인권적으로 보호받아야 할 소수자로 인식되게 만들고, 역으로 성에 관한 정상적인 교육을 약화시킴으로써 동성애를 확산시키는 결과를 가져오게 되는 것이다.

인류 공동체가 형성해 온 고귀한 가치들과 정서들이 부정되면서 그들의 이야기를 소수자의 인권적 측면에서 받아들이면 그 자체가 사회에 아타키적 역할을 하게 되는 것이다. 공산주의 이야기가 그 한 예이다. 모든 사람들이 함께 나누며 살자는 너무나 아름다운 공산주의 이야기는 젊은, 양심적, 혹은 억눌린, 그래서 희망이 없는 계층들의 마음을 빼앗아 기존의 가치들과 제도들에 대한 무정부적 부정에까지 이르렀다. 부모와 자식, 가정, 성, 신앙과 같은 것들이 모두 휴머니즘적 비전의 이야기로 부정되면서 20세기의 한 세기를 인류의 대재앙의 세기로 만들어 버렸던 것이다.

III. 기독교 교회 이야기

1. 순례자로서의 교회

교회는 이 땅 가운데서 약속의 땅을 향하여 순례의 길을 가는 사람들이다. 그 순례의 길을 가는 동안에 교회는 이 땅 가운데 있는 사람들을 가르치고, 치유하고, 전도하는 가운데 그 순례자들의 모임을 통하여 이야기를 형성해 간다. 순례의 길 가운데 만나는 모든 사람들은 가르침을 받는 대상이며, 치유하는 병자이며, 그 길의 동참에 권유를 받는다. 동성애자들 역시 그와 같은 부름을 받는 인간임이 부정되어서는 안 될 것이다. 그들의 인권은 보장되어야 한다. 그러나 그것은 사회적 소수자로서의 보호받아야 할 인권이 아니라 병자로서의 치유와 돌봄을 받아야 하는 인권인 것이다. 누구든지 그가 동성애자란 이유로 그들을 범죄인으로 생각해서는 안 될 것이다. 그러나 그들을 범죄자로 보고 억압해서는 안 될 것이지만 그렇다고 사회적 조장을 불러일으키는 주장을 공공화하고 나아가서 사회적 교육을 통하여 그들을 양성해서는 안 될 것이다. 오히려 우리는 동성애를 질병으로 보아야 한다.

성경에서는 병자들을 불쌍히 여기고 고쳐주라고 말씀하신다. 우리는 그들을 보호하고 싸매어 주고 돌봐 주어야 한다. 그들이 서 있는 아픈 현실은 인정한다. 교회는 병자를 포함한다. 교회는 그 자체가 완성에 도달한 천국과 같은 것이 아니고, 천국을 향하여 나아가는 과정의 기관이다. 그러므로 교회는 신체적, 정신적으로 건강한 사람뿐만 아니라 병자도 포함된다. 우리는 그들을 불쌍히 여겨야 한다. 그러나 그 말이 교회가 그 질병을 건강으로 본다든지 하는 것은 아니다. 그런 의미에서 교회는 신체적, 정신적으로 건강한 기관이어야 한다. 병자를 고치기 위하여 병자가 되어서는 안 된다. 의사의 건강이 먼저 있어야 한다. 그런 의미에서 서구 기독교 교회에서 확산되고 있는 동성애 목회자들의 인정은 교회 자체가 병든 징후라고 볼 수가 있다. 교회가 병을 고치는 건강한 기관이 되기 위하여서는 교회의 성에 관한 이해의 바른 정립이 선결되어야 한다. 교회의 지난 역사 가운데는 성을 악마의 힘으로 규정했던 적이 있다. 아마도 오늘날 교회가 동성애와 동성애자들의 인권에 관하여 억압적으로 비쳐지는 역사적 배경이 될 것이다. 그러나 지난 역사, 특히 중세 교회의 성에 관한 억압은 그 자체가 성경의 왜곡이었다. 성경이 처음부터 성은 인간 존재의 근거이고 삶의 힘이며, 남녀의 성별과 성의 기능은 조화로이 구분되는 것이라고 가르치고 있다.[305]

종교의 기능은 여러 가지이다. 종교는 어떤 경우 현실을 넘어서는 초현실

---

305) 성에 관한 연구는 프로이드로부터 시작하여 20세기 중엽부터 급증하였다. 여기서 우리의 관심을 끄는 프로이드의 주장들은 네 가지로 정리된다. 첫째, 성적 에너지는 삶의 힘이다. 둘째, 남녀의 성별은 성의 원리를 조직한다. 즉 남녀의 성의 욕구와 표현은 완전히 다르다. 셋째, 성적 정체성은 주어진 것이 아니고 가정 안에서의 사회화 과정을 통해 형성되는 것이다. 넷째, 그러므로 성별은 주어진 것이 아닌 가정 안에서의 사회화의 결과이므로 그 결과 동성애가 형성될 수 있다는 것이다. Michael S. Kimmel & Rebecca F Plante, ed., *Sexualities: Identities, Behaviors and Society* (New York: Oxford University Press, 2004), 3.

이다. 그러나 동시에 현실의 규범이다. 그런가 하면 종교는 현실의 현실화이다. 법을 넘어서서 마지막으로 종교가 그 사실을 그렇다고 해 주어야 현실의 마지막 인장이 찍히는 것이다. 그러나 그것이 바닷물에 몇 방울의 잉크를 떨어뜨려 놓고 가정과 성과 문화와 같은 인류의 고귀한 가치들과 전승들의 인장을 강요해서는 안 될 것이다. 유전인자의 변종과 자연의 오염으로 인하여 동성 내지는 어지자지가 있다는 것은 인정할 수 있다. 이것을 중세시대와 같이 종교재판을 할 수는 없다. 그렇다고 그것을 합법화해서는 안 될 것이다. 종교는 현실의 이데올로기이고 현실의 비판이다. 제사장적 예언자적 전승이 이를 말해 준다.

2. 규범으로서의 교회

종교의 기능은 여러 가지로 나타난다. 앞서 언급한 바와 같이 종교는 우선적으로 현실을 넘어서는 초-현실인 동시에 현실의 현실, 즉 현실의 규범이다. 종교는 현실의 도덕과 법을 넘어서는 저 너머의 세계를 비추는 동시에, 현실을 결제하는 마지막 인장이다. 이러한 종교의 현실에 대한 기능은 상반된 두 가지로 나타난다. 종교는 현실의 이데올로기이자 동시에 현실의 유토피아이다. 종교는 인정과 비판의 두 가지 방식으로 현실을 대한다.

우리는 유전의 변이와 자연의 오염으로 인하여 자웅동체와 같은 성적 정체성의 변이와 혼란을 인정하지 않을 수는 없다.[306] 내셔널 지오그래픽 채널 (NGC)의 '동물의 역습'이라는 야생 북극곰의 비정상적 공격을 다룬 한 프로그램은 극지방의 사춘기에 접어든 수컷 북극곰이 인간을 공격한 세 가지 사례들을 분석하면서, 그 한 원인을 북극곰의 체내에 축적된 환경오염 물질로 인하

---

306) 남녀의 성과 함께 양성, 남성 동성애(merm), 여성 동성애(ferm)의 최소한 다섯 가지로 구별할 수가 있다. 여기서 우리는 출생에 있어서의 동성애가 존재한다는 사실은 인정해야 하고, 따라서 현재로서 그것을 이스라엘 공동체의 성결성을 보존하기 위하였던 적용되었던 신명기적 관점으로 그것을 심판하는 것은 문제가 있다. Michael S. Kimmel & Rebecca F Plante, ed., 39.

여 북극곰의 비정상적 공격성향이 이루어졌다고 분석하였다.[307] 그 프로그램은 그와 같은 주장을 뒷받침하기 위하여 사냥된 암컷 곰의 생식기에 수컷의 생식기가 발달되어 있는 사진을 보여 주었다. 그 사진은 자연 속에서 성의 변이가 나타날 수 있다는 것과 그 원인이 돌연변이나 환경오염일 수 있음을 보여 주었다. 만일 교회가 성의 윤리성을 지키기 위한 지나친 규범성에 사로잡히게 되면 그와 같이 자연에서 발생하는 변이들마저 부정하게 될 수도 있다. 그것이 유전의 변이라면 우리는 그에 포함된 하나님의 뜻을 모두 헤아릴 수는 없는 일이고, 그것이 오염의 결과라면 교회 역시 가담한 죄의 결과이며 현상으로 받아들여야만 할 것이다. 그러나 교회가 그 결과와 현상을 인정한다는 것은 그것이 창조의 원의, 즉 하나님께서 그의 형상과 뜻대로 창조하신 정상적인 성의 모습이라고 생각하는 것은 아니라는 것이다. 그러므로 교회는 동성애의 존재를 인정한다고 하더라도 그것을 정상적 자연의 일부로, 소수자의 사회적 인권의 차원에서 그들을 이해한다고 하는 것은 아니다.

　　오늘날 교회는 동성애에 대하여 중세적 종교재판을 할 이유와 권한은 없다고 하더라도 그것을 합법화하고 사회적 교육을 통하여 양성화하는 움직임에는 더 더구나 동조할 수 없는 것이다. 스탠리 그렌즈는 동성애의 유전적, 생물학적 선천적 요인들은 오늘날 일반적으로 받아들여지지 않으며, 다만 부적절한 부모 관계와 문화적 압력으로 어린아이의 성적 정체성에 혼란을 주어서 성적 정체성의 혼란을 초래할 수 있음을 지적한다.[308] 변이와 오염으로 인한 동성애를 이성의 사랑과 혈통의 유전, 가정과 문화와 같은 인간의 고귀한 가치들과 대등한 것으로 받아들 수는 없는 것이다.

　　성의 정체성에 관한 다수의 이론들이 출생에 있어서의 변이들 외에 사회교육적으로 정체성이 결정된다는 사실에 주목하고 있다. 그렇다면 사회가, 특

---

307) National Geographic Channel, '동물의 역습: 치명적인 북극곰' (2010. 4. 22. 15:00)

308) Stanley J. Grenz, 남정우 역, 『성 윤리학』(서울: 살림출판사, 2003), 388-389.

히 현실의 마지막 인장인 종교가 동성애를 창조된 자연의 일부로 인정하면 특히 사춘기의 제 2의 성의 정체성 확립시기에 그것의 교육을 양성화하고 확산하는 결과를 가져올 수 있는 것이다. 출생의 동성애가 존재한다는 사실과 함께 그것을 변이와 오염으로 이해한다면, 교회는 동성애를 사고(accident), 혹은 질병(disease)으로 정의해야 할 것이다. 성경은 고아와 과부, 이방인을 돌보는 것과 함께 병자들을 돌보라고 말씀하신다. 그러나 병자들의 경우 다른 사회적 약자들과는 구별된 돌봄(care)의 차원이 한 가지 더 있다. 그것은 병자들의 경우 그들을 돌보는 것과 함께 그들을 치유해야 하는 것이다. 우리는 고아와 과부, 이방인들을 치유할 수는 없다. 그러나 질병은 치유해야 하는 것이다. 비록 자웅동체와 같이 출생적 기형을 완전히 치유할 수는 없다고 하더라도 동성애에 대한 정신적, 육체적 치유가 동성애에 대한 교회의 기본적 돌봄의 방향이 되어야 할 것이다.

교회가 동성애 문제에 효율적으로 대응하기 위해서는 우리가 이어받은 성경의 이야기와 교회의 전승이 이어지고 전개해 나가야 하는 현실에 대한 재인식이 중요하다. 구약의 시대에 동성애에 대한 신명기적 비판은 고대사회에 있어서의 사회적 치유책이었다고 보아야 할 것이다. 그러나 중세의 마녀사냥과 같은 종교재판은 종교가 인간 삶의 실재와 삶을 어떻게 통제하고 억압할 수 있는가를 보여 주었다. 교회가 그와 같은 신앙적 억압의 모습으로 존재한다면 현대 사회가 동성애의 반문화적, 반자연적 내용들에 눈감고 소수자의 인권으로 여론을 정당화해 주는 결과를 가져올 것이다. 교회, 특히 목회 이야기는 광야를 지나고 있다. 그러나 그것은 텅 빈 광야는 아니다. 우리는 교회와는 다른 여러 가지 주체성을 가지고 있는 다른 이야기들과 의사소통함과 동시에 공존의 기초를 지켜나가면서 우리의 이야기를 이어나가야 하는 다원화 사회의 광야를 통과하고 있는 것이다. 내러티브는 그 자체의 열림과 전개에만 생태적 일원화의 세계와 문화적 다원화 사회의 기초인 생존의 가치를 향하여 열려 있어야만 한다.

3. 해방자로서의 교회

구약성경의 출애굽기는 이스라엘 종교와 민족이 그들을 속박하는 압제에서의 해방으로부터 형성되었음을 이야기하고 있다. 신약성경에서, 그리스도는 십자가에 달리신 해방자로서 교회와 만난다. 그는 "가난한 자에게 복음을 전하고 포로 된 자의 해방과 눈먼 자의 다시 보게 함과 압제받는 자를 해방하여(눅 4:18-19) 주의 복된 해를 선포하기 위하여" 세상에 오셨다. 그리스도는 인간을 향한 마지막 압제요 감옥인 십자가의 죽음을 이기시고 부활하신 분으로서 교회와 세상에 해방을 선포하셨다. 또한 그리스도는 새롭게 되는 해방의 영으로서 모든 육체 가운데 현실적으로 존재하고 역사하신다. 우리는 신구약성경 가운데 인간 해방을 위한 풍부한 통찰들을 발견할 수 있다. 해방은 기독교 이야기의 핵심적 주제요 가장 두드러진 흐름이다.

성을 사회적 억압으로부터의 해방의 관점으로 논구한 사람은 지그문트 프로이드였다. 그러나 그는 정상적인 성의 기능과 의미도 모두 그와 같은 억압의 관점에서 해석하였다. 오히려 창조적 성, 억압으로부터 해방된 성은 인간의 존재와 정신을 유지시켜 주고 자유롭게 한다. 기독교는 지난 2000년간의 역사를 통하여 노예와 여성, 어린이의 해방운동의 주축이 되어 왔다. 성의 해방은 사회 해방의 마지막 완성의 의미가 있다. 앤소니 기든스는 현대사회에서 성의 문제는 민주주의 문제로 귀착하게 된다고 보았다. 흥미롭게도 그는 민주주의 원칙을 공적 영역에 국한시키지 않고 개인적인 관계의 영역으로까지 확대하려 한다.[309] 결국 그러므로 성의 해방의 진정한 빛도 기독교 이야기에서 비추어질 수 있다. 그러나 여기서 성의 해방이라고 할 때 성의 의미, 기술, 가치가 사회적으로 제약되고 압제받는 것을 말하는 것이지, 성 자체의 해방이어서는 안

---

309) 배은경, 황정미, "현대 사회의 성, 사랑, 에로티시즘, 현대성의 그림자 혹은 탈출구," Anthony Giddens,『현대사회의 성, 사랑, 에로티시즘』, 역자 서문, 18.

될 것이다. 성은 인간의 존재와 삶의 근본이요 에너지로서, 그 자체가 부정되는 것은 인간 존재의 부정과 같은 의미가 있는 것이다. 유의 본래성과 의미성을 드러내는 것으로서의 해방이지 유를 무라고 주장하는 것이 해방의 의미어서는 안 될 것이다. 압제자/피압제자(the oppressor/the oppressed)의 해방의 사회학의 이분법적 도식이 정상적 성과 가정, 그리고 그것을 보증하는 교회를 압제자로서 해석해서는 안 될 것이다. 오히려 신구약 성경에서부터 시작되고 오늘도 계속 이어지고 있는 기독교의 해방의 이야기가 인간 존재의 마지막 압제의 자리인 성의 문제에 관여하여 그 아름다운 창조된 성의 본래의 자리를 회복할 수 있도록 해야 할 것이다. 많은 학자들은 청소년기의 동성애가 사회적, 특히 영유아기에 가정에서의 부모와의 부적절한 관계 가운데 형성되고 있음을 관찰하고 있다. 태생적 동성애자나 양성애자 또한 창조된 세계의 오염이라는 인간의 죄와 상당한 관련이 있음을 주목해야 할 것이다. 정상적 성행위, 정체성이 전제주의나 독재와 같은 것으로 이해되어서는 안 될 것이다. 기독교 이야기는 동성애를 창조된 성에 대한 사회적 억압의 결과요 증상으로 이해하는 것이다.[310] 스탠리 그렌즈는 동성애를 항수(constance)보다는 경과(phase)로, '정적 지향' 보다는 '사회적 해석'이라고 이해한다.

IV. 두 이야기의 합류

종교철학자 멀치아 엘리아데(Mircea Elliade)는 성과 속의 구분과 관계

---

310) 최근의 연구결과는 성인 남성의 1/4 내지 1/3이 일반적으로 사춘기의 시작으로부터 16세에 이르기까지 어느 정도 명백한 동성애 감정이나 경험을 가졌다는 것을 제시한다. 이것을 "지나가는 현상(phase)로서의 동성애"와 그것을 가지고 살아가는 항수(constance)로서의 동성애 사이를 구별하게 만들었다. 그린버그는 이러한 평생을 가는 동성애의 본질주의를 거부한다. 동성애는 정적인 지향이라기보다는 서로 다른 시대, 서로 다른 사회에서 서로 다른 방식으로 발생하고 해석된 행위다. 그래서 그는 동성애를 일종의 "사회적 라벨"이라고 주장한다. Stanley Grenz, 『성 윤리학』, 385.

를 설명하면서 성과 속이 구분되면서도 서로를 확립한다고 보았다. 금기를 의미하는 '터부'(taboo)와 자유를 의미하는 '노아'(noa)는 어디에도 존재하며, 동시에 존재한다. 금기는 자유를, 자유는 금기를 규정한다. 금기와 자유가 함께 존재함으로써 질료(material)는 형상(form)이 되는 것이다.

성은 규범성과 해방을 함께 포함하고 있다. 성은 제약되어야 하는 어떤 것인 동시에 해방되어야 하는 것이다. 성은 숨겨진 것인 동시에 드러난 것이며, 개인적이고 특수적인 것인 동시에 사회적이고 일반적인 것이다. 그러므로 성의 규범성과 해방은 서로 배격하는 것이 될 수 없다. 두 이야기는 함께 존재하고, 함께 이야기되어야 하는 것이다. 성의 이야기는 순례자로서의 기독교 교회의 이야기가 형성되어 나가야 할 생태학적, 사회적, 정치적, 자연법적 배경이요 무대가 되어야 할 것이다.

그와 같은 이해에서 우리는 성에 관한 인간 사회의 이야기들이 함께 언급되어야할 자연법적 가치로서 생존을 이야기한 것이다.[311] 동성애가 생존을 위협하는 질병이며 오염이라는 사실은 극단적 가정이겠지만, 만약 인류가 모두 동생애자라면 인간 존재는 한 세대 후에는 멸절할 것이라는 명확하고도 단순한 사실로도 알 수 있다. 우리는 다른 사회적 약자들, 예를 들어서 가난한 자들이나 이방인과 함께 이야기를 이어나갈 수 있다. 그러나 동성애가 그들과 같은 약자로 이해되어 만연한다면 인간은 다음 세대의 생존을 이야기할 수 없는 것이다. 순례의 공동체로서 교회는 그들을 연민과 사랑으로 치유해야 한다. 그들을 치유하는 것이 쉬운 일은 아닐 것이다. 그러나 그것이 불가능한 일은 아니다. 꾸준히 인내심을 가지고 동기화에 집중해야 한다. 교회는 동성애자들에

---

311) 매킨타이어와 하우어와스 같은 수정주의(Revisionist) 학자들은 자연법과 같은 일반적 원칙을 상정하는 것에 대해서 비판하고 있다. 수정주의의 관점에서 볼 때 자연법은 이론적 제국주의에 속한다. 그들에게 있어서 이야기의 진실성은 이야기의 일관성과 그것의 전개에 있지만, 생태학적 일원주의와 이야기의 다원주의를 고려할 때에 생존의 룰을 중심으로 한 '수정의 수정'(re-revisionist)은 불가피하다고 생각한다. 곽재욱, "스탠리 하우어와스의 이야기하기 윤리의 사회 윤리로서의 가능성 모색," 233-234.

게 있어서 구원의 희망이다. 교회는 그들을 포함하여야 한다. 그리고 그들을 돌보고, 고쳐 주어야 한다.

제12장
동성애자들을 위한 돌봄의 목회미학

이상억
장로회신학대학 목회상담학 교수

동성애(同性愛). 같은 성을 가진 존재에 대한 성적 고착을 의미하는 이 말은 오랜 세월 일종의 터부(Taboo)로 인식된 금기 용어이다. 때론 특정 고대 종교의 제례 의식으로 이해되기도 하고[312] 특정 인종의 독특한 문화 행위로 여겨지기도 하였으나,[313] 종교와 문화, 인종과 국가를 넘어 인류 생존 자체에 위협을 가하는 동성애는 비정상과 이단, 죄악이라는 주홍 글씨로 금기시되어 온 것이 사실이다. 때문에 동성애의 오랜 역사에도 불구하고 이것에 대한 어떤 견해를 피력한다는 것은 그 자체가 판도라의 상자를 여는 위험한 일처럼 여겨진다. 그럼에도 불구하고 이 일은 중요하다. 많은 사람들이 이 문제로 힘들어하기 때문이다. 실천 현장의 다양한 현상을 학문 탐구의 중요 기반으로 인식하고 있는 목회상담가로서 이 문제를 어떻게 다룰 것인가를 생각하는 것은 그래서 당연한 것이다.

---

312) 강남욱, "동성애의 사회생물학" 최재천 외, 『사회생물학, 인간의 본성을 말하다』 (서울: 산지니, 2008), 231-256 참고.

313) Leonard Shlain, *Sex, Time & Power*, 강수아 역, 『자연의 선택, 지나 사피엔스』 (서울: 들녘, 2005), 343-344.

한 가지 분명히 짚어야 할 것을 먼저 언급함으로 논의를 풀어 가고자 한다. 필자의 글은 동성애에 대한 심리적 현상을 분석하는 해설서가 아니다. 더불어 동성애라는 이슈에 대한 구체적인 답을 제시하려는 정답지 역시 아님을 분명히 하고자 한다. 따라서 동성애를 병이라고 볼 것인지 아니면 동성애를 죄악으로 규정할 것인지에 대한 정의를 내리려 하거나, 혹은 동성애를 불가항력적-선천적 기질(Disposition)요인에 의한 것이라고 옹호하거나 혹은 동성애를 개인이 선택한 성적 일탈 또는 성 정체성과 관련한 자의식(Self-consciousness)의 이상성애(異常性愛)로 비판하는 등, 양자택일의 이분법적 구도로 동성애에 대한 논의를 이끄는 것은 이 글의 목적과 관계가 없다. 이 글의 목적이 동성애 문제로 아파하는 개인과 가족을 어떻게 돌볼 것인가에 대한 목회상담의 미학적 태도에 대한 제안에 있기 때문이다.

I. 우선순위(Priority): 일의 순서

물론 죄를 죄라고 이야기 하는 것은 잘못된 것이 아니다. 성경은 분명히 동성애를 죄로 규정하고 있다(레 18:22; 20:13, 왕상 15:12, 롬 1:26-27, 고전 6:9, 딤전 1:10). 예를 들어, 신호등을 잘 지켜야 한다거나, 줄을 서서 자신의 차례를 기다려야 한다는 '기초 질서'가 사회와 개인을 위해 얼마나 중요하고 필요한지 알아야 한다. 때문에 동성애로 파생되는 질병과 위험성에 대한 사회, 문화, 종교를 넘어서는 우려와 경계심은 충분히 공감 가능하다. 그럼에도 불구하고 이 논고에서 필자가 강조하고 싶은 것은 '우선순위(Priority)의 문제'이다.

우선순위를 본질(Essentiality)과 연결시켜, "어떤 일을 먼저 한다면 그것을 더욱 본질적으로 여기는 것"이라고 주장할 수 있을 것이다. 그러나 지금 필자가 말하는 우선순위는 '일의 순서'와 잇대어 있다. 무엇인가 만들고자 한다면 설계도에 따라 어떤 일의 순서가 정해지는 것이다. 마찬가지이다. 지금 우리 앞에 아파서 우는 사람이 있다고 생각해 보자. 무엇이 문제인지, 누구 잘못 때문에 이런 일이 일어났는지, 잘잘못을 따진다는 것은 우선순위의 문제에서 보면 갓 태어난 신생아에게 밥이나 고기를 먹이려 하는 것과 흡사하게 지나치게 앞서 가는 것이다.

우선순위의 문제를 일의 순서가 아닌 본질과 잇대어 생각하려는 경향은 우리의 성급함과 밀접한 관계가 있다. 일의 과정 자체에 대한 참을성을 갖기보다 빨리 결론을 내리고자 하는 마음이 우리를 지배하기 때문이다. 아이도 빨리 자랐으면 하고, 일도 빨리 해결되면 좋겠다고 생각한다. 조금만 더디다 여겨지면 발작을 일으키듯 화를 낸다. 자신과 타인에게 분노를 표현한다. '빨리 빨리'라는 우리 문화의 독특성이 지닌 긍정적 강점이 분명히 있음에도 동시에 이것은 우리의 취약성을 나타낸다. 일의 진행과정을 참을성 있게 탐색하고 침착하게 대응하는 태도를 못마땅해 하거나 참기 어려워한다. 경기내용은 관심 없다. 몇 대 몇으로 이겼는지 그것만 알면 된다고 생각한다. "모로 가도 서울만 가면 된다."는 결론중심의 생각에 집착하는 것이다.

이러한 성급함은 우리들이 가진 근원적 한계에 기인한 것이다. 인간인 우리는 태생적으로 혼란함을 싫어한다. 우리가 혼란함 그 자체이기 때문이다. "인간은 불완전하다"라는 명제는 일종의 진리이다. 때문에 불투명한 현재를 살아야 한다는 무거운 느낌을 지울 수 없는 것이다. 그래서 우리는 혼란함을 싫어한다. 불완전함이라는 콤플렉스, 즉 열등감(Inferiority)을 상쇄시키기 위해 우월성(Superiority)을 추구한다. 그래서 보다 분명하고 확실한 위치에 서고자 한다. 흔들리지 않는 고지 점령을 위해 물불을 가리지 않으며 정확하고 구체적인 답안을 좋아한다. 그래서 '족집게'라는 단어에 열광한다. 불투명한 장래를 정확히 짚어주는 '용한' 사람들 앞은 언제나 문전성시(門前成市)다. 그러나 정작 문제는 이러한 '우월성 추구'를 '행복을 이루어 가는 것'이라고 오해한다는 점이다. "과연 우월성 추구를 통해 행복을 완성할 수 있을까?" 이 질문에 대한 부정적인 답변이야 말로 구약성경 전도서가 말하는 바 가장 지혜로운 것이다. 아무리 노력해도 채울 수 없는 것, 해결할 수 없는 것, 그것이 바로 우리의 불완전성이기 때문이다.[314]

우리나라의 역사를 생각해 보면 우리의 근원적 불완전성이라는 한계에 불난 집에 부채질하듯 하는 일들이 있어 왔다. 우리의 역사는 핏빛 전쟁과 폭력적 내부 권력다툼이라는 이중고의 아픔을 겪어 왔다. 때문에 혼란함을 극도로 두려워하는 일종의 혼란-혐오증(Chaos-phobia)을 갖게 되었다. 그래서 인사말로도 안녕과 평안을 물어야 했다. 식사는 제때 하고 다니는지를 물어야 했던 것이다. "등 따뜻하고 배부르면 장땡"이라는 말에 공감했던 것이다. 안정 지향적인 삶의 태도는 행복도, 성공도, 만족도, 인간 존재의 방향성도 한 방향으로만 흘러가게 하였다. 어디로 가야, 또 어떻게 해야, 살아 갈 수 있는지 확실한 답을 남보다 빨리 알아야 생존 가능성이 컸기에 분명한 정답에 목숨을 걸듯 집착하는 방향으로 말이다.

아이들과 대화를 할 때에도 부모들은 대개 참을성이 없다. 정답을 말해 주고 싶기 때문이다. 학교에선 정답을 빨리 말하는 시합을 하며, 빠른 시간에 정답을 많이 말하는 사람에게 우리 사회는 안정된 수입과 높은 자리를 보장한다. 불확실함과 모호함을 부정하는 경향성이 뚜렷해진 것이다. 그러나 분명하게 알아야 하는 것은 우리 스스로가 모호함과 불확실함의 본체라는 사실이다. 모호함을 부정하는 것은 우리를 부정하는 것과 같은 것임을 알아야 한다.

---

314) 과학과 문명으로 명명된 인간의 노력이 무가치 하다는 것이 아니다. 그리고 한계극복을 위한 노력이 부질없음을 말하는 것도 아니다. 다만 아무리 노력해도 우리의 힘으로 영원함을 성취할 수 없다는 인간 자체의 한계를 담담히 말하고자 하는 것이다.

II. 불완전(Imperfection)에 대한 참을성(Patience)

동성애에 대한 목회상담의 미학적 자세를 언급하며 분명히 기억해야 하는 것은 모호함, 불완전함, 혼란스러움 등에 대한 참을성을 가져야 한다는 것이다. 즉, 우리 스스로가 한계 있는 불완전한 존재라는 사실을 받아들임이 필요하다. 한계에 대해 수용하는 자세는 정답을 제시하고자 하는 우리의 탐욕적 추동에 제동을 거는 것으로 출발한다. 정답을 말하는 대신 서로가 가진 한계와 모호함을 공감하는 것이다.[315] 이때 비로소 동성애자를 위한 목회상담이 가능하다.

물론 동성애를 자신의 성적 취향으로 여겨 이를 성적 놀이로 즐기는 사람들이 있다. 반사회적 분노의 표현으로, 혹은 끊임없는 성적 쾌락에 대한 탐욕으로 동성애를 이용하는 사람들도 있다. 그럼에도 불구하고 다수의 동성애자는 스스로의 성(Sexuality)에 대한 혹은 인격적 정체성에 대한 극심한 혼란을 경험한다. 더불어 이들과 함께 생활하는 가족들 역시 말할 수 없는 혼란함과 죄책감에 시달리며 살아간다. 이러한 아픔의 현장에 우리의 시선을 먼저 고정시켜야 한다. 정답을 말하듯 동성애자를 죄인이라고, 교화되어야 할 잘못을 저지른 사람들이라고 단정하기 전에, 그들의 뼈아픈 혼란의 현장을 우리 논의의 우선순위에 둬야 한다. 물론 필자가 분명히 언급한 대로 동성애는 죄이다. 그럼에도 동성애자를 죄인이라고 단정짓고 만나지는 말아야 한다는 것이다. 이것은 동성애를 죄가 아니라고 말하는 것과는 상관이 없다. 동성애자를 죄인이라 단죄하는 돌덩이를 우리 두 손에 들고 만나지는 않겠다는 사람에 대한 인격적인

---

315) "너는 네 눈 속에 있는 들보를 보지 못하면서 어찌하여 형제에게 말하기를 형제여 나로 네 눈 속에 있는 티를 빼게 하라 할 수 있느냐 외식하는 자여 먼저 네 눈 속에서 들보를 빼라 그 후에야 네가 밝히 보고 형제의 눈 속에 있는 티를 빼리라."(눅 6:42) 예수님의 말씀처럼 자신의 한계를 수용한다는 것은 자신이 얼마나 죄와 탐욕, 이기와 욕정으로 가득한 존재임을 깨닫는 것으로부터 시작한다. 단순히 "사람은 다 한계가 있다."고 내뱉는 듯 말하는 것이 아니라 진심으로 스스로의 한계를 인정하는 것이 필요하다. 그래야 말씀처럼 누군가를 도울 수 있는 관계를 형성할 수 있기 때문이다.

의지이다. 예수님을 생각해 보라. 간음하다 붙잡힌 여인은 당시 종교법에 의하면 돌에 맞아 죽어야 했다(요 8:5). 돌로 치려는 사람들에게 예수님께서는 "너희 중에 죄 없는 자가 먼저 돌로 치라"(요 8:7)고 말씀하셨다. 이는 간음하다 붙잡힌 여자가 옳은 일을 했다고 말씀하신 것이 아니다. 다만 잘못을 단죄하기 이전에 "비록 잘못을 저지른 존재임에도 그 존재를 인격적으로, 혹은 진정으로 만나려 노력하고 있느냐?"는 일깨움을 우리에게 가르치고 계시는 것이다.

하나님께서는 우리를 불완전하게 지으셨다.[316] 그리고 이해할 수 없게 우리에게 "완전하라"(신 18:13)고, 또 "거룩하라"(레 11:45)고 요청하셨다. 과연 하나님께서 원하시는 완전함은 무엇일까? 정말 글자 그대로 완전해지길 원하시는 것일까? 이 질문에 대해 율법을 완성하러 오신(마 5:17) 예수님께서 한 가지 단서를 제공해 주셨다. 예수님께선 자기를 '의롭다'라고 믿는 사람들에게 '바리새인과 세리의 비유'(눅 18:9-14)를 말씀하였다. 70인 역본에서 20여회 등장하는 히브리어의 '완전하다'라는 단어는 헬라어로 '텔레이오스(teleios)'이다. 이 말은 '텔로스'에서 유래했으며, 주로 히브리어 샬렘(온전하다, 완전하다), 탐(완성한, 완전한, 건전한)이란 어형들의 역어로 사용되었다. 더불어 이 '텔레이오스'는 주로 '의롭다'라는 의미의 '디카이오스(dikaios)'와 '디카이오쉬네(dikaiosyne)'와 같은 색깔의 단어로 사용되었다. 즉 '완전하다'는 '의롭다'의 의미와 멀지 않은 단어로 사용된 것이다. 예수님 당시엔 하나님께서 완전하라고 말씀하셨기 때문에 '의로움'을 가져야 한다고 생각하는 일단의 사람들이 있었다. 그들이 바로 '바리새인'이었다. 바리새인이라는 이름 그대로 그들은 '구별된 자'라고 스스로 자처하며 살았다. 율법을 지키며 살아가는 자신들을 의롭다고 여기며(눅 10:29, 롬 3:28), 불완전한 다른 사람들과는 다르다는 우월의식을 갖고 살았던 것이다. 그러나 이들이 생각한 완전함에 대해 바울은 이렇게

---

316) "우리는 모두 결점과 고뇌를 짊어진 불완전한 사람이기 때문입니다."(갈 6:5) (현대인의 성경)

평가하였다. "하나님의 의를 모르고, 자기 의를 세우려고 힘써 하나님의 의에 복종하지 아니하였느니라."(롬 10:3)

과연 성경이 말하는 '하나님의 의' 즉 '의로움'의 의미는 무엇일까? 예수님께서 들려주신 '바리새인과 세리의 비유'(눅 18:9-14)의 말씀을 곱씹어 생각해 보자. 본문에 등장하는 바리새인은 당시 종교 지도자들의 종교 전통을 따라 자신의 완전함, 즉 자신의 의로움을 보여 주고자 하였다. 그래서 그는 하나님의 임재 앞에서 자신이 어떻게 완전한 존재로 살아왔는지를 설명하였다. "하나님이여, 나는 다른 사람들 곧 토색, 불의, 간음을 하는 자들과 같지 아니하고, 이 세리와도 같지 아니함을 감사하나이다. 나는 이레에 두 번씩 금식하고 또 소득의 십일조를 드리나이다."(눅 18:11) 바리새인이 드린 기도를 영어 단어 하나로 이야기 한다면 '가지고 있다'라는 뜻의 'Have' 동사로 표현할 수 있다. "하나님이여, 나는 일주일에 두 번씩 금식하는 시간을 가지고 있습니다. 나는 십의 일조 하는 열성도 가지고 있습니다. 토색하지 않는 인격과, 불의하지 않는 정직함도, 그리고 간음하지 않는 순전함도 가지고 있습니다." 자신이 불완전하니 율법을 가지기만 하면, 획득해 내고 쟁취해 내기만 하면, 완전해지고 의로워지는 줄 알았기 때문에 자신의 불완전을 극복하고 완전을 추구하며 살아온 것이다.

이와 달리 세리는 바리새인과 같은 의로움을 주장하거나 내세울 수 없었다. 다만 그는 멀리서 감히 눈을 들어 하늘을 쳐다보지도 못하고 가슴을 치며 이렇게 고백하였다. "하나님이여, 불쌍히 여기소서. 나는 죄인이로소이다."(눅 18:13) 세리의 기도를 영어 단어 하나로 표현하라면 존재를 의미하는 'Be' 동사로 말할 수 있다. 세리의 고백은 자기존재의 드러냄, 즉 '실존의 고백'이었기 때문이다. "I am a sinner." 하나님 앞에서 존재(Be)로 설 수밖에 없다는 인간의 실존적 한계를 그대로 드러내는 것이다.[317]

---

317) 필자의 책, 『꽃보다 아름다운 사람이야기』(서울: 생명의 말씀사, 2009) 184-193를 참고할 것.

이 '존재의 고백'은 하나님께서 우리에게 가르쳐 주신 그의 이름의 의미와 잇대어 있다. 하나님께서 모세에게 자신의 이름을 가르쳐 주셨다. 하나님을 만난 모세는 하나님이 누구신지 궁금했다. 그래서 사람들이 누가 보내서 왔는지를 묻는다면 누구로부터 왔다고 답해야 하는지를 하나님께 물었다. 그 때 하나님께선 자신을 'Be'동사로 표현하였다. '나는 나다(I am who I am; 출 3:14)'라고 말씀하셨다. 이는 우리에게 존재로 임재하시겠다는 하나님의 의지의 표현이다. "나는 네가 '있는(Be)' 곳에 '있다(Be)'의 하나님이다. 네가 있는 곳에 나도 '존재한다'의 하나님이다."라고 말씀하신 것이다. 그렇기에 "아브라함과 이삭과 야곱의 하나님(출 3:15), 즉 죽은 자의 하나님이 아니라 산 자의 하나님(마 22:32)"이라고 말씀하신 것이다. 우리가 거하는 곳에, 우리가 살아 있어 다니는 모든 곳에 우리와 함께 계신 임마누엘(마 1:23) 하나님이심을 말씀하신 것이다.

하나님께서 스스로를 그렇게 부르셨듯이, 세리 역시 'Be'동사로 스스로를 표현하였다. "I am a sinner." 존재의 연약함을 가감 없이 고백하였다. 이 때 놀라운 일이 일어났다. 예수님께서, "저 바리새인이 아니고, 이 사람(세리)이 의롭다 하심을 받고 그의 집으로 내려갔느니라"(눅 18:14)고 말씀하셨기 때문이다. 예수님께서 말씀하고자 하신 것은 첫째, '의롭다', '완전하다'라고 주장할 수 있는 자격은 우리에게 없으며 우리가 할 수 있는 일은 단지 우리 존재의 한계를 하나님 앞에서 솔직하게 드러내는 것이며, 둘째, 불완전한 존재인 우리가 우리의 불완전성을 고백할 때 비로소 '의롭다'라고 불리는 '칭의(稱義)의 은총'을 누리게 될 것이라는 것이다. 우리는 가질(Have) 수 없는 존재(Be)이다. 존재로서 우리는 우리의 연약함을 하나님 앞에 고백해야 하는 것이다. 이 것이 존재의 마땅한 태도이며 자세이다. 바로 이때 하나님께서는 우리를 완전하다고 인정해 주시기 때문이다. 그러므로 우리는 불완전한 한계를 지닌 인간임을 부정하지 않고 하나님을 만나야 한다. 절실하게 만나야 한다. 마찬가지이다. 한계를 지닌 자신임을 잊고 절실하게 사람들을 만나야 한다.

동성애자를 인격적으로 만나기 위해 우리에게 필요한 것은 "하나님께서 우리를 불완전하게 창조하셨다."는 한계에 대한 진심어린 수용이다. 이는 아픔의 현장에 있는 이들을 진정으로 만나고자 하는 사람들에게는 반드시 필요한 것이다. 왜 그럴까를 '위로'라는 단어를 심리 역학으로 분석해 보며 그 의미를 이해해 보자.

'위로'는 참으로 고상하고 멋져 보이는 단어이다. 누군가를 위로할 수 있다는 넉넉함은 아름답게 여겨지기까지 한다. 그러나 위로받는 사람의 심리 역학에서 살펴본다면, 위로의 심리학적 역동은 그다지 고상하지 않다. 이기적인 측면이 다분하기 때문이다. 예를 들어, 나만 물에 빠졌다거나, 나만 고통을 당하고 있다거나, 혹은 나만 죽어가고 있다고 여겼는데, 그게 아니라 내가 좋아하고 존경하는 많은 사람들과 함께 물에 빠져 허우적대고 같이 죽어간다면 나는 과연 무엇을 느낄까? 절망일까? 물론 죽음의 순간에 '이젠 끝이구나!'라는 생각에 절망할 수 있을 것이다. 그러나 단순한 절망만은 아닐 것이다. 함께 죽고 같이 죽기 때문이다. 이때 느끼는 지극히 인간적인 감정을 '위로'라고 말한다. 물론 더 큰 덕을 위해 홀로 희생한다거나, 남을 살리기 위해 죽음을 감수하는 마음으로 홀로 죽어갈 때, 그때 스스로를 격려하는 복받치는 감정을 위로라고 생각할 수 있으나, 이는 '희생'이라는 지고지순한 가치에 대한, 또 인간성의 승리에 대한 '환호'이지, 인간인 우리가 인지상정처럼 느끼는 솔직담백한 감정으로서 위로는 아니다. 그러므로 심리 역학적으로 누군가를 위로하려 할 때에는 그 사람의 위치에 함께 있다는 느낌을 갖게 해야 한다. 가슴과 가슴의 교감을 느끼게 해야 한다는 것이다. 다시 말해 그 사람으로 홀로 있다는 느낌이 들지 않게 하는 것이 필요한 것이다. 그러면 그가 홀로 있다는 두려움과 공포에서 '위로'를 느끼게 될 것이다.

여기에서도 분명한 것은 사람과 사람 사이에서 위로를 가능하게 하는 궁극적인 기초가 역설적이게도 '우리의 연약함'이라는 사실이다. 물론 그의 약함과 나의 약함이 똑같이 일치하지는 않겠지만 그럼에도 불구하고 정서적으로는 함께 느끼고 나눌 수 있는 것이다. 모두가 연약하다는 '공감대'가 위로로서 서로에게 역할하기 때문이다. 그렇기 때문에 우리의 한계에 대한 수용은 서로에게 위로를 가능하게 한다. 동성애자를 돌보고자 하는 목회상담가라면 자신의 한계에 대한 수용은 기본이다. 왜냐하면 그래야 동성애자의 마음에 위로를 전할 수 있기 때문이다. 상담자는 안정적이고 확실한 차원에 서 있고 동성애자는 흔들리는 죄악의 차원에 위치해 있다는 식으로 만나서는 안 된다. 상담자이건 동성애자이건 우리 모두는 함께 아파하고 함께 힘들어 할 수밖에 없는 '연약한 실존'임을 마음 깊숙한 곳으로부터 절절하게 인식하며 만나는 것이다. 이것은 단순히 상담자의 무릎을 낮추어 동성애자를 만나겠다는 교육적 눈높이에 대한 인식이 아니다. 오히려 실존의 한계와 현실의 벽을 절실하게 느끼는 인간 대 인간으로 절절하게 만나겠다는 인격적 의지이다.

III. 변화의 역학(Transformational Dynamics)[318]

지금까지 필자는 동성애자를 위한 상담자의 상담미학적 자세를 언급하며, 그들을 정죄하고 판단하듯 만나지 말아야 할 것과 상담자와 동성애자 모두 불확실성과 한계를 지닌 존재임을 인정하며 만나야 할 것을 성경적으로 그리고 심리 역학으로 살펴보았다. 이제 왜 이렇게 만나야 하는지를 변화의 관점에서 생각해 보고자 한다.

위로를 언급하며 필자가 집중했던 것은 "같은 차원에 존재한다는 것의 의

---

318) 이 부분은 필자의 글, 『목회상담 실천입문』 (서울: 학지사, 2009), 263-285와 『꽃보다 아름다운 사람이야기』 (서울: 생명의 말씀사, 2009), 164-169를 참고, 인용, 수정하였음.

미"였다. 같은 차원에 위치해 그가 경험하는 것을 나도 경험하며, 내가 경험하는 것을 그가 경험하고 있다는 것을 가슴과 가슴이 느끼게 되면 서로 위로가 된다는 것은 이미 그 위로의 역학 자체에 변화의 역학이 담겨 있다는 의미이다. 하나님께서는 전지전능하시다. 그는 우리와 다른 하나님이시다. 그러나 하나님은 인간의 몸을 입고 이 땅에 오셨다. 성육하신 하나님이신 예수님은 인간 삶의 희로애락을 경험 하셨다. 그리고 우리의 경험을 함께 경험 하셨다. 바로 이것이 우리에게 위로가 되는 것이다. 더 나아가 예수님은 우리가 져야 할 십자가를 대신 지셨다. 바로 이것이 우리에게 위로를 넘어서는 진실한 감사가 되는 것이다. 누군가에게 위로를 준다면, 그리고 누군가에게 감사가 된다면, 이미 변화의 역동은 시작된 것이다. 때문에 변화를 관점(Perspective)의 차원에서 이해할 필요가 있다.

> 마침내 예수님이 오셨습니다. 당시 사람들은 말했습니다. "저 사람이 메시아야!" 그래서 과연 무슨 일이 생겼습니까? 어떻게 되었습니까? 여기도 불행, 저기도 불행, 모든 곳에 불행만 넘쳐 났습니다. 제자들의 생각은 180도 달라져야 했습니다. 전에는 '메시아가 있는 곳에 불행이 사라진다'고 믿었지만 이제는 '불행이 있는 곳에 메시아가 계시다'는 사실을 받아들여야 했습니다. 그것이 회심입니다. 그것이 바로 예수 그리스도를 믿는 것입니다.[319]

누군가를 만나 그가 기적적인 변화를 갖지 못했다 할지라도 '함께 있다'는 기본적인 공감이 위로로서 그의 마음에 작동을 한다면 변화는 시작이 된 것이다. 한 번, 두 번, 세 번 만남을 반복할지라도 여전히 문제가 있을 수 있다. 그

---

319) Bill Turpie, *Ten Great Preachers*, 김대웅 역, 『위대한 설교자 10인을 만나다』 (서울: 브니엘, 2009), 232.

러나 분명한 것은 달라지고 있다는 것이다. 수천 킬로미터를 날아가는 비행기를 생각해 보라. 0.1도의 각도 차이는 아주 미미하지만 전혀 다른 목적지를 가게 하는 것이다. 그래서 관점의 차이는 중요한 것이다. 변화를 잉태하고 있기 때문이다.

아픔을 경험하는 사람들과 한 차원에 위치하겠다는 의지는 위로라는 심리 역학을 만들어 내고 이는 어떤 변화의 흐름을 형성시키게 된다. 이 변화를 '영향'이라는 '심리적 에너지의 흐름'으로 생각해 보자. 지구 위에서 중력이라는 에너지의 영향 아래 살아가는 모든 존재는 물리역학이 말하는 에너지의 흐름을 간과할 수 없다. 때문에 에너지 역학에 대해 생각해 보는 것은 당연할 것이다. 열역학 이론 가운데 엔트로피(entropy)는 일종의 무질서도를 나타내는 열역학 제2법칙을 일컫는다.[320]

복잡한 이론을 한마디로 표현하자면, 모든 에너지 흐름의 방향에 있어 질서는 감소하고 무질서는 증가한다는 일종의 무질서도에 대한 이론이다. 이를 이해하려면 우선 열역학의 1법칙인 에너지 보존의 법칙을 언급할 필요가 있다. 폭포를 예로 들어 생각해 보자. 폭포 위쪽의 물은 일종의 위치에너지이다. 물이 아래로 떨어지면서 위치에너지는 속도에너지로 전환된다. 폭포 아래에 있는 물레가 폭포 물줄기에 의해 돌게 된다면 속도에너지가 물레를 돌리는 운동에너지로 변환된다는 말이 된다. 물레가 돌아 모터가 돌게 된다면 운동에너지가 전기에너지로, 또 그 모터에 연결된 전구에 불이 들어온다면 전기에너지는 빛에너지로, 빛에너지는 더 나아가 열에너지로 전환되는 것이다. 이렇듯 에너지는 사라지는 것이 아니라 전환된다는 것이 에너지 보존의 법칙이다. 그런데 이렇게 에너지가 전환되다보면 모든 물체가 가진 에너지의 합은 일정하더라도, 에너지는 감소하는 것처럼 여겨진다. 즉 산꼭대기 옹달샘이 흘러 바다까지 이르

---

320) 열역학의 기본 개념을 이해하기 위해 Yunus A. Cengel and Michael A. Boles, *Thermodynamics: An Engineering Approach*. 부준홍 역, 『열역학(5판)』 (서울: 교보문고, 2007)을 읽어 볼 것.

럿다면 에너지가 한쪽으로 몰린 것처럼 여겨지는데 일종의 에너지 정체처럼 여겨지기도 한다. 이러한 에너지의 소모적 흐름을 일컬어 열역학 제2법칙, '엔트로피'라고 말한다. 이 흐름에는 하나의 법칙이 존재하게 되는데, 에너지는 반드시 높은 곳에서 아래로, 밀도가 높은 쪽에서 낮은 쪽으로 평형상태를 유지하기 위해 흘러간다는 것이다.

이 흐름을 필자가 앞서 언급한 '한계에 대한 수용'의 의미와 잇대어 볼 수 있다. 한계에 대한 수용은 상담자인 나와 동성애자인 그를 같은 차원에 존재하게 한다. 누가 누구를 정죄하거나, 누가 옳고 그르냐를 따지는 것이 아니라 일단 함께 존재한다는 느낌을 가슴과 가슴으로 느껴보자는 서로에 대한 인격적인 자세가 있기 때문이다. 상담자와 동성애자가 한 차원에 위치해 서로 만나게 된다면 우리의 만남에는 어떤 흐름이 자연스럽게 조성될 것이다. 엔트로피 이론이 말하는 역학이 발생할 것이라는 사실이다. 조금은 추상적이긴 하지만, 예를 들어, 사랑을 엔트로피 이론으로 이해해 보자. 예로부터 우리는 사랑을 '내리사랑'이라고 말했다. 사랑도 함께 만나고 함께 거하기만 하면 위에서 아래로 흘러간다고 본 것이다. 그래서 부모에게서 자식에게로, 교사로부터 학생에게로 사랑은 흘러간다고 생각하였다. 엔트로피 이론처럼 말이다. 그러므로 동성애자를 진정으로 안타까워한다면 같은 공간에 위치하고 함께 시간을 나누어야 한다. 그렇게 되면 위로라는 공감대 아래 상담자의 절절한 마음이 그에게로 흘러갈 것이다. 굳이 우리의 마음을 전달하기 위해 애쓰지 않아도 자연스럽게 흘러가게 될 것이다.[321] 이러한 변화의 흐름을 위해 우리 모두가 한 차원에 머무는 것은 그래서 필수적인 것이다. 물론 정확히 같은 장소에 위치하거나 모든 것

---

321) 욥의 세 친구는 칠일 밤낮을 욥과 함께 하였다. 그러나 욥은 친구들의 존재에 대해 어떤 위로를 느낄 수 없었다(욥 12:2, 16:2, 19:2-4, 26:2). 친구들은 욥의 죄를 지적하는 데 그들의 초점을 맞추었기 때문이다. 이렇게 되면 한 차원에 존재한 것이라고 보기 어렵다. 욥의 친구들은 의로운 자리에, 욥은 죄인의 자리에 위치한 듯 여겨지기 때문이다. 때문에 욥은 친구들의 말을 듣고 진정으로 자신을 돌아볼 수 없었던 것이다. 변명하며 저항하듯 반항하였던 것이다. 만약 욥의 친구들이 욥과 같은 차원에 있기를 노력했다면 욥은 친구들을 통해 어떤 깨달음을 가질 수 있었을 것이다. 하나님께서 욥을 꾸짖지도 않으셨을 것이다.

을 함께해야 한다는 말은 아니다. 상담자의 삶의 상황과 동성애자의 삶의 상황이 다르기 때문이다. 그럼에도 불구하고 잊지 않는 것이다. 우리 모두가 연약하다는 사실을 말이다. 이것이 누군가를 만나 돕고자 하는 사람의 궁극적 자세인 것이다.

우리의 한계를 진정으로 느끼며 누군가를 절실히 만난다면, 애쓰지 않아도 자연스럽게 위로라는 선한 영향을 주고받으며 서로가 서로에게 변화의 원동력이 될 것이다. 그러므로 다른 차원에 있는 듯 너무 고상해지지 않아야 한다. 너무 완벽해지려 애쓰지 않아야 한다. 동성애자와 너무 다른 차원에 있다고 보여 주면 보여줄수록 그들은 우리의 모습을 통해 '나도 상담자처럼 살아야지!'라고 다짐하다가도 죽음과 같은 좌절을 경험하게 될 것이다. 영국의 극작가 서머셋 모옴(William Somerset Maugham)이 말한 대로 사랑의 비극을 안겨 주게 될 것이다. 그러므로 상담자는 한계를 지닌 존재라는 절박한 현실을 외면하지 않고, 그럼에도 불구하고 절절하게 만나야 한다. 인격적인 만남을 통해 어떤 한계를 극복하고자 애쓰는 것이 아니라 단지 절실하게 만나는 것이다. 연약한 존재로 눈물 나게 만나는 것이다. 그러면 서로가 서로에게 위로가 될 것이다. 그리고 상담자가 가진 동성애자를 향한 사랑이 그에게로 흘러갈 것이다. 변화의 역동은 이렇게 이루어지는 것이다.

바로 이러한 역동을 인지했기 때문에 해석학자로 미학을 전공한 질 들뢰즈는 해석의 해체를 주장하였다. 해석이 해석답지 못하게 된 세태를 꼬집으며 작금의 해석을 해체해야 진정한 해석이 가능하다고 보았다. 그가 말한 진정한 해석은 '무엇 무엇 되기'라는 그의 주장과 잇대어 있다. 그는 우리에게 정말로 또 진실하게 그 "무엇 무엇이 되어보라"고 말한다. 그러면 깨달을 것이라고, 그

러면 알 수 있을 것이라고 말한다.[322]

IV. 자기를 사랑하는 자세[323]

지금까지 필자는 우리의 한계를 인정하는 것이 어떻게 성경적인지, 그리고 그것이 왜 우리의 만남에 필수적인지를 살펴보았다. 그렇다면 우리가 유지해야 할 동성애자를 위한 상담미학의 자세는 분명하다. 바로 한계를 활용하는 자세이다. 이제 한계를 활용하는 상담미학의 자세를 보다 면밀히 살펴보자.

한계를 활용하려는 자세는 자기사랑과 다름 아니다. 자기를 사랑한다는 것은 이기심(Selfishness)과 다르다. 더욱이 자기사랑은 자기에 빠진 자기도취(Narcissism)도 아니다. 자기를 사랑한다는 것은 먼저 자기를 직면하는 것이다. 자기를 직면하기 위해 자신이 어떤 존재인지를 이해하려는 태도는 절대적이다. 무엇을 잘하며, 무엇을 못하는지, 자신이 좋아하는 것은 무엇인지를 아는 것이다. 자신이 가진 색깔과 향기에 민감해지는 것이다. 마태복음 25장의 달란트 비유를 곱씹어 보라(마 25:14-30). 달란트 비유가 말하는 것은 누가 얼마만큼 가졌는가를 말하는 것이 아니다. 달란트 비유의 핵심은 '활용'이다. 주인으로부터 받은 달란트를 사용하였는가, 혹은 사용하지 않았는가에 대한 비유이기 때문이다. 하나님으로부터 부여받은 달란트는 단지 선천적인 재능만을 일컫는 것은 아니다. 우리 각자가 가진 후천적 경험도 모두 포함하는 것이다. 선천적이든 후천적이든 우리가 가진 우리의 모습(달란트)을 분명하고 똑똑하게 직면해야 한다. 한 달란트를 받아도 좋고 단점과 약점이어도 좋다. 아픔과 슬픔이라도 좋다. 활용하면 되기 때문이다. 때문에 우리가 어떤 길을 걸어왔는지 분명히 기억하는 것은 필수불가결하다. 덴마크의 종교철학자인 키에르케고

---

322) 들뢰즈의 미학을 이해하기 위해 그의 책, Gilles Deleuze, *Logique de la Sensation*, 하태환 역, 『감각의 논리』(서울: 민음사, 2008)를 참고할 것.
323) 이 부분은 필자의 글, "치유에 대한 분석적-비평적 이해의 관점에서 바라본 목회상담의 정체성 연구" 『장신논단』 제30호(2007. 12.), 311-348을 인용하거나 발췌, 수정하였음.

르(Søren Kierkegaard)도 현재 우리의 위치를 알고자 한다면 지금껏 걸어온 길을 돌아보라고 역설하였다. 물론 지워버리고 싶은 경험을 떠올리는 것은 아픈 일이다. 떠 올리고 싶지 않은 기억을 살피는 것은 차라리 사망의 쏘는 것처럼(고전 15:55) 고통스러운 일이다. 아프고 힘들어 금방이라도 쓰러질 것 같은 것이다. 그러나 우리가 가진 것이 무엇인가를 알기 위해 필요한 작업이다. 그래서 이를 악물고라도 해야 한다. 청년 루터가 자신의 아픔과 직면했던 것처럼, 어거스틴이 참회록을 통해 자신을 드러냈던 것처럼, 우리도 그리해야 한다.

자기직면 후에 우리가 해야 할 자기사랑의 모습은 자기용납이다. "아하! 내가 그런 사람이었구나!"하고 자기를 받아들이는 것이다. '자기를 받아들인다는 것'은 "자기(Self)라는 존재의 경험, 혹은 그 경험들로 이루어진 자기의 한계를 깨닫는 것"이다. 앞서 살펴본 기도하는 세리를 생각해 보자. 그는 성전에서 멀리서서 감히 하늘을 우러르지도 못했다. 자복하며 통곡하며 죄인이라고 고백하였다. 자신의 한계를 깨달았던 것이다. 자기직면을 통해 세리는 아파하며 통곡했지만, 그는 자신이 죄인임을 수용하게 되었다. 자신이 죄인임을 인정한 세리는 "불쌍히 여겨달라."라고 소리쳤다. 자신의 연약함을 오히려 자신의 달란트로 활용하여 하나님을 만나고자 하였던 것이다.

이렇게 자신의 한계를 받아들일 때, 우리는 자신을 활용할 수 있게 된다. 자신의 한계를 활용한다면 그 한계는 오히려 자신의 달란트로 기능하는 것이다. 그러므로 자기를 직면하고 용납할 때, 자기 스스로는 반드시 발전되게 되어 있다. '자기 활용'이 가능하기 때문이다. 자신의 실체를 분명히 인식하고 용납하게 되었으니 앞으로 어떻게 해야 할지를 고민하게 된다는 것이다. 사도행전 2장에서 베드로의 설교를 들은 사람들은 마음이 찔렸다. 자신의 실체를 경험하게 된 것이다. 그리고 자신의 위치를 받아들이게 되었다. 그래서 그들은 사도들에게 질문하였다. "어찌할꼬?"(행 2:37)는 자신의 한계를 직면한 사람들이 그 한계를 받아들이게 되었고 그것을 통해 무엇을 해야 하는 것인지를 묻는 것이다.

그래서 그들은 예수 그리스도의 이름으로 세례를 받고 죄 사함을 누리게 된 것이다.

　　자신의 실체인 자기를 만나게 되면 고통스러워지게 된다. 그러나 생명을 발견하게 될 것이다. 자기를 만난다는 고통 속에서 오히려 절망하지 않는 것은 우리가 그리스도인이기 때문이다. 성령의 인도하심을 받는 그리스도인의 자기성찰과 자기직면은 이래서 유의미하다. 만약 우리가 성령에 의해 인도받지 않는 비(非)그리스도인이라면 자기직면과 심층적 자기성찰은 자칫 자신을 끝없는 허무와 비관으로 빠지게 할 수 있다. 그러나 자기직면으로 인한 비관적 심연(深淵)에서 생명이신 하나님은 반드시 우리를 생명으로 인도하실 것이며, 아픔의 중심에서 하나님의 사랑과 은혜를 뼈에 사무치도록 느끼게 하실 것이다. 그러므로 자기직면과 자기용납을 통한 자기 활용은 자기 스스로에게 하나님의 은혜를 누리게 하는 자기사랑이며 자신의 한계를 활용하는 빛나는 모습인 것이다.

　　목회상담은 자기발견을 추구한다. 상담을 통해 자기의 실체를 만나고자 하기 때문이다. 내담자만 그리할 것이 아니라 상담에 참여하는 상담가나 내담자나 모두 다 자신의 실체를 만나야 한다. 결국 목회상담은 자신을 직면하고 이해하는, 그리고 종내에는 수용하게 되며 자기를 계발하는 방향으로 이루어지는 것이다. 그렇다면 자기수용과 용납, 자기 활용으로 이루어진 자기사랑의 의미는 무엇인가? 자기사랑은 먼저 자기부정(Self-Denial)이 아니다. 오히려 자기를 부정하려 하는 마음을 부정하는 '이중부정(Double negation)'으로 이루어져야 한다. 자기를 오히려 귀하고 가치 있게 여기는 것이다. 쉽게 말해, 자기가 자신에게 부인되기 보다는 귀한 존재로 용인되어야 한다는 것이다. 이것은 '에벤에셀의 하나님'을 기억하겠다는 인간의 고백과 연관이 있다. 지금까지의 삶을 부정한다는 것은 지금까지 인도하신 하나님을 부정하는 것이나 다름없기 때문이다. 따라서 자기를 부정하지 않는다는 것은 자신과 자신의 삶이 하나님의 이끄심과 섭리 가운데 있음을 인정하고 고백하는 것이다. 그러나 그럼에도 불구하고 성경이 말하는 '자기-부정' 때문에 고민에 빠지곤 한다. 예수님께서 이렇게 말씀하셨기 때문이다. "누구든지 나를 따라 오려거든 자기를 부인하고 자기 십자가를 지고 나를 따를 것이니라."(마 16:24) 그러나 분명히 알아야 하는 것은 예수님께서 말씀하신 '자기-부정'의 '자기'에 대한 개념이다. 본문에 등장하는 '자기'의 개념을 이해하려면 전(前) 절의 문맥상황을 이해해야 한다. 예수님께서 십자가의 고난을 말하셨을 때 베드로가 그런 일이 일어나선 안된다고 만류하였다. 그때 예수님께서는 베드로를 꾸짖으시고 "네가 하나님의 일을 생각하지 아니하고 도리어 사람의 일을 생각하는도다."(마 16:23)라고 말씀하셨다. 단도직입적으로 말하자면, 마태복음 16장 24절에서 말하는 '자기-부정'은 지금 우리의 논의에서 이야기되어지는 자기 개념과는 다르다. 본문에서 '자기'의 개념은 '사람의 일'로 가득한 자기이며, 이 '자기'는 목회상담이 말하는 '거짓자기(False self)'이다.[324] 거짓자기는 예수님의 말씀대로 부정되어져야 한다. 왜냐하면 목회상담이 지향하는 자기의 모습과는 거리가 멀기 때문이다. 오히려 목회상담은 '참자기(True self)'를 지향한다. 상담의 과정에서 형성되는 자기를 직면한다는 이야기는 자신이 가진 거짓된 자기의 모습을 깨트리고 참된 자기를 지키겠다는 다짐이며 의지이기 때문이다.

그러므로 '자기사랑'은 예수님의 말씀대로 '거짓자기에 대한 부정으로 이루는 참자기에 대한 고집'이다. 참자기에 대한 고집은 '자기감(自己感), 즉 자존감(Self-esteem)의 회복'을 말한다. 타인의 평가나 세상의 가치판단 기준으로 이해되어지는 자기가 아닌 하나님과의 관계에서 이해되어지는 자기를 느끼자는 것이 참자기에 대한 고집이다. 세상은 내가 얼마만큼 가졌는지, 얼마나 이루었는지를 보고 나를 판단하려 들 것이다. 그러나 나의 존재 자체를 즐거워하시는 분이 하나님이시다. 이 모습 이대로의 나를 사랑하고, 나와 언약을 만

---

324) 거짓자기와 참자기 개념을 이해하기 위해, Madeleine Davis and David Wallbridge, 이재훈 역,「도날드 위니캇의 정신분석학: 울타리와 공간」(서울: 한국 심리치료 연구소, 1997), 45-72를 참고할 것.

들어 가시는 이가 하나님이시다. 하나님과의 관계에서 여겨지는 자기에 대한 존재감, 이것이 바로 참자기에 대한 개념이며 이것을 갖게 될 때 궁극적으로 자존감이 세워지는 것이다.

더 나아가 "자존감은 신학적으로 하나님을 인정하고 있는 상태이다."라고 정의할 수 있다. 자존감이 상실되는 상황을 맞이하면 우리는 곧잘 "하나님께서 정말 계신가?" "하나님이 계신다면 이러실 수는 없지!"라며 하나님을 부정하려 한다. 때문에 자존감이 있다는 이야기는 하나님을 하나님으로 인정하고 있다는 말이며, 또한 하나님께서 우리와 함께 하심을 인정한다는 것이다. 자존감은 동시에 인간 심리 차원에서도 중요하다. 자존감의 상실은 불안과 공포를 경험케 한다. 자존감의 상실을 경험하고 있는 사람은 불안과 공포로 사람을 만나기를 꺼려한다. 이것을 대인기피 혹은 대인공포라고 말한다. 이것이 증폭되면 집밖을 나갈 수도, 사람을 만날 수도 없다. 그래서 광장 공포(Agora phobia)를 느끼고 사회성 공포(Social phobia)를 경험하며 각종 망상과 강박, 신경증에 시달리게 된다. 불안과 공포가 자기에게로 집중되면 심한 자책감과 우울을 경험하게 되기도 한다.[325] 때문에 자존감이 있다는 것은 심리적으로 "안정적이다" 혹은 병리적 차원에서 "건강하다"라고 말할 수 있다. 그러므로 자기사랑은 참자기 회복을 통한 건강한 자존감을 이루는 것이며, 더 나아가 자기라는 존재를 부정하지 않고 건강하게 활용하는 것이다. 때문에 '자기활용'은 '용기' 자체이다. 한 달란트밖에 없는 자기이지만 자기를 귀하게 여기고 활용하고자 하기 때문이다. 이것이 용기이다.

용기는 명사이나 기능적 차원에서는 동사이다. 용기가 없이는 움직일 수 없기 때문이다. 용기는 심리적인 불안과 공포 속에서 자기를 살게 한다. 그

---

325) 언급한 정신병리적 증상들을 이해하기 위해, 이용승,『범불안장애』(서울: 학지사, 2003); 박현순,『공황장애』(서울: 학지사, 2003); 김지훈,『특정공포증』(서울: 학지사, 2003); 이용승, 이한주,『강박장애』(서울: 학지사, 2003); 김은정,『사회공포증』(서울: 학지사, 2003); Sigmund Freud, 윤희기, 박찬부 역. "자아와 이드"『정신분석학의 근본개념』(서울: 열린책들, 2003), 397-407을 읽어 볼 것.

래서 불안하기도 하고, 공포를 느끼기도 하지만, 이를 악물고 연약한 무릎을 일으켜 세운다. 신학적으로도 마찬가지이다. 하나님께서 존재하시지 않는 듯 여겨질 세상임에도 하나님께 완전히 의지(Total surrender and total reliance)한다. 용기로 가능한 일이다. 신학자 폴 틸리히(Paul Tillich)도 자신의 책, 『존재의 용기(The Courage to Be)』에서 존재의 용기에 대하여 역설하며 하나님께 의지함이 존재에 대한 포기이기보다는 "존재에 대한 용기"라고 주장하였다.[326] 자기개발은 따라서 자기와 하나님을 용기 있게 인정한다는 말이다. 더 나아가 용기를 용기되게 할 수 있는 것은 희망 덕이다. 그렇다면 희망의 속성은 무엇인가?

제롬 그루프먼(Jerome Groopman)은 자신의 책 『The Anatomy of Hope』에서 희망의 의미를 다음과 같이 정의하였다.

> 희망은 인간의 가장 핵심적인 감정 중 하나다. 하지만 희망의 정의가 뭐냐고 물어보라. 적잖은 이들이 뭐라고 말해야 할지 몰라 당황할 것이다. 또 희망과 낙관을 혼동하는 사람도 있을 것이다. … 희망은 "긍정적으로 생각하라"는 남의 말이나 눈을 현혹시키는 장밋빛 청사진에서 나오지 않는다. 낙관과 달리 희망은 있는 그대로의 현실에 뿌리를 둔다. … 희망은 그 미래로 향하는 길에서 만나는 중대한 장애물과 깊은 함정까지 인정한다. … 희망은 눈을 똑바로 뜨고 자신의 현실을 마주할 수 있는 용기, 그 현실을 뛰어넘을 수 있는 능력을 준다.[327]

희망은 성경을 살고, 믿음을 살고, 하나님과 동행하고자하는 그리스도인

---

326) Paul Tillich, *The Courage to Be* (New Haven: Yale University Press, 1959), 156-190을 읽어 볼 것.
327) Jerome Groopman, *The Anatomy of Hope*, 이문희 역, 『희망의 힘』(서울: 넥서스 Books, 2005), 8.

들에게 중요한 삶의 실제적 요소이다. 천국과 부활, 영생에 대한 희망이 없다면, 소망이 없다면 우리의 모든 것이 다 헛것이 되기 때문이다(고전 15:14). 그러나 희망은 그루프먼이 말한 대로 낙관이 아니다. 결과를 예측하는 예견도 아니다. 오히려 희망은 결과를 내려놓는 것이며 현실의 가혹함을 직시하는 것이다. 그렇기 때문에 그루프먼이 말하는 희망은 현실적이며 실존적이다. 막연한 낙관을 던져 버리고 현실을 직시하도록 인도하기 때문이다. 그렇다면 낙관할 수 없는 현실을 보며 어떻게 희망을 가질 수 있는가? 그럼에도 희망을 말하는 것은 믿음 때문이다. "하나님께서 살아 계시다.", "하나님께서 나와 함께 하신다."는 믿음을 갖기 때문에 희망이 생겨나는 것이다. 그러나 낙관처럼 미래가 이러저러해질 것이라고 예견하지 않는다. "내가 이렇게 할 것이니 하나님께서도 이렇게 해 주실 것"이라고 예측하거나 예상하지도 않는다. 오히려 미래를 하나님께 맡기고 현실을 살아가는 것이다. "하나님께서 살아 계신다."는 확신과 믿음으로 가혹하고 냉혹한 현실을 열정으로 살아가는 것이다.

자기의 한계를 받아들이고 활용하려는 자기사랑으로 절절히 살아가는 것은 누가 뭐래도 그리스도인의 중요한 미덕이다. 그러나 쉼과 휴식을 부정한 채 '조금만 더'의 환상에 빠져 자신의 한계를 극복하기 위해 아등바등 살아가려는 것은 그리스도인으로서 지녀야 할 삶의 바른 자세가 아니다. 오히려 지쳤다는 낙심에 탈진만 가중시킬 뿐이다. 때론 "죽도록 충성하라"는 말씀을 되뇌이며 정말 죽어야 할 만큼 애써야 할 때도 있을 것이다. 하지만 하나님은 생명이시다(시 42:2, 딤전 6:13). 생명을 잃어서는 안 된다. "죽도록 충성하라"는 말씀도 그래서 생명지향적인 말씀인 것이다. 생명을 위해서 쉼은 필수적이다. 하나님도 쉬셨기 때문이다(창 2:2-3).

쉼은 평안 혹은 고요함이다. 고요함은 적막과 다르다. 적막은 정말 아무 것도 들려지지 않는 상태를 일컫는 말이나 고요함은 귀에 들리는 소음과는 상관이 없다. 들려오는 것이 있건 없건 간에 느낄 수 있는 것이다. 그래서 고요함은 많은 사람들이 시끄럽게 떠드는 장터에서도, 아이들의 요란한 소리가 끊이질 않는 운동장에서도, 바쁜 걸음을 재촉하며 앞만 보고 달려가는 지하철역에서도 느낄 수 있다. 고요함은 인간 내면의 평정(Serenity)과 깊은 연관성이 있다. 때문에 무엇인가 충족되었기에, 혹은 시간이 많아 갖게 되는 여유로움과는 다른 차원의 것이다. 무엇인가 채워지지 않는다 하더라도, 혹은 촉박한 시간의 긴장 속에서 해야 할 일이 너무 많아 허둥지둥할 때에도 평정은 유지되기 때문이다. 흔히 "바닥이 드러난다"라고 한다. 어떤 내몰렸다는 느낌이 드는 상황에서 자신의 가면(Persona)이 벗겨진 상황을 일컫는 말이다. 이쯤 되면 사람들은 여러 가지 이상 증상들을 드러낸다. 욱하는 성질로 폭력적이 된다거나, 여러 가지 이상 행동을 통해 자신은 물론 주변에 있는 사람들을 힘들게 한다. 시간이 많아 느긋하다 누렸던 마음을 내던져 버리고 평정을 잃는다. 그러나 고요함은 시간이 많지 않아도, 무엇인가 채워지지 않아도, 설령 그러한 "상황이 나를 힘들게 한다 할지라도 그것에 아랑곳 하지 않는 것"이다. 바로 이런 이유에서 고요함은 넉넉함이며 그득함이다. 많이 가졌기에 갖게 되는 넉넉함도 아니며, 채웠다고 여기기에 갖게 되는 그득함도 아니다. 가지게 되었거나 혹은 충족시켰다는 어떤 성취감과는 상관없는 넉넉함이다.

　　고요함을 달관의 경지로 생각하거나 불교에서 말하는 해탈(Nirvana)의 의미로 여길지도 모르겠으나 이 역시 고요함의 실존적 표상을 충분히 설명하진 못한다. 왜냐하면 고요함은 철저히 현실적이기 때문이다. 바로 앞서, "상황이 나를 힘들게 한다 할지라도 그것에 아랑곳하지 않는 것"이라고 고요를 말하였다. 그러나 이는 현실과 실존을 이겨내라거나, 극복하라거나, 혹은 현실을 무시하라거나, 혹은 달관이나 해탈해야 한다는 의미로 말한 것이 아니다. 오히려 나를 힘들게 하는 상황을 두 눈 똑바로 뜨고 바라보라는 의미이다. 그것이 나를 얼마나 힘들게 하는지 온몸으로 느끼고 받아들이라는 의지의 자세를 일컫는 것이다. 지옥과도 같은 현실을 두 눈 부릅뜨고 바라보는 것은 결코 쉬운 일이 아니다. 하지만 그렇게 해야 한다. 눈을 감고 그저 없었던 일인 듯 여기며 살지 말아야 한다. 상황만이 아니다. 내면의 알 수 없는 불안과 공포 역시 끝내 회피하지 않는 것이다. 절규할 수밖에 없는 당황스러움과 곤혹스러움 속에서, 그래서 살아 있는 것이 힘들게 여겨질 때에도, 현실을 피하지 않겠다는 것이다. 직면하며 살기가 너무 어려워 "그렇게 살 수 있는 이 없다"고 잘라 말할 수 도 있고, "바로 그렇게 살고자 하는 것이 비현실적"이라고 냉소를 퍼부을 수도 있다. 그러나 두 눈 부릅뜨고 현실을 보지 않으면, 현실은 실재(Reality)로 남지 않고 환상(illusion)이 되어버림을 기억해야 한다. 다른 길은 없다. 지구에서 살아가는 실존이라면 현실을 무시할 수 없는 것이다. 그렇기에 힘겹지만 그래서 죽을 것 같지만 현실을 직시해야 한다. 그리고 받아들여야 한다. 그러므로 고요함은 욕심과 욕구를 충족시켜 "다 이루었다"고 강렬한 기쁨을 갖는 것이 아니다. 욕구 충족과 상관없는 평안(Shalom)의 "다 이루었다"와 잇대어 있다.

일반적으로 예수 그리스도께서 십자가 위에서 하신 "다 이루었다"(요 19:30)의 의미를 인간에게 필요한 모든 필요가 다 채워졌기에 "다 이루었다"라고 말씀하신 것은 아니라고 이해한다. 그가 가난과 전쟁, 아픔과 눈물을 다 해결하신 것은 아니기 때문이다. 물론 예수님께선 초우주적인 '구속 사역의 완성'을 이루셨다. 그러나 보다 집중하고자 하는 것은 '현실적 실존인 예수님께서 이루신 그의 개체적 완성'이다. 그는 그가 이루셔야 했던 '십자가의 길'을 다 이루셨다. 이것이 예수님 스스로에게는 그의 개체적 완성이신 것이다. 그렇다면 '개체적 완성'은 무엇을 말하는가? '개체적 완성'은 '개체성(Individuality)의 개발(Development)'을 이루는 것을 말한다. 이 개발은 초월적(Transcendental)인 개발을 말하는 것이 아니다. 그래서 초인적인 어떤 기적과 표적을 이루어야 개발을 온전히 성취했다고 생각하지 않는다. 이와 달리 개체성의 개발은 인간 한계의 영역을 인정하며 이루어가는 개발을 의미하는 것이다. 쉽게 말해, 자신이 할 수 있는 한계 안에서 자신을 반짝반짝 빛나게 하는 것이다. 예수님께서 사형형틀인 십자가를 구원의 빛나는 도구로 활용하신 것처럼 말이다.

샌프란시스코 신학교 총장을 역임하다 지금은 솔트레이크 신학교 총장으로 있는 도널드 맥컬로우(Donald McCullough)는 자신의 책『모자람의 위안』에서 한계를 받아들이면 부질없는 싸움에서 해방될 수 있으나, 한계를 인정하지 않을 때 모자람은 위안의 은총이 아닌 절망의 아픔이 된다고 역설하였다.[328] 한계를 인정한다는 것은 자연스러워지는 것을 말한다. "나는 다 할 수 없다. 다 이룰 수도 없고 모든 것에서 완전한 충족을 경험할 수 없다." 이것을 인정하라는 것이다. 그리고 이것을 나의 자연스러움으로 받아들이라는 것이다. '자연스러움'은 자연과 잘 어울린다는 말이다. 이는 자신의 한계를 인정함으로 자연과 하나가 되는 것을 말한다. 그런데 자연스러움은 자신의 한계에 대한 굴욕적인 인정이 아님을 알아야 한다. 하나님이 만드신 모든 것은 하나님 보시기에 심히 좋았기 때문이다(창1:10, 12, 18, 21, 25, 31). '좋다'라는 히브리어의 어의적 측면을 가장 잘 묘사하는 헬라어의 단어는 '아가토스'이다. '아가토스'는 누가복음 8장의 씨 뿌리는 비유에서 옥토라고 불리는 '좋은 땅'을 말할 때 사용된다. 특이한 것은 이것이 '착하다'라는 말로 표현되기도 한다는 것이다. "좋은 땅에 있다는 것은 착하고 좋은 마음으로 말씀을 듣고 지키어 인내로 결실하는 자니라."(눅 8:15) 일반적으로 우리는 말을 잘 듣는 사람을 일컬어 '착하다'라고 한다. 더욱이 어떤 사람을 가리켜 '착하다'라고 한다면 법 없이도 살 사람을 일컫는 것이다. 결국 어떤 규율과 법도에 순종하는 것을 말하는 것이다. 그런데 예수님께서 '착하다'라는 말씀을 하셨다는 것이 놀랍다. 그는 우리가 말하는 사회통념상 착한 분이 아니셨기 때문이다. 예수께서 12살 되던 해의 일을 떠올려 보라. 제자들이 안식을 범했을 때와 간음하다 잡혀온 여인에

---

328) Donald McCullough, *The Consolations of Imperfection*, 윤종석 역, 『모자람의 위안』(서울: IVP, 2006), 34.

대한 처리를 어떻게 했는가를 생각해 본다면 이는 더욱 자명해진다. 그렇다면 예수께서 말씀하신 '착하다'의 의미는 무엇일까? 신약성경에서 '착하다'라는 의미로 '아가토스'가 한 번 더 사용되었는데, 마태복음 25장의 달란트 비유에서이다. 먼 나라를 떠난 주인이 돌아와 두 달란트와 다섯 달란트를 남긴 사람에게 칭찬하였다. "착하고 충성된 종아. 네가 적은 일에 충성하였으매 내가 많은 것을 네게 맡기리니 네 주인의 즐거움에 참여할지어다."(마25:21, 23) 우리가 너무 잘 알고 있듯 달란트 비유의 핵심은 누가 얼마나 받았는가가 아니다. 받은 것의 많고 적음에 상관없이 그것을 활용했는가 또는 하지 못했는가에 있는 것이다. 결국 예수께서 말씀하신 '착하다'의 개념은 활용의 개념이다. 그것을 충성이라는 말로 표현하신 것이다. 그러므로 한계를 인정하는 자연스러움은 한계의 활용을 말하는 것이다. 한계를 인정하지 않는 적극적인 사고와 활용은 우리를 사망에 이르게 한다. 맥컬로우의 말을 경청해 보자.

'적극적 사고방식'의 철학은 틀렸다기보다 불완전하다. 그것은 전체를 말해주지 못한다. 아무리 결심이 단호해도 넘어설 수 없는 한계가 있다는 사실이 쏙 빠져 있는 것이다. 당신의 길은 벽에 가로막힐 때가 있으며, 아무리 자신을 다독이고 도움닫기 거리를 확보하여 속도를 높인다 해도 그 벽은 절대 뚫리지 않는다. 아내가 떠나고 막내아이가 죽을 수도 있다. 자신의 성품이 지닌 심각한 도덕적 결함에 정면으로 부딪치기도 하고 인생의 절정기 20년을 보낸 회사에서 해고당할 수도 있다. 이런 상황에서 힘내라고 자신을 다그치는 것은 별 도움이 안 된다. 그런데 우리는 왜 적극적 사고라는 술병을 버리지 못할까? 우리도 주변 문화에 휩쓸려 "하면 된다"는 술집에서 폭음을 일삼고 있는 것이다. 그것으로 삶이 지탱되지도 않고 아침이면 오히려 속만 쓰릴 것을 알면서도 말이다. 술집을 뛰쳐나오

기가 왜 그렇게 어려운가? 우리가 술을 끊지 못하는 진짜 이유는 두려움이다.[329]

맥컬로우가 말하는 두려움은 한계를 인정하는 것에 대한 두려움이다. 한 번도 한계를 은총이라고 생각해 본 적이 없는 것이다. 그래서 한계를 말하는 것이 마치 실패인 양 좌절로 이해하곤 몸서리치는 것이다. "해야 한다. 하면 된다"는 억지 속에 자신을 옥죄고 있는 것이다. '적극적 사고방식'이 '한계에 대한 인정'과 만날 때 더욱 빛나게 됨을 왜 모르는가. 한계를 인정하는 사람은 그래서 적극적으로 이렇게 말할 수 있다. "내게 능력 주시는 자 안에서 내가 모든 것을 할 수 있느니라."(빌 4:13) 그러나 한 번 더 말하자면, 이 말씀은 아무나 하는 것이 아님을 알아야 한다. 자신의 한계를 깊이 있게 인정할 줄 아는 사람들에게 말할 자격이 주어지는 것이다. 자신의 한계를 뼈저리게 느낄 때, 바로 이때가 한계에 대한 적극적 활용의 시기이며, 그래서 좌절이 아닌 용기와 고통이 아닌 의미를 누리게 되는 것이다. 한계의 적극적 활용은 행복의 사전적 의미인 '강렬한 기쁨'을 가져다주진 못하지만 우리 내면의 뿌리 깊은 기쁨을 느끼게 한다. 그래서 도종환의 시는 "그렇지!"라는 깨달음의 탄성 속에 인생의 잔잔하고도 신비한 기쁨을 맛보게 하는 것이다. 이 잔잔하고도 신비스런 기쁨이 일종의 "다 이루었다"의 느낌이다.

이 느낌은 마치 밀레의 〈만종〉에서 느껴지는 어떤 강렬하지만 잔잔한, 장엄하지만 평온한 느낌과 잇대어 있다. 여전히 할일은 많다. 다 끝낸 것이 아니다. 다 정리한 것이 아니다. 그런데 "다 이루었다"라고 고백하는 것이다. 그리고 하나님께 기도하는 것이다. 가난한 두 손 모아 오늘을 있게 하신 창조주께 감사하는 것이다. 아직 할 일이 많이 남아 있지만 그득함을 느낀다. 분주하다 여기지 않기 때문이다. 오늘 해야 할 실존의 임무를 완성한 것이다. 세상이 바뀌거나 천지가 개벽할 그런 일을 한 것이 아니다. 그러나 나로서는 최선을 다한 것

---

329) 위의 책, 21-22.

이다. 그래서 부족한 것 천지이지만, 오늘을 살게 하신 하나님께 두 손 모아 감사하는 것이다. 실존의 한계를 인정하며 온 종일 '자기활용'을 떠올리며 수고하다, 잠을 잘 때에는 "이제 그만하면 되었다"라고 여길 수 있기에 그렇다. 이것이 예수 그리스도의 "다 이루었다"에 대한 실존적이며 현실적 차원의 이해이다. 더불어 이것을 말하는 것이 고요함이며, 평안(Shalom)이다. 자기의 한계를 부정하고 자기의 한계를 극복하기 위해 무엇인가를 끊임없이 추구하고자 하는 사람은 대니얼 길버트(Daniel Guilbert)가 경고한 대로 "행복에 걸려 비틀거리게 (Stumbling on Happiness)"된다.[330] 행복에 겨워 덩실거리는 것이 아니라, 행복에 걸려 좌초한다는 것이다. 탈진으로 더는 일할 수 없다고 느낄 것이다. 그러므로 그때그때 쉬어야 한다. "이만하면 되었다" 넉넉한 마음으로 한계를 누리는 것이다. 이것이 하나님을 전적으로 신뢰하는 것이며 이것을 믿음이라고 말하는 것이다.

지금까지 필자는 동성애자를 위한 목회상담적 자세를 상담미학의 관점에서 차분히 풀어 왔다. 이러한 자세는 동성애자에게 파격적인 어떤 깨달음을 주거나 그들의 삶을 흔들어 놓을 만한 방법론은 물론 아닐 것이다. 그러나 동성애자들이 이렇게 다가서는 상담자의 마음을 함부로 대하거나 평가절하 하지는 않을 것이다. 상담자에게 진정성이 있기 때문이다. 삶에 대한 경외감이 상담자의 믿음과 십자가의 사랑에 묻어 있기 때문이다.

---

330) Daniel Guilbert, 서은국, 최인철, 김미정 역. *Stumbling on Happiness*, 『행복에 걸려 비틀거리다』(파주: 김영사, 2006)를 읽어 볼 것.

제13장
최근 논쟁이 된 차별금지법안 내의 '성적 지향' 삽입 문제에 대한 한국 기독교인들의 입장에 대한 고찰

노영상
장로회신학대학 기독교와 문화 교수

Ⅰ. 서론

차별금지법에 대한 논의는 지난 2003년으로 거슬러 올라간다. 국가인권위원회는 2003년 1월 인권단체 관계자 및 전문가 등 17인으로 구성된 차별금지법제정추진위원회를 구성하여 2004년 8월 추진위 안을 마련한 바 있었다. 인권위원회는 이 안을 보강하여 최종적으로 2006년 7월에 권고법안을 내놓았다.[331] 그 후 2007년 7월에는 차별금지법 제정 추진 업무가 법무부로 이관되었으며, 법무부는 이 법안에 대한 여론을 수렴한 후 각 관계부처 간의 협의를 통해 차별금지법안을 만들어 입법예고와 규제심사 등을 거쳐 2007년 12

---

331) 국가인권위원회의 「차별금지법안」의 전문은 국가인권위원회 홈페이지로 가서, "차별금지법안공청회"를 검색하면 찾을 수 있다. 그 공청회 내용에서 그 법안을 만든 국가인권위원회의 취지를 검토할 수 있을 것이다(http://www.humanrights.go.kr/00_main/main.jsp).

월 13일 정부법안을 국회에 제출하였다.[332] 그러나 정부법안의 실효성에 의문을 품은 인권단체들은 2007년 11월 28일 '올바른 차별금지법 제정을 위한 반차별 공동행동'(이하 반차별 공동행동)을 결성하고 여러 차례의 토론회와 공청회를 진행한 끝에 자체적으로 새로운 차별금지법안을 마련하기도 하였다.[333] 이상의 반차별 공동행동은 2008년 1월 28일 당시 민주노동당 노회찬 의원을 통해 별도로 마련한 차별금지법안을 국회에 발의한바 있다. 이렇게 하여 차별금지법안은 세 개가 되었다. 인권위가 2006년 7월 만든 권고법안, 2007년 12월 13일 정부가 내놓은 정부법안, 그리고 진보신당 노회찬 대표를 중심으로 한 반차별 공동행동 측의 차별금지법안 등이다. 이에 있어 노회찬 전 의원의 안은 이전 인권위원회 안으로 돌아가자는 취지이므로 필자는 이 글에서 국가인권위원회안과 정부법안을 집중적으로 비교 분석하고자 한다. 이 양자 사이엔 여러 부분에서의 차이가 있지만, 본 논문은 그 중 '성적 지향(sexual orientation)' 문제 곧 동성애자에 대한 차별의 문제에만 집중하려 하는 것이다. 현재 국회는 여러 가지의 문제로 '차별금지법안'을 통과시키지 못하고 있는 상황이다.

이에 본 논문의 목적은 분명하다. 최근 사회 일각에서 문제가 된 「차별금지법안」(2006. 7.)의 내용을 기독교 윤리적으로 분석하고 그에 대한 교회의 입장을 간추리고자 하는 것이다. 이를 위해 먼저 필자는 양 법안의 내용과 논점들을 정리한 다음, 그에 대해 성서적인 입장과 교회의 시각에서 반성하였다. 동시에 필자는 인권과 소수자의 보호의 견지에서 주장되는 동성애자에 대한 차별 금지의 주장들을 고찰하였다. 이러한 양측 의견의 비교를 통해 한국교회의 본 법안에 대한 입장을 분명히 하고자 노력한 바, 이 같은 노력이 '차별금지

---

332) 정부가 제출한 「차별금지법안」의 원문은 인터넷 http://blog.naver.com/manonnet/50026517030 (2010. 10. 27.)을 참조하시오.
333) 반차별공동행동의 「차별금지법안」은 아래의 사이트를 참조하시오.
  http://blog.naver.com/dearong827?Redirect=Log&logNo=30027804138 (2010. 10. 27.).

법안에 대한 논쟁에 약간의 도움이 되었으면 하는 바이다.

II. 성적지향 문제에 있어서의 국가인권위원회의 차별금지법안과 법무부의 차별금지법안의 주요한 차이

먼저 논란의 대상이 되고 있는 양 법안의 내용에 대해 파악하는 것이 우선일 것이다. 2006년 7월에 나온 국가인권위원회의 권고법안은 총 43개 조항으로 된 비교적 긴 안이다. 이 가운데 동성애에 있어 문제되는 조항은 제2조 ①항, 제4조 6절, 제22조 1절인데, 그 내용은 다음과 같다.[334]

제2조(금지대상 차별의 범위) ① 이 법에서 금지하는 차별이라 함은 합리적인 이유 없이 성별, 장애, 병력, 나이, 출신국가, 출신민족, 인종, 피부색, 출신지역, 용모 등 신체조건, 혼인여부, 임신 또는 출산, 가족형태 및 가족상황, 종교, 사상 또는 정치적 의견, 전과, 성적 지향, 학력(學歷), 고용형태, 사회적 신분(이하 '성별 등'이라 한다)을 이유로 개인이나 집단을 분리, 구별, 제한, 배제하거나 불리하게 대우하는 다음 각 호의 1에 해당하는 행위(이하 '차별'이라 한다)를 말한다.

제4조 6. '성적지향'이라 함은 이성애, 동성애, 양성애를 말한다.

제22조 1. 교육목표, 교육내용, 생활지도 기준이 성별 등에 대한 차별을 포함하는 행위

---

334) 「차별금지법안」(2006.7.).

국가인권위원회의 권고법안은 성적지향을 가진 자, 곧 동성애자들을 사회가 차별하지 않아야 하며, 학교 교육 및 사회적 대우 등에 있어서도 이들에게 불리하게 하고 차별하는 행위를 금해야 한다고 언급한다. 곧 이 말은 동성애자를 그릇된 것이라 학교에서 교육할 수 없음을 의미하는 말이다. 국가인권위원회의 차별금지법안에 따르면 성적지향성을 가진 자, 곧 동성애자란 이유로 개인이나 집단을 분리, 구별, 제한, 배제하거나 불리하게 대우할 수 없으며, 고용, 재화·용역·교통수단·상업시설·토지·주거시설의 공급이나 이용, 교육, 정책의 집행 등에서 차별받아서는 안 된다고 강조한다.[335]

이에 대해 기독교계를 위시한 사회 각층에서의 반박들이 있었던바, 의회선교연합, 배아복제를 반대하는 과학자모임, 범국민적인 동성애허용법안 반대를 위한 국민연합, 에스더기도운동 등 여러 단체에서 차별금지법안의 제2조(금지대상 차별의 범위)에서 '성적지향'이란 단어의 삭제를 요청한바 있다. 이와 같이 기독교계 일각에서 특히 '성적 지향'이란 단어에 신경을 썼던 반면, 보수언론과 경제계에서는 병력, 출신국가, 가족형태 및 가족상황, 전과, 학력, 고용형태 등의 문제에 반대의사를 표시하였던 것이다.[336] 이에 정부는 이런 반대운동의 결과들을 수렴하여, 2007년 12월 13일에 수정된 35개 조항의 법안을 국회에 제출하게 되는바, 제3조의 1항 1호의 내용이 수정의 내용을 단적으로 보여 주고 있다.[337]

제3조(차별의 범위) ① 이 법에서 차별이란 다음 각 호의 어느 하나에 해당하는 행위 또는 경우를 말한다.

1. 합리적인 이유 없이 성별, 연령, 인종, 피부색, 출신민족, 출신지역,

---

335) 「차별금지법안」(2006.7.), 제2조.
336) 한국경영자총협회, "「차별금지법안」에 대한 경영계의 입장," (2006.5.25.). 을 참조하시오. 이 내용은 인터넷 http://www.kefplaza.com/labor/om/employ_view.jsp?nodeId=141&idx=3558 (2010. 10. 20.)에서 찾을 수 있다.
337) 「차별금지법안」(2007.12.13.).

장애, 신체조건, 종교, 정치적 또는 그 밖의 의견, 혼인, 임신, 사회적 신분, 그 밖의 사유(이하 '성별 등'이라 한다)를 이유로 다음 각 호의 어느 하나의 영역에서 분리·구별·제한·배제 등 불리하게 대우하는 행위

국가인권위원회의 권고법안과 그 후 다시 수정하여 만들어진 정부법안을 비교할 때 우리는 다음과 같은 차이를 발견하게 된다. 정부법안은 금지대상 차별의 범위에서, 1) 병력, 2) 출신국가, 3) 가족형태 및 가족상황, 4) 전과, 5) 성적지향, 6) 학력(學歷), 7) 고용형태 등 7개의 차별 금지사유를 국가인권위원회의 권고법안의 내용으로부터 삭제한 것이다. 아울러 이전 권고법안 중의 시정명령, 이행강제금, 입증책임 전환, 징벌적 손해배상제도 등 이행절차에 해당하는 내용들이 대폭 삭제되는 등의 이유 때문에 인권단체들의 반발이 야기되었던 것이다. 이에 있어 기독교계에서는 수정된 정부법안이 일부 수정되어 받아들여지거나 아예 이런 법안 자체를 만들지 말아야 한다고 말하고 있으며,[338] 인권단체 및 반차별공동행동 같은 진보성향을 가진 측에서는 이전 국가인권위원회의 권고법안을 고수하는 것이 오히려 올바르다고 말하는 상황이다.

Ⅲ. 논점을 분명히 하기

논쟁의 핵심은 차별 금지 대상 범위에 '성적 지향'이란 단어를 넣느냐 넣지 않느냐 하는 것이다. '성적 지향'이란 단어를 삽입하게 되면, 학교에서 동성애자들을 잘못된 행동을 하는 자로 가르칠 수 없게 될 뿐 아니라, 고용과 대우

---

338) 배아복제를 반대하는 과학자 모임의 길원평 교수는 2007년 12월 13일 정부가 제출한 차별금지법안의 제3조 1호에 열거되어 있는 차별 금지사유에서 위헌의 소지가 있는 '그 밖의 사유'를 삭제할 것을 국회법제사법위원회 위원장에게 제출한 바 있다. '그 밖의 사유' 속에 "성적 지향"이 다시 포함되어 생각될 수 있기 때문이라는 것이다. 이러한 내용에 대해서는 인터넷 http://kr.blog.yahoo.com/sindo7317/1268129 (2010. 10. 27.) 의 길원평 교수의 진정서안을 참조하시오.

등에 있어서도 일반인과 동일하게 하여야 한다는 문제가 생기게 된다. 이에 있어 서로 의견을 달리하는 양측의 입장을 압축해 보면 다음과 같다.

길원평 교수는 '성적 지향'이란 단어가 범위 내로 삽입되게 되면 다음과 같은 어려움이 야기된다고 말한다.[339]

1) 동성애가 차별금지법안에 포함되면 동성애가 이 사회에 확산되는 것을 전혀 막을 길이 없게 됩니다.

2) 동성애가 차별금지법안에 포함되면 동성애를 비윤리적이며 비정상이라고 말하고 가르치는 것을 차별이라고 처벌을 받으며, 동성애 확산을 막으려는 모든 건전한 노력이 처벌받게 된다.

3) 동성애가 차별금지법안에 포함되면 청소년을 포함한 모든 사람들이 동성애의 유혹에 시달리게 되고, 동성애를 강요받는 피해자가 생기며, 동성에 의한 성폭력도 있게 된다.

4) 대다수의 국민들이 자신의 자녀가 친구로부터 동성애 유혹을 받는 것을 원치 않는다고 생각한다.

5) 동성애가 차별금지법안에 포함되면 중고등학교 내에서 동성애자 단체를 만들고 떳떳하게 공개모집하더라도 막을 수 없고, 외국과 같이 동성 간의 혼인신고도 허락해 달라고 주장할 것이다.

6) 자녀를 키우는 부모의 한사람으로서 우리 자녀가 동성애에 시달리는 것을 원치 않는다.

7) 국민의 한사람으로서 한국 사회에 동성애가 확산되는 것을 원치 않는다.

8) 동성애는 비윤리적인 성행위로서 정상으로 공인되는 것을 원치 않는다.

9) 동성애가 차별금지법안에 포함되면 교육 현장에서 동성애가 정상이라고

---

339) http://kr.blog.yahoo.com/sindo7317/1268129 (2010. 10. 27.). 길원평 교수의 주장을 일부 정리한 내용이다.

가르쳐지고, 내 자녀가 그러한 교육을 받게 되는 것을 원하지 않는다.

특히 보수적인 기독교 단체들은 동성애는 윤리도덕에 어긋나는 성적 행위로써 결코 용납되어질 수 없는 사회악이며, 차별 금지 법안이 만들어지면 동성애를 더 이상 비정상으로 간주하지 않음으로써 성윤리 도덕이 무너지게 되는 심각성이 있다고 말한다. 이들은 또한 국가인권위원회의 권고법안은 동성애 확산을 조장해 결혼율의 감소, 이혼율의 증가, 저출산 문제, 직간접적인 AIDS의 확산 등 사회병리현상을 심화시킬 것이라고 경고하고 있다.[340] 그럼에도 '성적 지향'이란 단어를 삽입해야 한다는 주장을 하는 측도 적지 않는바, 그들의 주요 논거는 다음과 같다. 다음은 동성애자인권연대에 의해, 2007년 12월 22일 국회에 제출된 의견서의 내용을 밝히는 보도자료를 정리한 것이다.[341]

1) 미국 정신의학회는, 1998년과 2000년에 동성애 성적 지향을 이성애로 반드시 바꿔야 한다는 가정(prior assumption)하에 동성애를 정신장애로 보고 동성애 성적 지향을 치료하여 이성애로 바꾸려는 전환치료(reparative or conversion therapy)를 반대한 바 있다.[342]

2) 가장 중요한 것은 동성애자들이 현재 이 사회에서 받는 차별이 서서히 가시화되고 있다는 것이다. 차별금지법은 헌법 및 국제 인권규범을 실현하고 전반적이고 보편적인 인권 향상과 사회 구성원들의 인권감수성을 높이는 계기가 될 것이다.

---

340) http://blog.naver.com/zabellocq?Redirect=Log&logNo=10023804014 (2010. 10. 20.).

341) http://www.hrkorea.org/bd/view.php?id=1007&no=1230 (2010. 10. 20.).

342) "미국을 비롯한 서구 의학계에서는 더 이상 동성애를 치유되어야 할 병리적인 정신이상의 한 형태로 보고 있지 아니하고 동성애는 이성애와 마찬가지로 정신적인 성적 지향의 한 형태로 인정받고 있다."는 입장이다. 한 마디로 동성애를 정신이상자나 사회의 전통을 깨는 위험한 사람들로 볼 것이 아니라, 정상적인 인간으로 보아야 한다는 견해인 것이다. (이석태, "성적 지향에 근거한 차별과 대책: 동성애자 인권 보호를 위한 입법의 필요성," 한인섭, 양현아, 『성적 소수자의 인권』(서울: 사람생각, 2002), 75.)

3) 사회적 소수자, 약자를 보호하고 헌법의 기본 정신을 지키기 위한 차별금지법안에 대해 기독교 일각에서 제기하는 저 출산 문제 확산, 에이즈는 구태의연한 구시대적인 주장일 뿐이다. 현 사회 문제로 대두되고 있는 저출산 문제는 성적지향의 문제가 아닌 육아의 사회적 책임을 가족에게 떠넘기는 현 정부의 반 복지 신자유주의 정책과 사회 양극화로 대변되는 청년실업, 비정규노동자 증가, 일상화된 구조조정 등의 경제적 여건으로 인한 영향이 크다는 것임을 전문가들은 이야기하고 있다. 더불어 에이즈는 동성애자들의 질병이 아닌 이성애자들도 함께 예방해야 하는 만성질환이 되었다는 것을 알아야 한다. 에이즈는 특정 계층의 문제가 아닌 특허를 이용해 고가의 약값으로 폭리를 위하는 초국적 제약자본의 독점의 문제, 성차별, 빈곤, FTA, 신자유주의 세계화로 인해 확산되는 질병임을 알아야 한다는 것이다.

4) 기독교 학교에서 동성애가 나쁘다고 가르칠 수 없다는 주장은 현재 학교에서 자신의 성정체성을 고민하는 학생들에게는 치명적인 폭력이다. 학교에서 가르치는 성교육은 어느새 청소년기의 성에 대해 인정하고 있다. 자신의 성정체성을 고민하는 친구들은 학교에서 자신의 성정체성으로 인해, 벌점, 전학, 자퇴 권고, 퇴학을 당하고 있으며, 청소년 동성애자의 자살 시도율은 평균 자살시도율의 30%를 넘고 있다. 성정체성 자기 결정권을 외면하고 하나님이 말한 '사랑'을 특정 집단에게 폭력으로 행사하고 있음을 일부 보수적 기독교인들은 각인해야 한다.

5) 동성애자인권연대는 정부의 법무부안에서 삭제된 '성적 지향'이란 단어를 반드시 삽입시켜야 한다. 그것이 헌법의 이념을 실현하며, 사회적 약자의 인권향상과 보편적 인권 감수성의 향상을 꾀하고, 우리사회의 인권수준을 국제적 기준으로 향상시키는 일이라고 주장한다.

앞의 주장은 '성적 지향'을 삽입할 경우 동성애를 긍정하고 조장하게 될 위험에 대해 지적하는 반면, 뒤의 주장은 '성적 지향'이 삽입되어야만 사회적 약자로서의 성적 소수자의 인권이 보장된다고 강조한다. 이상과 같은 동성애자 인권연대의 글을 읽으며 두 가지의 논점을 생각하게 된다. 하나는 동성애자의 인권에 대한 것이며, 다른 하나는 인권 수준을 국제적 기준으로 향상시키는 글로벌 스탠다드의 문제이다. 동성애자들은 동성애가 좋으냐 나쁘냐의 문제를 거론하는 것이 아니며, 그들의 인권을 생각해 달라는 것으로 동성애자의 인권을 어떻게 다루는 것이 올바를 것이냐는 문제가 논점의 중심이 되는 것이다.

Ⅳ. 성적 소수자의 인권과 글로벌 스탠다드의 문제

"반기문 유엔 사무총장은 게이와 레즈비언 등 동성애자들을 차별하는 법안을 철폐할 것을 각국에 촉구했습니다. 반 총장은 제네바에서 열린 제15차 유엔 인권이사회에 전달한 메시지를 통해 문화적인 우려 때문에 성적 지향을 이유로 다른 사람을 차별하는 것이 정당화되어서는 안 된다고 강조했습니다. 아프리카와 아시아, 중동 국가를 비롯해 전세계 수십 개 나라가 동성애 관계를 금지하고 있습니다. 유엔 관계자들은 동성애자 차별 문제에 대해 유엔 수장이 강한 어조로 거론한 것은 매우 이례적이라고 평가했습니다."[343] 유엔 사무총장이 왜 이런 촉구를 하였을까 하는 의문이 든다. 동성애로 인한 차별이 금지되어야 한다는 유엔 사무총장의 주장은 글로벌 스탠다드의 입장을 말하는 것 같아 우리에게 고민을 주고 있다.

최근 이석태 변호사는 "성적 지향에 근거한 차별과 대책: 동성애자 인권

---

343) http://www.ytn.co.kr/_ln/0104_201009172341238381. YTN & Digital YTN (2010.9.17.).

보호를 위한 입법의 필요성"이라는 논문을 통해 국가인권위원회가 권고한 차별금지법 중의 동성애 문제에 대한 거론을 지지하는 입장을 표명하였다.[344] 그는 특히 이 글의 결론부에서 다음과 같이 말한다. "동성애 인권운동의 역사가 일천함에도 불구하고 이처럼 차별행위의 금지가 인권보호의 차원에서 입법화된 것은 우리 사회의 민주화가 빠르게 성장하고 있다는 좋은 증거라고 생각한다. 우리 사회에서 동성애자가 소수이기는 하나 정상적인 성적 지향의 한 형태인 이상 동성애자들은 적어도 헌법상의 인간의 존엄과 가치, 행복추구권, 평등권, 사생활의 비밀과 자유, 혼인과 가정생활의 보호, 헌법에 열거되지 아니한 권리의 보장 규정 등에 의하여 다수 이성애자들과 마찬가지로 인간다운 생활을 할 권리가 있다. 따라서 성적 소수자인 동성애자들의 인권보호를 위하여 국가인권위원회는 필요한 실태조사와 인권교육 등을 실시하여 동성애에 대한 사회인식을 바로 잡고, 올바른 여론을 형성하는 한편, 국가인권위원회법상의 동성애 차별 금지 조항에서 나아가 동성애자 커플을 합법적인 부부로 인정하는 새로운 입법을 모색할 때가 되었다고 생각한다." 이상의 글에서와 같이 이 변호사는 국가인권위원회의 입장을 강하게 지지하고 있을 뿐 아니라, 그에서 더 나아가 동성애자 커플의 합법화에까지 주장하고 있는 것이다. 그러나 세계에서 동성애자들의 차별을 금지하는 법률의 실체를 가지고 있는 나라들을 파악하는 것이 쉽지는 않았는바, 필자가 조사한 바로는 캐나다, 뉴질랜드, 남아공, 아일랜드 정도가 성적 지향을 법률상 차별 금지의 대상으로 규정하고 있는 것으로 확인되었다.[345] 1997년 인권법을 제정한 캐나다는 1996년 개정된 법률에서 성적 지향을 차별 금지의 사유로서 추가한 바 있었다.[346]

대한민국의 헌법을 위시한 많은 나라의 헌법들은 인간의 존엄과 가치에

---

344) 이석태, "성적 지향에 근거한 차별과 대책," 87-88.
345) 이준일, 『차별금지법』(서울: 고려대학교출판부, 2007), 77-78.
346) 이준일, 『차별금지법』, 132.

대한 기본권으로서의 인권을 강조한다. 우리는 이 인권이란 개념을 여러 가지로 설명할 수 있겠으나, 그 내용을 자유롭고 평등한 존재로서의 인간"을 의미하는 것으로 해석하여도 무방할 것이다.[347] 먼저 이러한 인권으로서의 자유에 대해 대한민국 헌법 제37 제1항은 "국민의 자유와 권리는 열거되지 않은 이유로 경시되지 아니한다."라고 규정하고 있으며, 헌법 제11조 제1항은 "모든 국민은 법 앞에서 평등하다."고 규정함으로써 평등의 인권을 보장하였던 것이다. 헌법 제11조 제1항 제2문은 개별적 평등권을 말하며 차별사유를 '성별, 종교 또는 사회적 신분'으로 한정하고 있지만, 열거되지 않은 많은 사유들도 함의하는 것으로 그 내용을 이해할 수 있다. 인간은 법 앞에 평등한 존재로서 차별적으로 대우된다면 우리의 인권은 무너지고 말 것이라는 것이다. 그러므로 우리는 대한국민 국민의 보편적 인권을 보호하기 위해 성적 지향자들의 평등한 인권을 보장하여야 한다는 것이 이들의 주장인 것이다.[348]

---

347) 인권론의 개념적 발전에 대해서는 김형민 교수의 글, "인권이념의 발전과 기독교," 기윤실 신학위원회 편, 교회와 사회 (서울: 성광문화사, 2002), 제18장을 참조할 수 있다. 김 교수는 인권론의 발전을 3세대로 나누어 다음과 같은 표로 정리하였다.

	제1세대의 인권	제2세대의 인권	제3세대의 인권
시대구분	18세기	19세기	20세기
특 징	부정적 지위 (status negativus) 능동적 지위 (status activus)	긍정적 지위 (status positivus)	보편적 지위 (status universalis)
내 용	권위적 지배자의 권력통치로부터의 보호 및 모든 국가시민의 정치적 참정권	노동하는 초기 산업사회에서 불평등한 사회구조의 조정을 국가에 요구	인권사상의 보편성과 인권의 담지자의 확대
	투표·집회·언론의 자유, 공정한 재판을 받을 권리, 고문·학대를 받지 않을 권리, 차별을 받지 않을 권리	교육·주거·의료·고용·적정 소득·사회보장 등에 대한 권리	개발·환경·평화·인류공동유산의 공유·정보교환 등의 권리
기본요청	자유(청색 인권)	평등(적색 인권)	연대/참여(녹색 인권)
비 고	세계인권선언 2조~21조; 시민적·정치적 권리에 대한 국제규약	세계인권선언 22조~27조; 경제적·사회적·문화적 권리에 대한 국제규약	인권과 민중의 권리에 대한 아프리카 헌장

348) 이준일, 『차별금지법』, 25~29.

V. 국가인권위원회의 차별금지법안에 대한 찬성과 반대의 논리를 다시 반성하여 봄

1. 소수자의 인권 옹호 차원에서 만들어진 국가인권위원회의 차별금지법

그러면 앞의 주장들에서와 같이 과연 인권으로 표방된 성적 소수자의 권리를 우리는 어떻게 이해하는 것이 옳은지 질문해보게 된다.

먼저 국가인권위원회의 차별금지법의 주요 내용을 자세히 검토하면 다음과 같다. 그 법은 목적을 제1조에서 다음과 같이 진술한다. "이 법은 정치적·경제적·사회적·문화적 생활의 모든 영역에서 차별을 금지하고, 차별로 인한 피해를 효과적으로 구제하며, 차별을 예방함으로써 인간의 존엄과 평등을 실현함을 목적으로 한다." 인간의 존엄과 평등 곧 인권을 보장하기 위해 이 법을 만들었다는 것이다. 그리고 제2조에서 평등의 내용에 상치되는 차별의 내용을 다음의 4가지로 지적하였다. "1) 고용(모집, 채용, 교육, 배치, 승진, 승급, 임금 및 임금외의 금품 지급, 자금의 융자, 정년, 퇴직, 해고 등을 포함한다)에 있어서 특정 개인이나 집단을 차별하는 행위 2) 재화·용역·교통수단·상업시설·토지·주거시설의 공급이나 이용에 있어서 특정 개인이나 집단을 차별하는 행위 3) 교육기관의 교육 및 직업훈련에서 특정 개인이나 집단을 차별하는 행위 4) 법령과 정책의 집행에 있어서 특정 개인이나 집단을 차별하는 공권력의 행사 또는 불행사."이다. 아울러 본 차별금지법의 내용을 이해하는 데에 중요한 부분을 아래에 소개하였다.

제22조(교육내용의 차별 금지) ①교육기관의 장은 다음 각 호의 1에 해당하는 행위를 하여서는 아니 된다.

1. 교육목표, 교육내용, 생활지도 기준이 성별 등에 대한 차별을 포함하

는 행위

　2. 성별 등에 따라 교육내용 및 교과과정 편성을 달리하는 행위

　3. 성별 등을 이유로 특정 개인이나 집단에 대한 혐오나 편견을 교육내용에 포함하거나 이를 교육하는 행위

　제29조(괴롭힘 금지) 제11조 내지 제28조가 적용되는 각 영역에서 성별, 장애, 인종, 출신국가, 출신민족, 피부색, 성적지향을 이유로 괴롭힘을 하여서는 아니 된다.

　제33조(이행강제금) ①위원회는 제31조의 시정명령을 받고 그 정한 기간 내에 시정명령의 내용을 이행하지 아니한 자에 대하여 3천만 원 이하의 이행강제금을 부과할 수 있다.

　위의 조항들은 성적 지향 등에 따라 소수자들의 인권을 침해하지 않되 다양한 면에서의 차별이 금지되어야 하고, 교육을 하며 그들을 나쁘다고 말하는 등 차별해서는 안 되며, 그들을 괴롭게 해서는 안 됨을 강조한다. 그리고 이러한 차별의 사실이 분명할 시는 법적 제재를 각오하여야 한다는 것이 그 법의 취지인 것이다.

2. 국가인권위원회의 차별금지법의 취지에 대한 반성

　그러면 이 같은 국가인권위원회의 주장이 정당한 것인지를 평가하는 것이 필요하다. 먼저 교육을 통해 동성애가 나쁜 것이라고 말하는 것이 편견이며 소수자의 인권에 대한 침해가 되는지를 검토해보아야 할 것이다. 이를 위해 우리는 우리 사회의 소수자 가운데 하나인 마약하는 사람들에 대해 검토할 필요가 있다. 마약을 하는 것도 따지고 보면 그들의 기호라고 볼 수 있다. 그러나 우리는 그러한 마약하는 사람들을 일종의 범죄행위자로 간주한다. 마약하는 것

을 범죄행위로 간주하는 이유는 그것을 통해 마약상인들이 비정상적으로 돈을 많이 벌기 때문에 그런 것은 아니다. 그러한 마약을 파는 것이 사회를 혼란시키는 사회악적 행위가 되기 때문이다. 그리고 마약은 사람들에 습관성을 주는 것으로, 어느 정도가 지나면 그것에 노예가 되는 바, 그러한 마약은 그 사람들을 불행으로 이끄는 것이 분명하기 때문에 마약을 금지할 범죄로 규정하는 것이다. 우리는 이 같은 마약을 파는 행위와 동성애의 행위를 비교하게 된다. 동성애는 우리 사회에 해악을 주는 것은 아닌지 반문해본다. 어떤 사람들은 동성애자들은 다른 사람과 사회에 해악을 주지 않는다고 말한다. 그렇지 않다. 그것은 동성애자의 부모들이 자녀들의 행동을 심각히 걱정하는 것을 보아서도 알 수 있다. 제3자의 경우엔 다른 사람이 동성애를 하는 것이 어떠냐고 말할 수 있을지는 몰라도, 부모의 심정에서 동성애가 무방하다고 말할 수 있는 사람을 없을 것 같다. 동성애의 큰 문제 가운데 하나는 우리의 가정과 출산을 약화시킨다는 데에 있는 것으로, 그것 자체가 큰 해악이 되는 것이다. 이상에서 볼 때, 동성애는 마약 못지않은 사회의 심각한 해악이라고 평가된다.

또한 동성애가 올바른 것이라고 말한다면, 왜 간통은 틀린 것인지를 말하기 어렵게 된다. 그가 좋아서 배우자가 있는 사람과 성적인 관계를 하는 것인데 무슨 문제가 되느냐고 말할 수 있다. 그러나 그것은 그렇지 않다. 이러한 상황이 발생할 경우, 우리의 가족 관계가 파괴되며 자식에 대한 안전한 양육도 위협받게 된다. 더 나아가 사회적인 많은 문제들이 그로 인해 파생되므로, 우리는 그러한 행위를 용납할 수 없는 것이다. 그러한 행위는 그가 다른 사람과 달리 강한 성욕을 가지고 있기 때문에 그렇게 한 것으로 그러한 성적 지향성을 인정해 주어야 한다고 말한다면 그것은 지나친 궤변이 될 것이다. 우리는 일부일처의 소중함을 알고 있으며, 한 사람이 그의 배우자에 대해 정조를 지키는 것이 미풍양속의 전통임을 모두 인정한다. 이와 같은 논리로 동성애는 그의 성적 지향성이며, 그의 선호이고 취향의 문제라고 말하는 것은 우리가 지켜야할 전통의 중요성을 무시하는 행위일 수 있음을 깨닫게 된다. 우리는 여러 가지 사회에 주는 악영향을 고려할 때 동성애를 긍정할 수 없다. 그러므로 우리가 학교에서나 사회 속에서 마약을 하지 말아야 하고 간통을 해서는 안 된다고 가르치는 것처럼, 또한 동성애도 지양되어야 할 바르지 않은 행위임을 가르치며 강조해야 할 것으로 보는 것이다.

성행위는 사적인 행동이기 때문에 성적인 쾌락을 즐기기 위해 다른 고려를 할 필요가 없다는 주장은 바른 것이 아니다. 우리의 성행위를 통한 몸의 하나 됨은 사회적이며 정신적인 고려를 동반한다. 이에 우리는 나의 이 같은 성적 교제가 사회적으로 정당하며 사회통합과 공동체적 결속에 유리한 것인지를 계속 물어야 한다. 사회적 규약 및 사회적 통념에 위배된 성행위는 상당히 위험하고 불안한 행동이 된다. 내가 좋다고 모든 것을 할 수 있다는 극단의 자유주의적인 생각은 인간의 사회성을 무시하는 문제가 되는 생각이다. 일부의 사람들의 유전적 지향성이라 생각하며 동성애가 용인된다면, 자녀의 생산은 어떻게 보장되고, 자녀를 양육하는 정서적으로 안정된 가정을 어떻게 구성할 수 있겠는가 하는 질문이 이어지게 된다. 또한 결혼을 전제하지 않는 무분별한 성행위가 확산된다면, 그러한 사회는 위험사회가 될 것임에 분명하다.

다음으로 동성애자들을 모든 대우에서 차별해서는 안 된다는 국가인권위원회의 차별금지법에 대해 검토하고자 한다. 동성애자는 범죄자도 아니며 사회에 해악을 끼치는 자도 아니므로 모든 일에 있어 차별받지 않아야 한다는 견해이다. 이런 입장에서는 동성애자가 장관도 될 수 있고 목회자도 될 수 있다는 논리가 성립한다. 우리는 서구의 교회들이 동성애자를 성직자로 안수하는 문제에 대해 많은 논란을 하였다는 것을 잘 알고 있다. 그리고 그런 교단들 중 일부는 동성애자가 성직자 될 수 있음을 용인한 바 있다. 동성애자가 목회자가 될 수 있다면, 매음행위를 한 성직자도 비난하기 어렵게 된다. 자기 돈 내고 자기가 하고 싶어서 또한 성적으로 그러한 지향성이 있어서 하게 되었는데 무엇이 문제이냐라고 말할 수 있기 때문이다. 가난한 술집여자를 도와주기 위해 동정심을 가지고 그런 일을 한 것이며, 또한 성 관계를 가지면서 진정 그 여자를 사랑하게 되었음으로 그런 일을 비난해서는 안 된다는 논리는 인정받기 어렵다. 매음행위는 잘못된 것으로 그러한 행위에 연루된 사람을 성직자로 임명하기는 어려울 것이라 생각한다. 이에 우리는 동성애가 일종의 성적 지향의 행위이기 때문에 모든 일에 있어 차별적 처우를 받아서는 안 된다는 견해에 동조하기 어렵게 된다.

그러면 이런 질문이 나온다. 성직자는 아무 죄도 없는 사람만 될 수 있는 것인가 하는 것이다. 그렇게 말한다면 성직자가 될 수 있는 사람은 아무도 없을 것이다. 왜냐하면 인간은 모두 다 하나님의 말씀에서 빗나간 죄인들이기 때문이다. 인간은 죄인임에도 불구하고 성직자가 될 수 있다. 그러나 사회의 기본적인 통념에 지나치게 위배된 행위를 하였을 경우에는 성직에 임명되는 것을 배제할 수 있을 것이라 사료된다. 우리는 모두 죄인들이다. 성적인 면에서도 마찬가지이다. 전적으로 타락했다는 교리는 인간의 모든 부분이 죄로 인해 감염되어 있고 또 뒤틀려 있으며, 이것에는 우리의 성도 예외가 아님을 지적한다. 하버드 의대 정신과의 머빌 빈세트 박사(Dr. Merville Vincent)가 1972년에 쓴 글은 확실히 옳다. "하나님의 견지에선 우리 모두가 성적 도착자이지 않을까 생각된다. 나는 하나님의 완전한 성의 관념에서 벗어난 음탕한 생각을 가져보지 않은 사람이 있을지 의문스럽다." 아무도 나사렛 예수님만은 제외하고 성적으로 죄가 없는 사람은 없다. 이에 "난 그대보다는 경건하오."라는 식의 불쾌한 도덕적 우월감의 자세는 적절하지 못하다. 우리 모두 죄인들이기 때문에 하나님의 심판 아래 있으며 하나님의 은총을 절박하게 필요로 하고 있다.[349]

마지막으로 검토할 문제는 그러한 차별적 교육행위와 행동을 한 사람들

---

349) John Stott, *Issues facing Christians Today*, 박영호 역, 『현대사회 문제와 그리스도인의 책임』(서울: 기독교문서선교회, 1984), "제16장 동성애적 교제"에서 재인용.

에 대한 제재의 문제이다. 만약 교육기관에서 동성애를 나쁜 일이라고 말한 선생님을 처벌하여야 한다면, 그런 사회는 제정신을 가진 사회라고 보기 어려울 것 같다. 당연히 동성애는 비판되어야 하며, 모든 부모들이 그것을 기대할 것이라 생각한다. 어떤 교사가 동성애자는 잘못된 사람이 아니며, 전혀 이상하게 생각해서는 안 된다는 말을 학생들에게 함으로써, 한 학생이 동성애에 대한 자신의 성향을 더욱 강화하고 집착하게 되었다면, 그런 선생의 교육행위는 잘 된 것이라 말할 수 없을 것이며, 그러한 선생의 가르침에 따라 잘못된 길로 간 학생의 부모는 선생을 좋게 보기 어려울 것이라 생각한다. 그러므로 선생이 교단에서 동성애는 나쁜 것이라고 말하는 것이 당연하며, 그것은 그럴 위험성이 있는 학생의 부모 입장에서 볼 때에도 올바른 일임에 확실하다.

이상의 검토를 통해 우리는 국가인권위원회의 차별금지법에 대해 상당한 회의를 갖게 된다. 도대체 어떤 논리에서 그런 결론이 나온 것인지 납득이 잘 되지 않는다. 학생들을 교육하여 옳은 길로 인도하려는 것인지, 아니면 학생들이야 어떻게 되든 자신의 무책임한 평등논리를 적용하면 그만이라는 것인지 이해하기 쉽지 않다.

Ⅵ. 동성애의 문제를 기독교윤리학의 차원에서 재조명하여 봄

1. 윤리적 상대주의와 기독교윤리

이에 있어 왜 간통이 나쁜 것인지 다시 한 번 생각해보게 된다. 남자가 꼭 한 여자하고 결혼의 정조를 지킬 필요가 있는 것인지 질문할 수도 있다. 이슬람과 같이 일부다처의 제도를 받아들일 수도 있는 것이 아닌지, 그리고 여러 여성들 하고 성적으로 상관하며 서로 성적인 쾌락을 즐기는 것이 왜 나쁜 것인지 질문할 수 있을 것 같기도 하다. 자신의 부인이 따로 있지만 때때로 돈 없이 가난한 여자하고 일정 기간 동거하며 가난한 여자에게 나름의 경제적 혜택을 주면, 가난을 구제하는 길이 되는 것도 아닌가하고 말할 수 있는 사람이 있는지 모르겠다. 그러나 우리는 이 같은 간통에 대한 주장을 받아들일 수 없다.

간통은 죄악이다. 왜냐하면 그것은 일부일처의 많은 장점들을 무시하는 것이기 때문이다. 결혼과 자녀양육의 안정성, 그에 따른 사회적인 건강함과 사회적 안정, 성적 질병으로부터 보호, 그리고 무엇보다도 인류의 전통에 대한 존중 등 많은 장점을 가진 규범이므로 우리는 이에 대한 반대의 견해를 받아들일 수 없는 것이다. 곧 개인과 사회의 공리를 추구하면서 사회계약적 입장에서 고려해 볼 때, 그 규범을 지키는 것에 유익성이 많으므로 우리는 그 법을 포기할 수 없는 것이다.

그럼에도 간통하지 않음이 왜 절대적으로 지켜져야 할 규범이 되어야 하는가 하고 질문하면, 정당화의 논리가 상당히 궁색해지게 된다. 실제로 수많은 사람들이 성적인 불륜을 저지르고 있으며, 이슬람과 같이 일부다처가 인정되는 상황에서 이러한 규범에 보편적인 절대성을 부여하는 것은 모순이라고 말할 수도 있기 때문이다. 기실 궁극으로 따져 들어가 인간이 왜 선을 행하고 악을 행치 않아야 하는지에 대한 답변을 찾는 것이란 쉽지는 않다. 그것이 인간의 본성이며 더 나아가 그렇게 하는 것이 사회에 더 많은 공리를 가져오며, 우리가 직관적으로 그러한 윤리적 명령을 마음으로 인지하기 때문에, 그 규범은 유지되어야 한다는 주장은 일면 정당한 말이긴 하지만, 우리의 질문에 궁극적 해답을 주는 것 같지는 않다.

이에 기독교는 이와 다른 면에서 확실한 규범의 절대성을 보장하려 한다. 곧 일부일처와 간통과 간음을 하지 않아야 하는 것이 우리를 창조하신 하나님의 명령이므로 우리가 그 규범을 절대적으로 지켜야 한다는 주장이다. 물론 구약에는 일부다처의 사상이 표명되고 있으며 그것이 용납되어 있다. 구약의 족장들은 여러 여자를 아내로 거느렸었다. 그러나 신약에 들어 예수 그리스도께서는 일부일처에 대한 강한 주장을 하셨던 것이다. 주님의 명령이라는 사실이 인간 규범에 절대성을 부여한다. 하나님의 법은 우리를 창조하신 창조주의 법으로서, 인간 본성을 깊이 반영하는 도덕적 명령법(moral imperative)임을 신학자 틸리히는 언급한 바 있다. 틸리히는 그의 명령법의 근거를 인간의 본성(nature)적 측면에서 끌어내고 있다. 그리하여 그에게 있어 도덕적 명령법이란 인간 밖에서 억눌러오는 타율적인(heteronomous) 것이 아니며, 인간의 존재 깊이에서 우러나오는 자율적(autonomous)인 어떤 것이다. 그는 표현하기를 "그것은 우리의 복종을 요구하는 낯 설은 법(a strange law)이 아니라, 인간의 본성으로부터의 '조용한 목소리(silent voice)'인바, 여기서 인간이란 개인적인 특성을 가진 그런 인간을 말하는 것이다."라고 말하였다.[350]

2. 동성애에 대한 성경의 입장[351]

이에 우리는 기독교인으로서 동성애의 윤리적 문제를 해명하기 위해 다시 성경의 명령을 검토하게 된다. 개신교와 가톨릭을 합하여 한국 국민의 거의 30%를 점하고 있는 사람들이 성경을 기초한 가치관을 갖고 있으며, 아울러 그러한 기독교적 가치관에 동조하는 사람들을 포함하여 거의 절반의 사람들이 믿고 있는 성경적 가치관을 입법기관은 무시하지 말아야 한다고 생각한다.[352] 이에 필자는 동성애에 대한 성경의 윤리적 입장을 아래에 간단히 요약하

---

350) Paul Tillich, *Morality and Beyond* (London: The Fontana Library, 1963), 17.
351) 동성애에 대한 성경과 교회의 입장을 잘 정리한 책으로는 Stanley J. Grenz, Welcoming But Not Affirming (Louisville: Westminster John Knox Press, 1998)이 있다. 이 책에서 그렌쯔는 교회가 동성애를 긍정하지는 않지만, 동성애자를 따뜻하게 맞이해야 함을 말하고 있다.
352) 2007년 2월부터 전국의 대학교수들을 대상으로 "동성애 확산을 조장하는 동성애 '차별금지법안'을 반대한다."는 내용의 서명운동을 전개하였다. 그 결과 전국의 29개 대학 이백 여명의 교수들이 서명에 동참하였으며, 그 서명내용을 국무총리에게 제출하였다. 2007년 10월 8일부터는 법무부에 차별 금지대상에서 동성애를 삭제해달라는 의견서를 팩스로 보내기운동을 전

였다.[353]

　　네 개의 성구가 동성애에 대해 부정적으로 언급하고 있다.[354] ① 소돔과 고모라에 대한 이야기(창 19:1-13), 그리고 그 내용과 매우 유사한 기브아(Gibeah) 이야기(삿 19). ② '여자와 교합함 같이 남자와 교합함'을 분명히 금하고 있는 레위기의 내용(레 18:22; 20:13). ③ 바울 사도의 퇴폐적 이방 사회에 대한 묘사(롬 1:26-27). ④ 일종의 동성애로서의 '남색'을 바울은 치명적 죄의 목록으로 분류함(고전 6:9-10, 딤전 1:8-11).

　　이상의 동성애에 대해 언급하는 것 같은 네 가지의 성구에 대해 동성애 지지자들은 다음과 같이 언급한다. 먼저 창세기 19장 5절의 소돔 고모라에 관한 본문 중 '상관하리라'는 말은 히브리어로 '야다'로서 성적인 관계를 갖는 것을 의미한다고 보통 해석한다. 그러나 동성애를 지지하는 사람들은 그 '야다'를 성적인 관계를 표명하는 말로 이해하기 어려울 뿐만 아니라,[355] 소돔에서 일어난 동성애는 동성애적 사랑(homosexual love)이 아니며 동성애적 강간(homosexual rape)이었다고 설명한다. 동성애적 강간은 일반의 강간이 나쁜 것과 같이 악한 것이다. 이에 있어 그들은 동성애적 강간과 동성애적 지향(homosexual orientation)은 구별되어야 한다고 언급한다. 동성애적 사랑과 그에 의거한 성관계는 나쁜 것이 아니라는 주장이다. 동성애 지지자들은 동

개하였으며, 그 결과 의견접수 마지막 날인 10월 22일에는 법무부의 팩스기가 마비될 정도로 전국적으로 수많은 사람들이 이 운동에 동참하였다.

353) 아래의 내용에 대해서는 Greg L. Bahnsen, *Homosexuality: A Biblical View* (Phillipsburg: Presbyterian and Reformed Publishing Co., 1978), 27-62와 Robert A. J. Gagnon, *The Bible and Homosexual Practice: Text and Hermeneutics* (Nashville: Abingdon Press, 2001), 43-340를 참조하시오.

354) 또는 부정적으로 언급하는 것으로 추정된다.

355) Donald J. Wold, *Out of Order: Homosexuality in the Bible and the Ancient Near East* (Grand Rapids: Baker Books, 1998), 81-85. 히브리어에 "알다"(know, yadha)라는 단어는 구약성경에 943회가 나오지만, 그 중에 겨우 열 번만이 육체적 접촉을 의미하며, 그럴 경우조차도 그저 이성과의 관계만을 의미한다. 따라서 그 구절은 "우리가 그들을 자세히 알 수 있도록"으로 번역하는 것이 바람직할 것이라는 것이 동성애 찬성자들의 해석이다. Paul A. Mickey, *Of Sacred Worth* (Nashville: Abingdon Press, 1991), 54.

성 간에 여러 사람하고 난잡하게 성관계를 하는 것은 죄지만, 한 사람과 신뢰성을 유지하며 꾸준한 관계는 용인되어야 한다고 말한다. 그들은 특히 동성애자들이 갖는 동성에 대한 사랑의 감정(same sex love and affection)은 동성애자들 사이의 성적인 행위[356]와는 다른 것으로, 양자 사이의 구별이 있어야하는바, 동성애자들의 상대방에 대한 사랑의 감정 정도는 용인되어야 하는 것임을 강조하기도 한다. 그들은 성적으로 도착적인(pervert) 사람과 성적인 지향이 있는(invert) 사람을 구별하면서, 그러한 성적 지향은 유전적 검사로 확인될 수 있다고 설명한다. 또한 소돔 고모라 사건을 해석하는 성경의 입장들을 다시 검토한 성경구절들(신 29:23-28, 사 1:8-9, 렘 23:13-14, 겔 16:46-50, 애 4:6, 암 4:11, 습 2:9, 마 10:14-15, 눅 10:12, 눅 17:29, 롬 9:29, 유 7)은 대개 소돔 고모라가 무너짐이 동성애 때문이라고 집어 말하지 않는다는 것이다. 특히 그들의 죄악이 가증한 일로 표현되는데, 이러한 표현은 우상숭배를 언급할 때에 주로 사용되는 용어로 동성애를 지적하는 것이 아니라고, 동성애 찬성론자들은 그 본문들을 해석하고자 하는 것이다.

레위기 20장 13절의 "누구든지 여인과 동침하듯 남자와 동침하면 둘 다 가증한 일을 행함인즉 반드시 죽일지니 자기의 피가 자기에게로 돌아가리라."의 말씀은 분명 동성애를 죄로 규정하는 언급으로 보는 것이 올바르리라 사료된다. 그러나 동성애 지지자들은 레위기의 기사를 도덕적인 죄보다는 제의적인 잘못으로 해석하려 한다.[357] 곧 그 법은 제사문서에 속한 법으로 일종의 구약의 제의적 규준이라는 것이다.[358] 이에 신약성서 시대 이후엔 그러한 제의적인 법은 더 이상 지킬 필요가 없는 것으로, 우리는 그런 과거의 율법에 억매일 필요가 없다고 동성애 지지자들은 말한다. 하지만 그런 해석은 너무 억지의 주장

---

356) 동성 간 오르기(same-sex orgies)나 성기적 표현(genital expression) 등을 의미한다.
357) idolatrous practices and ceremonial uncleaness
358) Greg L. Bahnsen, *Homosexuality*, 38.

으로 사료된다.

　다음으로 고린도전서와 디모데전서에 나오는 '남색(sodomy)'이란 용어
는 오늘의 동성애를 말하기보다는 노예 애완 소년[359]에 대한 성적 착취를 금하
는 말로 보아야 한다는 해석을 하기도 한다. 곧 당시의 사회적이며 문화적인 맥
락에서 그 본문을 보아야 한다고 것이다. 또한 로마서 1장은 동성애자를 자연
스럽지 못한 것[360]으로 보는데, 그런 견해는 오늘의 유전학적 연구에서는 상당
히 지지를 받지 못한다고 언급한다. 하지만 27절의 "… 남자가 남자로 더불어
부끄러운 일을 행하여 저희의 그릇됨에 상당한 보응을 받았느니라."라는 말씀
은 동성애를 분명히 죄악으로 규정하는 언급으로 보아야 할 것이다. 유다서 7
절의 "소돔과 고모라와 그 이웃 도시들도 그들과 같은 행동으로 음란하며 다른
육체[361]를 따라 가다가 영원한 불의 형벌을 받음으로 거울이 되었느니라."라는
말씀 중의 다른 색이란 영어로 '이상한 육욕(strange flesh)'으로서 다른 영
어번역 성경에선 '자연스럽지 않은 성욕(unnatural lust)'로도 번역되었는바,
그 속에 동성애도 포함된다고 말하기는 어렵다는 것이 동성애 지지자들의 주
장이기도 하지만, 그것을 동성애를 포함하는 말로 보는 것이 올바를 것 같다.
이상과 같이 동성애를 반대하는 성구에 대해 동성애 지지자들은 상당한 회의
를 품고 있지만, 레위기와 로마서 등의 말씀이 동성애를 죄로 규정하는 것으로
보는 것에는 이의를 달기 어려울 것으로 파악되어진다. 그러므로 이상의 동성
애에 대한 성경의 언급을 통해, 우리는 성경이 동성애를 금할 죄로 보고 있음
에 동의하지 않을 수 없게 된다.[362]

---

359) 동자(the slave pet boys)
360) 'against nature'(역리로)
361) 여기서 '다른 색'이란 영어로 strange flesh(이상한 육욕)로서 다른 영어번역 성경에선
unnatural lust(자연스럽지 않은 성욕)으로 번역되었다.
362) 가톨릭도 「동성애자 사목에 관하여 가톨릭교회의 주교들에게 보내는 서한」
(Homosexualitatis problema: LETTER TO THE BISHOPS OF THE CATHOLIC
CHURCH ON THE PASTORAL CARE OF HOMOSEXUAL PERSONS, 1986. 10.
1.)에서 "성서에는 동성애 문제에 관한 언급이 전혀 없다거나, 성사가 다소 암시적으로 이
를 인정하고 있다든가, 혹은 성서의 윤리적 권고는 모두 문화에 예속된 것이므로 현대 생

Ⅶ. 마치는 글: 소수자인 동성애자 보호에 대한 반성

필자는 앞의 성경의 견해를 종합하며 성경은 동성애에 대해 불가의 입장을 취한다고 설명했다. 무엇보다 동성애에 있어 가장 염려되는 것은 사회 내에서의 가정의 기능을 약화한다는 데에 있다. 가정의 기능의 약화는 여러 면에서의 혼란을 초래할 것이며 그러한 파장은 작은 문제가 아니라고 생각된다. 그러므로 동성애를 법적으로 인정하는 것에는 많은 문제가 있는 것이다. 이에 우리가 동성애를 공개적으로 인정하게 될 때에는 상당한 혼란을 감수하게 될 것이다.

이 같은 동성애에 대한 다양한 태도들을 우리는 다음의 네 가지로 분류할 수 있다. 먼저는 거부-처벌의 입장이다. 동성애적 지향과 행동 모두를 거부하고 또 죄로서 처벌하자는 견해이다. 다음으로 거부-비처벌의 입장이다. 동성애적 지향과 행동 모두를 거부하지만 처벌을 해서는 안 된다는 견해이다. 세 번째의 견해는 일정부분 수락하는 입장으로 이 견해는 단일혼의 동성애에 대해서만 부분적으로 인정하고, 그 나머지의 동성애에 대해서는 인정하지 않는 견해이다. 네 번째의 견해는 동성애를 이성애와 같은 수준으로 보아 완전히 수락하는 입장이다.

한국교회는 동성애 문제에 대해 일정부분 수락하거나 완전히 수락하는 입장을 취하지 않으며, 전반적으로 거부의 입장을 견지하고 있다. 하지만 한

활에는 더 이상 적용할 수 없다는 주장들이다. 이러한 견해들은 중대한 오류"라고 지적하며, 동성애는 윤리적으로 용납될 수 없는 근본적으로 잘못된 것이라 하였다. [http://kin.naver.com/qna/detail.nhn?d1id=6&dirId=60902&docId=63578465&qb=64+Z7ISx7JWg7JeQIOuMgO2VnCDqsIDthqjrpq3snZgg7J6F7J6l&enc=utf8&section=kin&rank=2&search_sort=0&spq=0&pid=gK1wuloi5UdssvnmlYssss--248082&sid=TM1jPXcxzUwAAHaDS2s (2010.10.27.)]

국교회는 동성애자들을 범죄인으로 구분하여 벌을 내리자는 입장을 취하지는 않는다. 물론 동성애자가 사회에 주는 해악이 작은 것은 아니지만, 그들을 처벌하자는 것이 교인들의 일반적인 정서는 아닌 것 같다. 교회는 동성애자들을 처벌하라고 말하지는 않지만, 그들의 행위가 올바른 것이 아니라고 지적한다. 교회는 동성애자를 계도가 필요한 불행하고 불쌍한 사람으로 간주하지, 그들을 처벌의 대상자로 간주하지는 않는다. 교회는 동성애자를 일종의 보호받아야 할 약자로 생각하는 것이다. 그들의 행위가 올바르기 때문에 그들을 보호하는 것이 아니라, 그들 내의 잘못된 성적 지향의 가능성을 인정하며, 불행하게도 그렇게 된 사실을 수긍하면서, 그들을 올바른 길로 인도할 대상으로 여기며, 그들을 보호하려는 것이다. 이런 방식으로 교회는 그들의 인권을 보호한다.

우리는 동성애자들이 그런 경향성을 갖게 되는 불행한 이유들에 대해서 이해하려 한다. 어릴 적 강간을 경험한 여성들이 그 외상(trauma)으로 인해 남성에 대해 기피증을 갖게 된 경우엔, 동성에 대한 친근성이 강화될 수 있다.[363] 또한 가정 내의 역학관계의 역기능에서 그들의 올바른 성적 지향을 갖는 데에 어려움을 주게 될 경우도 있다.[364] 어떤 경우엔 호르몬상의 이상으로 남성으로서 여성의 호르몬이 많이 생산된 경우 이런 어려운 사태를 맞게 될 수도 있게 된다. 때에 따라서는 현대 의학이 많이 발견한 바와 같이 유전적인 이상으로 인해 그런 지향이 강화될 수도 있을 것이다.[365] 그것은 일종의 육체적

---

363) 19세기 말 독일 의사인 리하르트 폰 크라프트-에빙(1840-1902)은 동성애를 정신적인 요인에서 비롯된 성적 일탈행위라고 분석했다. 동성애를 사악한 원죄의 산물이나 범죄적인 성향의 표현인 것으로 생각해 온 통념과는 달리 정신질환의 증세로 보는 계기가 마련된 것이다. 크라프트-에빙에 이어 지그문트 프로이트(1856-1939)는 성적 일탈행위에 대한 정신 분석을 통해 동성애를 유아 시절의 성적 환상에서 비롯된 병리학적 상태라고 주장했다.

364) 성장과정에서 동성의 부모로부터 충분한 사랑과 인정을 받지 못하고 자랄 경우 이런 동성애적 지향을 갖게 될 우려가 있다는 것이다. 신원하, 『교회가 꼭 대답해야 할 윤리 문제들』 (서울: 예영커뮤니케이션, 2001), 39.

365) 이런 주장 중 하나는 뇌에서 발견되는 구조적인 차이를 관찰하는 연구다. 1991년 게이와 이성애 남자의 뇌 구조에 차이가 있음이 밝혀졌다. 성욕을 관장하는 시상하부의 간핵(INAH) 네 개 중에서 세 번째 것의 크기에 차이가 현저함이 밝혀진 것이다. 제3간핵은 이성애자의 것

이상과 불온전함으로서, 우리는 그들을 일종의 몸이 완전치 못한 자로서 구분할 수 있는 것이겠다. 우리는 신체와 정신이 충분히 정상적으로 발육되지 못한 자를 범죄자로 다룰 수는 없다. 그들은 일종의 사회적 약자로서 우리는 그들이 보다 정상적으로 활동할 수 있도록 도울 필요가 있다. 이에 교회는 이런 견지에서는 성적 소수자들을 배려하는바, 그들이 보다 건전한 육체와 사고를 갖도록 도우려 하는 것이다.[366]

교회는 동성애자들의 결혼을 인정한다든가 성전환자를 위한 성전환법을 만든다든가 동성애 부부의 자녀입양권을 준다든가 하는 법률제정에 반대한다.[367] 동성애자들의 결혼을 인정하는 것은 헌법 제36조 제1항의 혼인에 대한 내용, 곧 정상적인 혼인을 남녀의 결합으로 규정하는 것에 전면 위배되는 것이다.[368] 물론 교회는 동성애자를 약자로 생각하고 그들의 인권을 인정해주는 것에 대해서는 긍정적이다. 그러나 동성애를 사회를 위해 바람직한 행동으로 결코 간주하지 않으며, 하나님의 명령에 합치하는 행동으로 인정하지 않는다. 이

이 게이보다 두 배 가량 컸으며, 게이와 여자는 그 크기가 같았다. 다른 하나의 연구는 유전적 요인이 동성애에 영향을 미치는 증거를 찾는 것이다. 1993년 성 염색체에서 게이들이 공유한 유전자의 위치가 발견되어 학계는 물론이고 저널리즘의 화젯거리가 된 바 있다. 이와 같이 동성애가 후천적이나 환경적 요인보다는 선천적 요인(natural)의 영향을 받고 있다는 주장도 한편에 있다. 하지만 동성애가 유전적이란 연구는 상당히 의심받고 있는 상황이다.

366) "간과할 수 없을 정도 상당한 수의 남녀가 동성애적 성향을 타고 났다. 그들의 경우는 스스로 동성애자의 처지를 선택한 것이 아니다. 그 처지는 그들 대부분에게 시련이다. 그러므로 그들을 존중하고 동정하며 친절하게 대하여 받아들여야 한다."(「가톨릭교회교리서」 2358항) 이상과 같이 가톨릭도 그들의 「가톨릭교회교리서」에서 동성애자들을 위로하며 그들을 차별하지 말고 친절하게 대할 것을 강조한 바 있다. 「가톨릭교회교리서」의 전문은 바티칸 사이트 안의 교리서 검색 http://www.vatican.va/archive/ccc/index.htm (2010. 10. 27.) 을 참조하시오.

367) 1975년 미국 연방정부는 동성애자라는 이유로 취업 거부를 하지 못하게 했다. 또한 동성애 부부에게 이성애 부부와 대등한 권리를 부여하는 움직임이 잇따랐다. 1999년 10월 프랑스 의회는 동성애 부부를 법적으로 인정하는 법률을 의결했다. 같은 달 영국 대법원은 게이에게 동거하던 게이의 유산 상속권을 부여하는 판결을 내렸다. 2000년 4월 영국 정부는 지방자치단체가 동성애 부부의 자녀 입양 신청을 허용하도록 의무화하는 방안을 검토 중이라고 밝혔다. 캐나다에서는 2001년의 인구 통계에 동성애 부부 항목을 신설하여 새로운 가족 형태의 하나로 포함시킬 예정이다. 이 같은 동성애에 대한 법적인 논의에 대해서는 Chuck Stewart, *Contemporary Legal Issues: Homosexuality and the Law, A Dictionary* (Santa Barbare: ABC Clio, 2001)을 참조할 수 있다.

368) 제36조 ①혼인과 가족생활은 개인의 존엄과 양성의 평등을 기초로 성립되고 유지되어야 하며, 국가는 이를 보장한다.

런 각도에서 볼 때 국가인권위원회에서 만들려고 하였던 성적 지향자를 포함하는 차별금지법은 잘못된 것으로 볼 수 있다. 그것은 한국의 일반인과 교회의 정서를 무시하는 입장으로 철회되는 것이 당연함을 다시 강조하고 싶다. 물론 우리도 동성애자의 취업에서 지나친 불이익이나 학교 및 사회생활에서의 부당한 대우 및 지나친 동성애혐오증(homophobia)에 대해서는 바람직한 것으로 보지 않는다. 그러한 차별은 약자를 보호하는 견지에서 지양되어야 할 것이다. 그러나 그러한 보호가 동성애를 학교교육에서 비판하지 못하게 하는 것과는 다른 것이다.

이상에서 우리는 국가인권위원회가 만든 권고법안 중, 제2조(금지대상 차별의 범위) 및 제29조(괴롭힘 금지) "제11조 내지 제28조가 적용되는 각 영역에서 성별, 장애, 인종, 출신국가, 출신민족, 피부색, 성적지향을 이유로 괴롭힘을 하여서는 아니 된다."[369]라는 성적 지향에 대한 두 조항의 차별 금지의 내용에 대해서는 일부 인정이 되나, 동성애자를 모든 면에서 차별하지 말아야 한다는 견해는 동조하기 어려운 내용이다. 우리 사회는 동성애자가 성직자로 교육자로 공직자 등으로 고용되는 것에 대해서 상당한 거부감을 갖고 있는바, 「차별금지법안」의 일방적 내용엔 상당한 문제가 있다. 교회는 동성애에 대해 긍정하진 않지만, 약간의 예외를 제외하고는 동성애자들을 차별하려 하지 않는다. 한국교회는 그들을 받아들여, 일면 그들의 인권을 보호하려는 입장에 있다.

한국교회는 다음의 22조의 조항에 대해서는 강력히 반대한다. 제22조(교육내용의 차별 금지)[370]에서와 같이 동성애를 잘못된 행위로 규정하는 교육을 하는 것을 원천적으로 차단하는 법안에 대해서는, 기독교계가 반대의 의사를 분명히 하고 있음을 인지하여야 할 것이다. 동성애자라고 하여 합리적인 이

---

369) 「차별금지법안」(2006.7.).
370) 「차별금지법안」(2006.7.).

유 없이 괴롭힘을 당하거나 차별을 받아서는 안 된다는 입장에는 찬성하지만, 동성애가 올바르지 않다는 것을 교육하는 것을 원천적으로 봉쇄하는 법안을 만드는 것에 대해서는 반대의 의사를 분명히 한다는 입장이다. 문제는 성적 지향과 같은 논쟁적인 개념을 차별 금지 대상이 되는 다른 리스트들과 함께 별 검토 없이 넣었다는 것이 문제가 되는 것이므로, 이에 대한 시정이 필요함을 기독교계는 주장하는 것이다. 우리 한국의 기독교인들은 성적 소수자로서의 동성애자들의 인권을 정해진 범위 내에서 보장하고 그들을 국민의 일원으로 보호하는 약자 차별 금지에 대한 글로벌 스탠다드를 세우는 것에 대해서는 긍정하는 바이나, 동성애를 바른 일로 옹호하며 그것이 올바르지 않다는 것을 교육하지 못하게 하는 일들에 대해서는 반대하는 것이다. 이에 필자는 종교계 및 경제계 등 사회의 여러 분야에서 반대하는 본 차별금지법을 무리하게 통과시킬 필요가 있는지를 다시 질문하고 싶은바, 이에 대한 국회 차원의 신중한 검토를 요청하는 바이다.

기독교윤리실천운동

　　기윤실은 민주화 운동이 절정에 달했던 1987년 김인수, 손봉호, 이
만열, 이세중, 이장규, 원호택, 장기려 , 강영안 선생 등을 통해 시작된 기
독시민운동입니다. 기윤실은 "하나님의 말씀인 성경과 정통적 기독교신앙
을 기본이념으로 복음에 합당한 윤리적 삶을 살아가는 정직한 그리스도인
과 신뢰받는 교회가 되도록 섬기며, 정의롭고 평화로운 사회를 만드는 것"
을 사명으로 지난 20년간 정직한 그리스도인, 고통 받는 이웃의 희망지기,
신뢰가 주도하는 교회와 사회 등의 모토를 갖고 이웃 사랑을 실천하며 하
나님의 나라를 이루어가기 위한 여정을 계속해 오고 있습니다.

　　기윤실은 1987년 창립부터 2000년까지 공정하고 깨끗한 선거문화
정착을 위한 〈공명선거운동(공선협)〉과 스포츠신문의 음란, 폭력성 근절
에 기여한 〈스포츠신문음란폭력조장공동대책위원회〉, 총회 선거문화 개
선을 위한 〈깨끗한 총회를 위한 활동〉, 정치개혁과 의회투명화 및 선진화
에 기여한 〈의회발전시민봉사단, 국정감사모니터 시민연대〉, 청소년보호위
원회 태동과 청소년보호활동을 위한 〈청소년유해환경 감시단 활동〉을 전
개했으며, 2000년 이후에는 지역사회에 대한 교회의 책임성 강화를 위한
〈교회 사회복지위원회 활동〉, 교회 목회 리더십을 위한 〈담임목사직 세습
반대 운동〉, 현대 사회이슈에 대한 기독교 윤리적 응답을 위한 〈기독교윤
리연구소 창립〉, 〈도박산업 규제 및 개선운동〉, 〈교회 재정투명화 운동〉,
〈생명윤리운동〉 등을 전개했으며, 2007년 2020 비전선포식을 통해 한

국교회와 사회의 정직신뢰성증진을 위한 〈한국교회신뢰지표 개발〉, 〈시민단체 사회적 책임운동 발족〉, 〈기독교와 정치실천 컨퍼런스〉, 〈한국교회의 사회적 신뢰도 여론조사〉, 〈정직한성도, 신뢰받는 교회를 위한 30일의 여정〉, 〈공공신학 세미나〉, 〈교회의 사회적 책임 포럼/컨퍼런스〉, 〈재생종이 사용캠페인〉, 〈깨끗한 교계선거운동〉, 〈지역사회와 함께하는 교회운동〉 등을 전개해 오고 있습니다.

기윤실은 또한 기독시민운동단체의 모태로서 지난 23년 동안 국정감사모니터시민연대, 기독법률가회, 좋은교사운동, 공의정치실천연대, 교회개혁실천연대, 놀이미디어교육센터, 크리스천라이프센터 등 수많은 시민운동단체의 설립에 직간접적으로 기여해 왔습니다.

* 서울시 용산구 한강로1가 217 세대빌딩 401호
  02-794-6200, www.trusti.kr, cemk@hanmail.net

* 기윤실 소개영상 보기